D1665203

Eckhard Keßler

DIE PHILOSOPHIE DER
RENAISSANCE

Das 15. Jahrhundert

Eckhard Keßler

DIE PHILOSOPHIE DER RENAISSANCE

Das 15. Jahrhundert

C. H. Beck

© Verlag C. H. Beck oHG, München 2008
Satz: Fotosatz Reinhard Amann, Aichstetten
Druck und Bindung: CPI – Ebner & Spiegel, Ulm
Gedruckt auf säurefreiem, alterungsbeständigem Papier
(hergestellt aus chlorfrei gebleichtem Zellstoff)
Printed in Germany
ISBN 978 3 406 57641 6

www.beck.de

INHALT

I. EINLEITUNG:
VOM SPÄTEN MITTELALTER BIS ZUM ENDE
DES 15. JAHRHUNDERTS

1. Zeitliche Abgrenzung

Der Begriff des Humanismus entstammt wie der der Renaissance dem
19. Jahrhundert; beide dienten zunächst als bildungstheoretische bzw.
kulturgeschichtliche Kategorien, ehe die daraufhin einsetzende historische Forschung erkannte, daß sie sich auch als Epochenbegriff eigneten[1],
da sich bei den führenden Vertretern der so bezeichneten geistigen Strömungen übereinstimmend das Bewußtsein nachweisen läßt, am Beginn
einer gegenüber dem Mittelalter neuen Epoche zu stehen[2]. Dieses Bewußtsein setzt ein mit Francesco Petrarca (1304–1374)[3], dem ‹Vater des Humanismus›, es erwacht in ganz Europa, wo immer die von ihm ausgehende Bewegung Fuß faßt, und geht erst mit Galilei und Descartes verloren,
die ihrerseits wiederum in Philosophie und Wissenschaft eine neue Zeit zu
begründen beanspruchten[4].

Es scheint daher legitim zu sein, die Zeit von etwa der Mitte des 14. bis
zur Mitte des 17. Jahrhunderts als eigene Epoche zu verstehen und als
Epoche des Humanismus und der Renaissance zu bezeichnen, wobei
«Humanismus» die für die geistige Haltung der Epoche grundlegende
und sie initiierende Bewegung betonen würde, während der Begriff der
Renaissance dem umfassenden zeitlichen und kulturellen Rahmen vorbehalten bliebe[5].

Die zeitlichen Grenzen dieser so bestimmten Epoche sind allerdings
eher fließend, denn ebensowenig wie mit dem Auftreten Petrarcas das
späte Mittelalter plötzlich abbricht, erlischt mit der Veröffentlichung von
Descartes' «Discours de la méthode» (1637) das Renaissancedenken, das
beispielsweise noch im 18. Jahrhundert in Giambattista Vico (1668–1744)
zu einer späten Blüte gelangen wird[6]. Auch für den Humanismus und die
Renaissance gilt, daß je präziser man um der Ordnung des historischen
Materials willen eine Epoche zu fassen sucht, um so geringer oder gar
verfälschter ihr Aussagewert wird.

2. Der historische Kontext

Dies wird sogleich deutlich, wenn man einen Blick auf den im engeren Sinne historischen Kontext von Humanismus und Renaissance wirft[7]. Denn der Bruch gegenüber dem späten Mittelalter, der von Petrarca und seinen Nachfolgern beschworen wird, läßt sich in der allgemeinen politischen und sozialen Situation der zweiten Hälfte des 14. Jahrhunderts durchaus nicht nachweisen; im Gegenteil, das ganze 14. und zu großen Teilen auch noch das 15. Jahrhundert sind das Ergebnis einer kontinuierlichen und bruchlos rekonstruierbaren krisenhaften Entwicklung des Mittelalters, deren Wurzeln bis zum Investiturstreit im frühen 12. Jahrhundert zurückreichen[8]. Seitdem hatte sich der Antagonismus zwischen den Ordnungsmächten des Mittelalters, Kaisertum und Papsttum, unter wechselnder gegenseitiger Schwächung zugespitzt und auf weltlicher Seite mit dem Interregnum (1256–1273), auf geistlicher Seite mit der ‹babylonischen Gefangenschaft der Kirche› in Avignon (1309–1377), dem ‹großen Schisma› (1378–1417) und dem ihm folgenden Konziliarismus (Konzil zu Konstanz, 1414–18; zu Basel 1431–49, mit Verlegung des Ortes nach Ferrara, 1438, und Florenz, 1439) seinen Höhepunkt erreicht.

Im Gefolge dieses Machtverfalls verfielen auch die mittelalterlichen Ordnungsstrukturen und traten im 14. Jahrhundert in ein kritisches Stadium. England und Frankreich führten mit dem Hundertjährigen Krieg (1339–1453) einen Kampf auf Gedeih und Verderb; in Deutschland suchten Fürsten und Städte ihre Macht auf Kosten des Reiches zu stärken; in Italien spiegelten die Kämpfe zwischen Guelfen und Ghibellinen nur äußerlich die Auseinandersetzung zwischen Kaisertum und Papsttum, in Wahrheit waren die bürgerkriegsähnlichen Geschlechterkämpfe innerhalb der zu größerer Unabhängigkeit und stetig wachsendem Reichtum gelangten Städte schon längst ein reiner Machtkampf geworden, der schließlich meistens in der Usurpation der Alleinherrschaft durch einen ‹Signore› und der Ersetzung der freien ‹Comune› durch die absolute Herrschaftsform der ‹Signoria› sein Ende fand.

Eine Konsolidierung dieser spätmittelalterlichen Krise gelang erst in der zweiten Hälfte des 15. Jahrhunderts, nachdem sich in Italien, mit Ausnahme von Venedig, die Signorie durchgesetzt hatten, England und Frankreich als Ergebnis des Hundertjährigen Krieges zu zentralisierten Nationalstaaten geworden waren, in Deutschland das Haus Habsburg seine kaiserliche Macht befestigt und schließlich Pius II. (1459) die Oberhoheit des Papstes über das Konzil zurückgewonnen hatte. Aber die in dieser

Konsolidierung sichtbar werdende Welt war nicht mehr die des universalen mittelalterlichen ‹Ordo›. Sie war ein System von Territorial- und Nationalstaaten geworden[9], die, gestützt auf eine bürokratische Infrastruktur in Verwaltung und Heer, Finanzen und Diplomatie, ihren eigenen Gesetzen, der *Staatsraison*[10], folgten, die es nicht verschmähten, sich mit dem Feind der Christenheit, dem mächtigen osmanischen Reich im Osten, um politischer Zwecke willen zu verbünden, und die die religiöse Krise des 16. Jahrhunderts, wie sie sich in Reformation und Gegenreformation ausdrückte, zur Durchsetzung ihrer partikularistischen, politischen Ziele benutzten und ihr dadurch erst zum dauerhaften Durchbruch verhalfen.

3. Wirtschafts- und sozialgeschichtlicher Hintergrund

Ähnlich wie die politische stellt sich auch die wirtschaftliche und die soziale Situation des 14. Jahrhunderts als die krisenhafte Zuspitzung einer Entwicklung dar, deren Wurzeln in den vorhergehenden Jahrhunderten liegen[11]. Im Gefolge der Kreuzzüge waren seit dem 12. Jahrhundert mit dem Aufblühen des Handels der Reichtum und die Macht der Städte, vor allem in Italien, ständig gewachsen, wodurch nicht nur der Einfluß des Feudaladels abnahm, sondern auch die soziale Struktur der Städte selbst instabil wurde. Die Städte boten, vor allem im Rahmen der beginnenden manufakturellen Herstellung von Luxusgütern für die Ausfuhr, neue Arbeitsplätze und provozierten dadurch eine Abwanderung von Arbeitskräften aus der Landwirtschaft; sie boten darüber hinaus im Handel und dem damit verbundenen Bankwesen neue Möglichkeiten des sozialen Aufstiegs, die es erlaubten, die Schranken der ständischen Ordnung des Mittelalters zu durchbrechen.

Zur Krise beschleunigt wurde diese Entwicklung in der ersten Hälfte des 14. Jahrhunderts durch das Zusammentreffen zweier Ereignisse: einer Reihe von Mißernten und Hungersnöten und der darauf folgenden Pest, die sich erstmals seit dem 6. Jahrhundert wieder in ganz Europa ausbreitete. Sie traf die bereits geschwächte Bevölkerung in einem kaum vorstellbaren Ausmaß und raffte 25 bis 35 Prozent der Einwohner Europas allein bei ihrem ersten Ansturm zwischen 1347 und 1350 hinweg. Erst zum Ende des 16. Jahrhunderts konnte Europa die Bevölkerungsziffern des Jahres 1340 wieder erreichen[12]. Die dadurch ausgelöste allgemeine Wirtschaftskrise traf nicht nur die Bauern und das städtische Proletariat – Bauernaufstände und städtische Revolten geben davon Zeugnis –, sondern auch Handel und

Banken – bereits 1338 hatten die Florentiner Bankiers Peruzzi, Acciaiuoli und Bardi, die ‹Säulen der Christenheit›, falliert. Allein eine neue landwirtschaftliche Produktionsform – die Ersetzung der Leibeigenen durch Lohnarbeiter und Pächter –, eine Erneuerung der Warenproduktion – die Einführung des «Verlagssystems» – und ein neuer, rationalisierter Handelsstil wie zum Beispiel der der Fugger konnten langfristig diese Krise überwinden helfen. Die Verlagerung von Produktionsschwerpunkten, etwa von Tuch aus Italien nach England, von Barchent nach Süddeutschland, die Aufnahme neuer Produktionszweige, beispielsweise der Buchproduktion, die Erschließung neuer Handelswege und Märkte, wie die Entdeckung des Seewegs nach Indien als Reaktion auf die Erschwerung des Levantehandels durch das osmanische Reich und die Entdeckung Amerikas, geben Zeugnis von der Initiativkraft einer neuen Führungsschicht in der zweiten Hälfte des 15. und im 16. Jahrhundert, des Bürgertums, das allerdings danach strebte, sich seinerseits die Privilegien und den Lebensstil des unterlegenen Feudaladels anzueignen, und schließlich eine Refeudalisierung bewirkte[13].

4. Die Entwicklung der Bildung

Parallel zu den Entwicklungen im Bereich der Politik, der Wirtschaft und der Gesellschaft, die im 12. Jahrhundert beginnen, im 14. Jahrhundert krisenhaft beschleunigt werden und im 16. Jahrhundert eine gewisse Konsolidierung in neuen Strukturen und einer neuen, aus dem Bürgertum stammenden Führungsschicht finden, läßt sich auch im Bereich der Bildung und Ausbildung eine entsprechende Entwicklung feststellen[14], die das Bürgertum schließlich dazu befähigt hat, die beobachteten Leistungen zu erbringen. Das mittelalterliche Bildungssystem, in Kloster- und Domschulen institutionalisiert, diente im wesentlichen der Ausbildung des Klerus durch den Klerus. Aber schon zu Beginn wiederum des 12. Jahrhunderts entstand mit der Gründung der Universität Bologna etwa gleichzeitig mit dem Investiturstreit – Irnerius, der als ihr Gründer gilt, starb 1125 – eine Bildungsinstitution, an der Laien durch Laien für weltliche Bedürfnisse, nämlich in der Kenntnis des Römischen Rechts, ausgebildet wurden. Mit diesem Rückgriff auf die antike, nicht christliche Tradition, um Normen für die Regulierung des nicht religiösen gesellschaftlichen, politischen und wirtschaftlichen Lebens zu finden, war ein Modell geschaffen, das nicht nur mit weiteren Universitätsgründungen seit dem 13. Jahrhundert zuneh-

mend nachgeahmt werden, sondern die Richtung der entstehenden Laien-
bildung überhaupt bestimmen sollte[15]. Nicht zufällig waren jene Humanisten, die in der gesteigerten Krise des 14. und 15. Jahrhunderts ein neues,
den Bedürfnissen der Laien nach Lebensorientierung und Handlungsan-
weisung entgegenkommendes Bildungsprogramm vertraten, selbst Juristen
oder juristisch ausgebildet, nicht zufällig lehrten und propagierten sie die
Übernahme von antiken Lebens- und Denkformen zur Bewältigung aktueller Probleme, und nicht zufällig wurde das humanistische Bildungsprogramm von den führenden Fürsten und Städten in ganz Europa durch
Einrichtung von Lateinschulen als nützliche Bildungsinstitution für ihre
Bürger übernommen[16]: So wie das römische Recht den säkular verstandenen Staat, so sollte die antike Erfahrung das irdische Leben des Bürgers in
diesem Staate ordnen – und dies mit solchem Erfolg, daß selbst der Jesui-
tenorden, der in diese bürgerliche Welt hineinwirken wollte, sich noch in
der zweiten Hälfte des 16. Jahrhunderts eine am humanistischen Programm
orientierte Studienordnung gab[17].

Hatte das humanistische Bildungsprogramm, konzentriert auf die Fächer
Grammatik, Rhetorik, Poetik, Geschichte und Moralphilosophie,[18] eine
eindeutige Tendenz zum aktiven Leben und betonte in seinem inhaltlichen
Teil vor allem die Geschichte als Lehrmeisterin des Lebens – *historia magistra vitae* –, so wuchs ihm aus der Wiedergewinnung der Kenntnis des
Griechischen, die seiner Hochschätzung der Antike entsprechend schon
1399 einsetzte[19], ein neuer Bereich hinzu: die griechische Philosophie und
Wissenschaft, die nach der Einnahme von Konstantinopel durch die Türken (1453) in einem breiten Strom nach Westeuropa flossen. Da durch die
beinahe gleichzeitige Erfindung der Buchdruckerkunst (1450) diese Kenntnisse nicht mehr nur Besitz von wenigen bleiben mußten, sondern in in ra-
scher Folge erscheinenden Originalausgaben und Übersetzungen jedem
Gebildeten zugänglich wurden, konnte das 16. Jahrhundert behaupten,
sich das Wissen und die Erfahrungen der Antike angeeignet zu haben, ja
sogar, wie es in der ‹Querelle des anciens et des modernes› zum Ausdruck
kam[20], aufgrund der eigenen, durch die großen Entdeckungen des Jahrhunderts gemachten Erfahrungen in der Lage zu sein, über die antiken Wissenschaften, diese korrigierend, hinauszugehen. Unübersehbar manifestiert
sich diese neu gewonnene Bildungsautonomie des Bürgertums auch in der
zwar schon im 15. Jahrhundert diskutierten, aber erst im 16. Jahrhundert
vollendeten Ausbildung einer eigenen, das klassische Latein hinter sich las-
senden Literatur- und Wissenschaftssprache im kulturell führenden Italien
und in den nationalstaatlich geeinten Ländern England und Frankreich[21].

5. Die Situation der Philosophie im 14. Jahrhundert

Die philosophische Entwicklung vom 14. bis zum 16. Jahrhundert, die die bisher skizzierten Aspekte des allgemeinen historischen Wandels begleitet oder iniziiert, reflektiert oder überschreitet, wird Gegenstand der folgenden Seiten sein. Da jedoch auch diese nicht aus einem Nichts an Tradition anhebt, ist vorab ihr Ausgangspunkt im 14. Jahrhundert zu bestimmen[22].

Auch die Wurzeln der philosophischen Situation zu Beginn von Humanismus und Renaissance liegen, nicht anders als die der bisher betrachteten Entwicklungen, schon im späten 11. und beginnenden 12. Jahrhundert: in der Rezeption der Aristotelischen Philosophie im neuplatonischen Gewande aus griechischen und vor allem arabischen Quellen[23]. Diese Rezeption ist der Anlaß für die großen philosophischen Bemühungen der Scholastik um eine Einheit von Philosophie und christlicher Lehre, von *fides* und *intellectus* gewesen, die in den Summen des Thomas von Aquin (1224/25–1274) ihren Höhepunkt fanden; sie prägt mit der Aristotelischen Logik und Naturphilosophie den Lehrplan der führenden Zentren mittelalterlicher Philosophie in Paris und Oxford, aber sie trägt auch bereits den Keim des Scheiterns in eben diese Philosophie.

Die Rezeption des Aristoteles, des *Philosophen* schlechthin, ist zugleich auch die Rezeption seines arabischen Kommentators Averroes, des *Kommentators* schlechthin, und das bedeutet die Rezeption eines strengen Kausalnexus in der Naturphilosophie, der, um der Sicherheit von Naturerkenntnis überhaupt willen, die Ewigkeit der Welt und die Unmöglichkeit, daß Gott in den Lauf der Natur eingreifen könne, behaupten muß, der den Menschen als determiniertes Wesen, mit einem einzigen, universalen Intellekt begabt, versteht und die Autonomie der natürlichen Vernunft, der *ratio naturalis*, neben den Offenbarungswahrheiten der Theologie vertritt. Die rationale Konsequenz dieses Denkens ist überzeugend und setzt sich bis in die zweite Hälfte des 13. Jahrhunderts durch, aber seine Ergebnisse sind mit den Lehren und dem Anspruch des Christentums nicht vereinbar. Der *Averroismus* wird daher 1277 von der Universität Paris verbannt und findet, durch Pietro d'Abano (ca. 1250–1315) übertragen, zu Beginn des 14. Jahrhunderts in Padua eine Heimstatt, wo er nicht der Ausbildung der Theologen, sondern der der Mediziner dient[24].

Die wiederum konsequente theoretische Überwindung des Averroismus aber leistet noch im 13. Jahrhundert Johannes Duns Scotus (1265–1308) mit seinem *Voluntarismus,* der die Gesamtheit der Schöpfung nicht als notwendig, sondern als kontingent setzt und damit nicht nur die Erhaltung der Welt und ihrer Gesetze dem Willen Gottes anheimstellt, sondern Gott auch eine absolute Allmacht, *potentia absoluta,* zusprechen muß, die Schöpfung und ihre Gesetze nach Belieben zu ändern[25]. Damit ist zwar dem christlichen Schöpfungsglauben philosophisch Genüge getan, aber gleichzeitig jeder wissenschaftlichen Erkenntnis der extramentalen Realität das Objekt entzogen.

Ein in seinen Auswirkungen vergleichbarer Angriff auf die aristotelische Wissenschaft und Philosophie war allerdings schon seit langem von anderer Seite, nämlich der Logik, geführt worden. Peter Abaelard (1079– 1142) hatte unmittelbar nach der vollständigen Rezeption des Aristotelischen Organon im Anschluß an die ‹Isagoge› des Porphyrius[26] gefragt, ob den Universalbegriffen universale Entitäten entsprechen könnten. Er hatte diese Frage verneint und den Universalbegriffen lediglich den Status von *nomina* zugesprochen[27]. Der daraufhin einsetzende *Universalienstreit* zwischen Nominalisten und Realisten, der sich durch die folgenden Jahrhunderte hinzog[28], wurde zu Beginn des 14. Jahrhunderts durch Wilhelm von Ockham (ca. 1280– ca. 1347) zugunsten des Nominalismus entschieden, indem er die logische Unmöglichkeit, die Existenz von den Universalbegriffen korrespondierenden Entitäten nachzuweisen, verband mit dem ontologischen Argument des Voluntarismus, daß es wegen des kontingenten Charakters der gesamten Schöpfung keine den notwendigen Gesetzen der Logik korrespondierende notwendige Struktur der Realität geben kann[29].

Auch dieser Nominalismus Ockhams erhielt zwar nicht den kirchlichen Segen, er drang aber etwa gleichzeitig mit der Entstehung des Humanismus in das die kulturelle Führung übernehmende Italien ein und bestimmte seine geistige Situation: eine Situation, in der der Philosophie und Wissenschaft auf der Suche nach sicherbarem Wissen allein der Rückzug auf die Analyse der notwendigen formalen Strukturen des Denkens zu bleiben schien, da aller Inhalt sich wegen seiner Partikularität und Kontingenz einer gesicherten Erkenntnis entzog. Damit hatte die Philosophie des Mittelalters, die einmal das Glaubenswissen rational hatte einholen wollen, sich selbst destruiert[30] und bedurfte eines neuen Ansatzes. Das mittelalterliche Weltbild war, auch in der Philosophie, in Auflösung[31] und mußte durch ein neues ersetzt werden.

6. Zur Geschichte der Geschichte der Philosophie
des Humanismus und der Renaissance

Auch philosophiehistorisch gesehen stellt also das 14. Jahrhundert eine
Zeit der tiefen Krise dar, und wenn die Humanisten und ihre Nachfolger
den Aufbruch einer neuen Zeit verkünden, so darf diese neue Zeit nicht
als bereits eingetretene Wirklichkeit, sondern muß als Aufgabe verstanden werden, die in ihrer Unabwendbarkeit erkannt ist, ohne doch schon
geleistet zu sein. Das Bemühen, diese neue Zeit herbeizuführen, scheint
weniger dem emanzipatorischen Drang einer zu sich selbst kommenden
Menschheit zu entspringen als vielmehr dem – zu Zeiten verzweifelten –
Kampf des Menschen um Selbstbehauptung in einer als ganzer unerkenn-
bar gewordenen Schöpfung unter einem ebenso unerkennbaren allmäch-
tigen Gott[32].

Die Philosophie der Renaissance hatte von ihren Vorgängern keinen
bereiteten Boden geerbt, kein Fundament, auf dem ein neues philosophisches System sich hätte errichten lassen; allein gelassen in einer von allen
Seiten verdunkelten Welt, mußte sie tastend versuchen, neue Sicherhei-
ten, die häufig nicht mehr als Provisorien sein konnten, zu finden. Da ihr
die Affirmation versagt war, mußte sie lernen, mit Hypothesen zu leben:
Dies machte sie allerdings zwangsläufig zugleich offen für neue Erfahrungen und Denkansätze, für Wagnis und Experiment. Eine solche Philosophie, die mehr der Mannigfaltigkeit des Konkreten als der Einheit
der Abstraktion verpflichtet war, mußte notwendig hinter dem Anspruch
Descartes', mit einer einheitlichen Methode alle Probleme überhaupt lösen und in einen systematischen Zusammenhang bringen zu können, sie
mußte hinter seinem Versprechen, endlich wieder Sicherheit zu garantieren, verblassen[33]. Mit Descartes schien nun wirklich die Zeit einer neu-
en, verläßlichen Philosophie zu beginnen, und die Jahrhunderte vor ihm
mochten für die Kultur- und Bildungsgeschichte, auch für eine gelehrte
Geschichte der Philosophie wie die von Jacob Brucker[34] Interesse haben,
für den Fortgang der Philosophie selbst schienen sie, sieht man von Aus-
nahmen wie Giambattista Vico oder Leibniz ab, keine Bedeutung zu
besitzen.

Eine gewisse Änderung in dieser Haltung zur Philosophie der Renaissance trat mit Hegel ein, der ihr zwar in seinen «Vorlesungen zur Geschichte der Philosophie»[35] kaum mit größerer Sympathie begegnete, aber
ihr doch im Rahmen seiner vernünftigen Rekonstruktion der Geschichte

des Gedankens eine auch philosophische Funktion als Vorläufer und
Wegbereiter zuzusprechen genötigt war. Das philosophiehistorische Problem seit Hegel lautet infolgedessen nicht, ob die Renaissance eine sinnvolle Funktion hatte, sondern worin diese Funktion bestand, was die Renaissance philosophisch vorbereitet hat und welche ihrer Gestalten daher
auszuwählen und dem historischen Bewußtsein der Philosophie zu empfehlen sind. Es kann kaum verwundern, daß die Antworten, die diese
Frage in der Folgezeit gefunden hat, jeweils den philosophischen Grund-
haltungen derer entsprachen, die die Antwort gaben. So sieht der «Le-
bensphilosoph» Dilthey die zentrale Leistung der Renaissancephilosophie
auf dem Gebiet der Anthropologie[36], für den «Neukantianer» Cassirer
besteht sie in der Herausbildung der «Autonomie der Vernunft», die das
Universum des Subjekts begründet[37], und in einer neuen Stellung gegenüber dem Erkenntnisproblem[38], für den «Idealisten» Gentile ist der Charakter der Renaissance ein ästhetischer, ihre Leistung eine vom Menschen
geschaffene und nur in seinem Kopf existierende Realität[39], während der
«Marxist» Ernst Bloch das emanzipatorische Moment der Renaissancephilosophie feiert[40].

In den letzten Jahrzehnten, in denen auch die philosophische und philosophiehistorische Renaissanceforschung, vor allem außerhalb Deutschlands, intensiviert worden ist, lassen sich im wesentlichen drei Hauptrichtungen unterscheiden. In Italien bemühten und bemühen sich Eugenio
Garin und seine Schule, die philosophische Bedeutung von Humanismus
und Renaissance, unter Betonung des emanzipatorischen Aspektes, als ein
neues Verständnis des Menschen als politisches, diesseitiges und konkret
schöpferisches Wesen herauszuarbeiten[41], Paul Oskar Kristeller und sein
nicht nur auf die Vereinigten Staaten beschränkter Schülerkreis konzentrierten und konzentrieren sich, unter Verzicht auf eine voreilige Synthese,
darauf, durch philosophiehistorische Quellenstudien zu einzelnen Persön-
lichkeiten und Themenkreisen den Boden für ein historisch gesichertes
Verständnis der Renaissance zu bereiten[42], und in Deutschland hat Ernesto Grassi, die nicht nur historische, sondern vor allem spekulative Bedeutung des Humanismus betonend, die antimetaphysischen und antira-
tionalistischen Aspekte in der Renaissance hervorgehoben und die Frage
nach dem den Menschen ursprünglich, vor aller philosophischer Systematik Angehenden in den Mittelpunkt seiner Renaissanceforschung gestellt[43].

Der folgende Versuch, die Antwort der Renaissance auf die philosophische Krise des späten Mittelalters als einen von der Bewegung des Huma-

nismus getragenen Neubeginn in der Philosophie darzustellen, enthält Elemente aus jeder dieser drei Richtungen und weiß sich darüber hinaus Hans Blumenbergs Perspektive aus seiner «Legitimität der Neuzeit»[44] verpflichtet.

II. DER ITALIENISCHE HUMANISMUS BIS ZUM
ENDE DES 15. JAHRHUNDERTS

1. Die Philosophie des Humanismus

Die philosophische Bedeutung des Humanismus ist in der Forschung umstritten. Während auf der einen Seite mit ihm der Beginn des modernen Denkens[1] oder doch wenigstens der Beginn einer neuen philosophischen Epoche angesetzt wird, wird auf der anderen Seite der philosophische Charakter des Humanismus nicht ohne Gründe in Frage gestellt. Betrachtet man nämlich die seit Georg Voigts einschlägigem Buch am intensivsten untersuchte und daher auch am meisten ins Auge fallende Leistung der Humanisten, die «Wiederbelebung des klassischen Altertums», so kann man den Humanismus kaum als eine genuin philosophische Bewegung bezeichnen. Denn das unermüdliche Suchen, Sammeln, Emendieren, Kommentieren, Übersetzen und Edieren antiker und patristischer, lateinischer, griechischer und auch hebräischer Texte mochte zwar, soweit es sich um Manuskripte philosophischen Inhaltes handelte, philosophische Kenntnisse voraussetzen und hat zweifellos zu einer wesentlichen Erweiterung des philosophischen Horizontes beigetragen, aber in seinem Kern war es eher eine philologische Tätigkeit, und nicht jeder Philologe ist als solcher schon ein Philosoph.

Auch die Begriffsgeschichte scheint nicht unbedingt für eine philosophische Bedeutung des Humanismus zu sprechen. Wurde der Begriff Humanismus im 19. Jahrhundert zur Bezeichnung einer pädagogischen Richtung geprägt, so entspricht dem die schon in der zweiten Hälfte des 15. Jahrhunderts aufkommende Berufsbezeichnung des Humanisten oder *umanista* für den Lehrer der *studia humanitatis*[2], das heißt der Fächer Grammatik, Rhetorik, Poetik, Geschichte und Moralphilosophie, die als allgemeinbildendes und propädeutisches Programm der beruflichen Ausbildung vorausgingen. So wichtig und grundlegend für das geistige Leben der neuen Zeit dieses pädagogische Programm auch war, so wäre es doch verfehlt zu fordern, daß jeder humanistische Grundschullehrer deshalb schon ein Philosoph hätte gewesen sein müssen.

Wenn so das philologische Engagement und die pädagogische Institutionalisierung der Humanisten eine generelle Gleichsetzung des Humanismus mit einer philosophischen Bewegung verbieten, so bedeutet dies doch nicht, daß nicht wenigstens einige – die bedeutendsten – Humanisten auch Philosophen waren und ihnen eine sie verbindende philosophische Grundhaltung eignete.

Im Mittelpunkt dieser Philosophie der Humanisten steht jene philosophische Disziplin, die als einzige dem Kanon der humanistischen Fächer angehört, die Moralphilosophie. Auf den ersten Blick könnte dieser Rückzug der Humanisten auf die Moralphilosophie, der einen Ausschluß der drei übrigen traditionellen philosophischen Fächer, der Logik, der Physik und der Metaphysik, impliziert, als eine willkürliche und sachlich nicht gerechtfertigte Verstümmelung des umfassenden philosophischen Programms des Mittelalters erscheinen. Daß dem nicht so ist, ja, daß sich im Gegenteil dahinter ein legitimes Bemühen um einen neuen Ansatz der Philosophie verbirgt, wird deutlich, sobald man die Humanisten in Beziehung zur zeitgenössischen spätscholastischen Philosophie setzt[3].

Als Folge des vereinten Angriffs von Nominalismus und Voluntarismus, die die generelle Kontingenz der Welt und die prinzipielle Differenz von Realität und Begrifflichkeit, Denken und Sein gelehrt hatten, waren Physik und Metaphysik jeden Inhaltes beraubt worden. Sie, zumindest in ihrer traditionellen Form, aus den philosophischen Bemühungen auszuschließen, war daher konsequent, und in dieser Konsequenz waren sich Humanisten und Nominalisten einig. Während jedoch die Nominalisten sich, unter Ausklammerung der inhaltlichen Probleme, auf die Untersuchung der formalen Strukturen von Sprache und Denken konzentrierten und damit auf die Logik zurückzogen, konzentrierten sich die Humanisten mit der Propagierung der Moralphilosophie auf die in der unmittelbaren Erfahrung des menschlichen Lebens gegebenen Probleme, um von ihnen aus eine auch inhaltliche Erneuerung der Philosophie zu versuchen. Im Kontext dieses Erneuerungsstrebens haben auch die übrigen humanistischen Fächer ihre philosophische Funktion[4]: Die Rhetorik, die von den Humanisten der Logik übergeordnet und von einigen Forschern als das zentrale Anliegen der Humanisten betrachtet wird[5], erweist sich als die dem Phänomenbereich des Handelns und der Moral angemessene Argumentationsform[6]; die Geschichte und das historische Interesse im allgemeinen, das sich in der Wiederentdeckung der Antike ausdrückt, erschließt und erweitert den Raum der Erfahrungen, die den Inhalt der neuen philosophischen Bemühungen darstellen, die Grammatik und der Erwerb sprachlicher Kenntnisse überhaupt dient als Instrument des Erwerbs solcher mittelbaren Erfahrungen, und lediglich die Poesie, soweit sie nicht ebenfalls als Erfahrungsvermittlung verstanden wird, weist über diesen engen Zusammenhang einer moralphilosophischen Annäherung an die Realität hinaus.

Daß in diesem Programm das den Erfahrungen ausgesetzte und zum Handeln bestimmte Subjekt der erste Bezugspunkt des humanistischen Denkens ist, kann nicht übersehen werden und rechtfertigt die Bezeichnung *studia humanitatis* für das neue Bildungsprogramm. Durch die humanistischen Lehrer, gleichgültig, ob sie sich, als Philosophen, dessen bewußt waren oder nur einen vorgegebenen Lehrplan absolvierten, wurde dieser Subjektivismus mit der Ausbreitung der humanistischen Bildungsbewegung im 15. und 16. Jahrhundert zur Grundlage der Renaissancephilosophie und mit ihr des neuen, vom Humanismus initiierten Denkens.

Doch ein philosophisches Programm ist noch keine Philosophie, ebensowenig wie Subjektivismus philosophische Reflexion ersetzt: Sie stellen nur den Ausgangspunkt und den Rahmen dar, innerhalb dessen jene Humanisten, die zugleich auch Philosophen waren, ihre theoretischen Bemühungen vollzogen.

2. Die Begründer des Humanismus

a) Francesco Petrarca

In seinen wesentlichen Grundzügen ist dieser neue philosophische Ansatz schon bei Petrarca vorhanden. 1304 in Arezzo als Sohn eines, wie Dante, aus Florenz verbannten Notars geboren[7], erhält Petrarca seine Elementarausbildung von 1312–1316 in Carpentras bei Avignon und studiert dann auf Wunsch des Vaters Jurisprudenz, von 1316–1320 in Montpellier, anschließend in Bologna. Nach dem Tod des Vaters 1326 bricht Petrarca das ungeliebte Studium ab und kehrt nach Avignon zurück, wo ihn in den italienischen Kurienkardinälen eine Gesellschaft erwartet, die sein Interesse für die römische Antike teilt. Mit ihrer Förderung, vor allem unter dem Schutze der Familie Colonna, entfaltet er eine fieberhafte philologische Tätigkeit[8], unterbrochen durch Reisen nach Paris, Köln und Rom, und schreibt die ersten Gedichte des «Canzoniere».

Nach seiner Rückkehr aus Rom, 1337, zieht er sich aus Avignon nach Vaucluse zurück, wo er seine Sammlung von Lebensbeschreibungen bedeutender Männer, *De viris illustribus*, und das lateinische Epos *Africa* beginnt, die beide nie vollendet werden. Dennoch wird er schon 1341 in Rom als *magnus poeta et historicus* zum Dichter gekrönt[9], verfällt aber, zurück in Vaucluse, in seine erste innere Krise, die sich im *Secretum* niederschlägt, einem mit Augustinus geführten Dialog zur Klärung seines eigenen Tuns und Wollens, und in den, ebenfalls unvollendeten, *Rerum memorandarum libri*, einer Sammlung historischer Beispiele, geordnet nach dem Schema der Kardinaltugenden. In den folgenden Jahren, immer wieder von Reisen unterbrochen, schreibt er *De vita solitaria* und *De otio religioso*, in denen er das kontemplative Leben des Philosophen und des Mönches preist, bis er schließlich, nach dem Scheitern des Aufstandes von Cola di Rienzo, an den er große Hoffnungen geknüpft hatte[10], und nach dem Auftreten der Pest, der viele seiner Freunde zum Opfer fielen, in eine zweite Krise verfällt. In ihrer Folge beginnt er 1350 seine Briefe nach dem Vorbild Ciceros in der Sammlung der Freundesbriefe, *Epistulae Familiares*, für die Nachwelt zu ordnen, einen neuen, nicht nur die römische Antike, sondern die gesamte Geschichte seit Adam umfassenden Plan für seine Lebensbeschreibungen zu entwerfen, und verfaßt die für seine Haltung zur zeitgenössischen Natur-‹Wissenschaft› wichtigen «Invektiven gegen einen Arzt».

1353 verläßt Petrarca endgültig Vaucluse und Avignon, um hinfort in Italien zu leben, zuerst, bis 1361, am Hofe der Visconti in Mailand und dann, unterbrochen durch einen längeren Aufenthalt in Venedig (1362/63), am Hofe der Carrara in Padua, seinen Gastgebern durch Gesandtschaften dienend und von den Großen seiner Zeit, unter ihnen Kaiser Karl IV., verehrt. Eine durch Boccaccio vermittelte Einladung seiner Heimatstadt Florenz schlägt er aus. In Mailand schreibt er sein längstes und erfolgreichstes Werk, die «Heilmittel gegen Glück und Unglück» – *De remediis utriusque fortunae*[11], von der Stoa Senecas beeinflußte Dialoge zwischen Vernunft *ratio* und Freude *gaudium* bzw. Schmerz *dolor*. Die Frucht seines Aufenthaltes in Venedig ist die Streitschrift «Über seine und vieler anderer Unwissenheit» – *De sui ipsius et multorum ignorantia*, in der er seine philosophische Position gegen die Kritik von vier averroistischen Freunden verteidigt[12]. In Padua endlich schließt er, 1361, die Briefsammlung der *Familiares* ab und beginnt die der Altersbriefe, der *Epistulae Seniles*. Er nimmt zum dritten Mal sein erstes lateinisches Prosawerk *De viris illustribus* wieder auf, über dem er dann am 18. Juli 1374 in Arquà bei Padua stirbt. Sein autobiographischer «Brief an die Nachwelt» bleibt unvollendet.

Petrarca war, wie seine Vita zeigt, Dichter, Philologe, Historiker – aber er war kein Berufsphilosoph. Zwar hatte er Philosophen und philosophisch ausgebildete Zeitgenossen zu Freunden[13], aber er selbst hatte nie Philosophie studiert. Dies mag ihn daran gehindert haben, sein Denken systematisch darzustellen, es ermöglichte ihm jedoch gleichzeitig, frei von den Zwängen eines festgeschriebenen Paradigmas seine eigene Philosophie als Reaktion auf selbstgemachte und von anderen berichtete Erfahrungen zu entwickeln. Nach seinem Tod wurde er deshalb von seinen Freunden ausdrücklich auch als großer Philosoph betrauert[14], zu seinen Lebzeiten aber bringt es ihm den Neid und die Verachtung der Berufsphilosophen ein, was ihn dazu zwingt, seine eigene philosophische Position im Gegensatz zur Position seiner Angreifer zu bestimmen[15].

Noch Dante, der Freund und Schicksalsgenosse seines Vaters, hatte Aristoteles gepriesen als *maestro di color che sanno*, als Lehrmeister derer, die wissen,[16] und Philosophie damit als die Gesamtheit des gesicherten menschlichen Wissens verstanden. Petrarca sieht in diesem Wissensanspruch eine durch nichts gerechtfertigte Überhebung, beruft sich auf die Etymologie des Begriffes Philosophie als *amor sapientiae*, «Liebe zur Weisheit», und auf deren Erfinder Pythagoras und definiert sich selbst als solchen Liebhaber der Weisheit und der Wahrheit [OP 1004; EN XI, 55]. Er zieht damit die Konsequenz aus der ‹Selbstdestruktion der mittelalterlichen Philosophie› und formuliert die Forderung nach einem philosophischen Neuansatz.

Bei seinen eigenen Bemühungen, dieser Forderung zu genügen, stützt sich Petrarca nachweisbar auf wieder entdeckte und neu gelesene antike und patristische Autoren – auf Cicero vor allem und Seneca, auf den ihm zum größten Teil nur aus zweiter Hand bekannten Platon, den er über Aristoteles stellt, und auf den Kirchenvater Augustinus[17] –, aber diese Rückwendung zur Antike bedeutet keine reine Übernahme oder unqualifizierte Abhängigkeit von antiken Autoritäten, wie der Begriff der ‹Wiederbelebung des klassischen Altertums› nahezulegen scheint, sondern sie ist von kritischer Distanz geleitet, geprüft im Lichte eigener Erfahrung und stets dem eigenen Urteil unterworfen[18]. Petrarca lehrt damit den Philosophen, der im Mittelalter einer unpersönlichen *ratio* gehorchte und sein eigenes Denken als Auslegung der autoritativen Texte entwickelte, «Ich» zu sagen und gegenüber den Autoritäten einen subjektiv-eklektischen Standpunkt einzunehmen, der philosophischen Schulmeinungen und Dogmen skeptisch begegnet – nicht, um den Anspruch auf Wahrheit aufzugeben, sondern um ihn – soweit es angesichts des voluntaristischallmächtigen Gottes und des unheilbaren nominalistischen Bruches zwischen begrifflichem Denken und realem Sein möglich war – erneut einzulösen[19].

Denn Wahrheit bleibt das letzte Ziel des Philosophen, sie ist jedoch nicht durch menschliches Räsonieren zu erreichen, sondern – identisch mit Gott – offenbart sie sich dem Menschen ohne sein Zutun. Wahrheit ist daher nicht Ergebnis, sondern Grenze der philosophischen Reflexion, der Mensch – und insofern ist Petrarcas Denken immer «christliche» Philosophie – erfährt sie im Mysterium der göttlichen Offenbarung, nicht aber in der Beweisführung der menschlichen Philosophie[20].

Von diesem Philosophieverständnis aus kritisiert Petrarca in *De sui ipsius et multorum ignorantia*[21] die zeitgenössische aristotelische Naturphilosophie averroistischer Prägung. Auf den ersten Blick scheint diese Kritik getragen von der Glaubensgewißheit des Christen, dem weder ein Nebeneinander von auf der *ratio* gründender philosophischer Wahrheit und auf der Offenbarung gründender Glaubenswahrheit – die sog. Lehre von der doppelten Wahrheit – erträglich ist [P 732], noch die Lehre von der Ewigkeit der Welt, die zwar die Notwendigkeit der natürlichen Ordnung sichert, aber eine göttliche Schöpfung ausschließt [P 730; 740]. Aber darunter liegt noch eine zweite, der Philosophie immanente Argumentationsschicht. Diese wendet sich gegen den von den Aristotelikern vertretenen und geforderten Dogmatismus [P 718; 742] und hält ihm, eklektisch, die divergierenden Lehren anderer Philosophen entgegen [P 750], die sich gegen die Notwendigkeit und absolute Gültigkeit von «Naturgesetzen» auf die Omnipotenz Gottes und damit die Kontingenz der Welt berufen [P 732] und für die Bestätigung von Tatsachenaussagen über die Natur empirische Grundlage und Nachprüfbarkeit fordern [P 712 f.]. Und schließlich findet sich eine dritte Schicht der Argumentation, auf der Petrarca nach dem Nutzen der angestrebten Erkenntnis und von Erkenntnis überhaupt fragt [P 712 f.] und das Wollen dem Erkennen, das Gute dem Wahren überordnet, da der Mensch zwar vollendet lieben, nicht aber vollendet erkennen könne [P 744; 748].

Wenn Petrarca in dieser seiner Kritik der averroistisch beeinflußten aristotelischen Philosophie und Wissenschaft[22] durchaus den Grundpositionen des Voluntarismus (Omnipotenz Gottes und Vorrang der *voluntas* vor dem *intellectus*) und des Nominalismus (Existenzerkenntnis ist nur möglich in der unmittelbaren Erfahrung der *cognitio intuitiva*) folgt, so teilt er doch nicht deren Konsequenz, die Reduktion der Philosophie auf die Analyse der formalen Denkstrukturen, auf Wissenschaftstheorie und

Logik, in denen allein Notwendigkeit und Allgemeinheit zu finden sind.

Im Gegenteil – und damit vollzieht Petrarca den Bruch mit der Entwicklung der spätscholastischen Philosophie –, er kämpft lebenslang gegen die Verabsolutierung der «Dialektik»[23] und, in deren Gefolge, gegen die Dialektisierung aller Disziplinen und Wissenschaften[24] und entlarvt die nur formale, von allen bestimmten Inhalten absehende Sicherheit dieser Logik als Scheinsicherheit [INV 53]. Er stellt ihr entgegen eine bei aller Kontingenz der Welt nicht zu leugnende, in der Erfahrung gründende letzte existentielle Sicherheit, die Sicherheit des Todes[25], setzt damit in der traditionellen Definition des Menschen als «vernünftiges, sterbliches Lebewesen» – *animal rationale mortale* – die Mortalität als Spezifikum des Menschen über die Rationalität [INV 71; P 52], definiert folglich, im Anschluß an Platon, die Philosophie als «Nachdenken über den Tod» – *meditatio mortis* – [OP 821; INV 54] und setzt dieses in dialektischer Wendung und unter Berufung auf Cicero gleich mit der Kunst des Lebens, *ars vitae* [EN XII, 223; OP 821]. Wenn das Dasein des Menschen notwendig ein Ende hat, dann ist das Leben identisch mit dem Sterben, die Reflexion über den Tod identisch mit der Reflexion über das Leben, die Kunst des Sterbens identisch mit der Kunst des Lebens.

Mit dieser Definition der Philosophie als Kunst des Lebens holt Petrarca noch einmal, wie einst Sokrates, die Philosophie vom Himmel und der Betrachtung der Natur herunter auf die Erde zur Betrachtung der menschlichen Welt[26]. Auch in dieser sind, durch den voluntaristischen Gott, alle verbindlichen Normen fragwürdig geworden[27], es gibt keinen sicheren Weg, das mit Gott identische Gute zu erreichen [P 748; INV 76], keine Hierarchie der Werte, des Verhaltens, der Lebensweisen. Orientierung liefert nur die unmittelbare Erfahrung des Lebens selbst, das als Ganzes zum Experiment wird, in dem der individuelle Lebensplan die Hypothese, die rationale Analyse der Lebensumstände die Experimentanordnung und das endliche Scheitern oder Gelingen die Bestätigung oder Widerlegung der Hypothese darstellt[28]. Nur im entschlossenen Vollzug dieses Experiments kann der Mensch sich selbst erkennen und seine Objektivität erfahren.

Neben diese unmittelbare Erfahrung tritt die mittelbare Erfahrung der Geschichte. Die Geschichte ist zwar weiterhin an sich von der göttlichen Vorsehung, der *providentia*, geleitet; da diese aber in die Ferne der Unerkennbarkeit gerückt ist, ist die Geschichte für den Menschen ein Spielball der Fortuna, wenn es ihm nicht gelingt, sie als Ergebnis seines eigenen Tuns, seiner eigenen *virtus* zu begreifen und ihre Gestaltung selbst zu leisten[29]. Daher wird die antike Geschichtsschreibung, die den Menschen, nicht Gott, als Subjekt der Geschichte versteht, nicht nur zum Vorbild der Historiographie, sondern auch zum Speicher menschlicher Erfahrung für die Auseinandersetzung mit den Problemen des menschlichen Lebens[30].

Historische Beispiele sind Orientierungshilfen und moralphilosophische Argumente – *historia magistra vitae* –, nicht, weil sie allgemeine, gültige Normen konkret explizieren oder weil in einem historischen Kreislauf die Situationen der Vergangenheit wiederkehren, sondern weil sie, als mittelbare Erfahrung, den Horizont erweitern, aus dem heraus der Mensch das Experiment seines eigenen Lebens wagen kann und muß[31].

Aus diesem Verständnis des Menschen in der Welt und vor der Geschichte entwickelt Petrarca, als Antwort auf die mittelalterlichen Traktate über die *miseria*, das Elend des Menschen, seine neue Anthropologie der Würde des Menschen, der *dignitas hominis*[32]. Der Mensch ist das Ebenbild Gottes, des Schöpfers, *Dei creatoris*, wie dieser nicht zuerst ein Erkennender, sondern ein Schöpferischer, Schöpfer seiner selbst und seiner Welt. Auch im Menschen herrscht – und damit wird der theologische Voluntarismus zum anthropologischen Voluntarismus – der Wille über den Intellekt, nicht der Intellekt über den Willen [P 748], und auch ihm ist die Natur nicht Objekt der Anschauung und Erkenntnis, sondern des schöpferischen Eingriffs. So wie historisches Wissen als Hypothese über die geschichtliche Realität dadurch validiert wird, daß es zur Orientierung im menschlichen Leben taugt, wird Wissen über die Natur dadurch bestätigt, daß der Mensch mit seiner Hilfe die Natur seinen Zwecken dienstbar machen kann, das heißt dadurch, daß es nützlich ist. Während Petrarca die aristotelische Naturphilosophie bekämpft, feiert er die Erfindung der Brille als Schöpfungstat des Menschen [OP 213].

Daß dieser Übergang vom erkenntniszentrierten zum handlungszentrierten Menschenbild jedoch nicht ungebrochen ist, sondern den verzweifelten Versuch der Selbstbehauptung im Angesicht der fortbestehenden Ausgeschlossenheit aus einer nicht mehr erkennbaren Schöpfungsordnung darstellt, zeigt der Kontext, in dem Petrarca ihn entwickelt: im zweiten Buch der «Heilmittel gegen Glück und Unglück» – *De remediis utriusque fortunae* –, das Argumente für eine Umdeutung des menschlichen Elends sammelt, während zuvor im ersten Buch dieses Werkes einer möglichen Überhebung des Menschen in Augenblicken vermeintlichen Glückes argumentativ vorgebaut wird.

Diese Gebrochenheit der Aussagen ist kein Einzelfall. Sie zieht sich durch das gesamte Werk Petrarcas und steigert sich zuweilen zum wörtlichen Selbstwiderspruch[33]. In ihr manifestiert sich Petrarcas Denk- und Argumentationsstil, der nicht systematisch und beweisend ist, sondern abwägend und auf Überzeugung zielend und in diesem Sinne rhetorisch. So verdächtig diese Eigenheit von Petrarcas Philosophieren auch für die nachcartesische systematische Philosophie machen muß, so sachgerecht und legitim muß sie aufgrund der Voraussetzungen, von denen Petrarca ausgeht, erscheinen. Vor dem Hintergrund der durchgehenden Kontingenz der Welt ist der einzige Zugang des Menschen zur Realität die je an Ort und Zeit gebundene individuelle Erfahrung. Diese aber bietet, gerade wegen ihrer Individualität, keine Grundlage für allgemeingültige Beweise, sondern lediglich für Argumente bzw. mögliche Hypothesen über die Realität an sich, die im Experiment des je individuellen Lebensplanes und der je individuellen Lebenssituation überprüft werden müssen. Obwohl Petrarca daher durchaus das logische Beweisverfahren benutzt, um Argumente zu entwickeln und Hypothesen aufzustellen, und dies auch bei aller Polemik gegen die ‹Dialektik› anerkennt [EN X, 37 f.; INV 51], bedarf es einer von der logischen unterschiedenen Argumentationsstruktur, um den individuellen Erfahrungen und den daraus gezogenen Schlüssen eine allgemeine Bedeutung zu geben und ihnen, wenn nicht den Charakter der Wahrheit, so doch konsensische Gültigkeit zu sichern.

Eine solche Argumentationsstruktur aber ist der Gegenstand der Rhetorik, die nicht nur lehrt – wie von Petrarca in *De remediis utriusque fortunae* praktiziert –, die Argumente für oder gegen eine bestimmte Definition des jeweils in Rede stehenden Sachverhaltes zu sammeln[34], sondern auch, sie der jeweiligen kommunikativen Situation entsprechend zu entwickeln und zu benutzen[35], um so den historisch gültigen Konsens über die gemeinsame Realität der Kommunikationsgemeinschaft schaffen zu können, und die drittens durch ihren Appell nicht nur an die Ratio, sondern auch an das voluntative Vermögen des Menschen diese gemeinsame Realität als eine das Handeln bindende zu vermitteln vermag[36]. Als Folge dieses Überganges von einem rein logischen zu einem rhetorischen Argumentationsstil ersetzt Petrarca die traditionellen Formen philosophischer Literatur, die *Quaestio* und den Kommentar, durch den Brief und den Dialog, die auf einen jeweiligen Partner und seine Situation bezogen argumentieren und nicht beanspruchen, gültige Lösungen von Problemen zu bieten, sondern Probleme in der Vielfalt ihrer Aspekte zu analysieren und eine Hypothese zu ihrer Lösung in der jeweiligen Situation nahezulegen. Dabei auftretende Inkonsistenzen und Widersprüche in der Argumentation lassen sich auflösen, wenn man die jeweilige historische Situation, in der die Argumentation lokalisiert ist, berücksichtigt. Ihre letzte Bestätigung aber erhalten sie, und das gälte dann auch für Petrarcas gesamte Philosophie, wenn sie anstelle des logischen den praktischen Beweis ihrer Übereinstimmung mit der Realität, von der sie sprechen, erbringen.

b) Coluccio Salutati

Salutati ist die zentrale Figur der zweiten Humanistengeneration[37]. Geboren 1331 in Stignano, einem kleinen Ort in der Toskana, verbringt er seine Jugend in Bologna, wo er zum Notar ausgebildet wird. Danach ist er zwischen 1350 und 1375 als Kanzler verschiedener mittelitalienischer Kommunen, 1368/69 auch als Assistent des päpstlichen Sekretärs Francesco Bruni in Rom tätig und wird schließlich 1375 Kanzler von Florenz, ein Amt, das er bis zu seinem Tode 1406 mit großer Bravour versieht. Giangaleazzo Visconti, der mächtige Gegner von Florenz, soll geäußert haben, ein Brief Salutatis habe ihm mehr geschadet als tausend Reiter[38].

Als Kanzler von Florenz, der führenden Stadt Italiens, konnte Salutati jedoch auch einen entscheidenden Einfluß auf die kulturelle Entwicklung Italiens nehmen und die Ansätze Petrarcas, mit dem er in brieflicher Verbindung gestanden hatte, weiterentwickeln und an das 15. Jahrhundert, das Jahrhundert des italienischen Humanismus, weitergeben. Salutati war es, der 1399 den Griechen Chrysoloras nach Florenz rief, um Griechisch zu lehren, und damit die neue Rezeption der griechischen Tradition initiierte[39], und in seinem Umkreis wurde erstmals der Begriff der *studia humanitatis* für die neuen Studien geprägt und deren Programm entwickelt[40].

In seiner philosophischen Argumentation ist Salutati sehr viel systematischer als Petrarca, und er geht unmittelbarer als dieser auf die Argumente seiner scholastischen Gegner ein. Dies rührt nicht nur daher, daß er die scholastische Philosophie, wie seine Bibliothek beweist[41], intensiver studiert hatte, sondern auch daher, daß im Florenz des späten 14. Jahrhunderts die Scholastik, besonders der Ockhamismus, bedeutende Parteigänger besaß und der Humanismus sich erst nach einer lebendigen, zuweilen auch polemischen Diskussion durchsetzen konnte[42]. Man hat deshalb gemeint, Salutati als einen im wesentlichen noch mittelalterlichen Menschen charakterisieren zu müssen[43], dabei aber übersehen, daß die mittelalterlichen Aspekte in Salutatis Äußerungen weitgehend dazu dienen, den neuen humanistischen Ansatz Petrarcas an die Zeitgenossen zu vermitteln. Tatsächlich ist gerade jene Schrift Salutatis, die äußerlich der scholastischen Tradition am nächsten zu stehen scheint, «Vom Vorrang der Jurisprudenz oder der Medizin» – *De nobilitate legum et medicinae* –, nicht nur thematisch eine unmittelbare Fortsetzung der Auseinandersetzung Petrarcas mit der scholastischen Naturphilosophie[44], sondern dient auch der Begründung seiner eigenen Antwort auf die Krise der scholastischen Philosophie.

Im Zentrum dieser Auseinandersetzung Salutatis mit einem Vertreter der aristotelischen Naturphilosophie über die größere wissenschaftliche Sicherheit von Jurisprudenz oder Medizin steht eine Klärung der erkenntnistheoretischen Positionen. Während der Gegner, Roberto Grosseteste folgend, die Sicherheit von Erkenntnis an die Existenzsicherheit ihrer Objekte bindet[45], sieht Salutati, Thomas von Aquin folgend, die Sicherheit der Erkenntnis in Abhängigkeit vom Erkenntnisvermögen ihres Subjektes[46]. Mit dieser nur scheinbar willkürlichen Auswechslung scholastischer Autoritäten trägt Salutati der voluntaristischen Kontingenz der Welt Rechnung, nach der jedes mögliche Erkenntnisobjekt, da von der unberechenbaren Allmacht Gottes abhängig[47], Existenzsicherheit für den Menschen in gleicher Weise nur dann und insofern hat, als es vom Menschen als existierend wahrgenommen wird[48], so daß eine erkenntnistheoretische Differenzierung nach den Objekten der Erkenntnis unmöglich geworden ist. Soll überhaupt eine Erkenntnistheorie möglich sein, so muß sie – und darin zeigt sich die Nähe auch Salutatis zur ockhamistischen Konsequenz aus dem Voluntarismus – im Subjekt der Erkenntnis selbst gründen und aus ihm seine Sicherheit ziehen.

Während aber der Nominalismus Ockhams diese Sicherheit lediglich in den formalen Strukturen des Denkens sieht, erkennt Salutati die Defizienz eines solchen rein formalen Wissensbegriffes, die inhaltliche Beliebigkeit und darum Unverbindlichkeit formaler Argumentation[49], die nicht zum Wissen, sondern allenfalls zur Erkenntnis des Nicht-Wissens führt[50], und er fragt, wie Petrarca, nach der Möglichkeit inhaltlicher Auffüllung bzw. nach inhaltlich gesicherten Prämissen.

Salutatis wissenschaftstheoretische Frage lautet daher, von welchen Objekten und folglich in welchen Wissenschaften der Mensch die Seinsprinzipien selbst unbezweifelbar besitzen kann, um von ihnen aus, deduktiv beweisend, auf die je existierenden, partikularen Objekte schließen und sie daher im Sinne des aristotelischen Wissenschaftsbegriffes wissen zu können[51]. Diese Frage ist für den Bereich der natürlichen Objekte zu verneinen, da sie dem Menschen nur jeweils als partikuläre in der Erfahrung gegeben sind und allenfalls eine numerische Induktion, nicht aber den Schluß auf eine notwendige Ursache zulassen [NOB 114; 118; 144].

Im Bereich des menschlichen Handelns dagegen, in der Welt der Geschichte, der Politik, der Gesetze, sind dem Menschen nicht nur die partikulären Fakten zugänglich, sondern er besitzt, da er selbst ihr Schöpfer ist, in seinem Willen auch die Ursachen und Prinzipien ihres Seins, so daß er hier, aus den Ursachen deduzierend, zu sicherem Wissen gelangen kann[52].

Damit formuliert auch Salutati als Antwort auf den theologischen einen anthropologischen Voluntarismus. Nicht das dem menschlichen Intellekt verborgene Wahre, sondern das dem menschlichen Wollen offenbare Gute, welches das Prinzip allen Handelns ist, bietet dem Menschen ein Fundament inhaltlicher Sicherheit. So ist für Salutati die *voluntas* dem *intellectus* nicht nur deshalb vorgeordnet, weil der Intellekt nur tätig werden kann, wenn und insofern ein Willensakt ihn dazu bestimmt [NOB 182 ff.], sondern auch, weil die Ergebnisse des Erkenntnisaktes für den Menschen erst verbindlich sind, wenn und insofern sie durch einen entsprechenden Akt des Wollens bestätigt werden und sich so das Wahre als das Gute erweist [NOB 186; 258]. Für die Naturerkenntnis bedeutet dies, daß sie ihre Autonomie verliert und der Kontrolle der Moralphilosophie unterworfen wird [NOB 172], es bedeutet aber auch, daß ihr ein neues Ziel gesetzt wird: die Natur nicht um ihrer selbst willen zu erkennen, sondern sie im Hinblick auf den Nutzen des Menschen zu erforschen und damit *scientia operativa*, angewandte Wissenschaft, zu werden und zum Aufbau der menschlichen Welt beizutragen[53].

Als Lehre vom menschlichen Wollen und Handeln wird folglich Moralphilosophie anstelle der Metaphysik zur grundlegenden philosophischen Disziplin. Sie ist untrennbar mit der *sapientia* verbunden[54] und begründet den Vorrang der *vita activa* vor der *vita contemplativa*, die als Lebensvollzug des Menschen selbst stets nur eine Möglichkeit des aktiven Lebens ist und als solche auch dessen Normen, der sozialen Verantwortung und der *caritas*, der christlichen Nächstenliebe, unterliegt [EP II, 449 ff.; III, 285 ff.]. Diese Normen ihrerseits gründen wiederum in einer Naturrechtslehre, die Salutati im Anschluß an Thomas von Aquin und Cicero entwickelt. Da die gesamte Schöpfung von Gott gelenkt wird, ist sie von seinem Gesetz durchdrungen: so auch der Mensch, der zwar in seinem Handeln und Wollen frei ist, in dem aber dennoch das göttliche Gesetz als natürliche Neigung und bewußtes Prinzip waltet.

In seiner allgemeinsten Form lautet dieses Prinzip «Was ihr wollt, das euch die Menschen tun, das tuet ihr ihnen auch» (Matth. VII, 12) oder «Hüte dich, einem anderen anzutun, was du nicht dir angetan haben willst» oder auch «Jeder soll nach dem Recht gerichtet werden, das er für andere festsetzt». Es weist damit, wenn nicht der Begründung, so doch dem Inhalt nach, auf Kants kategorischen Imperativ voraus. Die positive Gesetzgebung besteht dann in der Explikation und Konkretisierung dieses allgemeinen Prinzips in Hinblick auf die jeweilige Handlungssituation[55].

Diese prinzipielle Verankerung des menschlichen im göttlichen Willen ermöglicht Salutati, ein von Petrarca verschiedenes Verständnis der Fortuna als in der Geschichte wirkende Macht zu entwickeln. Zwar kann sie auch bei ihm nicht, wie in der aristotelisch-averroistischen Tradition, durch astrologische Spekulation als Gesetzlichkeit der Welt erkannt werden, sie muß aber auch nicht, als Metapher des menschlichen Ausgeliefertseins, durch *virtus* überwunden werden, sondern sie kann, als Ausdruck des göttlichen Willens, durch rechtes Wollen und Tun vom Menschen eingeholt werden[56]. Damit ergibt sich als Aufgabe des menschlichen Handelns und zentrales Problem der Philosophie, die dieses Handeln lehren soll, die Vermittlung zwischen dem immer schon gewußten, dem Menschen innewohnenden Prinzip des Guten und Gerechten und der im ständigen Wandel begriffenen, je neuen historischen Situation.

Ausdruck eines solchen Versuches, «das zu wählen, was auf dem kürzesten, geradesten und schnellsten Wege zu diesem Prinzip führt»[57], ist Salutatis politische Theorie, die pragmatisch darauf angelegt ist, in wechselnden historischen Situationen Frieden und Ordnung für die staatliche Gemeinschaft zu sichern.

Deshalb ist jede bestehende Herrschaftsform, sofern sie nur Ordnung zu garantieren vermag, legitim und zu verteidigen, erst wenn und insofern sie diese Ordnungsfunktion nicht mehr wahrzunehmen vermag, hat das Volk das Recht, eine neue Herrschaftsform zu begründen. Jeder politische Umsturz zerstört die bestehende Ordnung und ist folglich illegitim und verwerflich, er kann jedoch, dank der «normativen Macht des Faktischen» durch die tatsächlich hergestellte neue Ordnung und die Duldung durch das Volk nachträglich zu einer neuen legitimen Herrschaft führen. So war Caesar zwar ein Usurpator, nachdem seine Alleinherrschaft sich aber durchgesetzt hatte, machten sich seine Mörder des illegitimen Umsturzes schuldig und sind also – von dieser Frage gehen Salutatis Überlegungen aus – zu Recht von Dante in die unterste Hölle verbannt worden[58].

Die konservative, jeder Veränderung gegenüber ablehnende Haltung Salutatis in seiner politischen Theorie und offenbar auch in seiner politischen Praxis[59] läßt erkennen, daß Salutati sich sehr wohl der Schwierigkeiten bewußt war, die sich der Realisierung des unveränderlichen Prinzips des Handelns in der sich ständig wandelnden historischen Welt entgegenstellen[60].

Auf ihre Bewältigung ist daher auch sein Bildungsprogramm der *studia humanitatis* ausgerichtet: Neben der Willensbildung durch historische Beispiele [EP I, 58; 105; 123; II, 295; III, 386] fordert es ein umfangreiches, auf eigener Erfahrung und Lektüre, vor allem historischer Schriften, beruhendes Wissen[61], um den Menschen zur *prudentia* zu verhelfen, das heißt zur Fähigkeit, die jeweilige Situation zu erkennen und ihr gemäß zu handeln[62].

Als methodisches Instrument dient dabei wiederum, wie bei Petrarca, die Rhetorik, denn sie lehrt einerseits, die jeweils gegebenen Sachverhalte unter einer Vielzahl möglicher Aspekte zu analysieren und in ihrer Polyvalenz zu erfassen[63], und ist andererseits in der Lage, auf das voluntative Vermögen einzuwirken und es an die so vom Intellekt erworbenen Einsichten in die Realität zu binden [EP III, 179; IV, 223 ff.]. Erst in der Bildung seines rationalen Vermögens zu *sapientia* und *eloquentia*, zu Weisheit und Beredsamkeit, kann der Mensch seine höchste Vollendung erreichen[64].

Die Vermittlung von Inhalten an das voluntative Vermögen und damit die moralische Erziehung des Menschen kommt jedoch nicht nur der Rhetorik sondern auch der Poesie zu. Wenn Salutati mit diesem Argument die Lektüre heidnischer Dichter im christlichen Ambiente verteidigt, steht er noch ganz im Banne mittelalterlicher Auffassungen[65]. Er trennt sich jedoch vom Mittelalter, wenn er die Poesie nicht nur aufgrund der äußeren Form des Versmaßes von der Rhetorik unterscheidet, sondern auch und vor allem aufgrund der inneren Form des metaphorischen Sprechens, dank dessen der Dichter Sachverhalte nicht begrifflich festschreiben muß, sondern bildhaft andeuten und in ihrer Polyvalenz bestehen lassen kann[66]. Aus diesem Grunde ist für Salutati die Poesie besonders geeignet, über jenen Bereich zu sprechen, der dem menschlichen Begreifen am meisten verschlossen ist, über Gott und religiöse Inhalte, so wie auch die Bibel selbst weitgehend in poetischer Sprache verfaßt sei. Salutati legt damit den Grundstein zu einer gegen die scholastische Theologie gerichteten poetischen Theologie, die im folgenden Jahrhundert weiterentwickelt werden wird[67]. Dichtung bringt, so verstanden, ihre Aussagen nie unmittelbar zum Ausdruck, sondern verbirgt sie hinter dem Schleier der Metaphorik, so daß sie stets der – allegorischen – Interpretation bedarf. Dies bedeutet aber auch, daß der Dichter selbst sich des Inhaltes seiner Bilder nicht oder nicht in ihrer ganzen Tragweite bewußt sein kann, daß er vielmehr göttlich inspiriert spricht. Damit tritt neben die mittelalterliche, auf Horaz zurückgehende Theorie des gelehrten Dichters, des *doctus poeta*, die platonische Inspirationstheorie, die der Dichtung, eben weil sie nicht an die Grenzen der menschlichen *ratio* gebunden ist, eine unmittelbare Verbindung zur Transzendenz und in ihr dem Menschen einen Zugang zur Objektivität sichert, den in der voluntaristisch kontingenten Welt der Intellekt nicht mehr zu leisten vermag[68].

3. Der Florentiner Bürgerhumanismus

Dank des ausgedehnten, auch politischen Wirkens Petrarcas und Salutatis, dank ihrer reichen Korrespondenz, durch die sie mit allen bedeutenden Zentren Italiens und darüber hinaus in Verbindung standen, aber auch dank des verheißungsvollen Anspruchs, den Menschen jene Orientierung im Leben wiederzugeben, die die spätscholastische Philosophie nicht mehr zu gewähren vermochte[69], gelang es dem Humanismus, sich seit dem Beginn des 15. Jahrhunderts in Italien, das die geistige Führung in Europa übernommen hatte, zunehmend durchzusetzen. Dies ist ablesbar an der mit großer Intensität betriebenen Wiederentdeckung verloren geglaubter antiker und patristischer Texte[70] und an der ständig zunehmenden Herausgeber- und Übersetzertätigkeit, die, begünstigt durch die Erfindung des Buchdrucks um die Mitte des Jahrhunderts, dem folgenden 16. Jahrhundert faktisch die gesamte Philosophie und Wissenschaft der Antike wieder zugänglich machte[71], und es ist ebenso ablesbar an der großen Zahl humanistischer Bildungsprogramme[72], die nicht nur propagiert, sondern – exemplarisch in den Schulen Guarino Veroneses in Ferrara und Vittorino da Feltres in Mantua[73] – auch in die pädagogische Wirklichkeit umgesetzt werden, so daß man im 16. Jahrhundert davon ausgehen kann, daß jeder Philosoph und Wissenschaftler, zumindest sofern er Italiener ist, eine humanistische Grundausbildung genossen hat.

Vor allem in Florenz, das aufgrund seiner wirtschaftlichen Macht und seiner politischen Verfassung eine Sonderstellung in Italien einnahm[74], war es unter dem Einfluß Salutatis zu einer Identifikation von humanistischem Geist und patriotisch-republikanischem Staatsbewußtsein gekommen, die Florenz auch zum unbestrittenen kulturellen Zentrum Italiens

werden ließ. Diese Identifikation bescherte einerseits den Humanisten –
im Unterschied zu den außerflorentinischen ‹Wanderhumanisten› – soziale
Sicherheit[75] und politischen Einfluß[76] und führte andererseits dazu, daß
die Humanisten sich auch in ihrer theoretischen Tätigkeit vorrangig den
Problemen des ‹bürgerlichen Lebens›[77] widmeten. Es ist daher kein Zufall,
daß gerade in Florenz die Grenze zwischen humanistischem Theoretiker
und politisch wirtschaftlichem Praktiker oft nicht eindeutig zu ziehen ist[78]
und die ersten Beispiele vulgärsprachlicher und damit auch dem des Lateins unkundigen Leser verständlicher humanistischer Texte hier zu finden sind[79], und nicht ohne Grund spricht man, in Abhebung vom meist
höfischen Humanismus in anderen Teilen Italiens, vom ‹Florentiner Bürgerhumanismus›[80].

a) Die Definition der ethischen Frage:
 Leonardo Bruni und Poggio Bracciolini

Die Vermittler des Denkens Petrarcas und Salutatis an das 15. Jahrhundert sind Leonardo Bruni Aretino (1369–1444)[81] und Poggio Bracciolini
(1380–1459)[82]. Beide entstammen dem Kreis der Freunde und Schüler
Salutatis[83], beide sind sie, der eine, Bruni, für kürzere, der andere, Poggio,
für längere Zeit, als Sekretäre an der Kurie beschäftigt, beide werden gegen Ende ihres Lebens, Bruni von 1427–1444, Poggio von 1453–1459,
Kanzler von Florenz, und beide schreiben in dieser Funktion eine Geschichte ihrer Stadt. Beide tragen auch wesentlich zur Verbreiterung der
inhaltlichen Basis des Humanismus bei, Poggio, indem er, gemeinsam mit
seinem Freund Niccolò Niccoli, die Suche nach verlorenen Manuskripten
mit großer Intensität und ebenso großem Erfolg, vor allem während des
Konzils von Konstanz und Basel, fortsetzt[84], Bruni, indem er seine von
Chrysoloras 1399 erworbenen Griechischkenntnisse[85] in der Übersetzung
zahlreicher, vor allem Platonischer und Aristotelischer Schriften beweist[86].
In ihrer philosophischen Arbeit schließlich konzentrieren sich beide, wenn
auch mit unterschiedlicher Perspektive, in der Nachfolge Petrarcas und
Salutatis und im Dienste ihrer orientierungsbedürftigen Mitbürger auf die
ethische Frage.

Leonardo Bruni Aretino, der in seinen *Dialogi ad Petrum Paulum Histrum* der Bannerträger der kulturellen Erneuerung durch den Humanismus ist und in seinen historischen Werken die menschliche Tüchtigkeit,
die *virtus*, als entscheidenden Faktor des historischen Geschehens feiert,
vertraut ganz auf die Geschichtsmächtigkeit des Menschen und darauf,

daß es möglich ist, diese Geschichtsmächtigkeit des Menschen garantie-
rende Normen des Handelns zu sichern. So geht er in seiner Einführung
in die Moralphilosophie, dem *Isagogicon moralis disciplinae*, von Petrarcas Grundsatz aus, daß der Mensch sich ein *propositum*, ein festes Ziel
selbst setzen müsse [HU 20, 7] und daß er, dank des ihm, wie schon Salutati gelehrt hatte, eingeborenen Strebens nach dem Guten, dies mit Hilfe der Moralphilosophie auch in objektiv gültiger Weise zu tun vermöge
[HU 21, 5–29]. Kernstück seiner knappen Skizze der Moralphilosophie
ist daher, obwohl sie den größten Teil der Schrift ausmacht [HU 28, 24–
41,14], nicht die Tugendlehre, die sich weitgehend an der von Bruni
selbst wenige Jahre zuvor neu übersetzten Nikomachischen Ethik des
Aristoteles orientiert und von diesem lediglich in der Höherbewertung
der Klugheit, *prudentia*, als Leiterin des aktiven Lebens, gegenüber der
kontemplativen Weisheit, *sapientia*, abzuweichen scheint [HU 39, 10 ff.].
Kernstück ist vielmehr die der Tugendlehre vorausgehende und sie präju-
dizierende Bestimmung des höchsten Gutes und letzten Zieles des Menschen [HU 23, 32–28, 23], in der die Antike mindestens drei Positionen,
die epikureische, die stoische und die peripatetische, vertreten hatte, zu
denen der Humanist begründet Stellung beziehen muß, ohne sich im
spätmittelalterlichen Kontext auf metaphysische oder transzendente Kriterien berufen zu können.

Bruni entwickelt daher drei neue Kriterien zur Begründung einer philosophischen Ethik. Das erste ist ihm die aus der *cognitio intuitiva* erwachsende subjektive Erfahrung, in deren Licht alle drei antiken Positionen, je
für sich betrachtet, Plausibilität besitzen und daher keine von ihnen a
priori abgelehnt werden kann [HU 27, 10–25]. Das zweite Kriterium ist
ihm die in der Geschichte gesammelte Erfahrung der Jahrhunderte, in der
die Wahrheit – *veritas filia temporum* – sich als das, was sich in allem
Wandel durchhält, offenbart und die dadurch, daß sie von allen möglichen Bestimmungen des letzten Zieles gerade diese drei bewahrt hat, die
subjektive Erfahrung bestätigt [HU 27, 25–29]. Das dritte Kriterium
schließlich ist die Möglichkeit, die Widersprüche zwischen den Positionen
aufzuheben und sie auf eine einzige Position zurückzuführen, die damit
als die in ihnen verborgene gemeinsame Wahrheit gesichert wird [HU. 27,
29–28, 23].

Während also das erste Kriterium die Subjektivität der Erfahrung als
unverzichtbare Grundlage aller Erkenntnis behauptet und das zweite Kriterium diese in der intersubjektiven Erfahrung der Geschichte absichert,
ist das dritte Kriterium Ausdruck des Bemühens, den Mangel an a priori

gegebenen Prinzipien, die eine Entscheidung zwischen den Positionen, wie im Mittelalter, nach dem Satz vom Widerspruch erlauben würden, durch eine aposteriorische Gewinnung jenes Objektiven auszugleichen, das sich im Gang der Geschichte in jeweils unterschiedlicher Gestalt manifestiert und jede konkrete Formulierung von Wahrheit als historisch bedingt zu verstehen verlangt. Bruni weist damit den Weg, auf dem die Philosophie auch auf der Grundlage von Subjektivität und im Bewußtsein ihrer Geschichtlichkeit nicht auf den affirmativen Begriff der Wahrheit zu verzichten braucht, sondern sie, zunächst durch die induktive Feststellung des Identischen im Verschiedenen, später dann durch die transzendentale Fragestellung und schließlich durch die dialektische Aufhebung des Antithetischen in der Synthese bewahren kann.

Aber dieser Weg, der unmittelbar in die Neuzeit führen würde, kann im Florenz des 15. Jahrhunderts noch nicht gegangen werden. Wenn der Ausgangspunkt von Brunis Moralphilosophie die subjektive Werterfahrung ist und auf dieser letztlich ihre moralische Verbindlichkeit beruht, dann muß dieser, vor aller nachträglichen theoretischen Sicherung, das vorrangige Interesse gelten, und wenn Bruni, unter dem Eindruck von Salutatis natürlicher Neigung des Menschen zum Guten, die prinzipielle Zustimmung der subjektiven Werterfahrung zu den antiken Zieldefinitionen glaubt feststellen zu können, meldet sein jüngerer Freund und Kollege Poggio gerade hier seine Zweifel an und eröffnet damit für die humanistische Moralphilosophie eine neue, empirisch-pragmatische Grundlagendiskussion.

Daß Poggio mit diesem seinem pragmatischen Ansatz nicht nur gegen Bruni, sondern auch gegen Salutati argumentiert, wird deutlich an seiner Wiederaufnahme der von Salutati diskutierten Frage nach dem Vorrang von Jurisprudenz oder Medizin[87]. Auch er läßt beide Disziplinen in Rede und Gegenrede ihre Wissenschaftsmodelle und Zielsetzungen vorstellen, entscheidet dann aber nicht, wie noch Salutati, nach einem übergeordneten Wissenschaftsprinzip, sondern mißt beide an der Erfahrung der *cognitio intuitiva*, vor der sie sich gleichermaßen als nicht realisierbare theoretische Systeme entlarven. Dies gilt insbesondere für die Jurisprudenz, deren von Salutati formuliertem Anspruch, in der natürlichen Neigung des Menschen zu gründen, der an den Platonischen Gorgias[88] erinnernde empirische Nachweis der Widernatürlichkeit der Gesetze [DISP 28] und deren Behauptung, kulturschöpferisch zu wirken, der historische Hinweis entgegengehalten wird, daß «alles Große und Erinnerungswürdige aus Unrecht und Ungerechtigkeit und Verachtung der Gesetze entstanden ist» [DISP 29].

Es wäre allerdings falsch, Poggio damit als Vertreter der Anarchie und Gesetzlosigkeit zu betrachten. Denn seine Untersuchung endet nicht mit einer affirmativen These, sondern mit der Erklärung, der Zweifel sei die Ursache der Wahrheitsfindung [DISP 33]. So wird offenbar, daß Poggios Dialog nicht apodiktisch gemeint ist, sondern rhetorisch, daß seine Erwägung des Für und Wider, das *in utramque partem disputare*, lediglich voreilige Festlegungen und nicht, oder nicht mehr, in der Erfahrung einholbare Positionen aufbrechen will, um Normen und Gesetze finden zu können, die der Natur des Menschen tatsächlich entsprechen, denen er spontan gehorchen kann und die ihm konkrete Orientierung im realen Leben bieten.

Dieser Aufgabe dienen in der Tat seine übrigen moralphilosophischen Schriften, die kein ethisches System entwickeln, sondern aktuelle Detailfragen erörtern. In seinem Dialog «Über die Habgier» – *De avaritia* – [OP I, 2–31] etwa untersucht er das vom Wucherverbot der Kirche und der stoischen Moralphilosophie gleichermaßen verurteilte Streben nach Reichtum, das gleichwohl den Lebensnerv der Kaufmannsstadt Florenz darstellt. Er versucht zu zeigen, daß das ‹Streben nach mehr› dem Menschen von Natur eignet, daß ohne solches Streben keine menschliche Gemeinschaft und keine Kultur möglich wäre und die sozialen Tugenden wie Mitleid und Nächstenliebe, Wohltätigkeit und Freigebigkeit nicht geübt werden könnten [OP I, 13], und er kommt zu dem Ergebnis, daß Reichtum zwar kein absolutes Gut ist, so daß der Arme ihn verachten darf, daß er jedoch, in Sozialbindung gebraucht, sehr wohl ein Gut zu sein vermag [OP I, 31].

Wenn Poggio so in *De avaritia* sich bemüht, die traditionelle Morallehre an der gesellschaftlichen Realität des Frühkapitalismus zu überprüfen und nach deren Erfordernissen zu modifizieren, greift er mit dem Dialog *De nobilitate* [OP I, 64–83] ein Problem auf, das die Ablösung des Feudaladels durch das Bürgertum stellt. Schon Salutati hatte [EP III, 644; 648], und ihm war der früh verstorbene Buonaccorso da Montemagno gefolgt[89], dem feudalen Konzept des Blutadels das Konzept des allein auf der Tüchtigkeit – *virtus* – beruhenden Adels des Menschen entgegengestellt[90] und damit dem Selbstverständnis des aufstrebenden, tatkräftigen Bürgertums eine philosophische Bestätigung gegeben. Poggio folgt seinen humanistischen Vorgängern in dieser Entgegensetzung, aber wiederum überprüft er das aus der stoischen Tradition überkommene Ideal eines Menschen, der unbeeindruckt von dem Wandel Fortunas und völlig unabhängig von ihren Gütern sein Leben selbst gestaltet, an der Erfahrung des bürgerlichen

Lebens und kommt zu dem Ergebnis, daß dieser Adelsbegriff illusionär und nicht realisierbar ist, da ein humanes Leben ohne die von der unkontrollierbaren Fortuna abhängigen materiellen Güter nicht gelebt werden kann [OP I, 81].

Die anthropologische Perspektive, unter der in *De nobilitate* das gesellschaftliche Problem des Adelsbegriffes im Spannungsfeld von *virtus* und *fortuna* diskutiert wird und die sich schon vorher in der Berufung auf die Natur des Menschen angedeutet hatte, wird thematisch in Poggios Alterswerk, dem Dialog über das Elend der menschlichen Situation – *De miseria conditionis humanae* – [OP I, 88–131], und auch hier verwendet Poggio die gleiche, bewährte Argumentationsstrategie. Er leugnet nicht, daß, wie Petrarca gelehrt hatte, der Mensch dank seiner Vernunftbegabung und seiner Fähigkeit zur Tugend den Tücken der Fortuna widerstehen und sein Leben selbst gestalten kann, aber er zeigt, daß im Angesicht der erfahrbaren Realität diese Lehre von der Würde des Menschen allenfalls auf einige wenige zutrifft, daß der Mensch im allgemeinen, der Durchschnittsmensch, ihr nicht genügen kann und daß er, dem Wandel eines unberechenbaren Schicksals elendig ausgeliefert, die Verantwortung für seine Geschichte nicht zu tragen vermag.

So stellt er dem Ideal die Wirklichkeit, dem Gedanken die Erfahrung, dem Normativen das Normale gegenüber, aber nicht, um das Normale zur Norm zu erheben – er endet mit dem Aufruf, dem Schicksal Widerstand zu leisten und sein Leben nach Kräften selbst zu gestalten [OP I, 131] –, sondern um dem Ideal seine Realität als, sei es auch unerreichbares, Ziel für den Menschen zurückzugeben.

b) Die Blüte des Florentiner Bürgerhumanismus: Giannozzo Manetti, Matteo Palmieri, Leon Battista Alberti

Mit Bruni und Poggio sind die Pole bestimmt, zwischen denen der Florentiner Bürgerhumanismus sich bewegt: auf der einen Seite die Aufgabe, subjektive Erfahrung intersubjektiv oder objektiv abzusichern, auf der anderen Seite die Aufgabe, theoretische Konzepte in der Erfahrung der *cognitio intuitiva* der Realitätsprüfung zu unterziehen. Inhaltlich ist dieses Denken, wie auch das humanistische Bildungsprogramm formuliert, zunächst auf die ethische Fragestellung konzentriert. Von Anfang an, das heißt von Petrarca her, birgt diese jedoch schon in sich die Tendenz zur anthropologischen Reflexion, in der die Natur des Handlungssubjektes geklärt wird, und sie kann sich auf die Dauer auch nicht der Reflexion über die Natur als dem Objekt des menschlichen Handelns entziehen. Das berühmte Schlagwort Jacob Burckhardts von der ‹Entdeckung der Welt und des Menschen›[91] hat in dieser Erweiterung der ethischen Frage seine Grundlage.

Es ist die zweite Generation Florentiner Bürgerhumanisten, also die Generation jener, die, um 1400 geboren, bereits im Geiste dieses Humanismus aufwachsen, die dieses Denken in Gestalten wie Giannozzo Manetti, Matteo Palmieri und Leon Battista Alberti exemplarisch verkörpert.

Giannozzo Manetti (1396–1459)[92], Florentiner von Geburt und Freund Brunis, dessen Leichenrede er hält, gelehrter Kenner des Lateinischen, Griechischen und Hebräischen, Übersetzer der Aristotelischen Ethik und der Psalmen, daneben bis in die Zeit der Medici hinein in politischen Diensten seiner Vaterstadt, schreibt am Ende seines Lebens, in der Verbannung am Hofe des Königs Alfons von Neapel jenes Werk, das ihm bei der Nachwelt den Ruf eines führenden Humanisten sichert: «Über die Würde und Erhabenheit des Menschen», *De dignitate et excellentia hominis*.

Mit diesem Traktat, vollendet 1452, drei Jahre vor Poggios *De miseria*, schreibt Manetti die erste große Monographie humanistischer Anthropologie[93]. Er antwortet mit ihr explizit auf die 1195 verfaßte Schrift des späteren Papstes Innozenz III. «Über das Elend des menschlichen Daseins» – *De miseria humane conditionis* –[94], die schon Petrarca zu seiner These vom *homo creator*, dem «Menschen als Schöpfer» provoziert hatte, implizit aber, wie er in der Vorrede erklärt [DIG 2,10 ff.] auch auf zwei Werke des ebenfalls am Hof von Neapel wirkenden Bartolomeo Fazio (1400–1457)[95], in denen dieser die Unerfüllbarkeit menschlichen Glücksstrebens in dieser Welt vertreten und den wahren Wert des Menschen allein auf seine unsterbliche Seele gegründet hatte, die ihm in der jenseitigen Schau Gottes die Erfüllung seines Wesens ermögliche. Manetti stützt sich bei dieser seiner Antwort auf das ganze Gewicht seiner Gelehrsamkeit, er beruft sich nicht nur auf Cicero, Aristoteles und die heidnische Antike, sondern schlägt auch eine Brücke zur patristischen Tradition[96] und bemüht sich so, seine anthropologischen Thesen in einem ‹möglichst breit gefaßten historischen Konsens abzusichern.

Er geht im ersten Buch [DIG 5–33] von der Betrachtung des menschlichen Körpers aus, der nicht nur vollkommener sei als der der Tiere, sondern ein solches Maß an Vollkommenheit besitze, daß die Antike selbst die Götter nach ihm gebildet und den Menschen als Abbild der gesamten

Schöpfung, als Mikrokosmos, bezeichnet habe [DIG 30, 16–30]. Er untersucht anschließend im zweiten Buch die Seele als den Bewohner dieses wohlstrukturierten Gebäudes [DIG 34–64], geht dann, im dritten Buch, zum ganzen Menschen als der Einheit von Körper und Seele über [DIG 65–99] und versucht schließlich im vierten Buch, auf der Grundlage der drei vorhergehenden die These von der *miseria*, dem Elend des menschlichen Daseins, zu widerlegen [DIG 100–148].

Wenn dabei im ersten Buch die Aufwertung des menschlichen Körpers dem irdischen Dasein des Menschen eine positive Valenz gibt, so ist damit schon die Tendenz des ganzen Werkes festgelegt. Zwar macht Manetti in der Seelenfrage so, wie es auch Fazio getan hatte, starke Bedenken gegen eine rein empirische Psychologie geltend [DIG 39, 19 ff.] und wählt als Ausgangspunkt seiner Seelenlehre den christlichen Glauben an die von Gott nach seinem Bilde aus dem Nichts geschaffene unsterbliche Seele des Menschen, in der Interpretation dieses Glaubenssatzes aber kommt die Diesseitigkeit des Menschen wieder zum Durchbruch. Für Fazio bedeutete die Gottesebenbildlichkeit, daß der Mensch mit Geist, Verstand und Unsterblichkeit begabt ist und sein Ziel darum in der Erkenntnis der Wahrheit und letztlich, da der Mensch die Wahrheit in diesem Leben nicht erkennen kann, in der jenseitigen Schau Gottes liegt[97]. Für Manetti dagegen impliziert diese Gottesebenbildlichkeit darüber hinaus, daß der Mensch auch mit der *voluntas* begabt ist, das heißt mit dem Vermögen zu wollen und zu handeln, und in dieser neu hinzugekommenen *voluntas* kulminieren die Vermögen der Seele, insofern Manetti als Ziel nicht das Erkennen, sondern die Beherrschung der übrigen Lebewesen, und den Intellekt nicht als theoretisches, sondern als praktisches Vermögen definiert[98].

Der Gott, nach dessen Bild der Mensch geschaffen ist, ist also nicht der allwissende, sondern der allmächtige Gott des Voluntarismus, und daher ist auch der Mensch voluntaristisch zu verstehen: Er ist nicht das zur Erkenntnis der Wahrheit bestimmte Wesen, der *homo sapiens*, sondern, wie schon bei Petrarca, das zu schöpferischem Tun bestimmte Wesen, der *homo creator*. Während aber bei Petrarca dieser *homo creator*, der sich seine eigene Welt schaffen kann, immer außerhalb dieser Welt bleibt und ihr immer als Außenseiter gegenübersteht, ist er bei Manetti immer als Einheit von Körper und Seele Schöpfer *in* dieser Welt, er ist, betrachtet man seine wunderbaren Werke, der Vollender der Schöpfung selbst, der, was Gott begonnen hat, durch Erkennen und Handeln zur Vollkommenheit bringt[99].

Zieht man den rhetorischen Überschwang ab, mit dem Manetti schon als erreicht preist, was, wie er selbst nicht verschweigt [DIG 97, 8 ff.], erst als Aufgabe eines jeden Menschen immer wieder zu leisten ist, dann bleibt als Kernstück seiner Anthropologie die aus der Erfahrung erfolgreichen menschlichen Handelns gewonnene Überzeugung, daß in diesem voluntaristischen Kosmos der Mensch nicht hilflos ausgeliefert ist und seine Selbstbehauptung nicht gegen eine ihm feindliche Umwelt, sei es Natur oder Fortuna, erstreiten muß[100], sondern daß in der Einheit von Körper und Seele der Mensch selbst ein, wenn auch ausgezeichneter, Teil der Schöpfungsordnung ist, daß daher die Verfaßtheit der Natur seinem Handeln entgegenkommt und sein geistiges Vermögen, das absolute Wahrheit im Diesseits nicht erkennen kann, sich im schöpferischen Tun des Menschen als Vermögen erweist, neue Ordnung zu stiften und damit die Ordnung der Natur zu vollenden [DIG 79, 1 ff.]. Wenn Manetti daher am Ende seines Traktates dazu aufruft, sich um *virtus* zu bemühen [DIG 142, 18 ff.], dann handelt es sich nicht mehr um eine stoische Tugend des asketischen Lebensverzichtes und des Rückzugs in die Innerlichkeit, auch nicht um eine Tugend der Pflicht, sondern um den Erwerb jener schöpferischen Tüchtigkeit, durch die der Mensch sich, in der Natur handelnd und sie gestaltend, als Teil dieser Natur erfährt und seine Würde bestätigt.

Manettis Traktat über die Würde des Menschen ist daher nicht nur eine Feier der menschlichen Würde als Schöpferkraft, sondern viel mehr noch der Versuch, auf der Grundlage einer historisch-empirischen Anthropologie einen Weg zu weisen, auf dem Orientierung und Handlungsmöglichkeit in einer als Ganzem kontingenten Welt zurückgewonnen werden können. Versuche, diesen von Manetti begründeten Weg zu gehen, gibt es schon vor diesem[101], auch Poggios Dialoge zu moralischen Einzelfragen kann man zu ihnen rechnen, beispielhaft aber ist die Schrift über das bürgerliche Leben – *Vita civile* – des Matteo Palmieri (1406–1475)[102].

Aus einer begüterten Florentiner Kaufmannsfamilie stammend, hatte Palmieri das vom Vater übernommene Geschäft, eine Apotheke, mit solchem Erfolg geführt, daß er sich schon ab ca. 1434 aus dem Geschäftsleben zurückziehen und den Betätigungen eines Bürgerhumanisten widmen konnte: der Politik, in der er Parteigänger der Medici war, und den Studien. Frucht dieser theoretischen Bemühungen sind einige historische Werke, das im Alter verfaßte platonisierende Gedicht «Die Stadt des Lebens» – *La Città di vita* –, das ihn dem Verdacht der Häresie aussetzte, und der schon früh, 1438, vollendete Dialog über das bürgerliche Leben.

Die erklärte Absicht Palmieris in diesem seinem bedeutendsten und er-
folgreichsten Werk ist es, seinen Mitbürgern, die des Lateins nicht mächtig sind und denen darum die Lehren der antiken Tradition verschlossen
bleiben, eine Orientierungshilfe in der Unbeständigkeit des menschlichen
Lebens zu geben [VIT 4–10].

In dieser Absicht gründet die Benutzung der
italienischen anstelle der lateinischen Sprache [VIT 149–151], die Übertragung der Protagonistenrolle im Dialog an Agnolo Pandolfini (vor
1360–1446), dem selbst ein Dialog über das Leben innerhalb der Familie
zugeschrieben worden ist[103], und die Ankündigung, sich nicht an den *finte
bontà*, den erfundenen Gütern Platons und anderer Philosophen [VIT 7],
sondern am *uso della vita*, an der Lebenspraxis, orientieren zu wollen
[VIT 63], also nicht die antike Ethik einfach zu vulgarisieren, sondern sie
als *ars vitae* der bürgerlichen Realität anzuverwandeln.

Obwohl Palmieri mit diesem Programm der Skepsis des Bürgers gegen
jede als Selbstzweck verstandene Theorie entgegenkommt[104], bekämpft er
gleichzeitig die aus dieser Skepsis erwachsende Bildungsfeindlichkeit. Im
ganzen ersten, der Kindererziehung gewidmeten Buch propagiert er jene
enzyklopädische Bildung, die Quintilian für den Redner empfiehlt, damit
dieser über alles sachgemäß reden könne[105], für den Bürger, damit dieser
zum *virtuoso*, zum in allen menschlichen Vermögen Ausgebildeten, werde, zum allgemein gebildeten *uomo universale*, der, so wie der perfekte
Redner in jeder Situation angemessen zu reden vermag, als vollkommener
Bürger in jeder Situation sachgemäß zu handeln weiß [VIT 39 f.].

Um aber nun dieses Sachwissen der allgemeinen Bildung richtig anwenden zu können, bedarf es der moralischen Normen. Palmieri übernimmt
die Ciceronianische Unterscheidung von Ehrbarkeit und Nützlichkeit,
honestum und *utile*, als letzte Orientierungskriterien[106], welche der
Theorie zwar identisch seien, in der Erfahrung des Lebens aber einander
zu widerstreiten schienen [VIT 63; 151], diskutiert die Ehrbarkeit im 2.
und 3. Buch, wiederum im Anschluß an Cicero, nach den Kardinaltugenden Klugheit, Tapferkeit, Mäßigkeit und Gerechtigkeit und behandelt im
4. Buch schließlich die Nützlichkeit, die das Kriterium des Erwerbs jener
Mittel sei, die eine Realisierung der Tugenden in der Gemeinschaft er-
möglichten [VIT 153 f.].

Palmieri stellt sich mit diesem Tugendsystem, im Unterschied zu Bruni,
ganz in die Tradition Ciceros. Nur bei der Untersuchung der Klugheit
übernimmt er, ergänzend, das System der dianoetischen Tugenden des
Aristoteles [VIT 65–68]. Dieser Autoritätenwechsel erlaubt ihm, wie auch
die Apotheose des politisch Handelnden am Ende des Werkes zeigt[107],

Tugendhaftigkeit generell als Handeln im Sinne des Gemeinwohls zu verstehen. Dies führt, um nur einige Beispiele zu nennen, wie bei Poggio zur Sozialbindung des Eigentums [VIT 72], zur Aufwertung der handwerklichen Tätigkeit und der mechanischen Künste [VIT 186] und, generell, zur Sonderstellung der das ganze 3. Buch einnehmenden Gerechtigkeit, die im politischen Handeln als Gesetzestreue, im ökonomischen Handeln als Sicherung des gerechten Lohnes [VIT 183] Grundlage der Erhaltung der Gemeinschaft ist[108].

Schon diese wenigen Hinweise vermögen zu zeigen, wie Palmieri die antike Ethik den Problemen des bürgerlichen Lebens im 15. Jahrhundert anzupassen versucht und damit das übernommene formale Tugendsystem inhaltlich verwandelt. Er geht dabei zwar von den traditionellen Tugenddefinitionen aus, aber er bedient sich ihrer nicht als Wesensdefinitionen, um auf ihrer Grundlage eine möglichst umfassende und zugleich differenzierte, widerspruchsfreie Theorie ethischer Normen zu entwickeln, sondern er betrachtet sie als Definitionen des Normalen, die, aus der Erfahrung gewonnen, ihre Gültigkeit an den Beispielen konkreter Erfahrung erweisen müssen und durch sie erst inhaltlich gefüllt werden. Das traditionelle Tugendsystem ist daher für Palmieri ein hypothetisches Modell realitätsgerechten Handelns, das, ähnlich wie bei Poggio, der Erfolgskontrolle unterworfen ist, bzw. es ist ein System von Topoi, von Fragen und Gesichtspunkten, unter denen, wie zum Beispiel in Petrarcas Beispielsammlung der *Rerum memorandarum libri*[109], historische Erfahrung geordnet oder aktuelle Handlungssituationen analysiert werden können, um die in ihnen enthaltenen Handlungsalternativen zu erkennen und eine reflektierte Entscheidung treffen zu können.

Die Verbindlichkeit eines solchen topisch verstandenen Tugendsystems beruht auf dem Konsens, den die angeführten Beispielsituationen zu schaffen vermögen. Wenn daher Palmieri den Leitwert seiner bürgerlichen Ethik, die Ehrbarkeit, *honestà*, zirkulär begründet – Ehrbarkeit ist, was im Tun der Ehrbaren realisiert wird, und ehrbar ist, wer Ehrbarkeit realisiert [VIT 63] –, dann verbirgt sich hinter dieser Zirkularität der Konsens der Ehre erweisenden menschlichen Gemeinschaft als letzte Begründungsinstanz moralischen Handelns[110].

Palmieris Versuche, darüber hinaus diese Konsensorientierung aus der Natur des Menschen als soziales Wesen anthropologisch [VIT 61–63] und die sozialen Tugenden selbst durch ihre Verankerung im göttlichen Willen transzendent zu begründen [VIT 51–55; 199–208], zeugen zwar von seinem Bewußtsein, daß eine solche konsensgestützte Morallehre

theoretische Begründungsmängel aufweist, sie können aber – wie die mythische Form der Apotheose des politisch Handelnden am Schluß des
Dialogs deutlich macht – im Kontext von Palmieris rhetorischer Argumentation verbindliche Gültigkeit nur in dem Maße beanspruchen, in
dem ihnen konsensische Zustimmung zuteil wird.

Wenn Palmieri als der exemplarische Vertreter der konsensisch begründeten Ethik des Florentiner Bürgerhumanismus gelten kann, dann ist der
um zwei Jahre ältere Leon Battista Alberti (1404–1472)[111] der exemplarische Vertreter jenes allgemein gebildeten Menschen, *uomo universale*, der
dieser Ethik als Ideal vorschwebt. Vermutlich als unehelicher Sohn aus
einer alten Florentiner Familie[112] in der Verbannung in Genua geboren,
studiert er, wie so viele Humanisten, in Bologna Jurisprudenz und geht als
Sekretär des Kardinals Albergati 1432 nach Rom, wo er die Stelle eines
Abbreviators bei Papst Eugen IV. erhält. In dieser Funktion und infolge
der Einigungsbemühungen dieses Papstes führt er von 1434 bis 1443 ein
unstetes Leben, das ihm längere Aufenthalte in seiner Vaterstadt Florenz
erlaubt. Ab 1443 lebt er – erst in Diensten der Humanisten-Päpste Nikolaus V. und Pius II., dann von Paul II. unter Paganismusverdacht seiner
Ämter enthoben – bis zu seinem Tode in Rom.

In seinen Werken, die er teils in lateinischer, teils in italienischer Sprache
veröffentlicht[113], wendet er sich gleichermaßen an Gelehrte und Bürger, beweist er sich als Kenner klassischer Philosophie wie als Pragmatiker des
bürgerlichen Lebens, als Dichter – er schreibt eine lateinische Komödie, die
noch 1588 als antik betrachtet wird[114] – und als Theoretiker der italienischen Sprache – er verfaßt die erste italienische Grammatik. Darüber hinaus ist er Kunst- und Architekturtheoretiker, Maler und Architekt, Mathematiker, Ingenieur und Kartograph, und in allem, was er unternimmt,
scheint ihn jene Spannung zu beherrschen, die für den Humanisten spezifisch ist: die Spannung zwischen Theorie und Praxis, Denken und Handeln,
Idee und Erfahrung.

Diese Spannung wird deutlich schon in seinem ersten moralphilosophischen Werk, noch in Bologna, gleich nach dem Abschluß seines Studiums
geschrieben: *De commodis et incommodis litterarum*, über Nutzen und
Nachteil der Philosophie für das Leben, in dem er zu dem Ergebnis
kommt, daß praktisches politisches Handeln sich nicht nach philosophischen Prinzipien, sondern nach der Erfahrung richtet [F 135 ff.], und wer
ernsthaft Philosophie betreiben will, auf das Leben in der bürgerlichen
Gemeinschaft verzichten muß [F 149]. Zwischen beiden, Philosophie und
Leben, zu vermitteln, wird ihm, der sich letztlich für ein Leben mit der

Philosophie entscheidet [F 151], zur theoretischen Aufgabe. Er versucht
sie zu lösen, indem er einerseits philosophische Konzepte an der Erfahrung
überprüft und mit einer Poggio verwandten Radikalität in Frage stellt: die
sogenannte ‹Nachtseite› des Humanismus[115], und indem er andererseits
Erfahrung im Lichte philosophischer Konzepte analysiert, um ihre Bewältigung zu ermöglichen: die an Manetti und Palmieri erinnernde ‹Sonnenseite› des Humanismus.

Die ‹Nachtseite› setzt ein mit den in den Florentiner Jahren verfaßten
Intercoenales[116], den Tischgesprächen, einer losen Folge von satirischen
Dialogen, die dem erst kürzlich wieder entdeckten Lukian[117] nachemp-
funden sind. In ihnen werden Leitbegriffe der traditionellen, vor allem
stoischen Ethik, als mythische Gestalten personifiziert, in ihrer Hilflosigkeit gegenüber der Fortuna und der Notwendigkeit, den Mächten, die das
historische Geschehen beherrschen, entlarvt[118] und wird schließlich im
letzten, das ganze 4. Buch einnehmenden Dialog *Defunctus* der Begriff
des Lebens selbst seiner Positivität beraubt. Alles Tun der Menschen ist
sinnloses, von Torheit und Wahnsinn geprägtes Treiben [F 156 ff.], und
das höchste Gut ist daher der von diesem Wahnsinn erlösende Tod[119].

Wenn hier wie auch in dem 10 Jahre später entstandenen und die *Intercoenales* gleichsam zusammenfassenden *Momus* der satirische Ton die
Distanz des befreienden Lachens erlaubt, dann wird es in den 1440/41
bzw. 1443/44 geschriebenen Dialogen *Theogenius* und *Profugiorum ab
aerumna libri*, den Büchern von der Zuflucht vor der Trübsal[120], bitter-
ernst. Denn nun werden eben jene Alternativen selbst, die der Humanist
als Wege zur Selbstbehauptung in einer als Ganzer kontingenten, historischen Realität propagiert hatte, die aktiv-gestalterische Beherrschung der
Welt, die auf der These von der göttlichen Würde des Menschen beruhte
(Theogenius), und der Rückzug in die Innerlichkeit des in rationaler Distanz lebenden Stoikers *(Profugiorum libri)*, als widernatürliche Mon-
strositäten entlarvt.

Wenn und soweit der Mensch sich, der Grenzenlosigkeit seiner voluntativen Kräfte vertrauend, zum Beherrscher der Natur aufschwingt, dann
übersieht er nicht nur, daß er in Wahrheit das schwächste und gefährdet-
ste aller Lebewesen ist [OVG 2, 89 f.], sondern macht sich, mehr noch,
zum Feind jener Natur, die er zu beherrschen sich anmaßt. Er wird zum
Zerstörer jener Ordnung, die er doch schaffen wollte, zur Bestie, die gegen sich selbst wütet. Der Versuch, sich gewaltsam seinen Platz als Herrscher der Natur zu sichern, schließt ihn endgültig aus der Ordnung der
Natur aus und liefert ihn, als das meistgehaßte Wesen des Kosmos, den

Verfolgungen der Natur wehrlos aus [OVG 2, 92 ff.]. Wählt der Mensch
aber – getreu dem Ende des *Theogenius*, daß es das größte Unglück sei,
Unglück nicht ertragen zu können [OVG 2, 104] – den Weg der rationalen Distanz, dann übersieht er, daß der Mensch von Natur aus von Leidenschaften geprägt ist [OVG 2,109 f.], und wird zum Monstrum der
Fühllosigkeit, das sich selbst aus der Gemeinschaft der Menschen ausschließt [OVG 2, 117 f.]. Auch die humanistischen Alternativen der aktiven Bemächtigung der
Geschichte wie ihrer passiv-resignativen, «weisen» Hinnahme erweisen
sich daher als theoretische Reduktionen, die, da sie den Menschen entweder auf das voluntative oder auf das rationale Vermögen beschränken,
den Unmenschen gebären und eben darum den Menschen in seiner Le-
benswirklichkeit der Hilflosigkeit überantworten. Die Konsequenz aus
dieser Hilflosigkeit ist im *Theogenius* der Tod als letztes wünschbares Ziel
und damit der Selbstmord als letzte, extreme Tat [OVG 2, 103 f.], in den
Profugiorum libri die Melancholie, die das dritte Buch beherrscht, als
letzte Bastion der Resignation und des extremen Tätigkeitsverzichtes[121].
Aber diese Konsequenzen aus der Konfrontation der theoretischen Positionen mit der erfahrenen Realität sind nicht Albertis letztes Wort. Statt
sich gegen Fortuna zu stellen und entweder im Kampf gegen sie zu scheitern oder sich ihr kampflos zu unterwerfen, fordert er, die Geschichtlichkeit der menschlichen Realität anzuerkennen und das «Entweder – Oder»
der beiden Alternativen zu unterlaufen – die beiden Extremwerte *virtus*
und *patientia* miteinander zu verbinden [OVG 2, 174 f.] und damit einen
neuen, dritten Weg der menschlichen Selbstbehauptung zu betreten, der
Theorie und Praxis zu vermitteln verlangt.

Diesen Weg zu bestimmen ist Aufgabe jener Schriften Albertis, in denen
er zur ‹Sonnenseite› des Humanismus gerechnet werden kann und positive Regeln zur Lebensführung entwickelt. Schon zur Zeit der Abfassung
der *Intercoenales* schreibt er sein bekanntestes moralphilosophisches
Werk, *Della famiglia*, Über das Hauswesen [OVG 1], in dem er in drei
Büchern die Aufgaben des Familienoberhauptes in Hinblick auf die innere Ordnung der Familie mit Einschluß des gesamten Hauswesens, auf ihre
Beziehung zur Umwelt und zur größeren Gemeinschaft des Staates und
auf die Bewahrung und Vermehrung ihres Ansehens und Vermögens erörtert, um dann, während eines zweiten Aufenthaltes in Florenz, nach 1440,
ein viertes Buch über die Freundschaft hinzuzufügen. Auch Alberti geht es
also, wie Palmieri, darum, eine pragmatische Anweisung zum bürgerlichen Leben zu geben, auch er bezieht sich dabei auf die antike Tradition

als ein topisches Modell, um in ihrem Lichte die Gegenwart zu analysieren [OVG 1, 244–47; H 315–19], und auch er geht aus von dem Grundkonflikt zwischen *virtus* und *fortuna* [OVG 1, 9; H 11]. Während aber Palmieri das Gemeinwohl als höchsten Wert proklamiert und dem einzelnen im Schutze der Staatsethik Sicherheit vor dem Wandel der Geschichte verspricht, ist bei Alberti der höchste Wert der Nutzen der Familie, und das Familienoberhaupt, an das sich seine Ethik richtet, kann sich nicht an einer ihm übergeordneten Instanz orientieren, sondern trägt selbst die letzte Verantwortung für die Geschichte der familiären Lebensgemeinschaft. Das ethische Subjekt – und darin zeigt sich von Anfang an der neue Ansatz Albertis – findet daher in der *virtus* kein gesichertes Bollwerk gegen den Wandel der Geschichte, sondern kann dank ihrer – gleichgültig, ob es ein aktives oder ein kontemplatives Leben wählt [OVG 1, 146; H 187] – allenfalls den richtigen Umgang mit diesem unentrinnbaren Wandel lernen.

Dieser richtige Umgang wird, im dritten Buch mit dem Titel *Oeconomicus*, als Kunst des Haushaltens definiert, die als Mitte zwischen Verschwendung und Geiz das Vermögen richtig zu gebrauchen bemüht ist [OVG 1, 164–67; H 211–14]. Dieses ökonomische Modell des Haushaltens, das das aristotelische Tugendkriterium der Mitte übernimmt, schließt einerseits alle extremen Lösungen, wie die Thesen von der *dignitas* oder der *miseria* des Menschen, aus, und es schränkt andererseits die Handlungsmöglichkeit des Menschen auf sein «Kapital» ein, auf das, was ihm wahrhaft zu eigen ist und seiner Natur nach unabdingbar zur Verfügung steht: auf die Regungen seiner Seele, seinen Körper und die Zeit [OVG 1, 168 f.; H 215–17].

Von diesen drei Besitztümern des Menschen ist das dritte, die Zeit, das wichtigste. Denn es bedeutet nicht nur, daß der Mensch Herr der Zeit seines Lebens, also seiner Geschichte, ist und mit dieser Lebenszeit haushälterisch umzugehen hat, sondern charakterisiert generell die Beziehung des Menschen zur ihn umgebenden Welt als eine zeitliche, die er dann beherrschen kann, wenn er sich dem jeweiligen Zeitpunkt angemessen verhält, wenn er Fortuna ‹beim Schopfe faßt› [OVG, 177; H 227][122]. Alberti holt damit die ontologische Kontingenz der voluntaristisch gedeuteten Welt anthropologisch ein und begründet sie in der Geschichtlichkeit des Zeit habenden Menschen. Die Dinge der menschlichen Welt verlieren damit ihren Wert an sich und erhalten eine funktionale Bedeutung in Relation zum jeweiligen Zeitpunkt ihres Auftretens. «Virtuoses» Handeln besteht nicht mehr im aussichtslosen Kampf gegen den unberechenbaren

Wandel der Fortuna, sondern in der angemessenen Verwertung der Chancen, die sich dem Menschen im Wandel der Geschichte eröffnen.

In *Della famiglia* ist das Maß dieser Angemessenheit noch das erfolgskontrollierte Handeln des mit seinem Eigentum wuchernden Ökonomen und darum selbst wiederum von der Erfahrung abhängig. In Albertis der gleichen Thematik gewidmetem Alterswerk *De iciarchia* [OVG 2, 185–286][123] wird es in der Seele des Menschen selbst gefunden, erfahrbar in der natürlichen Scham gegenüber jeder Maßlosigkeit [OVG 2, 222], gegründet in dem vernünftigen Streben nach dem Guten und Schönen [OVG 2, 281] und darum der theoretischen Erforschung a priori zugänglich [OVG 2, 217]. Nicht der ökonomische Nutzen ist daher in diesem Spätwerk der Ausweis des guten Familienoberhauptes – mag dieser auch dem Maßvollen von selbst sich einstellen [OVG 2, 188 f.] –, sondern seine Fähigkeit, als *moderator* dieses Maß in allem Handeln zu realisieren. Er kann aber diese Fähigkeit nur besitzen, wenn er neben der theoretischen Kenntnis des Maßes einen reichen Schatz praktischer Erfahrungen erworben hat, wenn er Klugheit, *prudentia*, besitzt [OVG 2, 271], die es ihm erlaubt, jede Situation nach Zeit, Ort und Umständen zu analysieren und ihr nicht ein ahistorisches Konzept aufzuzwingen, sondern sich den je gegebenen Handlungsmöglichkeiten entsprechend zu verhalten [OVG 2, 226].

Alberti hat damit im Prinzip der Angemessenheit eine Lösung für jenes Problem gefunden, das ihn seit seinem Jugendwerk *De commodis et incommodis litterarum* beschäftigt hatte: die Vermittlung von unhistorischer Theorie und historischer Praxis [OVG 2, 224; 227]. Dieses Prinzip entstammt der rhetorischen Tradition, in der es fordert, die Rede an Redner und Zuhörer, Gegenstand und Zeitpunkt anzumessen[124] Albertis Übertragung dieses Prinzips vom verbalen auf das nonverbale Handeln erlaubt es ihm, der an *hic et nunc*, an «hier und jetzt» gebundenen und darum kontingenten Existenz der Einzeldinge im nominalistischen Kontext gerecht zu werden und in der Analyse der situationsbedingten Zuordnung dieser Einzeldinge zueinander die historisch-dynamische und damit funktionale Struktur der Realität zu bestimmen.

Der neue Denkstil und die neue Theorie, die der prinzipiellen Historizität des Menschen und seiner Welt Rechnung trägt, sind daher wiederum, und radikaler noch als bei Palmieri, rhetorischer Natur. Alberti vergleicht sie einmal mit einem schönen Mosaik, das nach den Bedürfnissen der Zeit aus den Fragmenten des zusammengestürzten Tempels der antiken Weisheit geschaffen wurde [OVG 2, 160 ff.]. Die philosophische Tradition ist als geschlossenes, systematisches Gebäude unbrauchbar geworden, lediglich ihre Trümmer noch, nach den Bedürfnissen der Gegenwart ausgewählt, sind brauchbar als Material und Versatzstück einer neuen Einheit, die nicht als gegeben geschaut werden kann, sondern in jeder neuen Situation erst neu hergestellt werden muß. Diese neue Einheit ist darum eklektisch und, da funktional auf die Vermittlung sich wandelnder Bedürfnisse in eine sich wandelnde Welt ausgerichtet, selbst historisch. Ihr Schöpfer ist daher, wie Alberti im *Momus* [M 135] fordert, nicht der Philosoph, sondern der Handwerker oder der Architekt. Nur die Schönheit, die jedem dieser Mosaiken eigen ist, und nach der, wie Alberti gesagt hatte, jeder Mensch von Natur aus strebt [OVG 2, 281], ist unhistorisches beständiges Maß dieser rhetorischen Theorie, Ziel der Konstruktion des Architekten und Kriterium ihres Gelingens. Und damit verweist Alberti selbst auf seine Architektur- und Kunsttheorie, die er parallel zu seinen moralphilosophischen Werken entwickelt hat und die deren Ergänzung darstellt.

Wenn Alberti in seinen moralphilosophischen Schriften dem Philosophen den Handwerker und Architekten zum Vorbild setzt, dann bedeutet dies auch umgekehrt, daß das Handwerk, daß die *artes mechanicae* ihrerseits theoriefähig geworden sind. Von Petrarca bis Manetti und Palmieri hatten die Humanisten handwerkliches Tun als Zeugnis menschlicher Schöpferkraft gepriesen, Salutati hatte eine dem handwerklichen Tun vergleichbare operative Naturwissenschaft gefordert, aber erst Alberti wird selbst zum Handwerker, zum Maler und Architekten; was aber für die Geschichte des Denkens wichtiger ist: Alberti beginnt damit, handwerkliches Tun, das nicht anders als moralisches Handeln Auseinandersetzung des Menschen mit der Welt ist, theoretisch zu reflektieren. Von besonderer Bedeutung sind dabei zwei Werke: der 1435 aus der Begegnung mit der zeitgenössischen Malerei in Florenz entstandene Traktat über die Malerei, *De pictura* [OVG 3, 7–107], und die um die Mitte des Jahrhunderts durch Vitruvs gleichnamiges Werk[125] angeregten Bücher über die Architektur, *De re aedificatoria*, beide von Alberti selbst unmittelbar nach ihrem Erscheinen ins Italienische übersetzt.

Im Malereitraktat folgt Alberti der Gliederung der *Ars poetica* des Horaz in Kunstwerk (I–II) und Künstler (III) und überträgt damit auch hier die Theorie des verbalen auf die des nonverbalen Handelns. Malerei wird dadurch nicht mehr als Nachahmung der Natur in ihrem An-sich-Sein verstanden, sondern als Schöpfung einer neuen Einheit, die funktional auf den Maler und seine Intentionen bezogen ist. Dieses neue Verständnis der

Malerei findet seinen Ausdruck darin, daß Alberti die perspektivische Darstellung, die Brunelleschi der Seherfahrung folgend entwickelt hatte, zum Ausgangspunkt nimmt und sie, systematisiert in der gleichzeitigen Kurzfassung der *Elementa picturae* [OIM 47–65], in Analogie zu den Elementen der Geometrie des Euklid theoretisch begründet und in ein konstruktives Verfahren überführt.

Diese Geometrisierung der perspektivischen Darstellung bedeutet die Umwandlung der Malerei aus einem durch Übung und Erfahrung zu erlernenden Handwerk in eine nach Prinzipien zu erlernende Technik [OIM 47]. Darüber hinaus aber stellt sie, wissenschaftshistorisch, eine Revolution dar, insofern sie die Anwendung der Geometrie auf die Natur lehrt, und ist ein Musterbeispiel für Albertis Vermittlung von Theorie und Praxis. Denn die Geometrie ist ein rein geistiges Konstrukt, das eben darum in der aristotelischen Tradition nicht auf die Natur angewendet werden kann: Ein Punkt hat keine Ausdehnung, die Natur ist immer materiell und damit ausgedehnt[126]. Alberti muß daher, um die Geometrie in der Malerei auf die Natur anwenden zu können, die euklidische Definition für die Bedürfnisse der Malerei neu formulieren und definiert beispielsweise den Punkt in der Malerei als «eine winzige, dem Atom ähnliche Eintragung, die so klein ist, daß niemals eine Hand eine kleinere machen kann»[127]. Der Begriff des Atoms in dieser Definition könnte vermuten lassen, daß Alberti die Anwendung der Geometrie auf die Natur dadurch ontologisch zu sichern versucht, daß er den aristotelischen Hylemorphismus durch die Atomtheorie ersetzt, die sich nach der Wiederentdeckung des Lukrez durch Poggio im Jahre 1418 anbieten mochte[128]. Es ist daher von entscheidender Bedeutung, daß Alberti in einem kleinen Text zu seiner Verteidigung[129] ein solches ontologisches Verständnis des Atombegriffs und damit eine ontologische Begründung seiner Übertragung der Geometrie auf die Malerei ausdrücklich ablehnt und betont, das Atom sei lediglich eine Metapher für jenes kleinste Element, das der malerischen Konstruktion der Grenzen der Dinge zugrunde liegt. Alberti eröffnet so einen Weg, die Anwendung der Geometrie auf die Natur in der Malerei und über sie hinaus nicht nach ontologischer, sondern nach funktional-konstruktiver Entsprechung vorzunehmen.

Damit aber erweist sich die Form der perspektivischen Darstellung, die nicht mehr die Dinge in sich selbst, sondern in ihrer Beziehung zueinander und zum Betrachter abbildet, generell als Form der theoretischen Erkenntnis. Die reine Geometrie ist das Ergebnis der Perspektive des Mathematikers, die malerische der des Malers, und die Theorie der Perspektive ist das Ergebnis der Perspektive dessen, der die Beziehung zwischen reiner und malerischer Perspektive herstellt. Die dem Menschen erkennbare Wahrheit der Dinge ist, wie Alberti später erklären wird [OVG 3, 35], immer nur die – quantitative – Beziehung der Dinge zueinander, und diese ist bestimmt durch das Maß, das der Mensch selbst setzt, wie zum Beispiel durch den Punkt als kleinste machbare und wahrnehmbare Einheit.

Wenn so die Theorie der Malerei den Philosophen, der sich das Handwerk zum Vorbild nehmen soll, lehrt, daß der Mensch Realität immer nur perspektivisch, das heißt vom Standpunkt und nach Maßgabe des betrachtenden Subjektes erkennen kann und daher Theorie immer eine von Raum und Zeit abhängige Konstruktion des Theoretikers ist, dann lehrt der Architekturtraktat, der nicht die rekonstruktive Betrachtung, sondern die konstruktive Schöpfung in der Natur untersucht, was menschliches Handeln zu sein vermag.

Der Architekt ist nicht nur, als Schöpfer des menschlichen Raumes, der Begründer der menschlichen Gemeinschaft [AED 9], sondern wird in seinem Tun auch nach dem Modell des moralischen Handelns strukturiert (AED 7). Er muß auf der einen Seite einen theoretischen Plan zur Befriedigung der menschlichen Bedürfnisse entwerfen [AED Lib. I], er muß auf der anderen Seite die Baustoffe, das natürliche Material, mit dem sein Plan realisiert werden soll, nicht nach ihrer ontologischen Qualität, sondern nach ihren funktionalen Möglichkeiten [AED 135] empirisch untersuchen und kennen [AED Lib. II], und er muß schließlich zwischen beiden vermitteln [AED Lib. III-IV], indem er mit Hilfe des Handwerkers als seinem Werkzeug das von der Natur übernommene Material den vom Geist entworfenen Linien anpaßt [AED 15]. Garant dafür, daß solches Tun gelingt, ist wiederum seine Angemessenheit an die natürlichen Gegebenheiten wie an den Handelnden und die Bedürfnisse, die erfüllt werden sollen [AED 101; 105].

Bis zu diesem Punkt, der Mitte des Traktates, ist das Handlungsmodell des Architekten, an Bedürfnis und Machbarkeit orientiert, dem erfolgskontrollierten ökonomischen Modell aus *Della famiglia* vergleichbar. Aber es gibt noch ein drittes Kriterium für das Tun des Architekten, das in *De iciarchia* zwar schon als eingeborenes Maß erwähnt war [OVG 2, 185–286], aber erst hier [AED Lib. VI-IX] ausführlich erörtert wird: die Schönheit [AED 445]. Alberti definiert sie als «eine ganz bestimmte, rationale Übereinstimmung aller Teile in dem, dessen Teile sie sind, in der Weise, daß man weder etwas hinzufügen noch etwas wegnehmen kann, ohne daß das Ganze weniger annehmbar würde».[130]

Schönheit ist eine strukturelle Vollkommenheit, die, wie Alberti, ihre Erörterung in einer zweiten Definition zusammenfassend, erklärt[131], darauf beruht, daß alles, was ist, begrenzt ist, daß es seinen Platz hat und darum in einer bestimmten Relation zu den anderen Dingen steht und daß diese Relationen einer bestimmten Zahl entsprechen, also zähl- und meßbar sind und rationale Verhältnisse darstellen. In dieser zweiten, operationalen Definition erweist sich Albertis letztes Kriterium der Schönheit als eine ontologische Größe, die einerseits, mit dem Moment der Begrenztheit *(finitio)* und der bestimmten Anordnung *(collocatio)*, dem in kontingente Einzeldinge zerfallenen Kosmos des Voluntarismus gerecht wird und das funktional-konstruktive Modell des theoretischen und praktischen Umgangs mit diesem Kosmos legitimiert, und andererseits mit dem Moment der meßbaren Relation *(certus numerus)* diesen Kosmos in eine neue Rationalität der mathematisch nachvollziehbaren Struktur einholt, die nicht nur die konstruktive Anwendung der Geometrie auf die Natur rechtfertigt, sondern generell der aposteriorischen Erfolgskontrolle des Handelns in dieser Welt eine apriorische Sicherungsmöglichkeit an die Seite stellt.

Wenn aber, wie Alberti zu zeigen versucht, dieses Prinzip der strukturellen Vollkommenheit nicht nur in der Empirie der sinnlichen Wahrnehmung, gleichsam experimentell nachprüfbar, als ‹ästhetisches› Maß gegeben ist, sondern auch, in seiner mathematischen Rationalität, im menschlichen Geist herrscht und, als ontologische Größe, das Prinzip natürlicher Ordnung und Vollkommenheit ausmacht [AED 815], ist es jenes Gemeinsame, das Mensch und Natur versöhnt, in dem das höchste menschliche Streben mit der Natur im Einverständnis steht und das darum, solange es maßgebend ist, nicht nur den Erfolg des in dieser Weise ‹angemessenen› Handelns garantiert, sondern auch den Erfolg selbst als ‹natürlich› moralisch legitimiert. So ist das in der Architekturtheorie entwickelte Kriterium der Schönheit der Schlußstein der humanistischen Philosophie Albertis.

c) Der Ausgang des Florentiner Bürgerhumanismus: Cristoforo Landino, Angelo Poliziano, Niccolò Machiavelli

Im Universalismus Albertis hat der Florentiner Bürgerhumanismus seinen Höhepunkt erreicht und in der Proklamation des Kriteriums der Schönheit auch schon überschritten. Denn wenn bis zu den späten Werken Albertis die ontologische Frage offengeblieben war und der Mensch, ausgeliefert an eine unerkennbare Fortuna, diese entweder als Chance oder als

Schicksal verstehen konnte, auf jeden Fall aber auf sich selbst und sein Handeln in der selbst geschaffenen menschlichen Welt zurückgeworfen war[132], dann verspricht das ontologische Prinzip der Schönheit eine neue, apriori gegebene Sicherheit und eine neue, alle Erfahrung transzendierende und vom Menschen nicht mehr zu verantwortende Ordnung. Parallel zu dieser theoretischen Entlastung des Individuums von der letzten Verantwortung für seine Welt vollzieht sich mit dem Aufstieg der Medici und der Festigung ihrer Herrschaft auch eine politische Entlastung des Bürgers von der Verantwortung für das Gemeinwesen, die neue Horizonte des Denkens erlaubt. Dieser veränderten Situation können sich auch die in den Generationen nach Alberti lebenden Florentiner Humanisten nicht entziehen. Geboren und aufgewachsen unter dem Prinzipat der Medici, ist die Republik für sie nur noch eine historische Größe. In der einen oder anderen Weise von der Gunst des herrschenden Hauses abhängig, ist, wie ihre Widmungsschreiben beweisen, dieses und nicht die Bürgerschaft von Florenz der Adressat ihrer theoretischen Bemühungen, und lediglich die Kontinuität der Probleme und der Argumentationsweise scheint uns zu berechtigen, sie noch dem Florentiner Bürgerhumanismus hinzuzurechnen.

Cristoforo Landino (1426–1499)[133], der bedeutendste Humanist in Florenz aus der unmittelbar auf Alberti folgenden Generation, war, in Pratovecchio geboren, erst 1439, zur Zeit, als gerade der Neuplatonismus seinen Einzug in die Stadt hielt, nach Florenz gekommen, um hier am ‹Studio› sein Studium fortzusetzen. Durch frühe Dichtungen erwarb er sich die Aufmerksamkeit und Förderung der Medici, wurde zum Erzieher des Lorenzo berufen, erhielt 1458 den Lehrstuhl für Poesie und Rhetorik als Nachfolger seines Lehrers Carlo Marsuppini an eben diesem ‹Studio› und bekleidete von 1467 bis zu seinem Tode eine Reihe ehrenvoller öffentlicher Ämter.

Unbestritten ist Landinos Platz in der Geschichte des vulgärsprachlichen Humanismus, zu dem er nicht nur, die schon von Boccaccio begründete Tradition der öffentlichen Dante-Erklärung fortsetzend, durch seinen Kommentar zur Göttlichen Komödie beitrug, sondern auch durch seine italienische Übersetzung der Naturgeschichte des Plinius, mit der er dem des Lateins nicht mächtigen Bürgertum jenes Buch zugänglich machte, das, als Sammlung vielfältiger Naturbeobachtungen, im humanistischen Unterricht die naturphilosophischen Werke des Aristoteles ersetzt hatte[134].

Auch in seinen lateinischen Dialogen bleibt Landino der humanistischen Thematik treu. In *De nobilitate animae* (1471) [NA] erörtert er das anthropologische Problem der letzten Bestimmung des Menschen, in den *Disputationes Camaldulenses* (1474) [DC] das moralphilosophische Problem des Vorranges von aktivem oder kontemplativem Leben, und in *De vera nobilitate* (nach 1487) [VN] diskutiert er noch einmal, wie schon Poggio, die gesellschaftlich relevante Frage nach dem angemessenen Adelsbegriff. Wie er selbst im Widmungsschreiben von *De nobilitate animae* betont [NA 1915, 2; 1916, 3 f.], ist es ihm dabei nicht um eine systematische Begründung zu tun, sondern um eine dialektische Erörterung der Problematik unter einer Vielzahl von Gesichtspunkten und unter eklektischer Ausbeutung der in der antiken und christlichen Tradition versammelten Argumente.

Die Entscheidung, welche dieser Argumente die stärkeren sind und daher das Problem lösen, bleibt bei dieser Erörterung dem Leser nach Maßgabe seiner eigenen Lebenssituation und Erfahrung überlassen, sie wird aber implizit durch das rhetorische Bemühen des Autors, in diese Situation hineinzuwirken und den Konsens der Überzeugung herzustellen, vorbestimmt. Landinos Argumentationsstrategie nun zielt in allen drei Dialogen, abweichend von seinen humanistischen Vorgängern, darauf, eine platonische Lösung annehmbar zu machen: Die höchste Vollkommenheit der menschlichen Seele besteht in der Wendung zu sich selbst und zu Gott, wo sie alle Dinge erkennt [NA 1917, 4 ff.], das höchste Gut des Menschen und daher die zu wählende Lebensweise ist die Schau, die *contemplatio*, Gottes [DC 71 f.], der wahre Adel besteht in der Abwendung von der Welt der Materie und Hinwendung zur Welt des Geistes [VN 101 f.]. Diese neuen Lösungsangebote bezeugen nicht nur, daß Landino bereits die platonische Tradition rezipiert und in den Bestand der dem Humanisten zur Verfügung stehenden Argumente integriert hat, sondern auch, daß dank der veränderten kulturellen und politischen Situation der Bürger sein Selbstverständnis in einem unpolitischen, kontemplativen Leben finden konnte und mußte.

Aber Landino geht noch einen Schritt weiter und versucht, jenseits der rhetorisch-dialektischen Erörterung das neue kontemplative Lebensideal auch transzendent abzusichern. In der zweiten Hälfte der *Disputationes Camaldulenses* [DC Lib. III – IV] interpretiert er die Geschichte des Vergilischen Aeneas als Allegorie des menschlichen Lebens, dessen einzelne Phasen der allmählichen Reinigung von allem Materiellen und der endlichen Rückkehr zum Göttlichen dienen [DC 253 ff.]. Ein solcher Rückgriff auf die Poesie in philosophischem Kontext ist zwar schon durch die humanistische ‹Verteidigung der Poesie› vorbereitet[135], hat aber bei Landino durch die Rezeption der platonischen Theorie von der göttlichen Inspiration des Dichters eine neue Dignität erhalten. Dichtung ist bei Landino – und damit eröffnet er für die Dichtungstheorie der Renaissance eine neue Dimension[136] – nicht mehr die vom *doctus poeta*, vom gelehrten Dichter, unter dem Schleier der Metaphorik verhüllte Wahrheit, in deren Enthüllung der Leser Nutzen und Freude der Erkenntnis gleichermaßen erfährt[137], sondern sie ist Offenbarung des Göttlichen durch den Mund des inspirierten, vom göttlichen Wahnsinn, dem *furor*, erfaßten Dichters [DC 111 ff.; R 22–35]. In der Dichtung begegnet daher der Mensch der göttlichen Objektivität, die aller historischen Erfahrung und aller philosophischen, rationalen oder rhetorischen Argumentation vorangeht. In ihrer Einholung durch die allegorische Interpretation – wie, in den *Disputationes Camaldulenses*, des Vergilischen Aeneas – findet bei Landino die konsensorientierte Erörterung philosophischer Probleme ihre transzendente, objektive Begründung.

Wenn so Landino den allmählichen Wandel des Florentiner Bürgerhumanismus zum Neuplatonismus repräsentiert – und er wird gelegentlich, etwa von E. Garin, durchaus zur Schule Ficinos gerechnet[138] –, dann ist der eine Generation jüngere Angelo Poliziano (1454–1494)[139] gegen solche Versuchungen offenbar gefeit, obwohl sie ihn in nicht geringem Umfange umgaben. Denn im Alter von gerade zehn Jahren aus seiner Heimatstadt Montepulciano nach Florenz gekommen, wird er Schüler Ficinos, Landinos und des den Aristoteles lehrenden Griechen Johannes Argyropulos[140]; er wird Hausdichter, Sekretär und Prinzenerzieher bei Lorenzo il Magnifico, erhält 1480 den Lehrstuhl für lateinische und griechische Literatur am Florentiner Studio und bleibt sein Leben lang im engsten Kreis der Lorenzo umgebenden neuplatonischen Philosophen.

Aber Polizianos Ehrgeiz führt ihn in andere Richtungen: er dichtet, in italienischer, lateinischer und griechischer Sprache; er übersetzt, nicht nur Homer und den Historiker Herodian, sondern auch Platons Charmides und Epiktets Handbüchlein der Moral; er schreibt als Zeitgenosse die Geschichte der Pazzi-Verschwörung gegen Lorenzo de' Medici. Vor allem aber versteht sich Poliziano als Philologe bzw. als *grammaticus* [OP I, 460] und wirkt als solcher weit über die Grenzen Italiens hinaus, sowohl durch seine verbesserte Methode der Textkonstitution als auch durch seine vorbildlichen historischen Interpretationen, für die er die Beherrschung der gesamten enzyklopädischen Bildung fordert [OP I, 229] und deren Ergebnisse er in den *Miscellanea* sammelt [OP I, 213–311; MCS].

Als *grammaticus* wendet sich Poliziano daher auch, nachdem er zunächst vor allem literarische Texte interpretiert hatte, in den letzten Jahren seiner Lehrtätigkeit der Philosophie zu und interpretiert als Professor für lateinische und griechische Literatur zuerst, 1490, die Nikomachische Ethik und anschließend, 1491–1494, das ganze Aristotelische Organon.

Der Skandal, den dieser Einbruch des Philologen in die Domäne der professionellen Philosophie erregte, und die Prinzipien, die Poliziano seinem Philosophieunterricht zugrunde legte, sind dokumentiert in den Vorreden, den *Praelectiones* [PR], zu diesen Vorlesungen, die als einzige philosophische Werke Polizianos erhalten sind.

Poliziano gesteht – explizit in der Vorrede zur Vorlesung über die Ersten Analytiken des Aristoteles, mit dem Titel *Lamia* [OP I, 451–461] – seinen Kritikern durchaus zu, daß der ideale Begriff der Philosophie, in der platonischen Tradition, der der Schau des Ewigen ist, in sich ruhend, autark [OP I, 453]. Er gesteht auch zu, daß diese wahre Philosophie in der Schau des ewigen und allgemeinen Guten eine wegweisende Funktion habe [OP I, 455 f.]. Aber gerade weil diese ideale Philosophie, wie Poliziano am Höhlengleichnis exemplifiziert [OP I, 458 f.], das Irdisch-Wandelbare verachtet, ist sie unfähig, der Realität des politisch-gesellschaftlichen Lebens gerecht zu werden, und macht sie den Philosophen unfähig, in dieser Welt handelnd sich zu behaupten [OP I, 457 f.], und gerade weil das Ideal des Philosophen kaum erreichbar ist, sind die wahren Philosophen selten [OP I, 454] und kann von den Zeitgenossen keiner beanspruchen, ein solcher zu sein [OP I, 461].

Die Konsequenz aus dieser Diagnose ist, den angemaßten Anspruch auf originäres Philosophieren – sei es spekulativ, systematisch oder eklektisch – aufzugeben und durch das Bemühen zu ersetzen, die großen Philosophen durch grammatikalisch-verbale und historisch-sachliche Interpretation richtig zu verstehen und das, was jene gelehrt haben, nachzuvollziehen [OP I, 459 ff.]. Das neue Ideal ist damit nicht die unmittelbare Erkenntnis der Wahrheit selbst, sondern, bezogen auf den von Poliziano interpretierten Autor, die *puritas Aristotelis*, den reinen Aristoteles in seiner historischen Gestalt zu erkennen [OP I, 529]. Die Aristoteles-Philologie tritt damit zum ersten Mal als Alternative neben das Philosophieren in der Tradition des Aristoteles; hatte dieses sich am Kriterium der streng logischen Konsistenz und Widerspruchsfreiheit orientiert, so bemüht sich die Philologie um die kritische Sicherung dessen, was der historische Aristoteles in seiner spezifischen historischen Situation als real hat erfahren und als zutreffend hat aussagen können. Die Kontinuität des Aristotelismus, der sich in der Kommentartradition des Mittelalters weiterentwik-

kelt hatte, erfährt durch den so gearteten Rückgriff auf den Text des Aristoteles selbst und durch die explizite Ersetzung der mittelalterlichen
durch die authentischeren spätantiken griechischen Aristoteles-Kommentare als Mittel zum Verständnis des Aristoteles [OP I, 529] einen Bruch,
der für das 16. Jahrhundert weitreichende Folgen haben wird.

Wenn sich in der *Lamia* dieses neue Ideal eines philologisch-historischen Philosophierens als Reaktion auf das als nicht realisierbar erkannte
Philosophie-Ideal des Platonismus darstellt, dann zeigen die anderen
Praelectiones die dahinterstehenden humanistischen Intentionen. In der
Vorrede zu Sueton [OP I, 499–506] betont Poliziano, daß *usus* und *memoria*, also der Umgang mit der Realität und die daraus gewonnene Erinnerung, die Eltern der Weisheit seien [OP I, 499] und daß darum der
Mensch nicht im Rückzug aus der Welt der Geschichte, sondern nur in
der konkreten Auseinandersetzung mit ihr seine Objektivität erfahren
kann. Dies ist der Grund, warum die Wahrheit der philosophischen Tradition immer auf ihren historischen Kontext bezogen ist und nur durch
die philologisch-historische Methode der Interpretation zurückgewonnen
werden kann; dies ist auch der Grund, warum Poliziano in der Vorrede
zur Nikomachischen Ethik, dem *Panepistemon* [OP I, 462–473], neben
den freien auch die mechanischen und schmutzigen – *sordidae* – Künste
wie zum Beispiel die Kochkunst als für die Lebenspraxis des Menschen
unentbehrliche Tätigkeiten in den Horizont der Philosophie stellt.

Der Gegenstand der Philosophie, wie Poliziano sie lehrt, sind nicht die
ewigen Wahrheiten, sondern ist die vom Menschen erlittene und gestalte-
te Geschichte. Deshalb lehnt er es in der Vorrede zur Dialektik [OP I,
528–530] ab, über die platonische Dialektik als Wissenschaft der Wissenschaften und Methode des Aufstiegs zum ewigen Einen zu sprechen, und
interpretiert das Aristotelische Organon, wie in der ‹*Dialectica*› betitelten
Vorrede ersichtlich ist [OP I, 517–528], als Lehre vom Gebrauch der
Sprache und der Formen sprachlicher Argumentation. Die Logik wird
damit zur propädeutischen Vorstufe der Rhetorik als Lehre von der
sprachlichen Kommunikation überhaupt [OP I, 471 f.], die, wie er schon
in seiner frühen Vorrede zu Quintilian gesagt hatte [OP I, 492–498], die
Welt des Menschen, der menschlichen Gemeinschaft und der Kultur im
Gang der Geschichte konstituiert [OP I, 496]. Da aber die Sprache als
Instrument der Bewältigung der Geschichte, um deren Wandel gerecht
werden zu können, selbst dem Wandel offen sein muß, zögert Poliziano
nicht, in einer berühmten Polemik mit seinem Humanisten-Kollegen Paolo Cortesio [OP I, 113–115][141] die Lebendigkeit der lateinischen Sprache

als individuelles Ausdrucksmittel gegen den aufkommenden Klassizismus einer sklavischen Cicero-Nachfolge zu verteidigen.

Poliziano, der *grammaticus*, ist damit noch einmal, in Abwehr nicht nur der aristotelischen Scholastik, sondern auch, schon, der neuplatonischen Philosophie und der Erstarrung des Humanismus zum Klassizismus, der Vorkämpfer einer Philosophie der Praxis und der menschlichen Gemeinschaft auf der Grundlage der Sprache und der historischen Erfahrung, auch wenn er im 16. Jahrhundert und darüber hinaus lediglich als Vater der philosophiehistorischen Forschung wirksam wird.

Wenn diese Philosophie der menschlichen Gemeinschaft bei Poliziano zwar noch die historische, nicht aber mehr die politische Dimension besitzt, dann verdankt sich diese Entpolitisierung des Bürgerhumanismus dem Sieg des Prinzipats über die Republik in den glanzvollen Zeiten des Lorenzo de' Medici. Schon 1479 hatte Alamanno Rinuccini (1426–1499), obwohl persönlich mit den Medici befreundet und in ihren Diensten politisch tätig, in seinem *Dialogus de libertate* [L] dem republikanischen Freiheitsideal und dem damit verbundenen bürgerlichen Tugendbegriff den Schwanengesang gesungen[142], und gerade weil die Gültigkeit dieser humanistischen Theorie von ihrer empirischen Einholbarkeit abhing, war eine einfache Reprise in einer veränderten politischen Situation nicht möglich. Es kann daher nicht verwundern, daß, wenn der letzte große Vertreter des Florentiner Bürgerhumanismus, Niccolò Machiavelli (1469–1527)[143], noch einmal ein Theoretiker der Politik ist, seine Theorie einerseits nur aus der Erfahrung der Krise des Prinzipats zum Ende des 15. Jahrhunderts verständlich ist und andererseits eine neue, manchmal bis zur Unkenntlichkeit veränderte Gestalt annimmt.

In eine Familie geboren, die reich genug war, ihm eine humanistische Ausbildung zu ermöglichen, erlebt Machiavelli in seiner Jugend die Pracht von Florenz unter Lorenzo de' Medici, nach dessen Tod, 1492, die theokratische Republik Savonarolas bis zu dessen Verbrennung 1498, und nimmt anschließend an dem Versuch einer Erneuerung der republikanischen Verfassung in Florenz an führender Stelle teil. Nach dem Scheitern dieses Versuchs und der Rückkehr der Medici, 1512, wird er aus dem politischen Leben verbannt und beginnt, auf dem Lande lebend, zu schreiben. Es entstehen die *Discorsi* [D], Betrachtungen zu Livius und über den republikanischen Staat, die Geschichte von Florenz, die Schrift über Kriegskunst, und schließlich *Il principe*, der Fürst [F], mit dem er für die Nachwelt zu einem der umstrittensten Theoretiker der Politik wird. 1525 endlich findet Machiavelli als militärische Autorität Gnade bei den neuen

Machthabern, doch zu seinem Unglück, denn schon zwei Jahre später werden die Medici erneut vertrieben und mit ihnen Machiavelli, der nun als ihr Parteigänger gilt und bald darauf stirbt.

Daß Machiavelli nicht nur nach seiner Ausbildung, sondern auch in seinem Denken und Fühlen ein Humanist war, beweist sein berühmter Brief an Francesco Vettori aus dem Jahr 1513, in dem er sein Leben in der Verbannung beschreibt und seine abendliche Lektüre der Alten, die er nach den Gründen ihres Handelns befragt und die ihn nie ohne Antwort lassen. Um so mehr muß es befremden, daß die Frucht dieses beinahe idyllischen Dialogs mit der Antike nicht ein Traktat über die Tugend, sondern eben jener ‹Fürst› ist, in dem den Herrscher nicht die Kunst des Friedens, sondern des Krieges [TO 1, 46], nicht die Treue, sondern der Wortbruch [TO 1, 55], nicht die Milde, sondern die Gewalttätigkeit gelehrt wird [TO 1, 30] und generell die in humanistischen Fürstenspiegeln empfohlenen Tugenden als Gefährdung, die ihnen entgegenstehenden Laster aber als Garant einer sicheren Herrschaft bezeichnet werden [TO 1, 48 ff.; 56].

Das für den Humanisten so charakteristische Vertrauen in die Identität von *honestum* und *utile*, von Sittlichkeit und Nützlichkeit, Tugend und Erfolg ist zerstört, Politik und Moral voneinander getrennt, das Ende des Humanismus scheint sich unwiderruflich anzukündigen[144].

Aber ein solcher Schluß scheint voreilig zu sein und einem einseitigen Humanismusverständnis zu entspringen. Schon Poggio hatte, die Hoffnung auf die Einheit von politischem Erfolg und moralischer Integrität an der Erfahrung als letztem Realitätskriterium in der voluntaristisch-kontingenten Welt überprüfend, gefunden, daß «Königreiche nicht durch die Gesetze, sondern durch Macht und Gewalt erworben werden»[145], und Alberti hatte die Beobachtung, daß in der Politik nur Erfolg hat, wer die Moral zu opfern bereit ist, zum Anlaß genommen, dem Bürger von politischem Ehrgeiz abzuraten[146]. Wenn Machiavelli darum in seinem *Principe* die gleiche Überprüfung moralischer Konzepte an der Erfahrung durchführt und zum gleichen Ergebnis ihrer Realitätsferne kommt [TO 1, 48], dann ist er nicht unhumanistisch, sondern allenfalls in der Kompromißlosigkeit der Analyse, die der Kompromißlosigkeit des eigenen politischen Schicksals die Waage hält, radikaler und illusionsloser humanistisch als seine Vorgänger.

Auch der hermeneutische Ansatz, unter dem Machiavelli diese Analyse der historischen Erfahrung vornimmt, ist weiterhin der dem Humanisten vertraute Gegensatz von *virtus* und *fortuna* als Raum menschlichen Handelns. Dabei ist Fortuna, nicht mehr durch das Vertrauen in die hinter ihr

stehende göttliche Vorsehung[147] gemildert, Metapher für die schlechthinnige Wandelbarkeit und Unbeständigkeit der geschichtlichen Welt, in der,
wie schon Petrarca feststellte[148], die einzige Sicherheit die Unsicherheit ist
und in der als einziges Gesetz die Notwendigkeit, die *necessità*, herrscht,
daß der Mensch sich diesem Wandel weder im Handeln noch im Denken
entziehen kann und darum nur dann und insoweit sich selbst, als Herr
seiner Geschichte, behaupten kann, wenn und als es ihm gelingt, sich
diesem Wandel anzupassen [TO 1, 80 f.].

Auf der anderen Seite ist es gerade diese Unentrinnbarkeit, *necessità*,
des Wandels, dem der Mensch unterworfen ist, die dem Menschen auch
immer wieder neue Handlungsmöglichkeiten, *occasioni*, eröffnet [TO I,
18] und ihm erlaubt, sein Schicksal wenigstens partiell, Machiavelli sagt
«zur Hälfte», zu bestimmen [TO I, 78]. Auf sie erstreckt sich daher die
Herrschaft der *virtù*, der Tugend, die nur noch formal bestimmt werden
kann als *prudenza*, das heißt als Vermögen, das in jedem Augenblick gegebene Handlungspotential zu erkennen, und als die Tatkraft, sich diese
Handlungsmöglichkeiten ohne Skrupel und falsche Rücksichten zur
Durchsetzung der eigenen Ziele zunutze zu machen [TO 1,10; 81].

Innerhalb dieser Rahmenbedingungen historisch-politischen Handelns
ist kein Raum mehr für die Reflexion und Sicherung allgemeiner moralischer Normen. Denn gerade weil solche Normen unhistorische Verbindlichkeit fordern müßten, könnten sie den in der Geschichte sich bietenden
occasioni nicht gerecht werden und Handeln in der kontingenten Welt
nicht leiten. Politische Theorie dient daher, in diesem von Machiavelli
entworfenen humanistischen Rahmen, lediglich der Aufdeckung von kausalen Zusammenhängen und Zweck-Mittel-Relationen und bietet eine
auf Erfahrung beruhende Technik des situationsgemäßen politischen
Handelns. Wie daher Machiavelli im *Principe* nicht einen Fürstenspiegel
schreibt, der den Prinzipat als ideale Staatsform begründet, propagiert er
auch in den *Discorsi*, die die republikanische Regierung analysieren, nicht
die Republik als beste Staatsform, sondern in beiden versucht er zu zeigen, welches Handeln in welchen Situationen erfahrungsgemäß zu welchem Ergebnis führen kann.

Und dennoch steht auch bei Machiavelli, hinter aller Hingabe an die
technisch-pragmatische Analyse, ein letzter Zweck, der in der Natur des
Menschen begründet ist: die Ruhe. Das ganze Problem der Geschichte
entsteht daraus, daß der Mensch Dauer sucht und Fortuna Wandel fordert [TO 1, 81]. Darum ist es das Ziel des *Principe*, den Fürsten zu lehren,
wie er seine Herrschaft behaupten, ihr Dauer verschaffen kann [TO 1,

48 f.], darum endet er mit dem Aufruf zur Einigung Italiens unter den
Medici, um das Vaterland zu retten [TO 1, 84], und darum lehrt Machiavelli in den *Discorsi*, daß das «wahre politische Leben» identisch ist mit
der «wahren Ruhe einer Stadt» [TO 1, 111].

Machiavelli ist damit, wie Salutati, ein ‹konservativer› Politiker, dem
die Rettung der Gemeinschaft und der politischen Ordnung nicht gegen
die Geschichte, sondern in der Geschichte letztes Ziel ist. Und als solcher
konservativer Politiker wird er zum Begründer des Prinzips der Staatsräson, auch wenn der Begriff selbst erst lange nach ihm geprägt werden
wird[149]. Denn der Staat, *status*, ist der jeweils gegebene, nicht ideale, aber
doch Ordnung sichernde Zustand des Gemeinwesens. Ihn zu verteidigen
und die bestehende Ordnung vor dem Abgleiten in das Chaos zu bewahren, ist das Prinzip, die *ratio* des Staates, und eine Theorie der Staatsrason
hätte, wie Machiavelli es getan hat, politische Handlungsmuster zu entwickeln, die diese Bewahrung des Staates in unterschiedlichen Situationen
ermöglicht. Mit dem Prinzip der Staatsräson trennt sich darum die politische von der theoretischen und der moralischen Vernunft. Politische
Theorie wird zur Einzelwissenschaft, die nur noch durch den Rahmen der
Kontingenz der Welt und der schlechthinnigen Geschichtlichkeit des
Menschen mit der Philosophie verbunden bleibt; politisches Handeln
wird zu einem Bereich jenseits aller ethischen Werte und daher, wenn
nicht unmoralisch, so doch amoralisch[150].

Jeder Versuch, moralische Normen in der Politik durchzusetzen und
einen idealen Zustand des Gemeinwesens zu begründen, beruht auf dem
Vertrauen, daß theoretische Konzepte in die Realität umgesetzt werden
können: daß die Realität letztlich vernünftig ist und daher sich der Vernunft des Menschen beugen muß. Im nominalistisch-voluntaristischen
Kontext ist ein solches Vertrauen theoretisch nicht zu begründen. Wenn
einzelne Bürgerhumanisten, wie die Begriffe Naturrecht, Würde des Menschen und kosmische Schönheit beweisen, eine solche Begründung, die
den Menschen als rationales Wesen in die Natur integrieren könnte, immer wieder verzweifelt versucht haben, dann zeigt die nicht verstummen-
de Rede von der *miseria hominis*, daß solche Rettungen des Menschlichen
in der kontingenten Welt immer nur auf Zeit möglich sind. Machiavellis,
des letzten Bürgerhumanisten, Aufforderung, unter Verzicht auf endgülti-
ge, ideale Lösungen in der ständigen Auseinandersetzung mit der Geschichte menschliche Ordnung wenigstens temporär und nach den jeweiligen Gegebenheiten zu sichern, kann gleichermaßen als resignative wie
als realistische Konsequenz aus diesen Bemühungen verstanden werden.

4. Der italienische Humanismus außerhalb von Florenz

Obwohl Florenz im Verlauf des 15. Jahrhunderts als Folge seines Bürgerhumanismus zum kulturellen Zentrum Italiens, ja ganz Europas wurde,
war der Humanismus nicht nur eine Angelegenheit der Florentiner, ja er
war nicht einmal florentinischen Ursprungs. Der Florentiner Petrarca war
zum Humanisten geworden im Avignoneser Exil der Kurie, wo die nost-
algische Erinnerung römischer Emigranten an die einstige Größe Roms
seiner zunächst isolierten privaten Rückbesinnung auf die antike Tradition den kulturellen Kontext gab[151], und in Bologna, wo die mit dem juristischen Studium verbundene Ausbildung in der *ars dictaminis*, der Kunst
des Briefeschreibens, sich schon längst der antiken Rhetorik näherte und
ihm den Weg zu einem zur scholastischen Wissenschaft alternativen Konzept der Philosophie wies[152]. Nicht als Florentiner, sondern als Angehöri-
ger des römisch gesinnten Zirkels der Kurie hatte Petrarca sein neues
Denken durch seine zahlreichen Briefe, durch seine Reisen und – in der
zweiten Lebenshälfte – durch den häufigen Wechsel seines Aufenthaltsor-
tes in ganz Italien und darüber hinaus verbreitet. In Neapel, wo er sich
von König Robert vor seiner Dichterkrönung prüfen ließ, in Rom, wo er
vom Senat gekrönt wurde und das Abenteuer Rienzos schon bald das
Scheitern seiner politischen Pläne offenbarte[153], in Padua, wo er an die
Tradition der Frühhumanisten Lovato Lovati und Albertino Mussato an-
knüpfen konnte[154], in Venedig, wo ein Teil seiner Bücher nach seinem
Tode den Grundstock für die *Biblioteca Marciana* abgab, in Mailand und
Pavia, wo die regierenden Visconti den politischen Nutzen humanistischer Bildung erkannten und eine Tradition humanistischer Kanzler begründeten: Wo immer Petrarca gewesen war, hinterließ er Spuren seiner
Tätigkeit und seiner Überzeugung, daß nicht die systematisch-begriffliche
Ausbildung der Scholastik, sondern allein die historisch-sprachliche Bildung Lebenstüchtigkeit zu vermitteln vermochte, und diese Spuren wurden in den folgenden Generationen vertieft.

Zentrum dieser Ausbreitung des Humanismus waren zunächst Padua
und Venedig, dessen Universität Padua im Jahre 1405 wurde. Hier lehrte,
zeitweilig auch als Kanzler der Carrara tätig, Giovanni Conversino da
Ravenna (1343–1408)[155], der, ebenso wie Salutati in Florenz, kein unmittelbarer Schüler Petrarcas war[156], und nach ihm Gasparino Barzizza
(1359–1431) aus Bergamo[157], der 1412 nach Pavia berufen wird und hier,
an der Universität der Mailänder, die humanistische Lehrtradition be-

gründet. In Padua erhalten Guarino Veronese (1374–1460)[158] und Vittorino da Feltre (1374–1446)[159], die Begründer der berühmten Schulen in Ferrara (1429) bzw. Mantua (1423), ihre Ausbildung. So kann man sagen, daß die Institutionalisierung der humanistischen Bildung in Oberitalien von Padua ihren Ausgang nimmt und bis ca. 1430 abgeschlossen ist.

In Neapel kann man von einer solchen Institutionalisierung wohl seit der Übersiedlung des Antonio Beccadelli, genannt Panormita (1394–1471)[160], von Pavia an den Hof des Königs Alfons von Neapel im Jahre 1434 sprechen, in Rom schließlich erfolgte sie erst nach der endgültigen Rückkehr der Kurie im Jahr 1443.

Der Charakter dieses Humanismus scheint sich allerdings von dem des Florentiner Bürgerhumanismus durchaus zu unterscheiden. Wenn es eines der philosophischen Ziele des Humanismus war, vor dem Hintergrund einer zum begrifflichen System erstarrten scholastischen Philosophie eine Philosophie zu entwickeln, die, als *ars vitae*, als Lebenskunst, praktische Orientierung im konkreten Leben zu geben vermochte, und wenn er dieses Ziel dadurch zu erreichen suchte, daß er theoretische Konzepte an der Erfahrung der historischen Realität überprüfte und nach ihrer Realisierbarkeit im Handeln bewertete, dann waren die von den Humanisten thematisierten Probleme und deren Lösungen weitgehend von der politisch-historischen Situation abhängig, aus der sie entstanden und in die sie vermittelt werden sollten. Im Florenz der innenpolitischen Instabilität der Republik und der außenpolitischen Bedrohung durch die Visconti aus Mailand vermochte der Bürger seine Verantwortung nicht nur für sein eigenes Leben, sondern auch für den Bestand der Gemeinschaft unmittelbar zu erfahren, und das daraus entspringende existentielle Bedürfnis nach situationsgerechter Handlungsorientierung konnte daher zu jenen philosophischen Hypothesen führen, die den Bürgerhumanismus auszeichneten. Im übrigen Italien jedoch war die politische Situation durchgehend eine andere. Mailand und Padua, Ferrara, Mantua und Neapel waren von neuen oder alten Fürstenhäusern beherrscht, der Kirchenstaat durch das Papsttum, Venedig durch eine alte, gewachsene Aristokratie. Selbstverantwortliches politisches Handeln der Bürger war hier weder nötig noch erwünscht; die richtungsweisenden Entscheidungen fällten die herrschenden Häuser und ihre Berater. Nicht die Bürger, sondern sie waren daher auch Adressaten und Auftraggeber der Humanisten, und ihre Erfahrungen waren die Realität, die gleichermaßen den Inhalt der Reflexion und das Realitätskriterium theoretischer Konzepte darstellten.

Den dieser veränderten Situation entsprechend veränderten Humanismus hat man, in Abgrenzung gegen den Bürgerhumanismus, als ‹höfischen Humanismus› bezeichnet, dessen Vertreter, ohne Bindung an eine bestimmte politische Einheit, ihre intellektuelle Kompetenz jedem Herrscher in gleicher Weise zur Verfügung stellen konnten und – von der unbeständigen Gunst der Herrschenden abhängig – auch können mußten.

Musterbeispiel eines solchen ‹Wanderhumanisten› ist Francesco Filelfo (1398–1481) aus Tolentino in den Marken, der nacheinander in Padua, Venedig, Bologna, Florenz, Siena, wieder Bologna, Mailand und noch einmal Florenz tätig war, ständig im – polemisch ausgetragenen – Konkurrenzkampf mit seinen Kollegen stehend, ständig um eine ausreichende oder verbesserte Existenzsicherung ringend[161].

Das Tätigkeitsfeld dieser höfischen Humanisten war ein doppeltes: einerseits der unmittelbar politische Dienst, in dem sie, als fürstliche Sekretäre und Berater, Kanzler und Gesandte den im starren System scholastischer Rechtswissenschaft ausgebildeten Juristen verdrängen und dank ihrer sprachlichen Kompetenz und ihrer rhetorischen Fähigkeit, die Dinge in ihrer Ambivalenz zu erwägen – *in utramque partem disputare* –, dem politischen Pragmatismus den Weg bereiten, andererseits der pädagogische Dienst, in dem sie als Fürstenerzieher und Universitätslehrer für die intellektuelle Ausbildung der nachfolgenden Generationen von Fürsten und Fürstendienern verantwortlich waren. Beides war gleichermaßen verantwortungsvoll und einflußreich, beides wurde oft von ein und derselben Person, zugleich oder nacheinander, wahrgenommen, und beides schlägt sich auch in der literarischen und theoretischen Produktion dieser Humanisten nieder.

Zum unmittelbar politischen Geschäft gehören zweifellos reine, aus der Tagespolitik geborene Propagandaschriften wie zum Beispiel die des in Mailänder Diensten stehenden Antonio Loschi (1368–1441) aus dem Jahre 1399 gegen Florenz, in der er dessen Anspruch, die Freiheit zu verteidigen, als Machtstreben auf Kosten des Friedens und der Freiheit der Nachbarstädte zu entlarven sucht[162]. Es gehören zu ihm aber auch die in großer Zahl entstehenden Stadt- und Dynastiegeschichten sowie Herrscherbiographien, die nicht nur der außenpolitischen Selbstdarstellung, sondern auch, innenpolitisch, der Ausbildung eines Bewußtseins politischer Identität dienen[163].

Auch die schon dem theoretischen Bereich angehörigen Schriften über den Adel, *De nobilitate*, scheinen weitgehend auf dieses Ziel der politischen Identitätsfindung ausgerichtet zu sein. Poggio hatte in seinem Dialog[164] nicht nur gegen den Geburtsadel plädiert, sondern auch, in der Rede des Niccolò Niccoli, die Adelsgesellschaft der übrigen italienischen Städte in despektierlichen Tönen geschildert und damit dem Problem neben dem sozialen und anthropologischen einen politischen Aspekt gegeben.

Dieser scheint, wenn man von dem in Rom wirkenden Platina (1421–1481)[165] absieht, dessen Verteidigung des Tugend-Adels offenbar keinen unmittelbaren politischen Hintergrund besitzt, außerhalb von Florenz vorherrschend zu bleiben[166]. Dies gilt für Leonardo da Chio, der in einem 1446 verfaßten Traktat gegen Poggio den Geburtsadel neben den Tugendadel stellt und die Genueser und Venezianische Praxis, nur Patrizier mit politischer Verantwortung zu betrauen, verteidigt[167]; es gilt für Tristano Caracciolo, der, 1480, den neapolitanischen Adel gegen Poggio in Schutz nimmt[168], und es gilt auch für den Venezianer Lauro Quirini (1420–1481)[169], der, ca. 1449, gegen Poggio die natürliche Begründung und daher die Gleichwertigkeit von Geburts- und Tugendadel vertritt. Wenn schließlich der in Neapel tätige Galateo (1444–1517)[170] am Ende des Jahrhunderts noch einmal, ohne direkten Bezug auf Poggio, mit harten Worten gegen die Rechts- und Gesetzlosigkeit des Geburtsadels wahren Adel allein den Philosophen zuspricht, dann impliziert auch dies eine politische Parteinahme, und zwar gegen die vom neapolitanischen Hof erbittert bekämpften ‹Baroni› Süditaliens.

Daß auch die im engeren Sinne politische Theorie des höfischen Humanismus nicht nur rein theoretischen Interessen, sondern auch dem praktischen Bedürfnis der Legitimation und Erhaltung der politischen Ordnung dient, kann in diesem Zusammenhang nicht überraschen. Schon Giovanni Conversino da Ravenna[171] hatte Ende des 14. Jahrhunderts als Kanzler der Carrara in Padua in einem Dialog die Vorzüge der fürstlichen gegenüber der republikanischen Regierungsform unter den Aspekten der Rechtssicherheit und der Friedenssicherung hervorgehoben [DR], hatte die Struktur einer gerechten Herrschaft und die Bedingungen, unter denen ein Herrscher sich die Liebe seiner Untertanen erwerben könne, untersucht [DI] und schließlich seine eigenen Erfahrungen des höfischen Lebens theoretisch aufgearbeitet [PR]. Der höfische Humanismus nach ihm wird alle drei Themenkreise weiter reflektieren.

Den Preis der Monarchie finden wir in Padua bei Pietro Paolo Vergerio (1370–1444)[172] in einer Abhandlung über die beste Herrschaftsform [MO] und in Mailand in Pier Candido Decembrios (1392–1477) Schrift zum Lob der Stadt Mailand [LA][173]. Die Reflexion des höfischen Lebens wird fortgesetzt von Diomede Carafas (1407–1487)[174] in einem 1480 in

Neapel entstandenen Traktat ‹Über den besten Höfling› [OCO] und führt schließlich zum 1528 erstmals veröffentlichten, am Hofe von Urbino verfaßten ‹Buch vom Hofmann›, *Il cortegiano*, des Baldassare Castiglione (1478–1529), das den Höfling als hochkultiviertes Ideal des Menschen vorstellt und höfische Kultur weit über die Renaissance hinaus bestimmen sollte[175]. Noch größere Bedeutung erlangte allerdings der Themenkreis des Fürstenspiegels, denn wenn der Fürst Frieden und Gerechtigkeit sollte sichern können, wenn er, als letzter Entscheidungsträger, das Wohlergehen der ihm anvertrauten Untertanen im Wandel der Geschichte gegen die Unberechenbarkeit Fortunas sollte verteidigen können, dann bedurfte er in besonderer Weise jener handlungsorientierenden Tugenden, auf die im republikanischen Florenz der Bürger nicht verzichten konnte. Daß es dabei durchaus zu Angleichungen von Fürstenspiegel und Bürgerethik kommen konnte, wird besonders deutlich im Werk des in Rom tätigen Platina[176], der in den siebziger Jahren Lorenzo de' Medici einen Dialog ‹Über den besten Bürger› widmet, in dem er, als Propagator des aktiven Lebensideals den besten Bürger mit dem Lenker des Staates gleichsetzt [OC 184], und beinahe zur gleichen Zeit einen den Gonzaga in Mantua gewidmeten Traktat ‹Über den Fürsten› [PR] verfaßt, der in weiten Teilen mit dem Inhalt des Dialogs identisch ist. So muß auch nicht betont werden, daß in diesen Fürstenspiegeln, nicht anders als etwa in Palmieris Analyse des guten ‹Bürgerlichen Lebens›, das traditionelle Tugendschema den Rahmen abgibt, wohl aber, daß dieser Rahmen durch die Konfrontation mit den eigenen Erfahrungen neu ausgefüllt und erweitert wird.

So legt etwa Uberto Decembrio (1370–1427) in seinem gegen 1420 in Mailand entstandenen Werk *De re publica*[177] besonderen Nachdruck darauf, daß der Fürst seine Untertanen zur Ausbildung ihrer Begabungen ermutige und nach ihrem jeweiligen Vermögen angemessen einsetze, da so gleichermaßen Nutzen für die Allgemeinheit und Befriedigung für den einzelnen erzielt werde. Wenn Francesco Patrizi aus Siena (1412–1494) gegen 1460 dem König Alfons von Aragon sein Buch ‹Über das Königtum und die Erziehung des Königs› – *De regno et regis institutione* [RE] – widmet, so steht dahinter die Erfahrung des Scheiterns der Republik in Siena, zu deren Reform er zuvor einen Traktat ‹Über die Einrichtung der Republik› – *De institutione rei publicae* [IN] – geschrieben hatte.[178] Darin hatte er die Republik zwar nicht als die absolut, wohl aber als die relativ beste Staatsform gepriesen, da in ihr sich die Tugenden der Herrschenden ergänzten und gleichsam zum idealen Herrscher vereinigten [IN 14 f.]. Es ist dieser Blick auf die Struktur des pragmatischen Zusammenwirkens der

politischen Kräfte, der ihm nun erlaubt, die Monarchie nicht als Gegenspieler der Republik, sondern als situationsbedingte alternative Struktur
zu behandeln [RE 16 ff.] und nicht nur unter der Perspektive des Königs
und seiner Tugenden, sondern auch unter der der Untertanen und ihres
Verhaltens zu analysieren.

Patrizi geht mit diesem aus dem Scheitern der eigenen politischen Bemühungen geborenen Blickwechsel von der moralischen zur pragmatisch-
strukturellen Betrachtungsweise einen Schritt auf Machiavelli zu, und
dies scheint auch Giovanni Pontano (1426–1503) zu tun[179], wenn er in
seinem 1468 den Aragonesen gewidmeten Traktat ‹Über den Fürsten› –
De principe [PR] – zum ersten Mal, wie er sich selbst rühmt [PR 1060],
die maiestas, die Majestät des Herrschers, in den Mittelpunkt stellt, die
nicht von der moralischen Haltung, sondern vom situationsgerechten
Auftreten des Fürsten abhängt und nicht den Besitz der Tugenden, sondern ihren Schein in den Augen der Untertanen zur Grundlage hat. So
haben sich bis zum Ende des 15. Jahrhunderts die Grenzen zwischen hö-
fischem Humanismus und Bürgerhumanismus so weit verwischt, daß
Machiavellis Fürst gleichermaßen aus der einen wie aus der anderen Tradition erklärt werden kann[180].

Ein immer wiederkehrender Topos in den Fürstenspiegeln ist der Hinweis, daß kein Fürst seine Aufgabe ohne angemessene Bildung und Ausbildung wahrzunehmen vermöge. Worin eine solche Bildung zu bestehen hat,
wird manchmal, zum Beispiel bei Francesco Patrizi, im Fürstenspiegel
[RE] selbst ausgeführt, ist jedoch in der Regel, als dem pädagogischen
Tätigkeitsbereich des höfischen Humanisten zugehörig, Gegenstand eigener Untersuchungen. Während im Florenz des Bürgerhumanismus das humanistische Erziehungs- und Bildungsprogramm offenbar keiner eigenen
Begründung bedurfte, sondern in die allgemeinen handlungsorientierenden Erörterungen für den Bürger, zum Beispiel in Palmieris ‹Bürgerliches
Leben› [VIT] oder in Albertis ‹Familienbuch› Della famiglia [OVG I][181]
eingebunden wurde und lediglich in den Eröffnungsvorlesungen vom jeweiligen Lehrer in Hinblick auf den Vorlesungsgegenstand mit neuen Ak-
zenten versehen wurde[182], war der höfische Wanderhumanist offenbar gezwungen, sich und sein neues Erziehungsprogramm den regierenden Fürstenhäusern in theoretischen Darstellungen vorab zu empfehlen. Jedenfalls
stammen, mit Ausnahme von Leonardo Brunis der Frauenbildung gewidmetem, an eine Fürstin gerichtetem Brief De studiis et litteris von 1422[183],
alle Erziehungstraktate des Humanismus aus dem Umkreis des höfischen
Humanismus und wenden sich an Fürstenhäuser[184].

Den ersten Versuch, das humanistische Bildungsideal zu operationalisieren, macht Pier Paolo Vergerio[185] 1402/03 mit seiner Schrift ‹Über die guten Sitten und Freien Studien der Jugend› – *De ingenuis moribus et liberalibus studiis adolescentiae* [IN] –, den Carrara in Padua gewidmet, von Salutati gutgeheißen und weitgehend als Reform des Systems der *artes liberales* oder freien Künste konzipiert. Ihm folgt Enea Silvio Piccolomini, der spätere Papst Pius II. (1405–1464)[186], 1443 mit einem Brief an Herzog Sigismund von Österreich [BR I, 222–236] und 1450 mit einem König Ladislaus von Ungarn zugeeigneten pädagogischen Traktat ‹Über die Erziehung der Kinder› *De liberis educandis* [BR III, 103–158], in denen er bereits Plutarchs Schrift über Kindererziehung, die 1411 von Guarino Veronese übersetzt, und Quintilians ‹Unterweisung in der Rhetorik›, die 1418 von Poggio in St. Gallen wiederentdeckt worden war, verarbeitet und vor allem die Grammatik von den engen Grenzen des elementaren Sprachunterrichts befreit und ihr auch die Lektüre und Interpretation der Autoren jeglicher Provenienz zur Aufgabe macht. Beinahe gleichzeitig entsteht, zwischen 1445 und 1448, in Rom Maffeo Vegios (1406–1458)[187] umfangreiches Erziehungs- und Bildungsprogramm, in dem der neue humanistische Bildungsgedanke mit der christlichen Tradition versöhnt wird[188]. So kann man davon ausgehen, daß seit der Mitte des 15. Jahrhunderts das humanistische Bildungsprogramm dank der besonderen Tätigkeitsbedingungen des höfischen Humanismus auch theoretisch formuliert ist und seine die Kultur verwandelnde Wirkung in ganz Italien und darüber hinaus ausüben konnte.

a) Venedig: Ermolao Barbaro

Wenn so die Leistungen der «höfischen Humanisten» auf den Gebieten der politischen und pädagogischen Theorie auf die Interessen und Erwartungen ihrer Auftraggeber und Adressaten ausgerichtet sind, muß diese professionelle Einschränkung notwendig zu einer relativen Isolierung der Humanisten in ihren wechselnden sozialen Kontexten führen. Sie scheint aber darüber hinaus noch einen anderen Effekt gehabt zu haben, der für die Philosophie vielleicht noch wichtiger war: die Tendenz, sich zu gelehrten Zirkeln und Akademien zusammenzuschließen, in denen, unabhängig von den professionellen Aufgaben, sich besondere theoretische Interessen und Ansätze entwickeln konnten und die den jeweiligen humanistischen Zentren, auf Zeit oder Dauer, einen eigenen Charakter verliehen. Eine gewisse Ausnahme macht dabei allerdings Venedig[189], insofern hier der Kreis der Humanisten sich nicht frei bilden konnte, sondern aus Vertretern der herrschenden, politischen und finanziellen Elite und den von ihnen Geförderten bestand[190]. Da diese Führungsschicht nur geringe soziale Mobilität zeigte, kam in Venedig mehr als irgendwo sonst in Italien der konservative Aspekt humanistischer Erfahrungsorientierung zum Tragen und wurde humanistische Theorie, unter Verlust des fruchtbaren Momentes der rhetorischen Abwägung des ‹Pro› und ‹Contra›, des *in utramque partem disputare*, weitgehend zum Instrument der Legitimation und Verteidigung der überkommenen sozialen und politischen Ordnung. Das gilt für Francesco Barbaro (1390–1454)[191] und sein «Buch von der Ehe», das die Ehe als «immerwährende Verbindung von Mann und Weib, die um der Erzeugung der Nachkommenschaft oder um die Vermeidung der Hurerei willen rechtmäßig eingesetzt ist», definiert [UX 16]; dies gilt für Giovanni Caldiera (1400–1474), den seine moderne Interpretin als Apologeten venezianischer Lebensart charakterisiert[192], und es gilt auch für einen Mann wie Lauro Quirini, mag er auch im Augenblick der politischen Annäherung an Florenz den verbindenden Freiheitsgedanken mehr als in Venedig üblich betonen[193].

Aber diese Bindung der Humanisten an Politiker und Kaufleute bedeutete auch umgekehrt eine Bindung der Kaufleute und Politiker an den Humanismus und begünstigte den entscheidenden Beitrag Venedigs zu Humanismus und Renaissance: den Einzug und die Verbreitung griechischer Kultur.

Seit dem 4. Kreuzzug im Jahre 1204 hatte Venedig faktisch ein Monopol für den Handel des Westens mit Griechenland besessen. Als zu Beginn des 15. Jahrhunderts das humanistische Interesse für die griechische Antike sich auszubreiten begann, wurde Venedig und wurden seine Kaufleute zwangsläufig zum Vermittler zwischen lateinischer und griechischer Kultur. Über Venedig kamen die ersten griechischen Lehrer und Vermittler griechischer Philosophie wie Manuel Chrysoloras[194] und Johannes Argyropulos[195] nach Italien; von Venedig aus begann die Suche nach griechischen Manuskripten; von Venedig aus und in venezianischen Diensten zogen die ersten Italiener wie Guarino Veronese (1403–1405)[196] und Francesco Filelfo (1421–1427)[197] nach Konstantinopel, um als ausgebildete Lehrer des Griechischen zurückzukehren, und in Venedig versammelten sich, nach der Einnahme Konstantinopels durch die Türken im Jahre 1453, die griechischen Emigranten mit ihren kulturellen Schätzen[198]. Von Venedig aus begannen daher auch – wiederum ein Zeichen für die enge Verflechtung von Ökonomie und Kultur – die ersten gedruckten griechischen Bücher ihren Siegeszug in Europa anzutreten, nachdem Aldus Manutius im Jahre 1494 seine griechische Druckerei gegründet und ihr eine Akademie angegliedert hatte, deren einziger Zweck die Auswahl und philologische Betreuung dieser Ausgaben war[199]: Schon 1495 bis 1498 wird die erste griechische Gesamtausgabe des Aristoteles erscheinen, erst 1513 die Platons.

Es paßt sehr gut zu diesem der Vermittlung griechischer Tradition verschriebenen venezianischen Humanismus, daß ein Mann wie der in Piacenza geborene Giorgio Valla (1447–1500)[200] gerade nach Venedig berufen wird, um hier seine umfangreiche Enzyklopädie mit dem Titel «Was man erstreben und was man vermeiden soll», *De expetendis et fugiendis rebus*, zu vollenden, die im wesentlichen aus einer Kompilation von, ins Lateinische übersetzten, ungenannten griechischen Quellen besteht, aber immerhin das Verdienst hat, eine Vielzahl von Texten und Informationen erstmals wieder zugänglich zu machen.

Eine Ausnahmeerscheinung unter diesen venezianischen Humanisten ist Ermolao Barbaro (1453–1493)[201], der schon mit 18 Jahren dem von seinem Großvater Francesco Barbaro im «Buch von der Ehe» verkündeten Ideal in seiner Schrift «Über den Zölibat», *De coelibatu*, das Bild des ehelosen, von allen sozialen Verpflichtungen freien Gelehrten und Weisen entgegenstellt und ihn als Vollendung des Menschen und zweiten Gott preist [CO 153]. Obwohl er sich den politischen Verpflichtungen eines venezianischen Patriziers nicht entziehen konnte, ja diesen sogar eine eigene Schrift über «Die Pflichten des Gesandten», *De officio Legati* [OL], widmete, versuchte Barbaro lebenslang, dieses Ideal selbst zu verwirklichen[202], und vielleicht gelang es ihm auch, aus seiner Heimatstadt verbannt, als Patriarch von Aquileia, in den letzten Lebensjahren, in denen er die Naturgeschichte des Plinius kritisch bearbeitete [CA] und das humanistische Interesse für empirische Naturforschung auf den Weg brachte[203].

Aber Barbaros entscheidende Leistung liegt in seiner Beschäftigung mit Aristoteles, dessen Rhetorik er übersetzt, dessen Ethik und Naturphilosophie er in Kompendien zusammenfaßt, den er, in privatem Unterricht, in Venedig aufgrund des Urtextes und mit Hilfe der griechischen Kommentatoren interpretiert [EP 2, 107–109], wobei er 1481 einen dieser Kommentatoren, Themistius, selbst ins Lateinische übersetzt [TH].

Diese Beschäftigung mit Aristoteles wendet sich bewußt gegen die scholastische Tradition mit ihren Kommentaren und Quästionen, und wenn Barbaro erklärt, er wolle *verba et sensus*, die Worte und den Sinn des

Aristoteles verstehen [EP 2, 107 f.], dann handelt es sich um jenes philologische Bemühen um den historischen Aristoteles, in dem er sich mit seinem Florentiner Freund Poliziano trifft. Hinter diesem philologischen Bemühen stehen jedoch noch andere Motive: die Überzeugung, daß Aristoteles – so wie es die Alten getan haben [EP 2, 108] – ohne den Ballast der scholastischen Tradition leichter und besser verstanden werden kann und daß darum die Philosophie nicht eine Sache von Spezialisten, sondern jedes gebildeten Menschen ist, wie die Möglichkeit, sie in Kompendien zusammenzufassen, beweist, und andererseits die Überzeugung, daß, wenn man Aristoteles nur in seiner Sprache sprechen läßt und in die Sprache der eigenen Lebenswelt überträgt, der Philosoph aufhört, ein lebensfernes Kuriosum zu sein [EP 1, 7–17]: daß also die Philosophie, auch die aristotelische, und das Leben miteinander vermittelt werden können und müssen. Dieses Programm bleibt nicht ohne Folgen. Wenige Jahre nach ihm wird ein anderer venezianischer Patrizier, Girolamo Donato[204], einen weiteren griechischen Aristoteleskommentator, Alexander von Aphrodisias, übersetzen und wird generell die griechische Kommentartradition zum neuen Bezugspunkt des Aristotelesverständnisses werden. Und schließlich wird im Jahre 1497 in Padua, der Universität Venedigs, mit Niccolò Leonico Tomeo[205] zum ersten Mal ein Professor zur Interpretation des griechischen Aristoteles berufen[206], womit die aristotelische Tradition Paduas sich mit dem griechischen Humanismus Venedigs vereinigt.

b) Pavia: Epikureismus und Lorenzo Valla

Erst 1361, 139 Jahre nach Padua, von den Mailändern gegründet, kann die Universität von Pavia nicht wie die Paduaner auf einer eigenen philosophischen Tradition aufbauen, wird aber, durch die beiden Barzizza, Vater Gasparino und Sohn Guiniforte[207], humanistisch geprägt, im 15. Jahrhundert zu einem Ausbildungszentrum nordeuropäischer Studenten, die nach Italien ziehen, um Jurisprudenz oder Medizin zu studieren, hier mit dem humanistischen Gedankengut vertraut werden und, wenn oft auch ohne Diplom, so doch als Humanisten in ihre Heimat zurückkehren[208]. Der Philosophie im engeren Sinne scheint diese Universität nur einmal, in den Jahren um 1430, eine fruchtbare Atmosphäre bereitet zu haben, als eine Gruppe in Pavia lehrender oder mit Pavia verbundener Humanisten der epikureischen Philosophie einen neuen Eingang in die abendländische Philosophie ermöglichte.

Zwar hatte das Mittelalter den Namen Epikurs und seine Lehre, wie sie von Cicero referiert worden war, sehr wohl gekannt, aber es hatte ihn nur im Kontext seines eigenen, aristotelischen Denkens und als Position, die es zu widerlegen galt, zu verstehen vermocht.

So war er etwa für Albertus Magnus der Vertreter eines monistischen Materialismus[209] und für Walter Burley (1275–1345) ein Vorläufer des Averroismus gewesen[210], und noch Paolo Veneto wird 1428 nicht zögern, ihn mit dem radikalen Nominalismus, den er widerlegen will, zu identifizieren[211]. Erst mit der späten Übersetzung des Diogenes Laertius, von dem griechische Handschriften bereits seit 1415 in Italien nachgewiesen sind, durch Ambrogio Traversari ins Lateinische im Jahre 1433[212] und der verspäteten Verbreitung des Lukrez, 13 Jahre nach seiner Wiederentdeckung durch Poggio im Jahre 1417 in St. Gallen[213], sind die Voraussetzungen dafür gegeben, daß Epikur als eigenständige philosophische Gestalt wiedererkannt und das positive Epikurbild aus den Briefen Senecas verständlich werden kann[214].

Eine wohl von Seneca inspirierte Tendenz zu einer neuen Bewertung des Epikur scheint sich allerdings schon bei Leonardo Bruni Aretino anzudeuten[215], der in seiner «Einführung in die Moralphilosophie», dem *Isagogicon moralis disciplinae* [HUM 20–41] von 1421, die epikureische Lehre von der Lust als dem höchsten Gut als ernst zu nehmende und der Erfahrung nicht widersprechende Position referiert, sie aber in seinem Bestreben, einen historischen Konsens über das höchste Gut herzustellen, lediglich als extreme Ausformulierung eines einzelnen Aspektes versteht und, zusammen mit dem anderen Extrem, der stoischen Position, in die vermittelnde peripatetische Lehre integriert.

Zehn Jahre später dann wird im Umkreis von Pavia die Eigentümlichkeit und der für den humanistischen Ansatz fruchtbare Kern der epikureischen Lustlehre durch einen Schüler Gasparino Barzizzas, Cosma Raimondi, der 1435 seinem Leben selbst ein Ende setzt, entdeckt werden[216].

Im Gegensatz zur Stoa und den übrigen Schulen, so argumentiert Raimondi, die die Tugend als höchstes Gut setzen und damit allein ein geistiges Glück verfolgen, hat Epikur mit der Definition des höchsten Gutes als Lust ein Glück vor Augen, das Leib und Seele in gleichem Maße und darum den Menschen in seiner leib-seelischen Einheit betrifft [G 89]. Dieses höchste Gut bedarf nicht der abstrakten theoretischen Begründung, sondern wird vom Menschen unmittelbar erfahren in dem natürlichen Streben nach Selbsterhaltung und Leidensfreiheit [G 88], in der Lustfähigkeit der Sinne und des Geistes, der die Natur mit einem überreichen Angebot möglicher Lustobjekte antwortet [G 90 f.], und in der Tatsache, daß alles,

wonach der Mensch strebt, um der damit verbundenen Lust willen er-
strebt wird [G 91]. Die Lust ist daher das, was den Dingen von Natur aus
den Charakter des Erstrebenswerten und damit des Guten gibt; in Hinblick auf sie als dem erfahrbaren höchsten Wert wird die Wert- und Güterlehre aus der Abstraktheit reiner Begrifflichkeit befreit und zur Explikation des natürlichen menschlichen Strebens, und sie erst gibt auch der
Tugendlehre ihren Sinn als Anweisung, auf die kleinere um der größeren
Lust willen zu verzichten [G 91]. So erweist sich in Raimondis Verständnis die epikureische Lehre von der Lust als höchstem Gut als ein Ansatz,
nach dem vom Nominalismus herbeigeführten Verlust der Realitätshaltigkeit ethischer Wertbegriffe eine neue Ethik nicht nur, wie im Florentiner Bürgerhumanismus, nach historischer Erfolgskontrolle und sozialem
Konsens pragmatisch zu entwerfen, sondern in der Evidenz naturgegebe-
ner, nicht hinterfragbarer Erfahrung zu begründen.

Wenn Raimondi allerdings den Geltungsbereich dieser seiner epikur-
ischen Ethik ausdrücklich auf die irdische Natur einschränkt und jede theologisch begründete Ethik von seiner Argumentation ausnimmt[217], dann läßt
er neben dem in der natürlichen Erfahrung gegebenen Kriterium der Lust
noch ein weiteres, in der Glaubenserfahrung gegebenes ethisches Kriterium
zu und verzichtet damit nicht nur bewußt auf einen universalen Anspruch,
sondern setzt sich auch der Gefahr einer ‹doppelten› Moral natürlicher und
christlicher Ethik aus.

Es ist ein anderer Schüler Gasparino Barzizzas, Francesco Filelfo, der in
zwei dem gleichen Thema gewidmeten Schreiben dieser Gefahr begegnet[218], indem er durch Bestimmung der wahren und christlichen Lust,
der *vera voluptas et christiana* (EP 6ʳ), epikureische und christliche Lehre
zu versöhnen sucht. Dies gelingt ihm zunächst formal, indem er die leib-
seelische Einheit des Menschen, um derentwillen Raimondi den nur geistigen Begriff des höchsten Gutes stoischer Provenienz durch die epikur-
ische Lust ersetzt hatte, ins Jenseits der auferstandenen Toten verlängert,
wo folglich ein analoges, Leib und Seele zugleich beglückendes Gut die
irdische Lust krönen muß [EP 54ʳ]. Der Preis allerdings, den Filelfo für
diese Versöhnung zu erlegen hat, erscheint auf der inhaltlichen Seite.
Denn im Angesicht einer jenseitigen Lust als höchstem Gut wird das irdische Luststreben zum Streben nach ‹alypia›, nach Leidensfreiheit, mini-
miert, und die Tugenden werden, in hierarchischer Ordnung, zu Stufen,
über die der Mensch, von der praktischen Tugend der Klugheit, *prudentia*, über die theoretische Tugend der Weisheit, *sapientia*, aufsteigt zur
höchsten Vollendung, der himmlischen Lust der Gottesschau [EP 6ʳ].

So schiene die Diskrepanz zwischen formaler Leistung und inhaltlichem
Preis eher das Scheitern als das Gelingen von Filelfos Versöhnungsversuch
zu dokumentieren, wiese er nicht in zwei Richtungen, in denen die ethische Theorie sich auf der Grundlage des epikureischen Ansatzes weiterentwickeln konnte: einerseits durch Integration der epikureischen Definition des höchsten Gutes als Lust in die christliche Lehre, wodurch die
traditionellen Wertbegriffe entintellektualisiert werden und sich das natürliche Streben nach Lust als universales Movens einer Rückkehr der
Schöpfung zum Schöpfer darstellt, wie im Florentiner Neuplatonismus
und seiner Philosophie der Liebe zu beobachten sein wird[219], und andererseits durch Integration der christlichen Jenseitserwartung in eine an natürlicher Lusterfahrung orientierte Wertelehre, die das Jenseitige in Analogie zum diesseitigen Guten strukturiert, die jenseitige Lust nicht als
qualitativ anderes, sondern als graduelle Überhöhung der diesseitigen
Lust versteht und damit die Kluft zwischen natürlicher Erfahrung und
Glaubensinhalten, zwischen menschlicher Natur und religiösen Normen
vom epikureischen Ansatz her überwindet. Dies ist der Weg, den Lorenzo
Valla einschlagen wird, der zwar höchstens vier Jahre im Umkreis der
Universität Pavia lebte, hier aber den Grundstein für fast alle seine großen
humanistischen Werke legte.

Lorenzo Valla (1406/07–1457)[220] war in Rom geboren und unter dem
Einfluß der im Umkreis der Kurie tätigen Humanisten wie Giovanni Au-
rispa und Leonardo Bruni Aretino aufgewachsen. Im Jahre 1429 beginnt
er, Rhetorik in Pavia zu lehren, und wird 1431 zum Nachfolger Gasparino Barzizzas berufen, muß aber schon zwei Jahre später, von seinen
akademischen Gegnern verfolgt und seines Lebens nicht mehr sicher, aus
Pavia fliehen. Nach Zwischenstationen in Mailand und Florenz wird er
1435 in den Humanistenkreis um Alfons von Aragon, den König von
Neapel, aufgenommen. Hier vollendet er seine in Pavia konzipierten Werke, erwirbt sich aber durch sein kompromißlos kritisches Argumentieren
immer neue Feinde, so daß er ständig in Polemiken verstrickt und schließlich sogar, 1444, einem Inquisitionsprozeß ausgesetzt ist, den er aber unbeschadet übersteht. 1447 endlich beruft ihn der erste Humanistenpapst,
Nikolaus V., als apostolischen Schreiber an die Kurie nach Rom und nach
dessen Tod 1455 der neue Papst, Calixt III., zum Professor der Rhetorik
und – wovon er lebenslang geträumt hatte – zum apostolischen Sekretär,
als der er dann auch, zwei Jahre später, das Zeitliche segnet.

Wie in seiner Zeit, so schwankt sein Bild, von der Parteien Haß ver-
zerrt, auch in der Geschichte der Philosophie, ohne doch den Einfluß sei-

ner Werke zu mindern, und erst in den letzten Jahrzehnten ist es gelungen, durch Einordnung Vallas in den geistigen Kontext seiner Zeit, ihn mit größerer Ausgewogenheit zu betrachten. Denn wenn überhaupt eine Einzelperson das humanistische Denken vor dem Hintergrund des späten Mittelalters umfassend zu repräsentieren vermag, so ist es Lorenzo Valla, der, Philologe und Philosoph zugleich, die rhetorische und philologische Methode nicht nur virtuos anwendet, sondern sie auch als wissenschaftliche Methode begründet und in seiner Moralphilosophie ihre Leistungsfähigkeit demonstriert.

Daß schon die Anwendung der philologisch-historischen Methode bei Valla nicht nur einem antiquarischen Interesse entspringt, sondern eine grundlegende Änderung des wissenschaftlichen Diskurses impliziert, wird selbst in einer offensichtlich der politischen Auseinandersetzung des Königs Alfons mit dem Papst dienenden Schrift wie der gegen die Konstantinische Schenkung deutlich. Denn wenn vor Valla die Gültigkeit der von Konstantin gemachten Schenkung des Imperiums an das Papsttum, die die rechtliche Grundlage für den päpstlichen Anspruch auf weltliche Herrschaft darstellte, in den Auseinandersetzungen zwischen Kaisertum und Papsttum aus juristischen Gründen bestritten worden war, so leugnet Valla nun die Tatsache dieser Schenkung selbst aus historischen Gründen und entlarvt sie als Fälschung [FA]. Damit tritt bei Valla an die Stelle des logischen Kriteriums für die Wahrheit einer Aussage – die Widerspruchsfreiheit zu einem, in diesem Falle juristischen, System von Begriffen – das Kriterium der Übereinstimmung zwischen der Aussage und der von ihr bezeichneten historischen Erfahrung, die allein der Aussage Realitätsbezug und damit Wahrheit im Sinne der *adaequatio rei et intellectus,* der Übereinstimmung von Erkenntnisinhalt und erkannter Sache, zu sichern vermag.

Diese Diskursänderung, die in der Schrift gegen die Konstantinische Schenkung implizit vorgenommen wird, wird in zwei anderen Werken, nicht ohne Folgen, explizit. In der noch in Pavia veröffentlichten Schrift *De insigniis et armis*[221], die gegen den Juristen Bartolo da Sassoferrato gerichtet ist und derentwegen er Pavia verlassen muß, propagiert Valla die Ersetzung der traditionellen Methode der Digestenexegese – nach der das römische Recht mit dem Ziel der Erstellung eines widerspruchsfreien Rechtssystems interpretiert wurde, aufgrund dessen dann Rechtsfälle deduktiv entschieden werden konnten – durch eine Methode historischer Interpretation, die, gestützt auf die Kenntnis der *significatio verborum,* der historisch gesicherten Wortbedeutung, tradierte Rechtssätze in ihrem

historischen Kontext zu verstehen sucht, so daß sie, als Beispiele recht-
lichen Handelns, auf veränderte historische Situationen analog ange-
wandt werden können. Zwar wird sich die italienische Jurisprudenz,
ihre Methode, den sogenannten *mos italicus*, verteidigend, dieser Diskursänderung nicht anschließen, aber in Frankreich rezipiert, wird sie im
16. Jahrhundert als französische Methode oder *mos gallicus* konsequent
nachvollzogen werden, und im Umkreis der französischen Jurisprudenz
wird aus ihr, im Bestreben, eine umfassende Kriteriologie historischer
Wahrheit zu sichern, die moderne philologisch-historische Methode entwickelt werden[222].

Vielleicht noch folgenreicher ist Vallas Propagierung dieser Diskursänderung in der Theologie. Während das Mittelalter die christliche Lehre
in einem widerspruchsfreien System der Dogmatik zu sichern versuchte,
die sich aus der Kommentartradition zu den «Sentenzen» des Petrus Lombardus – einer systematisch geordneten Sammlung von Exzerpten aus den
Kirchenvätern, vor allem aus Augustinus, die jeder Theologe vor der Pro-
motion «gelesen», das heißt in öffentlicher Vorlesung interpretiert haben
mußte – herausgebildet hatte, fordert Valla mit seiner philologisch-kriti-
schen Untersuchung des griechischen Neuen Testamentes, der *Collatio
Novi Testamenti* [CO], christliche Glaubenswahrheit auf der Grundlage
ihrer göttlichen Offenbarung in der Geschichte zu sichern und so als
letztes Kriterium theologischer Wahrheit den Wortlaut der Bibel, und
zwar nicht in der Gestalt der durch die Kirche sanktionierten lateinischen
Übersetzung der Vulgata, sondern in der des authentischen griechischen
Originals zu betrachten[223]. Valla begründet damit die diesen Wortlaut sichernde Bibelphilologie, die nach der Veröffentlichung einer erweiterten
Fassung der *Collatio* durch Erasmus, 1505 [CO-E], im 16. Jahrhundert
bald auch auf das hebräische Alte Testament übergreift. Valla macht durch
diese Relativierung der Vulgata als verbindlicher Text der Bibel den Weg
frei für neue Bibelübersetzungen auch in andere, moderne Sprachen[224]
und bereitet so den Boden für die theologische Argumentation der Refor-
matoren, deren Bibelexegese nicht auf logische Widerspruchsfreiheit, sondern auf historisches Verstehen zielt und schließlich zur neuzeitlichen hermeneutischen Methode führt[225].

Den allgemeinen Grundsatz, der hinter diesem für Jurisprudenz und
Theologie propagierten, aber nicht auf sie beschränkten Diskurswandel
steht, formuliert Valla in der Vorrede zu seinem eigenen historiographi-
schen Werk, den «Taten des Königs Ferdinand von Aragon» [GF]: Nicht
die Philosophie als Theorie des begrifflichen Allgemeinen ist, wie Aristo-

teles in der Poetik (1451a36) erklärt hatte, Grundlage und Hüterin der
Wahrheit, sondern die Geschichte.

Denn das Allgemeine der Philosophie
ist, wie der Nominalismus gezeigt hatte, etwas rein Konzeptuelles, das
allein durch die Bestätigung in der historischen Erfahrung des jeweils einzelnen, situativ Gegebenen seinen Bezug zur Wahrheit der Realität erhält.

Die Geschichte nun birgt in sich dieses Einzelne in seinem zeitlichen
Nacheinander, aber sie enthält in der Beispielhaftigkeit der in ihr darge-
stellten Prozesse darüber hinaus auch ein Allgemeines, das zugleich Kon-
kretheit und allgemeine Verbindlichkeit beanspruchen kann²²⁶.

Mit dieser Ersetzung des philosophisch-begrifflichen durch ein histo-
risch-narratives Universale hat Valla den von ihm geforderten Diskurswandel in der Terminologie der traditionellen Wissenschaftslehre definiert und sein Ziel, die Rückgewinnung des Realitätsbezuges von Wissenschaft, benannt; er hat aber auch deutlich gemacht, daß der neue
Diskurs sich nicht mehr auf die Ungeschichtlichkeit und Notwendigkeit
der begrifflichen Sprache stützen kann, sondern an die Beliebigkeit und
Geschichtlichkeit der gesprochenen Sprache gebunden ist, in der das narrative Universale dargestellt wird. In der in *De insigniis et armis* erhobe-
nen Forderung, der Jurist müsse die gültige Bedeutung der Worte, die
significatio verborum, in den jeweiligen juristischen Texten kennen, um
den historischen Sinn juristischer Normen verstehen zu können, und in
der Erfüllung dieser Forderung durch seinen Kollegen Maffeo Vegio, der
noch in Pavia ein erstes juristisches Lexikon verfaßt²²⁷, drückt sich das
Bemühen aus, diesem Problem der Abhängigkeit von der Historizität der
gesprochenen Sprache zu begegnen, gleichzeitig aber auch, in der Beschränkung Vegios auf ein Speziallexikon, die Unendlichkeit der Aufgabe, die Geschichtlichkeit der gesprochenen Sprache in ihrem Bedeutungs-
wandel lexikographisch einzuholen und damit dem neuen Diskurs die
Ungeschichtlichkeit von Wissenschaft zu sichern.

So erhält das Problem der Sprache für die Sicherung des neuen Wissen-
schaftsmodells eine vorrangige Bedeutung, und Vallas eigener Lösungs-
versuch in den «Richtigkeiten der lateinischen Sprache», den *Elegantiae
Linguae Latinae* [EL], in denen er in scheinbar zufälliger Folge die Bedeu-
tungsfelder lateinischer Worte auf der Grundlage klassischer Autoren gegeneinander abgrenzt und dem Wandel der Sprache durch klassizistische
Normierung begegnet, scheint nur eine vordergründige und, wie der Ci-
ceronianismus-Streit am Ende des Jahrhunderts zeigt²²⁸, nicht einmal für
seine Humanisten-Kollegen annehmbare Retusche zu sein. Die Begründung, die Valla in den Vorreden zu den *Elegantiae* für diese Normierung

gibt, beweist jedoch, daß hinter dem vordergründigen Klassizismus ein neues Verständnis der Sprache steht.

Zwar sind die einzelnen Worte einer Sprache, wie schon Aristoteles in der «Lehre vom Satz» (16 a 19) gelehrt und der Nominalismus betont hatte, beliebige Zeichen – die Worte, oder genauer die Namen, bezeichnen nach Belieben, *nomina significant ad placitum* –, aber eine Sprache als System solcher beliebiger Zeichen ist selbst nicht mehr beliebig, sondern besitzt, als Mittel der Kommunikation, ihr Kriterium in deren Gelingen. Durch die Sprache teilt der Mensch die von ihm erfahrene Realität mit und schafft, in der Verständigung über diese Realität, die gemeinsame menschliche Welt. Jede Aussage ist daher dann und nur dann eine Aussage über menschliche Realität, wenn es gelingt, sie sprachlich einem anderen verständlich zu machen, und je größer der Geltungsbereich einer Sprache ist, um so größer ist auch die reale Gültigkeit der in ihr gemachten Aussagen. Darum ist die inhaltliche Gültigkeit wissenschaftlicher Aussagen an den Geltungsbereich der Sprache gebunden, in der sie formuliert werden; darum kann Valla erklären, die Künste und Wissenschaften seien in der lateinischen Sprache enthalten, und darum dient die Normierung der lateinischen Sprache durch Valla, sein Sprachklassizismus, der Sicherung eines universalen Rahmens der Wissenschaften und der von ihnen gedeuteten gemeinsamen Realität [EL-PR 594–600]. Nur innerhalb dieses Rahmens hat das narrative Universale, auf dem der von Valla propagierte neue Diskurs der Wissenschaften beruht, seine Gültigkeit als Parameter zur Verständigung über die menschliche Welt, die nicht an sich, sondern in der jeweiligen Sprache gegeben und von ihr strukturiert ist. Jedes wissenschaftliche und philosophische Problem ist daher letztlich ein sprachliches Problem, wie Valla in den *Elegantiae* am Trinitätsproblem demonstriert [EL 451 f.] und in seiner Dialektik, der «Umpflügung der Dialektik und der Philosophie» – *Repastinatio dialecticae et philosophiae* – [REP I, 5], ausdrücklich sagt.

In diesem seinem philosophisch wohl bedeutendsten Werk beansprucht Valla, durch ‹Umpflügen› – *repastinatio* – der aristotelischen Logik und Wissenschaftslehre sein neues Wissenschaftsmodell aus der lateinischen Sprache heraus zu begründen. Da es erst seit 1982 in einer kritischen Ausgabe und unter seinem originalen Titel – zuvor wurde es als «Dialektische Disputationen», *Dialecticae Disputationes*, zitiert – zugänglich ist, hat die moderne Forschung bisher vor allem die in den Vorworten ersichtlichen antiaristotelischen, skeptischen und rhetorischen Tendenzen hervorgehoben und auf eine seiner Bedeutung angemessene Gesamtinterpretation verzichtet. Soviel aber kann man wohl schon heute sagen, daß Valla trotz seiner antiaristotelischen Polemik dem Aristotelischen Organon, unter nominalistischem Vorzeichen gelesen und ergänzt durch die mittelalterliche Transzendentalienlehre, weitgehend folgt und es, unter Rückgriff auf Quintilian, seinem sprachphilosophischen Ansatz gemäß zu transformieren sucht[229].

Diese Transformation beginnt zunächst mit einer Destruktion, indem Valla zeigt, daß von der lateinischen Sprache aus gesehen – und darum für die in ihr gedeutete Realität – die sechs mittelalterlichen allgemeinsten Begriffe, die Transzendentalien ‹seiend›, ‹etwas›, ‹Sache›, ‹eines›, ‹wahr›, ‹gut› – *ens, aliquid, res, unum, verum, bonum* – auf ein einziges, die anderen in sich schließendes Transzendentale, nämlich die *res*, die ‹Sache›, zurückgeführt werden können, da sie alle die Bestimmung einer ‹Sache› meinen. Selbst das Partizip ‹seiend›, *ens*, das größte Allgemeinheit zu besitzen scheint, ist sprachlich in *ea res, quae est*, die Sache, die ist, aufzulösen [REP I, 11–21].

Diese Destruktion setzt sich fort, wenn Valla anschließend, in Übereinstimmung mit Ockham[230], von den zehn Kategorien des Aristoteles die letzten acht als nur relativ bezeichnet und ausschließt [REP I, 112 ff.; 130 ff.] und lediglich die ersten beiden, Substanz und Qualität, beibehält. Da aber jede Substanz aus *essentia* und *qualitas* bzw. Materie und Form besteht [REP I, 46] und weder Materie noch Form isoliert für sich existieren können [REP I, 110 f.], fallen auch die beiden ersten Kategorien, Substanz und Qualität, zusammen und werden identisch mit der seienden Qualität oder dem qualitativen Seienden, welches wiederum eben das ist, was mit ‹Sache›, *res*, gemeint ist.

Damit ist die Destruktion der Grundlagen des aristotelischen Organons vollkommen. Die Differenzierung der Transzendentalien und Kategorien untereinander und gegeneinander hat sie im Angesicht des lateinischen Sprachgebrauchs als künstliche Begriffskonstrukte erwiesen, die nicht geeignet sind, die Struktur der menschlichen Realität zu repräsentieren. Denn wenn immer ein Wort ausgesprochen wird, ist gleichermaßen eine seiende Qualität oder Sache gemeint und wird von Realität gesprochen. Folglich ist, und damit wird deutlich, was diese Destruktion leistet, auch die Frage nach dem Realitätsbezug sprachlicher Aussagen, die für das begriffliche Wissenschaftsmodell des Nominalismus unlösbar geworden war, a priori gelöst, da allein die Frage, ob einer Aussage Realität entspricht, identisch mit der Frage ist, ob einer ‹Sache›, *res*, Realität entspricht, und damit gar nicht gestellt werden kann. Gefragt werden kann

lediglich, welcher Art die einer Aussage entsprechende Realität ist [REP I,
124], und diese allgemeinste Frage nach der Qualität einer Sache liegt
darum auch der auf die Destruktion folgenden Rekonstruktion einer der
bezeichneten Realität angemessenen Differenzierung sprachlicher Zeichen zugrunde.

Schon zu Beginn der *Repastinatio* [REP I, 9 f.] hatte Valla die Kategori-
en mit Quintilian als jene Elemente definiert, «um die alle Fragen zu kreisen scheinen», die also prinzipielle Richtungen angeben, in denen Fragen
an die Realität gestellt werden können und auf die antwortend die Sprache verschiedene Klassen von Zeichen ausbildet. Wenn Valla nun im Bemühen, eine kategoriale Differenzierung sprachlicher Zeichen zu entwik-
keln, diesem ‹topischen› Verständnis der Kategorien folgt und zunächst
die sinnliche Welt befragt, dann zeigt sich, daß bestimmte Qualitäten von
einer Sache – beispielsweise rot oder grün, süß oder sauer von einem Apfel – alternativ ausgesagt werden können, andere aber – wie etwa Farbe
oder Geschmack – nicht, sondern daß diese vielmehr dem Apfel notwendig sind und den Bereich abstecken, innerhalb dessen die zuerst genannten Qualitäten ausgesagt werden können. Sie bilden daher als beständige,
allgemeine oder natürliche Qualitäten die Klassen der nicht-natürlichen
Qualitäten bzw. die Kategorien, nach denen man einen Apfel befragen
kann [REP I, 112 ff.].

Das Prinzip, das dieser Klassifizierung der Qualitäten zugrunde liegt,
ist die Sinnlichkeit: Jeder Klasse von Qualitäten der Außenwelt entspricht
ein äußerer Sinn, bzw. jede Klasse von Qualitäten ist uns in der Unmittelbarkeit gegeben, die wir einem bestimmten äußeren Sinn zuordnen. Nach
dem gleichen Prinzip entwickelt Valla nun ein System von inneren Sinnen
– die er *sensa* nennt [REP I, 115] –, nach denen die nicht körperlichen
Qualitäten gleichermaßen unmittelbar gegeben sind und analog klassifiziert werden: den Sinn für rein seelisch-geistige Qualitäten wie Werte,
Wissen, Affekte; dann jenen für Qualitäten der leib-seelischen Einheit,
wozu zum Beispiel die sozialen Beziehungen gehören; weiter den Sinn für
Qualitäten, die allen Dingen zukommen, wie Zahl und Ordnung, Identität und Differenz, Zufall, Notwendigkeit und Kausalität; schließlich den
Sinn für reine Zeichen und deren Ordnung, in dem die Realität der Begriffe und des begrifflichen Denkens unmittelbar gegeben ist [REP I, 124 f.].

Damit hat Valla die von der Sprache bezeichneten qualitativen Unterschiede der Realität analog zu den Bereichen «sinnlich» gegebener
Unmittelbarkeit klassifiziert, wobei er dem nominalistischen Grundsatz,
daß Realexistenz, sei sie extra- oder intramental, intuitiv erkannt wird,[231]

zu folgen scheint. Der fundamentale Unterschied zu Ockham besteht jedoch darin, daß dieser alle intuitive Erkenntnis letztlich auf begriffliche Erkenntnis, also auf den Besitz intuitiver Termini zurückführt[232], so daß jene *passiones animae*, die von der Seele erlittenen Inhalte, die nach der «Lehre vom Satz» des Aristoteles (16 a 3 f.) von der Sprache bezeichnet werden, ebenfalls zu Begriffen werden[233]. Vallas Strukturierung der unmittelbaren Gegebenheit dagegen läßt das System der Begriffe lediglich als einen Teilbereich der menschlichen Realität erkennen, dem eine Vielzahl vorbegrifflicher Realitätsbereiche zumindest gleichberechtigt zur Seite steht, so daß die intellektualistische Reduktion der «Seelischen Eindrücke» – *passiones animae* – des Aristoteles auf begriffliche Inhalte rückgängig gemacht wird.

Die Bedeutung dieser Transformation des aristotelischen Organon wird deutlich an ihren Konsequenzen. Begriffliches Sprechen, das für Ockham die einzige Form der Wahrheitssicherung war, wird bei Valla zum Sonderfall jenes Diskurses, durch den der Mensch sich über die Realität verständigt und die gemeinsame menschliche Welt schafft. Folglich wird auch die Logik als Lehre von der Ordnung der Begriffe und des begrifflichen Sprechens zum Sonderfall einer umfassenden sprachlichen Argumentation, wie sie von der Rhetorik gelehrt wird [REP I, 175]. Nicht Ersetzung der Logik durch die Rhetorik ist daher, wie behauptet wurde[234], das Ziel des Humanisten und auch nicht die Schaffung einer neuen ‹rhetorischen› Logik[235], sondern die Bestimmung der Grenzen der logischen Argumentation und ihre Integration in eine allgemeine Diskurslehre, in der, wie Valla im Fortgang seiner *Repastinatio* andeutet, die aristotelische Schlußlogik durch logisch auflösbare Argumentationsformen wie den Sorites [REP I, 306 ff.] und das Dilemma [REP I, 312 ff.] und durch die Übernahme ganzer Passagen aus der rhetorischen Argumentationslehre des Quintilian ergänzt wird [REP I, 244–275].

Dies allerdings hat, und das ist die zweite Konsequenz aus Vallas Transformation des aristotelischen Organon, Folgen für den Wissenschaftsbegriff. Formale Widerspruchsfreiheit ist zwar weiterhin Kriterium für die Richtigkeit des Diskurses auf der Ebene der Begrifflichkeit, nicht aber auch Kriterium seiner Wahrheit. Denn die Begriffe sind nicht mehr unhinterfragbare Zeichen für eine uneinholbare ‹Realität an sich›, sondern sie stehen für jene vorbegrifflichen Inhalte, die in den übrigen ‹Sinnen› gegeben sind. Ein Wahrheitsanspruch kann daher nur erhoben werden, wenn und insofern begriffliche Aussagen ‹sinnlich› eingeholt werden können. Dies ist der Grund, weshalb Valla das narrative Universale sowohl nach

seiner Genese als auch nach seiner Dignität dem begrifflichen Universale
voranstellt [GF 5]. Er begründet damit jene Erfahrungsorientierung humanistischer Theoriebildung, die bei anderen Humanisten eher einer von
den Bedürfnissen der Praxis bestimmten Wahl zwischen einem realitäts-
fernen Scientismus und einem lebensnahen Pragmatismus zu entspringen
schien. Erst bei Valla schließt sich die Schere zwischen diesen beiden Alternativen, insofern Begriffe und Aussagen der Wissenschaften, entsprechend dem topischen Kategorienverständnis, als aus der Erfahrung gewonnene Hypothesen über mögliche Erfahrung verstanden werden, die
nicht mehr a priori sagen wollen, wie die Realität ist, sondern dazu anlei-
ten können, Realitätserfahrung zu befragen und mit ihr umzugehen.

Dieses neue Wissenschaftsmodell, das ebenso wie das narrative Universale, auf dem es gründet, nicht, wie gelegentlich behauptet wird, nur die
Moralphilosophie und die Praxis des literarischen und politischen Red-
ners, sondern auch die Wissenschaft von der Natur mit einschließt[236], bestimmt auch jene Schriften Vallas, mit denen er produktiv in die inhaltliche
philosophische Diskussion eingreift, seine moralphilosophischen Dialoge
«Über das wahre und das falsche Gute» – *De vero falsoque bono* [VFB] –
und «Über den freien Willen» – *De libero arbitrio*[LA] –, und erlaubt es
ihm, humanistische Morallehre methodisch zu begründen. Daß er dabei,
wie der Titel der ersten, schon in Pavia veröffentlichten Fassung dieses
Dialogs «Über die Lust» – *De voluptate* – zeigt, auf die epikureische Definition des höchsten Gutes zurückgreift, macht ihn zu einem Vertreter der
von Pavia ausgehenden Rezeption des Epikur, der allerdings in der argumentativen Aneignung durch Valla den höchsten Grad der Verfremdung
erfährt.

Ausgangspunkt Vallas in *De vero falsoque bono* ist die provokative
These, daß die vom Mittelalter rezipierte antike Ethik, deren Terminologie und Grundanschauungen der stoischen Tradition angehören, weder
geeignet sei, als Grundlage einer christlichen Ethik zu dienen, noch auch
als philosophisch begründet oder begründbar gelten könne. Um diese
These zu beweisen, zeigt Valla zunächst in den beiden ersten Büchern des
Dialogs, daß die stoische Lehre von der Tugend als höchstem Gut und
letztem Ziel nicht nur unrealisierbar, sondern auch widernatürlich ist, und
setzt ihr die epikureische Lustlehre als die der Natur des Menschen angemessene Moralphilosophie entgegen, um dann im dritten Buch auch die
christliche, auf ein jenseitiges Ziel ausgerichtete Ethik auf dem Begriff der
Lust gründen zu lassen. Valla verbindet so die Argumentation Raimondis
mit der des Filelfo und kann daher zu Recht als Anwalt eines neuen, um-

fassenden Verständnisses der Natur und ‹Verteidiger des Lebens› gelten[237],
der das schon seit Poggio zu beobachtende Bemühen um eine Ethik, die
der erfahrbaren menschlichen und außermenschlichen Natur entspricht,
zur Vollendung bringt.

Das Neue und Radikale an Vallas Argumentation, mit der er über seine Vorgänger hinausgeht, liegt dabei darin, daß er die tradierte stoisch-
antike Ethik nicht an einzelnen, individuellen und historisch bedingten
Erfahrungen mißt, sondern ihre Erfahrbarkeit überhaupt in Frage stellt.
Das von der Stoa gelehrte höchste Gut, die «Tugend» – *virtus* – oder die
«Ehrbarkeit» – *honestas* –, steht nicht nur zu dieser oder jener Erfahrung
in Widerspruch, sondern ist prinzipiell nicht erfahrbar und kann daher
auch keine Verbindlichkeit für menschliches Handeln besitzen. Denn als
Ergebnis eines allein auf logische Widerspruchsfreiheit ausgerichteten
begrifflichen Diskurses kann dieses «höchste Gut» zwar Gültigkeit auf
der Ebene begrifflicher Zeichen beanspruchen, nicht aber in den Bereich
des Handelns, der jener der vorbegrifflichen Realität ist, vermittelt werden: Der Versuch, dieses höchste Gut zu bestimmen, erschöpft sich in der
zirkulären Definition eines geschlossenen begrifflichen Systems [VFB
62/170–172].

Um die Qualität der Erfahrbarkeit und der daraus zu gewinnenden
Verbindlichkeit für das Handeln zu besitzen, muß eine ethische Theorie
sich auf einen Diskurs stützen, der nicht nur die begriffliche, sondern
auch die von dieser bezeichnete vorbegriffliche Realität des Handelns
einschließt, und dies ist der Diskurs der Rhetorik, der die Realität des
Menschen in ihrer Gesamtheit konstituiert und daher von Valla in seinem Dialog gefordert und praktiziert wird[238]. Das höchste Gut nun, das
in diesem rhetorischen Diskurs der Ethik gesichert und als Kriterium des
Handelns proklamiert wird, muß in der Lage sein, begriffliche und vorbegriffliche Realität miteinander zu verbinden. Und eben dies vermag der
epikureische Begriff der Lust zu leisten, dessen Definition – «eine freudi-
ge Bewegung des Geistes und ein süßes Behagen des Leibes» [VFB 21/56]
– ihn als aus der vorbegrifflichen Realität stammend ausweist, der jene
Qualität meint, als die das Gute in der vorbegrifflichen Realität gegeben
ist [VFB 22/58], und der daher abstrakte Wertbegriffe wie Tugend und
Ehrbarkeit in die Erfahrung des in dieser Welt Handelnden ebenso wie in
die Glaubensrealität des auf ein Jenseits hoffenden Christen zu vermitteln vermag [VFB 89/248].

Vallas Rezeption der epikureischen Lustlehre dient daher nicht der
Wiederbelebung einer antiken Philosophenschule, sondern der Entwick-

lung einer Ethik auf der Grundlage des von ihm propagierten rhetorischen Diskurses, in dem der Begriff Lust, dank seiner sinnlichen Erfahrbarkeit, ethischen Begriffen ihren Wertcharakter für die vorbegrifflich gegebene Realität sichert und ihnen so mit der Sinnlichkeit auch ihren ‹Sinn› zurückgibt.

Um solche Rückgewinnung des Sinnes eines theoretischen Problems und seine ‹sinnvolle› Lösung geht es Valla auch im Dialog «Über den freien Willen» – *De libero arbitrio* [LA] –, der mit dem Dialog über die Lust systematisch verbunden ist, insofern Möglichkeit und Notwendigkeit einer Ethik von der Sicherung der Willensfreiheit abhängt. Valla verbindet diesen Dialog aber nicht nur systematisch, sondern auch strategisch mit seiner Ethik: Er macht sich in beiden anheischig, die Untauglichkeit antiker philosophischer Argumentation für die christlich gedeutete Welt nachweisen [VFB 1–3/2–8; LA 7–9/54–58] und den für die mittelalterliche Erörterung beider Fragen autoritativen «Trost der Philosophie» des Boethius durch seine Lustlehre und seine Freiheitsschrift widerlegen zu können [LA 10]. Die lebhafte Rezeption und widersprüchliche Bewertung dieses kleinen Werkes von Erasmus und Luther über Leibniz bis ins 20. Jahrhundert hinein [LA 11–16] beweist die Attraktivität und zugleich die Unzugänglichkeit seiner Argumentation, die in einen philosophisch-logischen und einen theologisch-rhetorischen Teil zerfällt und nur im Kontext von Vallas Gesamtwerk verständlich wird.

Denn der philosophisch-logische erste Teil dient der Destruktion der traditionellen Freiheitsdiskussion, die nicht nur, auf der Ebene der Begriffe verharrend, mit Hilfe von «eingebildeten und erlogenen Dingen» [LA 15/70–71] eine Scheinlösung herbeizuführen vermag, sondern sich auch, in ihrer logischen Struktur einem metaphysischen Determinismus verhaftet, mit ihrer Definition des Freiheitsproblems als Konkurrenz von menschlichem Wollen und göttlichem Vorherwissen an einem Scheinproblem abarbeitet. Der zweite, theologisch-rhetorische Teil hat daher die Aufgabe, zunächst das Freiheitsproblem im Rahmen des spätmittelalterlichen christlichen Weltverständnisses als Konkurrenz zwischen dem menschlichen Wollen und dem omnipotenten Willen des voluntaristischen Gottes als in der Glaubenserfahrung gegebenes, reales Problem neu zu definieren. Die anschließende theologisch-rhetorische Erörterung des so definierten Freiheitsproblems führt zunächst zum Nachweis, daß mit dem Glauben an die Omnipotenz Gottes der Glaube an seine Güte untrennbar verbunden ist, und auf dieser Grundlage zu einer Lösung, die «nicht auf der Wahrscheinlichkeit von Gründen, sondern auf der Gewissheit des Glaubens» [LA 50/140–141] beruht und die besagt, daß aller *begrifflichen* Unvereinbarkeit zum Trotz eine *reale* Aufhebung der Freiheit des menschlichen Willens mit der Güte Gottes unvereinbar ist [LA 43/126–127].

Damit erörtert Valla das Problem der Willensfreiheit nicht anders als das des höchsten Gutes nicht auf der begrifflich-abstrakten Ebene, sondern auf jener Ebene, auf der es sich konkret stellt und seinen realen ‹Sinn› besitzt, und er beansprucht Gültigkeit und Wahrheit für seine Lösung unter Berufung nicht auf die formale Notwendigkeit logischer Widerspruchsfreiheit, sondern auf die reale Verbindlichkeit eines ‹narrativen› Universale, das, rhetorisch vermittelt, als in der unmittelbaren Gegebenheit der Realität enthalten und sie strukturierend erfahren werden kann, wie es sein humanistisches Philosophie- und Wissenschaftsverständnis fordert.

c) Rom und die Römische Akademie

So wie die Geschichte Roms im Mittelalter und in der Renaissance im allgemeinen, ist auch der römische Humanismus abhängig und geprägt von der Kurie, ihrem Schicksal, ihren Aufgaben und der geistigen Statur ihrer Repräsentanten. Die Geschichte des römischen Humanismus beginnt daher in Avignon, wandert während der Zeit des großen Schismas (1378–1449) von Konzilsort zu Konzilsort und findet erst nach 1439, wie die Kurie, ihren dauernden Sitz in Rom. Während dieser Wanderjahre sicherte sich die Kurie, sicherten sich Päpste und Kardinäle zwar die Dienste der Humanisten als Sekretäre und Legaten und stellten daher für die humanistische Bewegung ein wichtiges Kommunikations- und Multiplikationszentrum dar, auf die Lösung der kirchlichen Probleme konzentriert, vermochten die römischen Humanisten aber, wenn man von der auf zweckfreie Darstellung ausgerichteten antiquarischen Geschichtsschreibung des Flavio Biondo (1392–1463)[239] absieht, kaum eigene, vor allem keine philosophischen Impulse zu geben[240].

Dies ändert sich in dem Augenblick, in dem der Humanist Tommaso Parentucelli, der in seiner Jugend in einem Bibliothekskatalog für Cosimo de' Medici zum ersten Mal den Kanon der humanistischen Fächer unter dem Begriff der *studia humanitatis* zusammengefaßt hatte[241], als Nikolaus V. (1447–1455) zum Papst gewählt wird. Er faßt den Plan zur Gründung einer für alle Gelehrten zugänglichen Vatikanischen Bibliothek, der 1475 unter Sixtus IV. endgültig realisiert werden wird[242], und macht, an-

geregt durch die Begegnung mit der griechischen Kultur auf dem Unions-
konzil von Ferrara (1438) und Florenz (1439), Rom zum neben Venedig
zweiten Rezeptionszentrum der griechischen Tradition, indem er griechische Emigranten um sich sammelt und in großer Zahl lateinische Übersetzungen griechischer Historiker und Philosophen in Auftrag gibt[243].
Nikolaus V. war es auch, der Valla schließlich nach Rom berief und mit
ihm, wohl eher unbeabsichtigt, auch den philosophisch-kritischen Humanismus, der sich in der Gründung der Römischen Akademie durch Vallas
Schüler Pomponius Laetus (1428–1498)[244], seit 1466 Professor für Rhetorik, so unübersehbar manifestiert, daß Papst Paul II. diesem Zusammenschluß von Humanisten schon 1468 durch Verhaftung seiner Mitglieder
unter dem Vorwand einer antipäpstlichen Verschwörung ein rasches Ende
bereitete. Worin ihr Vergehen tatsächlich bestand, in der antikisierend-
heidnischen Inszenierung ihrer Zusammenkünfte, im freizügigen Gehabe
ihrer Mitglieder oder in der Anstößigkeit der von ihnen vertretenen Lehren, ist offenbar nicht mehr zu klären. Die Zeugnisse sprechen von allen
drei Möglichkeiten, unterlassen es nicht, den Vorwurf des Epikureertums
zu erheben[245], und scheinen mit dem Hinweis auf eine neue Lehre vom
höchsten Gut und die Verachtung der christlichen Lehre als «erlogen und
eingebildet»[246] den verstorbenen Valla als Rädelsführer auszumachen.
Dass diese Filiation nicht völlig aus der Luft gegriffen ist, scheinen die
erhaltenen Werke der beiden auch philosophisch tätigen Mitglieder der
Römischen Akademie zu beweisen.

Der eine von ihnen, Bartolomeo Sacchi, genannt Platina[247], fühlt sich,
in der Engelsburg gefangengesetzt, gedrängt, einen Widerruf zu verfassen:
drei Bücher, deren Überschrift «Über das falsche und das wahre Gute» –
De falso et vero bono – auf die Ethik Vallas verweisen und deren Ge-
sprächssituation – der Autor, unschuldig eingekerkert, wird von Philosophen getröstet, da die Philosophie die Medizin der Seele ist [OP 14] – an
die Situation des von Valla bekämpften «Trost der Philosophie» – *Consolatio philosophiae* – des Boethius erinnert. Demgemäß ist es auch das Ziel
der Dialoge, den von falschem Luststreben beherrschten, sein Elend be-
klagenden Autor von der Richtigkeit der stoischen Güterlehre zu überzeugen und auf den Pfad der asketischen, auf geistige Güter setzenden
Tugend zurückzuführen.

Und doch scheint selbst in diesem Widerruf der Einfluß Vallas noch
fortzuwirken. Denn wenn für Platina am Ende des dritten Dialoges Gott
in seiner Einheit und Vollkommenheit deshalb als höchstes Gut und letztes Ziel zu bestimmen ist, weil alle Lebewesen von Natur aus nach Einheit

und Dauer streben [OP 30], dann beruft er sich auf ein Argument – das natürliche, allgemein erfahrbare Bestreben, *appetitio* –, das er zwei Seiten zuvor als Begründung der epikureischen Lustlehre verworfen hatte. So kann Platina auch im Bemühen, dem Päpstlichen Kerkermeister zu Willen zu sein, das von Valla aus Epikur entwickelte Prinzip, daß eine Ethik, um verbindlich sein zu können, nicht nur begrifflich, sondern auch in der Erfahrung des natürlichen Strebens begründet sein muß, nicht verleugnen.[248] Der Widerruf gerät Platina folglich am Ende eher zum Nachweis der Integrationsfähigkeit des ‹epikureischen› Ansatzes in die christliche Ethik, wie sie vor ihm außer bei Valla schon bei Filelfo zu finden ist[249], mit dem er auch den Gedanken eines stufenweisen Aufstieges zu Gott [OP 30] gemein hat. Paul II. mag daher durchaus etwas Richtiges gesehen haben, als er die Annahme des Widerrufs verweigerte, aber auch Sixtus IV., als er Platina 1475 zum Bibliothekar der Vatikanischen Bibliothek berief.

Beim anderen Philosophen der Römischen Akademie, Filippo Buonaccorso, genannt Callimachus Experiens, (1437–1496)[250], liegen die Dinge anders. Ihm war es gelungen, aus Rom zu fliehen und über Venedig und Griechenland in Polen Asyl zu finden. Auf ihn konnte man daher, im Prozeßverlauf, die Hauptschuld wälzen[251], andererseits war er aber auch nicht zu Anpassung und Kompromiß gezwungen, sondern konnte, soweit es ihm von seinem Krakauer Exil aus möglich war, nicht nur als Lehrer der Rhetorik und Historiker, sondern auch als Philosoph seine Position offensiv vertreten.

Dies geschieht vor allem in zwei Briefen an Marsilio Ficino und Giovanni Pico della Mirandola, in denen sich einerseits die Nähe manifestiert, in die, wie schon bei Filelfo und Platina zu sehen ist, die Epikur- zur Platon-Rezeption getreten war, andererseits aber auch das Bemühen des ‹Epikureers›, sich gegen eine Vereinnahmung durch den Neuplatonismus abzugrenzen. Inhaltlich besteht diese Abgrenzung bei Callimachus in der Bestimmung des Verhältnisses von Körper und Seele, Materie und Geist, methodisch in der Beschränkung auf eine ‹natürliche› Untersuchung unter Ausschluß jeglicher ‹theologischer› Argumentation [D 225 f.; P 282].

Der an Ficino gerichtete, «Über die Dämonen» – *De daemonibus* – überschriebene Brief nimmt die von Ficino nebenbei gemachte Äußerung, daß Dämonen und Geister sich des Menschen bemächtigen könnten, zum Anlaß, die Natur unkörperlicher Substanzen zu klären. Callimachus leugnet nicht, daß es solche Substanzen, die nicht sinnlich wahrgenommen, sondern nur vernünftig erkannt werden können, gibt [D 226], und er leugnet zunächst scheinbar ebensowenig, daß die Seele als eine solche

Substanz im menschlichen Körper ist und ihn belebt [D 226], aber er bezweifelt, daß etwas als Substanz existieren kann, ohne an einem Ort zu sein und diesen seinen Ort auszufüllen [D 227 f.]. Die Konsequenz aus diesem ‹natürlichen› Verständnis geistiger Substanzen ist, dem Thema des Briefes entsprechend, daß der Mensch, als Ort seiner Seele, nicht zugleich von Geistern und Dämonen besessen sein kann. Es folgt aber aus diesem Verständnis der geistigen Substanzen ebenfalls, daß der Unterschied zwischen körperlichen und unkörperlichen Substanzen lediglich auf der sinnlichen Wahrnehmbarkeit der ersteren beruht, daß die Seele des Menschen, die den gleichen Ort wie der Körper des Menschen einnimmt, folglich mit diesem substantiell identisch sein muß und deshalb, wie Callimachus in seiner Traumtheorie betont, die Seele alles, was sie tut, gemeinsam mit dem Körper tut, «im Menschen und mit dem Menschen» [Z 91].

Auf dieser Grundlage einer natürlichen substantiellen Identität und Individualität des Menschen diskutiert Callimachus in seinem Brief «Über die Sünde» – *De peccato* – an Giovanni Pico della Mirandola das Problem von Sünde und Schuld. Er versucht zu zeigen, daß, entgegen den gängigen Theorien, die dem Körper zugeschriebenen sinnlichen Tätigkeiten die ‹geistigen› nicht zu korrumpieren vermögen, da sonst auch die Tiere der Sünde verfallen wären [P 282], und daß ebensowenig die geistigen Tätigkeiten des Erinnerns, Urteilens und Zustimmens, die der Seele zugeschrieben werden [P 284], für Verfehlungen des Menschen verantwortlich gemacht werden können, da sie, allein auf das geistig Erkennbare gerichtet [P 285], nicht in des Menschen Hand stehen, sondern ihm, in größerer oder geringerer Vollkommenheit, unmittelbar gegeben sind [P 283]. Damit kann aber auch der Mensch als ganzer, an seine von der Natur oder von Gott gegebenen Grenzen gebunden, weder gegen die göttliche noch gegen die natürliche Ordnung verstoßen. Er ist als natürliches Wesen, als *animal rationale*, unschuldig, schuldfähig nur als Bürger – *civis* – oder als Mönch – *religiosus* –, als Glied einer bürgerlichen oder religiösen Gemeinschaft, insofern er sich als solcher von Menschen gemachten, positiven Normen unterworfen hat [P 285].

Callimachus erwähnt in seiner gesamten Argumentation den Begriff der Lust, der im Zentrum der Epikur-Diskussion gestanden hatte, nicht. Offenbar hatte die Lust, zum natürlichen Streben nach Gott, wie bei Filelfo und Platina, umfunktioniert, die Möglichkeit verloren, eine zur christlich-traditionellen alternative, den Bedürfnissen des irdischen Lebens angemessene Ethik zu begründen. Sie mußte daher ersetzt werden durch den ihr bei Epikur zugrunde liegenden Materialismus, der den

Dualismus zwischen «schlechter» Sinnlichkeit und «guter» Geistigkeit in der natürlichen Einheit des Menschen aufhebt. Diese leib-seelische Einheit, in der der Mensch sich immer schon findet und deren Grenzen er nicht zu überschreiten vermag, kann nicht Gegenstand ethischer Bewertung sein – die Natur ist nicht schuldfähig –, sondern sie muß Grundlage jeder ethischen Wertsetzung sein, die die Beziehungen der Menschen untereinander und zu Gott regelt. Mit dieser Rückkehr zur positiv verstandenen Natur würde Callimachus den der Römischen Akademie vorgeworfenen Epikureismus in der Tat bestätigen und die Reaktion Pauls II. als Verteidiger der christlichen Tradition rechtfertigen.

d) *Neapel: Giovanni Pontano*

Zur Zeit Petrarcas war Neapel ein Zentrum des frühen Humanismus gewesen. Aber mit dem Tod des Königs Robert von Anjou[252], den Petrarca als «den größten König und Philosophen seiner Zeit», «dessen Wissen – *doctrina* – nicht weniger berühmt sei als seine Regierung – *regnum*» – [UN 39], gepriesen hatte, im Jahre 1343 und den darauf folgenden Kämpfen um die Herrschaft in Süditalien brach das geistige Leben zusammen und erhielt eine Chance erst wieder, als mit dem Geschlecht der Aragon im 15. Jahrhundert die politische Ordnung zurückkehrte. So verdankte der Humanismus seine Blüte in Neapel nicht eigentlich der Tradition, sondern der Persönlichkeit des ersten Königs aus dem Hause Aragon, Alfons I. (1416–1458), der, schon ehe er in Neapel Fuß fassen konnte, Humanisten wie Antonio Beccadelli, genannt Panormita[253], in sein Gefolge berief und als großzügiger Mäzen und engagierter Gesprächspartner Männer wie Lorenzo Valla[254], Bartolomeo Fazio[255] und Giannozzo Manetti[256] für längere oder kürzere Zeit an sich band und zu seinem Ruhm förderte[257]. Diese Bindung des neapolitanischen Humanismus an den König und seine Interessen endet in dem Augenblick, in dem sein Sohn Ferrante (1458–1494) seine Nachfolge antritt. Selbst ohne geistige Ambitionen, bedient er sich zwar weiterhin der Humanisten als politische Beamte, nimmt aber an deren theoretischen Tätigkeiten keinen Anteil: Die von Panormita mit Unterstützung des Königs Alfons gegründete Akademie verläßt den Hof und wird ein privater Gesprächskreis, in dem die aus dem Wettkampf um die königliche Gunst entstandenen Polemiken verstummen und Gelehrte und Literaten aller Art, wie zum Beispiel der Dichter Sanazzaro und der Mediziner und Humanist Galateo[258], sich zur Verfolgung der gemeinsamen Ziele in einer Atmosphäre der Urbanität zusammenfinden[259]. Das Haupt dieser Akademie, das ihr den bis heute gültigen Namen *Accademia Pontaniana* gab und ihren Charakter in seinen Dialogen [D] darstellte, war Giovanni Pontano (1426–1503)[260].

In Umbrien geboren, in Perugia erzogen, seit 1447 in Neapel, wo er noch mit Valla zusammentrifft und von Panormita gefördert wird, macht er eine höfische Karriere als Prinzenerzieher, königlicher Berater und schließlich Staatssekretär und gleichzeitig als Verfasser lateinischer Liebesgedichte und astrologischer Lehrgedichte[261], als Moralphilosoph und Dichtungstheoretiker.

In der Vorrede zu seinem letzten Traktat «Über die Ungeheuerlichkeit» – *De immanitate* –, die er als «Gipfel der Unmenschlichkeit, vollständigen Mangel an jeglicher Vernunft und äußerste Entfernung von ihr» definiert [IM 1ʳ-2ᵛ], benennt Pontano das Prinzip, das ihn in seiner moralphilosophischen Tätigkeit geleitet habe: die Methoden von Aristoteles, der die Ethik theoretisch begründet habe, von Cicero, der an konkreten Beispielen gezeigt habe, was rechtes Handeln sei, und von Seneca, der die Verbindlichkeit ethischer Werte rhetorisch in das Wollen und Streben der Menschen vermittelt habe, miteinander zu verbinden. Hinter diesem autoritätsorientierten Synkretismus verbirgt sich Kritik: die humanistische Kritik an der aristotelischen Tradition, die, allein an einer Theorie der Ethik interessiert, die Praxis nicht kannte, aber auch die Kritik an seinen humanistischen Kollegen, die, wie Palmieri[262], die Moralphilosophie allein auf den Konsens der gesellschaftlichen Praxis oder, wie Valla, auf der unmittelbaren Gegebenheit menschlichen Strebens nach Lust zu gründen versuchten. Pontanos Absicht, die keinen dieser Ansätze verwerfen, sondern jeden in seiner partiellen Berechtigung bewahren will, kann daher ebenso als Versuch der humanistischen Transformation des Aristotelismus wie der aristotelischen Transformation der humanistischen Moralphilosophie verstanden werden; auf jeden Fall aber setzt sie voraus, daß Pontano einen Weg findet, die konkurrierenden Ansätze nicht als einander ausschließend, sondern als zur Synthese fähig zu verstehen.

Wenn hinter dem humanistischen Vorwurf der Abstraktheit aristotelischer Ethik die Einsicht steht, daß im Angesicht eines voluntaristischen Gottes und einer als Ganzer kontingenten Welt ein auf rationaler Notwendigkeit beruhendes System ethischer Begriffe die Realität nicht zu erklären vermag, dann hängt die Möglichkeit einer aristotelisch-begrifflichen Begründung der Ethik davon ab, ob und inwieweit die Notwendigkeit des Denkens mit der Kontingenz der Realität vermittelt werden kann. Um solche Vermittelbarkeit zu sichern, greift Pontano auf die Astrologie zurück, die er lebenslang nicht nur in Lehrgedichten, sondern auch in einer umfangreichen Prosaschrift «Über die Dinge am Himmel» – *De rebus coelestibus* [COE] – dargestellt und gegen aufkommende Kritik verteidigt hat. Denn die Astrologie lehrt, daß alles, was in der irdisch vergänglichen Welt geschieht, seine notwendige Ursache in der Ewigkeit und Unwandelbarkeit der stellaren Bewegungen hat, und setzt damit zwischen den kontingent verursachenden göttlichen Willen und den Raum der sublunaren Natur eine Sphäre notwendig verursachender metaphysischer Entitäten, die garantieren, daß die Natur einer allgemeinen Gesetzlichkeit gehorcht, die Gegenstand einer allgemeinen und notwendigen Erkenntnis zu sein vermag[263], und daß jene unverursachte Kontingenz, die, als Fortuna personifiziert, die Humanisten vergeblich zu zähmen versucht hatten, nicht mehr ist als eine Ausgeburt der menschlichen Ignoranz [OP kk1^{r-v} = De prudentia I, 13]. So sichert die Astrologie eine der Struktur der Ratio entsprechende notwendige Struktur der Realität und gibt der theoretischen aristotelischen Ethik ihre Realitätshaltigkeit zurück. Da sie dies aber nur um den Preis eines durchgehenden Determinismus zu leisten vermag, würde sie im gleichen Augenblick eine Ethik als Lehre vom menschlichen Handeln unnötig machen, wenn der Mensch die stellaren Ursachen vollkommen erkennen könnte. Es ist daher entscheidend für Pontanos Theorie, daß er mit der Einführung der prinzipiellen Ignoranz des Menschen der Astrologie zwar eine Erkenntnis ermöglichende, nicht aber eine Erkenntnis vollendende Funktion zuspricht. Denn dadurch öffnet sich innerhalb des umfassenden Rahmens eines objektiv gegebenen Determinismus der Raum subjektiver Unbestimmtheit, die als Freiheit erfahren wird und in der der Mensch sich, da ihm die stellaren Ursachen verborgen sind, durch die rationale Analyse ihrer Wirkungen bzw. durch das Aufspüren allgemeiner Gesetzmäßigkeiten in der erfahrbaren Realität orientieren muß.

Vor diesem astrologischen Hintergrund, der den aristotelisch-begrifflichen wie den humanistisch-empirischen Ansatz gleichermaßen legitimiert und ihre Synthese als existentiell notwendig erweist, entwickelte Pontano seine Moralphilosophie als Versuch, humanistische Erfahrung begrifflich abzusichern und aristotelische Begrifflichkeit empirisch zu explizieren. Ausgangspunkt ist daher auch für ihn jene Unmittelbarkeit, in der dem Menschen das Gute als Gutes erfahrbar wird, die Einheit von Lust und Nützlichkeit [OP a2^{v}-a3^{v} = De fortitudine I, 1; a4^{v} = De prud. I, 2; kk5^{v}-8^{r} = De prud. I, 20]. Aber sie ist ein ambivalentes Kriterium. Das Streben nach ihr ist, wie er in der Vorrede zum Traktat über die

Klugheit – *De prudentia* – erklärt, unendlich und muß daher durch die
Ratio begrenzt und bestimmt werden, es entspringt der *inopia*, dem
Mangel, der, so wie die *privatio*, der «Formmangel» die Formbedürftig-
keit der Materie anzeigt, nach der Formung des menschlichen Lebens
durch die Tugend als der dem Menschen gemäßen Form verlangt [OP
ii7^v-kk1^r = De prud. I, 8 – 12]. Das Streben nach Lust ist daher zwar der
Motor des Lebens, aber es ist Ziel und Aufgabe aller Philosophie, dieses
Streben der Ratio unterzuordnen [OP aa5^r-6^v = De oboedientia I, 1], es
nach dem aristotelischen Prinzip der *mediocritas*, der goldenen Mitte,
zu mäßigen und damit das Leben in ein *bene vivere*, ein gutes Leben, zu
verwandeln [OP ii6$^{r\cdot v}$ = De prud. I, 4].

Im Begriff des *bene vivere* aber sind zwei Momente enthalten: einmal
das der Selbstzweckhaftigkeit des Lebens und zum anderen das seiner
Zielgerichtetheit [OP ii7^r = De prud. I, 7]. Das erste Moment drückt sich
darin aus, daß der Mensch zum Handeln geboren ist – *ad agendum nati
sumus* –, und hat ethische Bedeutung, insofern es als erstes Kriterium zur
Differenzierung der Lust die rein sinnliche, passive Lust als dem Menschen nicht gemäß, jene aber, die durch Handeln, das heißt durch Mühe
und Arbeit gewonnen wird, als dem Menschen gemäße Lust bestimmt
[OP a2^v-a3^v = De fort. I, 1]. Dieses Kriterium ist in der Erfahrung einholbar, insofern die passive Lust kurz und von Unlust gefolgt ist, während
die aktiv erworbene Lust Beständigkeit und Dauer besitzt [OP kk5^v-8^r =
De prud. I, 20]. Das zweite Moment, ebenfalls an der Natur des Menschen orientiert, umfaßt zwei Ziele, Selbsterhaltung und Arterhaltung,
die der Mensch mit den Tieren gemein hat, und eines, das ihm als rationalem Wesen allein zukommt: die Gründung und Bewahrung menschlicher Gemeinschaft [OP ii5$^{r\cdot v}$ = De prud. I, 1]. Auch diese sind wiederum
in der Erfahrung des natürlichen Strebens einholbar, das letzte mit solcher
Evidenz, daß das Leben des für die Gemeinschaft tätigen und von ihr geliebten und geachteten Menschen mit dem Begriff des *bene vivere* und der
Erfahrung der höchsten Lust gleichgesetzt werden kann [OP kk3^v-4^v = De
prud. I, 18].

So gelingt es Pontano, das *bene vivere*, den aristotelischen formalen
Begriff des letzten Zieles des Menschen, der Verwirklichung des höchsten,
ihm eigentümlichen Vermögens [NE 1097 b 22 sqq.], mit dem cicero-
nischen inhaltlichen Wertbegriff der Ehrbarkeit – *honestas* – bzw. der
«sozialen Anerkennung», wie ihn schon der Bürgerhumanist Palmieri
vertreten hatte, mit dem Kriterium der Lusterfahrung zu vereinigen
und damit das Fundament für seine aristotelisch-humanistische Ethik zu

legen. In ihr analysiert er die einzelnen Tugenden nach dem aristotelischen Prinzip der Mitte zwischen den Extremen, orientiert sich aber bei der Auswahl der Tugenden am Kriterium der sozialen Bezogenheit, wenn er von den «theoretischen» Tugenden allein die das Handeln regulierende *prudentia* erörtert und sich bei den ethischen Tugenden vor allem auf jene konzentriert, die das Zusammenleben in der gegebenen menschlichen Gemeinschaft sichern.

Als Adressat der moralischen Lehre Pontanos wird auf diese Weise die höfisch-feudale Gesellschaft in ihren spezifischen Problemen erkennbar, so wie sich umgekehrt die Morallehre der Florentiner Bürgerhumanisten den Problemen des bürgerlichen Lebens widmete. An die Stelle der Gerechtigkeit etwa, die bei Palmieri die höchste soziale Tugend ist, das ganze dritte Buch einnimmt und nicht nur die Gesetzestreue, sondern vor allem auch die Prinzipien gerechten staatlichen und privaten Handelns im vorgesetzlichen Raum einschließt, tritt bei Pontano die *oboedientia*, der Gehorsam gegenüber geschriebenen und ungeschriebenen Gesetzen, der die Struktur der bestehenden feudalen Ordnung zu sichern vermag. An die Stelle der bürgerlichen Tugend der Sparsamkeit aber und des ökonomischen Umgangs mit dem, was ein Mensch besitzt, dem bei Alberti eine zentrale Rolle zukam[264], treten in Pontanos sogenannten ‹Traktaten über die sozialen Tugenden› [TVS] Anweisungen, wie der Reiche und Privilegierte sich zu verhalten hat, um durch Freigebigkeit und Mildtätigkeit, Prachtentfaltung und Inszenierung gesellschaftlicher Ereignisse diese seine privilegierte Stellung gegenüber Nieder- und Gleichrangigen behaupten zu können. Schließlich gelangt Pontano sogar in dieser seiner auf der Analyse der höfischen Gesellschaft beruhenden Ethik mit der *magnificentia* [TVS 83–121], der ‹Großtätigkeit› zu einer Tugend, die jenseits von allen auf öffentlichen und privaten Nutzen ausgerichteten Verhaltensweisen liegt. Unter großem finanziellen Aufwand und ohne an Bedürfnissen oder Zwecken orientiert zu sein, tut sie das Großartige und Bewunderungswürdige um seiner selbst willen, überschreitet die Grenzen alles Maßvollen – der «Mäßige» – *modicus* – kann nicht «großtuend» – *magnificus* – sein [TVS 88], und eröffnet damit einen Bereich des Grenzenlosen, der jenseits aller gegebenen Maßstäbe liegt.

Daß ein solcher Exzeß kein unbedachter Zufall ist und was er bedeutet, wird erkennbar in Pontanos Sprachtheorie und Dichtungslehre. Denn auch hier gilt Pontano zunächst der an einen Aspekt der *humanitas* bei Cicero erinnernde[265] urbane und maßvoll-heitere Gesprächston, wie er in seiner Akademie gepflegt, in seinen Dialogen vorgeführt und in seinem

Traktat «Über das Sprechen» – *De sermone* [SE] – dargestellt wird, als
jener Umgang mit der Sprache, der menschliche Gemeinschaft begründet
und bewahrt. Aber eine genauere Analyse, wie er sie im Dialog *Actius*
[D 193–239] durch den Vergleich von Rhetorik, Historiographie und
Poesie vornimmt, zeigt, daß dieses urbane Sprechen die Möglichkeiten
des Menschen, mit der Sprache umzugehen, weder erschöpft noch
krönt[266]. Dieses urbane Sprechen, das sich der Situation anzupassen und
durch Überzeugung einen Konsens herzustellen sucht, ist außengeleitet
und zweckgerichtet, es ist, in der Terminologie Pontanos ‹nur› rhetorisch
und auf der Ebene des *genus tenue*, des bescheidenen Stiles, angesiedelt,
der möglichst natürlich scheinen und alles Kunstvolle verbergen muß[267].
Ein wenig höher erhebt sich bereits die Historiographie, die nicht mehr
überzeugen, sondern die Wahrheit, wenn nicht die faktische, so doch die
in Lob und Tadel ausgedrückte moralische Wahrheit darstellen will. Aber
auch sie ist, in eben dieser Wahrheitsbindung, noch einem ihr äußerlichen
Kriterium unterworfen und findet im *genus medium*, auf der mittleren
Stilebene, den ihr angemessenen Ausdruck. Erst die Poesie ist von solchen
Rücksichten auf äußere Kriterien frei. Sie will weder situationsgemäß re-
dend überzeugen, noch ist sie an eine definierbare Wahrheit oder Wahrscheinlichkeit gebunden, da das *fictum*, die freie Erfindung, zu ihren Ge-
genständen gehört. Angesiedelt auf der Stilebene des *genus grande*, des
erhabenen Sprechens, verbirgt sie ihre Künstlichkeit nicht, sondern dokumentiert in der Demonstration ihrer Kunst die höchsten Fähigkeiten des
Menschen und provoziert die Bewunderung, die *admiratio*, der übrigen
Menschen.

Wie daher in der Ethik Pontanos jenseits des maßvollen, zweckgerich-
teten und Gesellschaft bewahrenden Handelns, das an den Florentiner
Bürgerhumanismus erinnert, ein Bereich des alles Maß übersteigenden
und neue Maßstäbe setzenden Großartigen sichtbar wurde, so entwirft
auch seine Sprach- und Dichtungstheorie jenseits der rhetorischen,
gemeinschaftstiftenden Funktion der Sprache, wie sie zum Beispiel noch
von Poliziano gelehrt wurde, in der Poesie einen Bereich des Sprechens, in
dem der Mensch alles Gegebene, die Natur, die Gesellschaft, die Bedürfnisse und die definierte Wahrheit transzendiert und selbst schöpferisch
tätig wird und auf dem letztlich, wie es am Ende des *Actius* heißt, Philosophie und Wissenschaft, Religion und Gesellschaft, also die Kultur überhaupt als menschliche Schöpfung beruht [D 238 f.].

Die Größe des Menschen, die *dignitas hominis*, um deren argumentative Sicherung der Florentiner Bürgerhumanismus sich so nachdrücklich

bemüht hatte, wird bei Pontano erfahrbar in der *admiratio*, der Bewunderung des großen Werkes, sie wird zur ‹ästhetischen›, das heißt nur wahrnehmbaren Größe, die nicht argumentativ eingeholt werden kann, sondern den allgemeinen Rahmen jeder Argumentation allererst stiftet. Pontano weist damit über den Humanismus hinaus auf jenen anderen großen Neapolitaner, Giambattista Vico, dem im 18. Jahrhundert die Poesie zur Grundlage seiner «Neuen Wissenschaft von der gemeinschaftlichen Natur der Völker» werden wird[268].

III. DER FLORENTINER NEUPLATONISMUS

1. Der Platonismus der Humanisten

Liest man die Humanisten der zweiten Hälfte des 15. Jahrhunderts, so fällt auf, daß neben Aristoteles und der aristotelischen Tradition mehr und mehr Platon und der Neuplatonismus zum Bezugspunkt philosophischer Argumentation wird, der entweder, wie zum Beispiel bei Alberti und Landino, Filelfo und Platina[1], zu einer stärkeren Betonung kontemplativer und apriorischer Elemente führt oder, wie etwa bei Poliziano und Callimachus Experiens[2], zu neuen Formen der Abgrenzung und Klärung der humanistischen Position zwingt. Beide Reaktionen weisen auf eine Erweiterung des Theoriepotentials gegenüber den vorhergehenden Jahrzehnten hin, die der Humanismus, zumindest partiell, selbst herbeigeführt hat, aber in ihrem Ergebnis so nicht von den Humanisten intendiert war.

Schon der Scholastik waren Platon und der Neuplatonismus nicht nur indirekt, durch Cicero und Augustinus, bekannt gewesen, sondern sie hatte im *Timaios*-Kommentar des Chalcidius und den mittelalterlichen Übersetzungen des *Menon, Phaidon* und *Parmenides*[3] auch unmittelbaren Zugang zu wenigstens einigen platonischen Werken und in Dionysius Areopagita und fälschlich unter dem Namen des Aristoteles überlieferten neuplatonischen Schriften wie dem *Liber de causis*, den *Secreta secretorum* und der *Theologia Aristotelis*[4] auch Zeugnisse neuplatonischen Denkens besessen. Aber Kriterium für die philosophische Gültigkeit eines Theorems war seine Integrierbarkeit in das Modell des Aristoteles, des «Philosophen» – *philosophus* – schlechthin, gewesen, dem daher auch die platonische Tradition sich zu bequemen hatte. Noch im 15. Jahrhundert wird ein Vertreter der Scholastik, Alonso de Cartagena, erklären: «Da Aristoteles seine Rationalität nicht aufgrund seiner Autorität, sondern seine Autorität aufgrund seiner Rationalität besitzt, müssen wir davon ausgehen, daß alles, was mit der Ratio übereinstimmt, auch von Aristoteles gelehrt wurde.»[5] Wenn daher Petrarca, unter Berufung auf Augustinus und Cicero und mit dem Hinweis, daß er weitere Dialoge Platons im griechischen Original besitze – die er allerdings nicht lesen konnte[6] –, Platon anstelle des Aristoteles zum Fürsten der Philosophen erhebt[7], dann propa-

giert er einen Paradigmenwechsel in der Philosophie und erhebt gleichzeitig den Anspruch, daß sein humanistisches Denken in dieser Tradition der
wahren, platonischen Philosophie steht.

So unberechtigt dieser Anspruch für das moderne Platonverständnis zu
sein scheint, so berechtigt muß er für Petrarca erscheinen, der in den *Academica* Ciceros nicht nur gelesen hatte, daß Platon, als unmittelbarer
Schüler des Sokrates, dessen Lehre unverkürzt bewahrt hatte, Aristoteles
und der Peripatos aber, als nachplatonische Fraktion, nur einen Aspekt
der Philosophie weiterentwickelte, sondern auch, daß sein eigener Zweifel an der Möglichkeit absoluter Wahrheitserkenntnis in der Philosophie,
seine eigene Konzentration auf die praktische Philosophie und sein eigenes Ideal einer Einheit von *sapientia* und *eloquentia*, von Weisheit und
Beredsamkeit, als Instrument der Vermittlung des verbindlichen Guten,
die er der scholastischen Tradition entgegenhielt, schon von der Neuen
Akademie vertreten worden waren und ihn, Petrarca, damit in die akademische Tradition und in die Nachfolge von Platon und Sokrates stellte[8].
So war das Platonbild Petrarcas, das es ihm erlaubte, seinen humanistischen Ansatz als platonisch zu betrachten, durch die philosophiehistorische Rekonstruktion der Neuen Akademie, wie sie von Cicero überliefert
wird, geprägt, und dieses Platonbild blieb offenbar, wie ein Brief Francesco Patrizis aus Siena zu bezeugen scheint, der die philosophiehistorische Darstellung Ciceros beinahe wörtlich übernimmt[9], auch das seiner
humanistischen Nachfolger.

Als daher zu Beginn des 15. Jahrhunderts die neu erworbenen Griechischkenntnisse die Humanisten befähigten, Platon zu übersetzen und
den von Petrarca propagierten Paradigmenwechsel einzulösen, lasen sie
Platon in der Erwartung, in ihm einen Kronzeugen ihrer eigenen philosophischen Position zu besitzen[10]. Diese Erwartung bestimmt zunächst die
Auswahl der Werke, die sie übersetzen: vor allem die aporetischen Früh-
dialoge, die moralphilosophischen Fragen gewidmet waren, und die Briefe, die Platon als politisch handelnden Philosophen erkennen lassen. Diese Erwartung bestimmt auch die Form der Präsentation, durch die sie
Platons Werke ihrem Publikum nahezubringen suchen: sie geben den Namen der Dialoge einen inhaltlich erläuternden Titel bei, der sie als Beiträge zur aktuellen humanistischen Diskussion kennzeichnet, wie zum Beispiel «Phaidon oder über die Unsterblichkeit der Seele», «Charmides oder
über die Mäßigkeit», «Lysis oder über die Freundschaft», «Gorgias oder
gegen die Redner oder die Redekunst», «Kriton oder über die Beachtung
der Gesetze». Endlich bestimmt diese Erwartung auch ihr Verständnis der

übersetzten Werke. Bruni etwa kann sich nicht genugtun, die Einheit von
Weisheit und Beredsamkeit bei Platon und die Beispielhaftigkeit des politischen Handelns, wie es in seinen Briefen deutlich wird, zu preisen[11];
Uberto Decembrio dagegen, der 1405 zum ersten Mal die Politeia übersetzt, ist offenbar von der Idealität des darin entworfenen Staates und
dem Abstand mancher der darin enthaltenen Anweisungen von der Realität des 15. Jahrhunderts irritiert und empfiehlt, Platon mit Vorsicht und
lediglich als Ersatz für die verlorenen, realitätsgerechteren Bücher Ciceros
«Über den Staat» – *De re publica* – zu lesen, und macht sich schließlich
selbst daran, in seinem eigenen, gleichnamigen Werk eine solche dem Verfahren Ciceros nachempfundene Adaptation der platonischen Politeia an
die politische Realität des 15. Jahrhunderts in Mailand vorzunehmen[12].

So führt Petrarcas Proklamation Platons zum «Fürsten» der Philosophen
zwar nicht zur Ersetzung der aristotelischen durch die platonische Philosophie als Grundlage und Rahmen alles zukünftigen Philosophierens, aber sie
stellt die Autorität und Verbindlichkeit des Aristoteles aus philosophiehistorischen Gründen in Frage und benennt damit ein Kriterium, aufgrund
dessen die aristotelische Tradition nicht nur intern in einzelnen ihrer Aussagen, sondern von außen und als Ganze kritisierbar wird. Da die Humanisten aber diese ältere Quelle der Philosophie aus der Perspektive der
Neuen Akademie lesen, begründen sie nicht eine neue, platonische Dogmatik, die zu der des Aristotelismus in Konkurrenz träte, sondern bereiten den
Boden für den Skeptizismus des 16. Jahrhunderts, der gerade den philosophischen Dogmatismus zu überwinden sucht[13].

2. Georgios Gemistos Plethon

Damit in der zweiten Hälfte des 15. Jahrhunderts ein neues, erweitertes
und vertieftes Platonverständnis möglich wurde, bedurfte es daher, neben
dem von den Humanisten initiierten allgemeinen Interesse an Platon und
der Erfüllung der materiellen Voraussetzungen zu seiner Rezeption – dem
Vorhandensein eines vollständigen Manuskriptes der Werke Platons in
Italien seit spätestens 1424[14] und den nötigen Griechisch-Kenntnissen,
um ihn lesen zu können –, vor allem eines neuen hermeneutischen Ansatzes. Wenn wir Marsilio Ficino, dem Protagonisten dieser Rezeption, der
1492 im Vorwort zu seiner Plotinübersetzung auf seine Anfänge zurückblickt, folgen, kam dieser neue Anstoß offenbar von außen, durch den
Griechen Georgios Gemistos Plethon (1360–1452), der 1439 aus Anlaß

des Einigungskonzils zwischen katholischer und orthodoxer Kirche nach Florenz gekommen war und hier die Tradition des byzantinischen Platonismus in die geistige Situation des Übergangs der Florentiner Republik zum Prinzipat der Medici zu vermitteln wußte[15].

In Byzanz hatten offenbar Aristotelismus und Platonismus, getreu den neuplatonischen Bemühungen um ihre Vereinigung, nebeneinander bestehen können – Aristoteles als Lehrer der Logik und der Physik, Platon als Lehrer der Metaphysik –, und wenn im Ausgang des Mittelalters der Aristotelismus in Byzanz an Bedeutung gewinnt, so scheint diese Entwicklung, wie die Übersetzung des Thomas von Aquin ins Griechische zeigt, eher auf westliche Einflüsse zurückzuführen zu sein, ist sie doch begleitet von der gleichzeitigen Ausbildung einer starken neuplatonischen Schule in der Nachfolge des Michael Psellos (1018–1079), deren Sitz im Kloster von Mistra auf dem Peloponnes war[16].

Ihr bedeutendster Vertreter ist Plethon[17], der, als er 1439 schon als alter Mann nach Florenz kommt, dabei ist, sein Hauptwerk, die Gesetze, *Nomoi*, zu verfassen, mit dem er, in Anlehnung an Platons gleichnamigen Dialog, eine Reform des byzantinischen Reiches anstrebt. Die geistige Situation, auf die er hier trifft – auf der einen Seite die entschieden aristotelische Theologie des Westens, auf der anderen Seite die Platonbegeisterung der Humanisten –, inspiriert Plethon offenbar zu einer kleinen Schrift über den Unterschied zwischen der Platonischen und der Aristotelischen Philosophie, in der er in 20 Punkten nicht nur die philosophische Überlegenheit Platons über Aristoteles verficht, sondern auch die Unvereinbarkeit des Aristoteles mit der christlichen Lehre behauptet und damit die byzantinische Koexistenz der beiden Schulen zerstört.

Die unmittelbare Folge dieser griechisch verfaßten Schrift ist eine sich über Jahrzehnte hinziehende Polemik[18]. Ihr Vorkämpfer ist zunächst Georgios Gennadios Scholarios (1405–1472)[19], der ebenfalls am Konzil teilgenommen hatte, gleich nach seiner Rückkehr nach Konstantinopel nicht nur Aristoteles verteidigt, sondern auch Plethon verdächtigt, er wolle den heidnischen Polytheismus wieder einführen, und nach dem Tode Plethons dessen Gesetze, abgesehen von jenen Stücken, die den Polytheismus-Verdacht zu bestätigen scheinen, verbrennt. Plethons Schüler Bessarion (1403–1472)[20] versucht zu vermitteln und die traditionelle byzantinische Koexistenz der beiden Philosophenschulen wiederherzustellen. Aber nachdem die Kontroverse einmal in den Kreis der griechischen Emigranten getragen ist, muß sie offenbar auch weiter ausgefochten werden. Der Kreter Georgius Trapezuntius (1395–1484)[21], der seit seinem 17. Le-

bensjahr in Italien lebte, stellt sich entschlossen auf die Seite der west-
lichen, aristotelischen Tradition. In seiner Jugend hatte er eine humanistische Ausbildung bei Vittorino da Feltre und Guarino Veronese genossen
und in ihrer Folge vielbeachtete Lehrbücher der Rhetorik und der Dialektik geschrieben, in denen er zum ersten Mal den griechischen Rhetoriker
Hermogenes im Westen berücksichtigte[22]. Er hatte, im Umkreis von Papst
Nikolaus V., eine Reihe Aristotelischer Werke, u. a. die Physik, die Rhetorik und die Schrift über die Seele, und einige griechische Kirchenväter ins
Lateinische übersetzt und schließlich sogar, mit der Übersetzung des «Parmenides», der «Epinomis» und der «Gesetze», letztere dem Senat von
Venedig als Lehrbuch und Spiegel praktischer Politik gewidmet[23], zur
Verbreitung Platons im Westen beigetragen. So ist das Motiv, das ihn
dazu bewegte, im Jahre 1458 in einem Vergleich Platons mit Aristoteles
Platon zunächst als philosophisch und wissenschaftlich unterlegen (Buch
I), dann als unvereinbar mit der christlichen Lehre (Buch II) und schließlich als moralisch verwerflich, als Ursache des Niedergangs Griechenlands
und als Gefahr für die westliche Kultur darzustellen (Buch III), nicht einsichtig, und seine Behauptung, er habe Platon von Jugend auf gehaßt, so
wie ihn jeder gute Mensch hassen müsse, wenn er ihn nur recht verstehe[24],
scheint durch sein eigenes Tun widerlegt zu werden. Aber gerade die
Maßlosigkeit und Widersinnigkeit dieses Angriffs auf Platon und die Platoniker, der darin gipfelt, daß er eine Kontinuität zunehmender Verwerflich-
keit von Platon über Epikur und Mohammed bis zu Plethon konstruiert,
könnte darauf verweisen, daß es Trapezuntius weniger um philosophische
Klärung als um eine ideologisch bestimmte kulturpolitische Reaktion gegen eine neuplatonisch inspirierte Aufweichung mittelalterlicher Positionen
ging, die ihre konkrete politische Komponente in den Tendenzen, unter
dem Begriff des «Glaubensfriedens», der *pax fidei*, zu einem Ausgleich mit
dem Islam zu kommen, besaß[25].

Wenn so der Angriff des Trapezuntius auf Plethon die politische Dimension des von diesem vertretenen Platonismus vor dem Hintergrund
der Einnahme Konstantinopels durch die Türken im Jahre 1453 deutlich
macht, dann ist die Antwort Bessarions in seinen vier Büchern «Gegen
den Verleumder Platons» – *In calumniatorem Platonis* –, die neben der
Zustimmung und Unterstützung Ficinos auch auf die zahlreicher Humanisten wie Francesco Filelfo, Panormita und Niccolò Perotti trifft[26], offenbar ein Zeichen dafür, daß das politische Engagement des Emigranten in
seiner neuen Heimat nicht geteilt wurde und letztlich ins Leere stieß. In
sorgfältiger, auf Analyse der philosophischen Quellen gestützter Argu-

mentation versucht Bessarion zwar die philosophische Überlegenheit Platons nachzuweisen, ist aber gleichzeitig darauf bedacht, das beide Verbindende gegenüber dem Trennenden zu betonen. Die dadurch eintretende Versachlichung der Diskussion trägt wesentlich zur Rezeption des gesamten Platon bei und ebnet dem argumentativen Vergleich der beiden philosophischen Ansätze und ihrer Leistungsfähigkeit, wie er bis weit ins 16. Jahrhundert hinein fortgesetzt werden wird, den Weg[27].

Aber diese vor allem in den Kreisen der griechischen Emigranten ausgetragene Kontroverse ist nicht der einzige und für die neue Platonrezeption in Italien auch nicht entscheidende Anstoß, der von Plethons Aufenthalt in Florenz ausgeht. Plethon hatte in Florenz nicht nur an seinen Gesetzen und seiner Schrift über die Differenz der aristotelischen und der platonischen Philosophie geschrieben, sondern er hatte auch gelehrt, und wenn seine – griechisch verfaßten – Schriften unter den Italienern zunächst kein Echo fanden, so hat seine Lehre doch offenbar langfristig, nach Ausweis des Ficino[28], ihre Wirkung nicht verfehlt. Wir wissen nicht, was Plethon gelehrt hat, aber wenn wir davon ausgehen können, daß mündliche und schriftliche Äußerungen eines Philosophen in der Regel nicht völlig auseinanderklaffen, dann lassen sich zumindest einige Punkte dieser Lehre rekonstruieren, die ihre Wirkung im humanistischen Florenz verständlich werden lassen.

Denn schon der Prolog Plethons zu seiner Schrift «Über den Unterschied zwischen der platonischen und der aristotelischen Philosophie» [D], in dem er sich auf die höhere Einschätzung Platons durch die Antike beruft, die moderne, im Westen vorherrschende Präferenz für Aristoteles dem Araber Averroes zur Last legt, der Aristoteles nicht einmal richtig verstanden habe, und seinen möglichen Gegnern Streitsucht statt Wahrheitsliebe unterstellt, zeigt in seinem ganzen Duktus, der jedem Humanisten Ehre gemacht hätte, wie Plethon an den bereits bestehenden humanistischen Platonismus anknüpft und ihn in eine neue Richtung zu lenken versucht [D 889 f.].

Das gleiche Bild bietet auch der Ausgangspunkt der «Gesetze» [N]. Plethon beginnt hier mit der Frage nach der richtigen Lebenswahl, dem letzten Ziel und höchsten Gut des Menschen, das im Zentrum der philosophischen Bemühungen des Humanismus steht. Er fordert zu seiner Lösung – auch darin noch mit den Humanisten einig – eine Lehre von der Natur des Menschen und schließlich, als Voraussetzung für die Begründung einer solchen Anthropologie, eine Kenntnis des ganzen Universums, um Platz und Aufgabe des Menschen im Rahmen einer Kosmologie be-

stimmen zu können [N 16–12]. Mit dieser letzten Forderung bietet
Plethon die platonische Kosmologie als eine Möglichkeit an, das humanistische Problem der Begründung und Sicherung ihrer Anthropologie und
Ethik unabhängig von der historischen Erfahrung zu lösen, markiert aber
gleichzeitig auch das Hindernis, das einer Rezeption nicht nur des aporе-
tischen, sondern auch des kosmologischen und metaphysischen Platon
durch den Humanismus im Wege steht: das Problem des Nominalismus.
Während Plethon sich in seiner Differenzschrift ausdrücklich zur Prio-
rität des Allgemeinen vor dem Einzelnen, des Ganzen vor dem Teil bekennt [D 895 f.] und auf dieser Grundlage auch das Sein des Einzelnen
und des Teiles aus dem des Allgemeinen und Ganzen bestimmen kann,
kann der Humanist, aufgrund seines nominalistischen Ansatzes von der
alleinigen Existenz des Einzeldinges ausgehend, eine Erkenntnis des Allgemeinen vor der des Einzelnen und eine Bestimmung des Einzelnen aus
dem Allgemeinen schlechthin nicht zugestehen.

Das Schicksal der Platonrezeption mußte daher von der Lösung des Nominalismusproblems abhängen, und es scheint von entscheidender Bedeutung gewesen zu sein, daß Plethon sich in seinen «Gesetzen» nicht um die
systematische Begründung eines neuen Universalienrealismus bemüht oder
um eine Verteidigung der von Aristoteles diskreditierten platonischen Ide-
enlehre – obwohl er sich in seiner Differenzschrift durchaus zu ihr bekennt [D 915–932] –, sondern daß er die Verbindlichkeit der platonischen
Kosmologie und generell des platonischen Ansatzes durch die dem historischen Denken der Humanisten sehr viel näherliegende und leichter zu
akzeptierende historische Konstruktion der «ursprünglichen Philosophie»
oder «Theologie» – *prisca philosophia* oder *prisca theologia* – zu sichern
versucht [N 305 f.; 252]. Nicht der aporetische Sokrates ist nach dieser
Konstruktion der Vater der Philosophie, sondern an ihrem Anfang steht
eine Uroffenbarung gleichermaßen philosophischer wie theologischer
Natur, die einerseits in den *koinai ennoiai*, den gemeinsamen, a priori
gegebenen Inhalten des menschlichen Geistes bewahrt ist, andererseits
aber von den ältesten Philosophen in mythischer Vorzeit, anfangend mit
dem Perser Zoroaster, autoritativ formuliert und in einer nicht abreißen-
den Kette von Philosophen – über Pythagoras und Platon bis hin zu Plotin
und den Neuplatonikern – immer weiter expliziert wurde. Philosophische
Wahrheit hat sich nach diesem Lösungsangebot Plethons nicht durch empirische Einholbarkeit oder durch logische Widerspruchsfreiheit zu einem
abstrakten Allgemeinen auszuweisen, sondern durch die Möglichkeit ihrer Integration in das historische Apriori einer konkreten ursprünglichen

Lehre, aus der alle Wahrheit stammt und auf die daher jede wahre Aussage zurückgeführt werden können muß.

Die Akzeptierbarkeit dieses neuplatonischen Angebots zur Lösung des Nominalismusproblems hängt ab von der Akzeptierung der ihm zugrunde liegenden historischen Konstruktion, und so ist es nicht verwunderlich, daß die Humanisten nicht sofort und nicht alle das empirische Wahrheitskriterium zugunsten der *prisca philosophia* aufgaben. Aber es ist ebenso verständlich, daß in dem Maße, in dem unter der Festigung des Prinzipats der Medici die Bürgertugenden an praktischer Bedeutung verloren, das erfahrungsunabhängige Theorieangebot des Neuplatonismus an Faszination gewann. Auf jeden Fall scheint Plethons Propagierung eines neuplatonischen Platonverständnisses den Boden dafür bereitet zu haben, daß 1457 an Stelle von Cristoforo Landino der Grieche Johannes Argyropulos auf den Lehrstuhl für Philosophie in Florenz berufen wurde, der Aristoteles aus neuplatonischer Perspektive zu interpretieren begann, noch ehe, mit Marsilio Ficino, das Programm Plethons in vollem Umfange verwirklicht wurde[29].

3. Marsilio Ficino

Marsilio Ficino (1433–1499)[30], als Sohn eines Arztes in Figline bei Florenz geboren, erhielt in Florenz eine humanistische Ausbildung und studierte dann Philosophie und Medizin, wodurch er mit der aristotelisch-scholastischen Tradition vertraut wurde. So besitzen wir frühe philosophische Werke von ihm, zwischen 1454 und 1462 entstanden, in denen er nicht nur humanistisch-eklektisch verfährt, sondern sich auch ausdrücklich zu dieser Haltung bekennt [OP 986 ff.], andere, in denen er sich intensiv mit Lukrez und der Lehre Epikurs beschäftigt, und wieder andere, in denen er Probleme der aristotelischen Tradition im Stil der scholastischen Quaestio erörtert. Aber schon 1456, nachdem er mit Cosimo de'Medici bekannt geworden ist, beginnt er Griechisch zu lernen mit der ausdrücklichen Absicht, Platon und die platonische Tradition ins Lateinische zu übersetzen, und so sind uns auch einige, allerdings später überarbeitete, Werke Ficinos aus dieser Frühzeit erhalten – zum Beispiel eine Rede zum Lob der Philosophie [OP 758], eine zum Lob der Medizin [OP 759] und ein Traktat über den göttlichen Wahnsinn, *De furore divino* [OP 612 ff.] –, in denen durchaus bereits seine spätere neuplatonische Position erkennbar wird[31]. Das Jahr, in dem sein Leben, wie er selbst berichtet [OP 1537], eine entscheidende Wende nimmt, ist 1463: Cosimo schenkt ihm eine Villa in Careggi, die zum Zentrum der platonischen Akademie, einem losen Zusammenschluß von an der platonischen Tradition interessierten Freunden[32], werden wird, und er übergibt ihm eine Reihe griechischer Manuskripte platonischer und neuplatonischer Provenienz mit dem Auftrag, sie zu übersetzen.

Ficino beginnt, auf Anregung Cosimos, sofort mit Hermes Trismegistos, den er noch im gleichen Jahr fertigstellt, übersetzt dann, 1463–68, den gesamten Platon, den er, bis 1494, durch Kommentare und Paraphrasen zum Symposion, Philebos, Phaidros, Timaios und Parmenides ergänzt, und schließlich, 1484–1491, Plotin sowie kleinere neuplatonische Werke wie Alcinous und Speusipp, Pythagoras und Jamblich, Synesius, Porphyrius, Proclus, Priscianus Lydus, Dionysius Areopagita und andere, so daß bei seinem Tode beinahe die gesamte platonische und neuplatonische Tradition lateinisch zugänglich ist. Darüber hinaus verfaßt er auch eigene Werke, die aus dieser Tradition erwachsen. Zu nennen sind insbesondere sein philosophisches Hauptwerk, die zwischen 1469 und 1474 entstandene «Platonische Theologie über die Unsterblichkeit der Seelen» [TP], der unmittelbar darauf, zuerst italienisch, dann auch lateinisch publizierte Traktat «Über die christliche Religion» – *De christiana religione* – [OP 1–77] und schließlich die medizinischen «Drei Bücher über das Leben», *De triplici vita* [TRV], die parallel zu seiner Beschäftigung mit Plotin entstehen. Kleinere philosophische Werke sind in den von Ficino selbst zwischen 1473 und 1495 gesammelten und zusammengestellten zwölf Büchern der Briefe enthalten [OP 607–964]. Der Tod überrascht ihn, der den Sturz der Medici, den Aufstieg Savonarolas und wiederum dessen Sturz in kontemplativer Distanz unbeschadet überstanden hatte, in seiner Villa in Careggi über einem Kommentar zu den Paulus-Briefen[33].

Für den modernen Historiker der Philosophie ist Ficinos größte und weit über die Grenzen der Renaissance unbestritten weiterwirkende Leistung die Platonübersetzung. Sie wurde 1484, fast 30 Jahre vor der ersten griechischen Gesamtausgabe, zum ersten und 1855 zum vorläufig letzten Mal gedruckt, sie repräsentierte beinahe vier Jahrhunderte lang Platon für all jene, die des Griechischen nicht mächtig waren, und legte auch für diejenigen, die Platon griechisch zu lesen vermochten, die Terminologie fest, in der man die platonische Philosophie diskutieren konnte. Für die Renaissance selbst jedoch – und daher auch für unser Verständnis ihrer Philosophie – scheint von mindestens gleicher Bedeutung die Tatsache gewesen zu sein, daß Ficino sein Lebenswerk der Übersetzung der plato-

nischen Tradition nicht mit Platon selbst und aus der unvoreingenomme-
nen Haltung eines Platon-Philologen heraus beginnt, sondern – auf Drän-
gen Cosimos und unter ausdrücklicher Berufung auf Plethon [OP 1537] –
mit Hermes Trismegistos und folglich aus der Perspektive der von Plethon
propagierten *prisca theologia*.

Hermes Trismegistos[34], der dreimal größte Hermes oder, latinisiert,
Merkur, war schon dem Mittelalter durch die Kirchenväter Laktanz und
Augustinus[35] als weiser Ägypter aus grauer Vorzeit bekannt, der, drei Generationen jünger als Moses, aber älter als die griechischen Philosophen,
Monotheist gewesen war und eine Reihe von Schriften über das Göttliche
hinterlassen hatte. Von diesen besaß das Mittelalter allerdings nur den
von Apuleius von Madaura übersetzten Dialog *Asclepius*, in dem unter
anderem die magischen Praktiken der Ägypter zur Belebung ihrer Götter-
bilder geschildert werden, weshalb Hermes von Augustinus[36] zu den dämonischen Magiern und Feinden des Glaubens gerechnet worden war. Im
Jahre 1460 nun gelangt ein griechisches Manuskript mit weiteren Werken
des Hermes nach Florenz, die ihn nicht nur als einen der ältesten und
daher autoritativen Vertreter jener von Plethon gelehrten *prisca theologia*
ausweisen, sondern auch, was viel wichtiger ist, dessen Florentiner An-
hängern endlich eine breite Textgrundlage für diese ursprüngliche Lehre
bieten[37].

Wenn Ficino daher seine Übersetzertätigkeit mit Hermes Trismegistos
beginnt, dann deshalb, weil dieser, wie es in Ficinos Vorrede heißt [OP
1836], der historische Ursprung jener Tradition der *prisca theologia* ist,
die ihre Vollendung in Platon erfährt, bzw. weil, wie Ficinos umfassendere historische Rekonstruktion der Vorrede zur Plotin-Übersetzung besagt
[OP 1537 f.], Hermes zusammen mit dem von Plethon genannten Zoroaster der Ursprung dieser Tradition ist, die über Platon bis zu Plotin und
schließlich zu Plethon verläuft und die gottlose peripatetische Philosophie
der Averroisten und Alexandristen, die die Gegenwart beherrscht, überwinden zu können verspricht[38]. Hermes Trismegistos ist daher nicht nur
chronologisch, sondern auch inhaltlich der Ausgangspunkt von Ficinos
durch Plethon inspirierte Platon-Rezeption und wird zum Kronzeugen
eines zum herrschenden Aristotelismus alternativen philosophischen Ansatzes, dessen Wirkung in der Renaissance kaum zu überschätzen ist.

Dies läßt sich äußerlich ablesen an der Druckgeschichte. Noch im Jahr
der lateinischen Übersetzung werden die 14 neuen hermetischen Schriften, die Ficino unter dem Titel *Pimander* zusammenfaßt, ins Italienische
übertragen [SUP Bd. I, XXI, 98], 1471 als erste von Ficinos Schriften

überhaupt gedruckt und noch sechsmal im 15. Jahrhundert neu aufgelegt
[SUP Bd. I, LVII f.]. 1505 vereinigt Jacob Faber Stapulensis in Paris den
Pimander mit dem schon im Mittelalter bekannten *Asclepius*, versieht
beide mit Kommentaren, die später, in Ficinos Werkausgabe, als dessen
Leistung übernommen werden [SUP Bd. I. CXXX] und durch den «Becher
des Hermes» – *Crater Hermetis* – ergänzt, einer nach 1484 entstandenen,
hermetisch inspirierten Schrift des Humanisten Lodovico Lazzarelli, deren
Entstehungsgeschichte die durchaus auch irrationalen Momente der Her-
mes-Rezeption beleuchtet[39]. Weitere acht Auflagen folgen im 16. Jahrhundert, die meisten außerhalb Italiens, dann keine mehr.

Ebenso plötzlich, wie Hermes mit Ficinos Übersetzung in den Mittelpunkt des philosophischen Interesses getreten war, endet dieses Interesse
zu Beginn des 17. Jahrhunderts, als im Jahre 1614 der französische Humanist Casaubonus nachweist, daß die unter dem Namen des Hermes
Trismegistos überlieferten Schriften eine aus neuplatonischen, gnostischen
und jüdisch-christlichen Quellen schöpfende Fälschung des 2. Jahrhunderts n. Chr. sind[40]. Sie verlieren damit ihre Autorität als die die Tradition
der *prisca theologia* begründende Uroffenbarung und werden zu einem
sekundären Zeugnis der Wirkung des antiken Neuplatonismus, das keine
philosophischen Impulse mehr zu geben vermag, sondern, wie die deutsche Übersetzung von 1706 zeigt, in die Subkultur des Okkultismus ab-
gleitet[41]. Erst in diesem Jahrhundert ist die Bedeutung der hermetischen
Schriften zunächst als religionsgeschichtliche und dann auch als philosophiehistorische Quelle wiedererkannt worden. Denn mag auch der Anstoß zu ihrer Rezeption in der Renaissance durch die gefälschte Datierung
bedingt gewesen sein, so war die Rezeption selbst keine Fälschung, sondern reale Auseinandersetzung mit den von ihnen gelehrten Aussagen,
und das Ergebnis dieser Auseinandersetzung ist jenes Verständnis Platons
und des Platonismus, das als Renaissance-Platonismus die Geschichte des
Denkens lange und nachhaltig befruchtet hat.

Wie der italienische Übersetzer des Hermes, Tommaso Benzi, in seiner
Vorrede bezeugt [SUP Bd. I, 98 f.], war das, was den in der aristotelischen
Tradition ausgebildeten Philosophen bei der Lektüre der hermetischen
Schriften vor allem befremdete und darum seine Aufmerksamkeit erregte,
deren Sprach- und Argumentationsweise, die nicht auf der Eindeutigkeit
klar gegeneinander abgegrenzter Begriffe beruht, sondern sich der Viel-
deutigkeit aufeinander verweisender Bilder und Metaphern bedient, und
so war es auch wiederum nach Ausweis Benzis die dieser Argumentationsweise zugrunde liegende Sprachtheorie, die den Zugang zur hermeti-

schen Philosophie eröffnete. Nach dieser Sprachtheorie ist zwar die Viel-
falt der in den unterschiedlichen Sprachen verschiedenen Worte wie bei
Aristoteles[42] Zeichen für die bei allen Menschen identischen geistigen
Worte in der Seele, aber diese wiederum sind, anders als im Aristotelis-
mus, nicht Zeichen für die realen Dinge außerhalb der Seele, sondern
Zeichen und Abbild des alles umfassenden göttlichen Wortes [Hermes:
CH Bd. I, 179].

Die Wahrheit einer Aussage besteht darum nicht in der Übereinstimmung mit der in der Erfahrung gegebenen Realität der Einzeldinge und
die Wahrheit einer Theorie nicht im widerspruchsfreien Nachvollzug der
Struktur der erfahrbaren Welt, sondern darin, daß sie Abbild jenes göttlichen umfassenden Einen ist, das mit der Wahrheit selbst identisch ist [CH
Bd. II, 202], und dessen Allumfassendheit sie um so besser repräsentiert,
je vieldeutiger und polyvalenter sie ist. Mit dieser Sprachtheorie wird die
Erklärung der in der Erfahrung gegebenen Phänomene als Erkenntnisziel
von Philosophie und Wissenschaft durch die Erkenntnis des hinter der
phänomenalen Welt stehenden göttlichen Einen ersetzt und als Weg zu
ihrer Realisierung anstelle der diskursiven Theorie die kontemplative
Schau gefordert [CH Bd. II, 311], und es wird so, was ihr in der Situation
der Philosophie in der Renaissance eine besondere Attraktivität geben
mußte, auch das Nominalismusproblem gegenstandslos, insofern die größere Allgemeinheit der Universalien gerade nicht mehr ihre Realitätsferne, sondern ihre größere Nähe zum ursprünglich Seienden bezeugt.

Was der Attraktivität der hermetischen Sprachtheorie darüber hinaus
auch noch die Akzeptabilität für den Renaissancephilosophen gibt, ist die
Tatsache, daß sie nicht als reine Theorie im Raum stehenbleibt, sondern
durch eine analoge, als Kosmogonie entwickelte Kosmologie ergänzt
wird, die ihr das *fundamentum in re* sichert. Diese wird in den verschiedenen hermetischen Schriften unterschiedlich dargestellt, läßt sich aber
auf drei zentrale Strukturelemente reduzieren.

Ursprung allen Seins ist der ewige und erste Gott; er ist Geist und Licht
und Archetyp der Welt und entläßt aus sich den Logos, das Wort, das der
Sohn ist, so wie der Geist der Vater, und beide zusammen schaffen den
schöpferischen Geist oder Schöpfergott. Diese ewige und unbewegte Trinität nun entläßt aus sich die ewigen aber bewegten Planeten, aus denen
wiederum die bewegte und vergängliche materielle Natur hervorgeht [CH
Bd. I, 8 f.]. So stellt sich dieser Kosmos als eine dreistufige dynamische
Ordnung dar, in dem die höheren Stufen sich genetisch in die niederen
explizieren und die je niedere Abbild und Analogie der je höheren ist und

die beiden extremen durch die mittlere Stufe verbunden sind, so daß, wie das göttliche Wort die allumfassende Wahrheit, so auch das göttliche Eine das allumfassende Sein ist. Wenn der Mensch sich daher im Abbild des geistigen Wortes dem göttlichen Wort nähert, dann nähert er sich zugleich dem ursprünglichen Sein der Dinge, so daß in der Identität von ewiger Wahrheit und ursprünglichem ewigem Sein wiederum die Adäquation von Sein und Erkennen a priori gesichert ist, die der Nominalismus nur noch a posteriori in der Erfahrung einzuholen versuchen konnte.

Analog wiederum zu dieser Kosmologie – und damit gibt Hermes auch auf die humanistische Frage nach dem Wesen und Ziel des Menschen Antwort – enthalten die hermetischen Schriften eine Anthropologie, die den Menschen als Gleichnis Gottes, als Teilhaber der siderischen Kräfte und in seiner Leiblichkeit als Teil der materiellen Natur bestimmt [CH Bd. I, 10 f.] und so zum Abbild des gesamten Kosmos, zum Mikrokosmos, macht, der gerade darum nicht nur den gesamten Kosmos in seinen drei Stufen erkennen kann [CH Bd. II, 305], sondern auch auf allen drei Stufen zu leben vermag: Als materielles Wesen führt er ein den Tieren vergleichbares Leben [CH Bd. II, 303 f.] und ist den siderischen Einflüssen unterworfen [CH Bd. II, 205]; hier ist er von Leidenschaften getrieben [CH Bd. II, 203] und, auf empirische Erfahrung angewiesen, kann er versuchen, sich die in der materiellen Natur wirkenden Kräfte in einem aktiven Leben technisch nutzbar zu machen, wie es der Humanismus gelehrt hatte. Er kann sich aber auch, durch Rückwendung zu Gott und Verachtung alles Irdischen, vom Druck der Leidenschaften und von den Einflüssen der Gestirne befreien und zu reinem Geist und damit vergöttlicht werden [CH Bd. I, 16]. Dies ist das kontemplative Leben, das in der Erkenntnis Gottes, dem wahren Ziel aller Philosophie [CH Bd. II, 311], besteht und als höchste Lebensform des Menschen verkündet wird. Die dritte Lebensform endlich ist jene, in der der Mensch sich der mittleren Stufe der Planeten angleicht und ihr schöpferisches Tun nachvollzieht, indem er mit Hilfe der siderischen Kräfte, der Kräfte der Dämonen und der Engel, die das formende Prinzip der materiellen Welt sind, in diese hineinwirkt [CH Bd. II, 310; 347] und damit zum Magier wird, der aus seinem Wissen um die wahren Ursachen der Dinge die irdische Schöpfung pflegt und vollendet [CH Bd. II, 305].

Das durch die Konstruktion der *prisca theologia* historisch legitimierte Angebot der hermetischen Schriften ist daher ein philosophisches Modell, das nicht nur durch eine alternative Sprachtheorie und eine ihr analoge Kosmologie das Nominalismusproblem zu lösen beansprucht, sondern sich auch in der wiederum analog zur Kosmologie entwickelten Anthropologie als die umfassendere Theorie darstellt, die das aktive Lebensideal der Humanisten wie das auf Erklärung der erfahrbaren Realität ausgerichtete Erkenntnisideal der aristotelischen Tradition – allerdings als niedrigste Stufe menschlichen Lebens – zu integrieren vermag und beiden auf einer höheren Lebensstufe jene Vollendung verspricht, die sie, an die Einholung in der Erfahrung gebunden, aus sich heraus nicht zu leisten vermögen: dem aktiven Leben das apriorische Handeln des Magiers, dem Erkenntnisstreben die apriorische Schau der wahren Prinzipien der Dinge. Platon und die neuplatonische Tradition als Explikation dieses hermetischen Modells gelesen, scheinen in der Tat eine Lösung eben jener Probleme zu ermöglichen, an denen der Humanismus und die aristotelische Tradition sich vergeblich abarbeiteten.

Ficino jedenfalls liest Platon unter dieser Perspektive. Dies deutet sich schon in seinem auf 1457 datierten [SUP Bd. I, CXXXIX] Jugendwerk über die vier Philosophenschulen [SUP Bd. II, 7–11] an, in dem er die Akademie, den Peripatos, die Stoa und die Epikureer unter den Aspekten der Götterlehre, der Kosmologie, der Dämonenlehre, der Anthropologie und der aus dieser abzuleitenden Güterlehre vorstellt und, ohne daß er schon dem Platonismus den Vorzug gäbe, Philosophie als die Summe jener Disziplinen begreift, die von Plethon betont worden waren und sich als Grundpfeiler der hermetischen Lehre erweisen sollten.

Nach der Übersetzung des *Pimander* und des platonischen Gesamtwerkes wird diese Perspektive dann im Vorwort zu seinem philosophischen Hauptwerk, der «Platonischen Theologie über die Unsterblichkeit der Seelen» – *Theologia platonica de immortalitate animorum* – [TP Bd. I, 8–13], unübersehbar deutlich. Die platonische Philosophie ist, wie schon der Titel sagt, Theologie, Rede von Gott. Sie ist Theologie, nicht weil sie, wie es das Programm der scholastischen Philosophie gewesen war, sich als Einholung der christlichen Glaubenslehre durch die natürliche Vernunft versteht, sondern weil sie alle Erkenntnis auf das göttliche Licht, alle Morallehre auf die Rückkehr des Menschen zu Gott, alle Dinge auf ihre göttliche Ursache zurückzuführen lehrt und damit den Geist und die Sorge des Menschen von der schattenhaften Welt der Erfahrung und der Erforschung der Natur, die den Menschen im Irdischen festhält [OP 1411], ab- und der Erkenntnis und Verehrung des jenseits der Sinne liegenden wahren und göttlichen Seins zuwendet. Die platonische Philosophie ist Theologie, weil sie der Weg ist, auf dem Mensch, der seiner Vernunft folgt, zu seinem göttlichen Ursprung zurückzukehren vermag [OP 1537].

Neben dieser philosophischen gibt es keine spezifische christliche Theologie als vernünftige Lehre von Gott, sondern nur die auf der Autorität
der Offenbarung beruhende Religion. Sie ist, wie er in dem 1474 italienisch und lateinisch verfaßten Traktat über die christliche Religion, *De
christiana religione*, feststellt, gleich ursprünglich mit der Philosophie, insofern jene Uroffenbarung – wie Ficino in Abwandlung der platonischen
Metapher von den Seelenrossen sagt – beide Flügel der Seele, mit deren
Hilfe sie zu ihrem Ursprung zurückkehren kann, den Intellekt und den
Willen, gleichermaßen betraf [OP 1]. Die christliche Religion unterscheidet sich von dieser Urreligion lediglich dadurch, daß ihr in Christus als
dem «lebendigen Buch der Moralphilosophie» [OP 25] eine zweite Offenbarung zuteil wurde, in der das Leben des auf die Rückkehr zu Gott ausgerichteten Willens exemplarisch und unabhängig von intellektueller Einsicht erfahrbar wurde [OP 23]. Sie ist daher einerseits vereinbar mit allen
Religionen, die, wie zum Beispiel der Islam, die Exemplarität Christi an-
erkennen [OP 17 f.; 75 f.], kennt aber keine Toleranz gegenüber dem Judentum, das diese ausdrücklich leugnet [OP 51 ff.], und sie bedarf andererseits nicht des theoretischen Nachvollzugs, solange nur der Glaube
ihre praktische Verbindlichkeit sichert [OP 77]. Das Streben nach Erkenntnis Gottes, wie es der Philosophie bzw. Theologie eigen ist, ist daher
letztlich nur ein Ersatzweg für Intellektuelle, denen die Autorität der Offenbarung und ihre historischen Zeugnisse kein ausreichender Glaubens-
grund sind [OP 77; 1537].

Um diese Aufgabe erfüllen zu können, ist die *Theologia platonica* zunächst Lehre von Gott als der Ursache der Ursachen aller Dinge [TP Bd. I,
8/9] und damit Kosmologie. In Analogie zu Hermes und in Abwandlung
der plotinischen Kosmologie[43] entwickelt Ficino daher in den ersten fünf
Büchern einen fünfstufigen Kosmos, in dem die quantitative Materie, als
unendliche Teilbarkeit und Bestimmbarkeit, das Prinzip der unbestimm-
ten Vielheit ist [TP Bd. I, 18 ff.], die Qualität als Bestimmung der Materie
das Prinzip der bestimmten Vielheit [TP Bd. I, 28 ff.], die Seele als die die
Bestimmung verursachende Substanz das Prinzip des Lebens und der Bewegung in der Zeit [TP Bd. I, 42 ff.], der Geist der Engel als das Zugleich
aller Bewegungen und Bestimmungen das Prinzip der Einheit der Vielheit
[TP Bd. I, 58 ff.] und schließlich Gott als das schlechthin Einfache und
Ruhende die Einheit der Einheit selbst [TP Bd. I, 78 ff.].

In diesem Kosmos, in dem jede Stufe die Vermittlung zwischen der ihr
über- und der ihr untergeordneten Stufe leistet und der daher nach dem
Prinzip der Vermittlung und der Teilhabe strukturiert ist, kommt der See-

le eine besondere Stellung zu, weil sie in der Mitte der fünf Stufen steht und zwischen den zentralen Gegensätzen von Geist und Materie, Einheit und Vielheit, Ruhe und Bewegung vermittelt. Sie ist daher der Knoten der Welt, *nodus mundi*, der den Kosmos in Einheit zusammenhält, sie hat Anteil an allen Stufen und ist daher Mikrokosmos [TP Bd. I, 242 f.] und besitzt selbst die Vermittlungsstruktur der Dreiheit: Sie ist in ihrer Essenz, das heißt in ihrem Besitz der Prinzipien und in ihrem Willen, Einheit und Ruhe, in ihrem Tätigsein, das heißt in der Diskursivität des Denkens, Bewegung und Vielheit, und in der Stetigkeit des zwischen beiden vermittelnden Vermögens die Ruhe der Bewegung [TP Bd. I, 58]. Aus dieser ihrer kosmologischen Stellung und Struktur aber folgt, daß sie notwendig unsterblich sein muß [TP Bd. II, 12–121].

Nachdem Ficino so die platonische Theologie von der Unsterblichkeit der Seelen kosmologisch dargestellt hat, bemüht er sich in den restlichen dreizehn Büchern, sie psychologisch zu entwickeln. Dieser neue Ansatz ist bereits im Vorwort angekündigt als platonischer Weg, durch die Selbsterkenntnis bzw. die Erkenntnis der Seele als Spiegel des Göttlichen zur Gotteserkenntnis zu gelangen [TP Bd. I, 10/11], er ist begründet in der kosmologischen Lehre vom Mikrokosmos, und er wird zu Beginn der platonischen Theologie verbunden mit dem Eigeninteresse des Menschen, die humanistische Frage nach seinem Elend und seiner Würde durch Erhebung des Blickes über die empirisch-materielle Realität hinaus positiv zu entscheiden [TP Bd. I, 14 f.].

Wenn Ficino in seiner Kosmologie von Materie und Form bzw. Qualität ausging, also den Prinzipien der aristotelischen Physik, um auf ihrer Grundlage durch die Frage nach deren allgemeinen Ursachen bis hin zum göttlichen Einen seinen Kosmos zu errichten, dann behält er dieses Verfahren des Ausgangs vom «Physiker» Aristoteles [TP Bd. II, 126/27] im psychologischen Teil der platonischen Theologie nicht nur bei, sondern begründet es auch ausdrücklich [TP Bd. II, 126 ff.]. Damit wird deutlich, daß Ficino die aristotelische Philosophie nicht widerlegen, sondern neuplatonisch ergänzen bzw. überhöhen will, indem er ihr ihren Platz in der Tradition der platonischen Theologie anweist, die prinzipielle Vereinbarkeit beider nachweist [OP 1801] und dadurch das richtige Verständnis des Aristoteles lehrt [OP 1537; 1801]. In der Tat nimmt Ficino mit der Frage nach der Unsterblichkeit der Seele ein zentrales Problem des zeitgenössischen Aristotelismus auf[44], und wenn man berücksichtigt, mit welcher Sorgfalt und Sachkenntnis er die einzelnen Positionen dieser Diskussion erörtert, ist man geneigt, hinter seiner Psychologie nicht nur das Bemühen

zu sehen, die platonische Lehre seinen aristotelischen Zeitgenossen annehmbar zu machen, sondern sie auch als neuplatonische Transformation
der aristotelischen Tradition zu verstehen.

Ficino geht folglich in seiner Psychologie von jenen Seelenfunktionen
aus, dem vegetativen und dem sensitiven Vermögen, der Phantasie und
dem Denken, die Aristoteles in *De anima* als Phänomene des Lebens empirisch unterschieden hatte, und gibt auch zu, daß, solange man diese
empirische Blickrichtung beibehält, die Seele, als Vermögen, die materielle Welt zu denken und in ihr tätig zu sein, an diese als an ihr Objekt gebunden bleibt [TP Bd. II, 126–131]. Aber er fordert mit der Begründung,
daß die Seele in der Wendung auf sich selbst sich als alle bestimmten Inhalte transzendierendes und zur Einheit der Welt zusammenfassendes
Vermögen erfahren kann [TP Bd. II, 130] – wiederum in Übereinstimmung mit Hermes [CH Bd. I, 155 ff.] –, die Blickrichtung umzukehren und
das Denken, als höchste Manifestation der Seele, nicht als durch seine
Inhalte bestimmtes, sondern seine Inhalte selbst bestimmendes Vermögen
zu erkennen. Denn wenn im Prozeß des diskursiven Erkennens die Mannigfaltigkeit der empirischen Vielheit unter Einheiten des Universalen bis
hin zur schlechthinnigen Einheit des Seins subsumiert wird, dieses Universale selbst aber nicht empirisch gegeben ist, dann muß es, als Bedingung
der Möglichkeit des Erkennens, bereits in der Seele enthalten und die
Seele letztlich das die Einheit der erkannten Welt stiftende Prinzip sein
[TP Bd. II, 262 ff.].

Die Umkehrung der Blickrichtung von der Frage nach der partikularen
Ursache einzelner Denkinhalte zur Frage nach der allgemeinen Voraussetzung von Denken überhaupt führt daher dazu, die den Kosmos konstitu-
ierenden Prinzipien und seine zwischen Einheit und Vielheit vermittelnde
dynamische Struktur im Geist und in der Struktur des diskursiven Denkens wiederzufinden, so daß Kosmologie und Psychologie, wie es die Hypothese von Mikrokosmos und Makrokosmos nahelegt, sich gegenseitig
begründen.

Insofern bei Ficino damit die Bedingungen der Möglichkeit von Erkenntnis identisch werden mit den Bedingungen der Möglichkeit von Objekten der Erkenntnis, scheint er den Weg zur transzendentalphilosophischen Fragestellung zu weisen; insofern Ficino aber den menschlichen
Geist im göttlichen Geist begründet sein läßt, der zugleich der Ursprung
des vom menschlichen Denken unabhängigen Kosmos ist, führt seine
Analyse des menschlichen Geistes nicht nur zur Konstitution der erkannten Welt als der Welt für den Menschen, sondern, wie der kosmologische

Ausgangspunkt der platonischen Theologie beweist, zur Bestätigung der Entsprechung von Welt an sich und erkannter Welt. Sein Ziel ist daher nicht der Entwurf eines transzendentalphilosophischen Objektivitätsbegriffes, sondern die apriorische Einholung der *adaequatio rei et intellectus*, die im Kontext des Nominalismus a posteriori zu einer unendlichen Aufgabe geworden war, und die Rückgewinnung der Identität von Denknotwendigkeit und Seinsnotwendigkeit, die den Vorrang des kontemplativen vor dem aktiven Lebensideal begründet.

Nicht der Grenzziehung zwischen Vernunft und Glaube dient daher die *Platonische Theologie*, sondern der Sicherung der Unsterblichkeit der Seele, die, wenn nicht im Diesseits, so doch im Jenseits jene Rückkehr zum göttlichen Einen möglich und daher auch als Ziel des Menschen verbindlich macht, so daß nicht nur, wie in der Religion, der Wille, sondern auch der Intellekt zum Glauben zurückgeführt wird. Darum sind schließlich auch Kosmologie und psychologische Erkenntnistheorie nicht der Endzweck der Philosophie Ficinos, sondern sie sind, wie bei Plethon, Mittel, um die für den Menschen des 15. Jahrhunderts zentrale Frage nach Ziel und Weg des Menschen neu zu beantworten.

Wenn Ficino in den kosmologischen Büchern seiner *Platonischen Theologie* die Seele als Substanz definiert, die sowohl, in der *memoria*, die Prinzipien der Erkenntnis und des Seins als auch, im Willen, das Prinzip der Bewegung besitzt [TP Bd. I, 58 f.], dann versteht er die Mittelstellung des Menschen im Kosmos nicht als die eines distanzierten Betrachters, sondern als die eines integrierten Teilnehmers an der Dynamik des kosmischen Geschehens, und wenn er im Kommentar zum platonischen Symposion diese kosmische Dynamik durch die dreifache Liebe aller Dinge charakterisiert: die Liebe zu den gleichrangigen Dingen als zu den Dingen des gleichen Wesens, zu den höheren Dingen als zu ihren Ursachen und zu den niederen Dingen als zu ihren Wirkungen [G 79], dann bestimmen sich daraus die Richtungen menschlichen Lebensvollzugs: die Liebe zur einen göttlichen Ursache, die den Aufstieg, *ascensus*, bewirkt, und die schöpferische Liebe der Formung und Leitung der materiellen Welt nach den Prinzipien des Seins, die sich als Abstieg, *descensus*, darstellt. Beide sind ohne Erkenntnis, ohne Intellekt, nicht möglich, erhalten aber ihre Dynamik erst aus dem Leben spendenden, voluntativen Moment der Seele, das sich der Erkenntnis als ihres Instrumentes bedient.

Dies wird sehr folgenreich deutlich in der Diskussion des ersten Weges des «Aufstiegs» in Ficinos Brief «Über die Glückseligkeit» – *De felicitate* – [OP 662–665], in dem er zunächst die Reihe der Güter von denen

des Glücks über die des Körpers bis zu denen der Seele durchläuft und
als höchstes Gut den jenseitigen Aufstieg der Seele zu Gott definiert,
dann aber, die Diskussion um Intellektualismus und Voluntarismus auf-
greifend[45], fragt, welche der Seelenfähigkeiten, der Intellekt oder der
Wille, den Menschen zum höchsten Glück führe, und sich für den Willen
entscheidet, da dieser sich in das geliebte Objekt zu verwandeln strebe
und daher den Geist zu Gott bis zur Vereinigung mit ihm erweitere,
während der Intellekt sein Objekt in sich aufnehme und daher auf die
Größe seiner Fassungskraft zusammenziehe [OP 663 f.]. Obwohl daher
der Intellekt im *ascensus* den Menschen bis nahe an sein höchstes Glück
heranführt, wird der letzte beseligende Akt, der in der Vereinigung mit
Gott diesen Aufstieg abschließt, durch den anderen Seelenflügel, den
Willen, geleistet. Der Erkenntnis kommt daher lediglich die Funktion
zu, den Willen auf das höchste Objekt auszurichten, sofern dies nicht
schon, wie im Traktat «Über die christliche Religion» – *De christiana
religione* – dargestellt, durch die Autorität der Offenbarung geschehen
ist [OP 77], und die wahre, zum höchsten Glück führende Philosophie
ist nicht Philosophie der Erkenntnis, sondern Philosophie der Liebe, wie
sie in Ficinos Nachfolge in den platonischen Akademien weiterentwik-
kelt werden wird.

Die zweite Möglichkeit menschlichen Lebens weist nicht aus der Welt
hinaus, sondern in sie hinein, ist aber auch nicht Handeln in der Welt
nach irdischen Ursachen, sondern, als *descensus* und Ergebnis der schöpferischen Liebe, wie im Symposionkommentar [G 79] beschrieben, Einwirkung auf die körperliche Welt mit Hilfe der übergeordneten himmlischen und daher wahren Ursachen und darum letztlich Magie. Ficinos
Beitrag zu diesem Weg sind die 1489 zum ersten Mal gedruckten «Drei
Bücher über das Leben» – *De triplici vita libri tres* [OP 493–572] –, die
wiederum das Heil des Menschen, allerdings insofern er Körper ist, zum
Gegenstand haben [OP 493]. Das erste Buch handelt davon, wie der
Gelehrte sich gesund erhalten kann, und besonders von der Bekämpfung
der Melancholie als der typischen Gelehrtenkrankheit, womit ein Thema für die Renaissance angeschlagen wird, das erst 1621, in Robert
Burtons Anatomie der Melancholie seine erschöpfende Behandlung erfährt[46]. Das zweite Buch ist ein Lehrbuch der Makrobiotik, um sich das
gesunde Leben auch möglichst lange erhalten zu können, und das dritte
Buch, ursprünglich als Kommentar zu Plotin, *Enneade* IV, 3, 11, verfaßt[47], lehrt die Prinzipien dieser mit siderischen Einflüssen arbeitenden,
magischen Medizin.

Schon in seiner in der Jugend verfaßten, später aber überarbeiteten [SUP Bd. I, C] Rede zum Lob der Medizin [OP 759 f.] hatte Ficino die Medizin wie die Philosophie auf Hermes zurückgeführt und ihr «magischen» Ursprung sowie die Aufgabe zugesprochen, den Körper aus der Kenntnis der Seele zu heilen. Wie die ersten beiden Bücher von *De vita* exemplarisch, das dritte theoretisch zeigen, ist damit weniger die individuelle Seele des Patienten als vielmehr die Kenntnis der Weltseele gemeint, die die göttlichen Ideen als Samenprinzipien – *rationes seminales* – enthält und aufgrund ihrer die Gestalten – *species* – des Materiellen formt [OP 531]. Jeder materielle Körper steht daher dank seiner Form mit dem ihm spezifischen Samenprinzip der Weltseele in Verbindung und kann als magischer «Köder» – *illecebra* – benutzt werden, um diese formende Seelenkraft in die Materie wiederum herabzuziehen. Magische oder astrologische Medizin, wie sie von Ficino gelehrt wird, besteht daher darin, jene magischen oder siderischen Kräfte, die für die Form und das Leben des erkrankten und daher deformierten Körperteils ursächlich sind, durch äußere oder innere Anwendung solcher Körper, die sich der gleichen Kraft verdanken, herabzuziehen und damit diesen Körperteil wiederum zu formen und neu zu beleben, also zum Beispiel die belebende Kraft der Sonne, indem man Sonnenhaftes zu sich nimmt, berührt oder in Gedanken bewegt, während die Sonne am Firmament regiert [OP 532].

Grundlage dieses magischen Handelns in der Körperwelt ist daher die Kenntnis der Kongruenzen – *congruitates* – [OP 531] zwischen den Formen der Dinge, durch die man sich der immateriellen, ursächlichen Kräfte bemächtigen und – darin besteht der Unterschied zur schwarzen oder dämonischen Magie, die sich widernatürlicher und böser Kräfte bedient[48] – gleichsam den natürlich-göttlichen Schöpfungsprozeß nachvollziehen oder wiederholen kann. Aber auch hier genügt, wie in der Seelenführung des *ascensus*, die reine Erkenntnis nicht, sondern sie muß verbunden sein mit der richtigen Haltung des Willens, mit der Liebe, die als lebenspendendes Prinzip des Kosmos den magischen Praktiken erst den Charakter schöpferischer Tätigkeit gibt [OP 530].

Der Einfluß, den Ficino mit dieser seiner magisch-astrologischen Medizin in der Renaissance hatte, dokumentiert sich in den 31 Auflagen der Bücher über das Leben, die so Ficinos Werk mit der größten Verbreitung wurden [SUP Bd. I, LXIV ff.]. Daß dieser Einfluß nicht nur als historisches Kuriosum zu vermerken ist, sondern die durch ihn sich ausbreitende Magie mit ihrem Bestreben, sich der Kräfte der Natur zu bemächtigen und in den natürlichen Gang der Natur zum Nutzen des Menschen einzugreifen,

einen wichtigen Impuls zur Entstehung der neuzeitlichen Wissenschaft gegeben hat, ist von der Wissenschaftsgeschichte erst in neuerer Zeit entdeckt und gewürdigt worden[49].

4. Giovanni Pico della Mirandola

Noch übertroffen werden sollte zumindest der Ruhm Ficinos durch einen
Grafen aus der Lombardei, der kaum 32 Jahre alt wurde, kaum 9 Jahre
zu philosophischer Produktion hatte und doch in dieser kurzen Zeit sich
eine philosophische Bildung anzueignen wußte, die nach Meinung seiner
Zeitgenossen alles bisherige übertraf, und durch seine Werke – ob zu
Recht oder zu Unrecht – zum Inbegriff des Renaissance-Philosophen werden sollte: Giovanni Pico della Mirandola (1463–1494)[50].

Schon mit 14 Jahren hatte er ein Studium des kanonischen Rechtes in
Bologna aufgenommen, war zwei Jahre später, 1479, nach Ferrara gegangen, wo er von Baptista, dem Sohn Guarino Veroneses, mit den *studia
humanitatis* vertraut gemacht wurde und die Bekanntschaft zweier Perso-
nen machte, die in seinem späteren Leben Bedeutung für ihn haben sollten: Girolamo Savonarola und, auf einer Reise nach Florenz, Ficino. Doch
bevor der Einfluß dieser beiden wirksam werden konnte, machte er eine
andere, für ihn grundlegende Erfahrung. Von 1480 bis 1482 studierte er
in Padua Philosophie als Schüler und Freund des führenden Aristotelikers
seiner Zeit, Nicoletto Vernia, und dessen Schülers Agostino Nifo[51], sowie
des Juden Elia del Medigo, der ihm einige bisher nicht bekannte Schriften
des Averroes aus dem Hebräischen übersetzte und ihn in die averroistische Mystik einführte[52]. Anschließend beginnt er, an verschiedenen Orten
Oberitaliens, Griechisch zu lernen und nach der aristotelischen auch die
platonische Philosophie zu studieren, zu welchem Zwecke er Ficino um
ein Exemplar der *Theologia platonica* bittet [OPO I, 373].

Im Jahre 1484 schließlich begibt er sich ganz nach Florenz in den Kreis
Ficinos, verläßt ihn jedoch schon ein Jahr später wieder, um, nachdem er
in einem berühmten Brief an Ermolao Barbaro die scholastische Philosophie gegen den Vorwurf der Barbarei in Schutz genommen hat [G 804–
823], in Paris eben diese Scholastik genauer kennenzulernen. 1486 nach
Florenz zurückgekehrt, nutzt er die durch ein Liebesabenteuer erzwunge-
ne Verzögerung auf einer Romreise, um in Perugia und Fratta als Kommentar zu einem Gedicht seines Freundes Girolamo Beniveni eine Philosophie der Liebe «im Geiste der Platoniker» zu entwickeln [OP I, 443–

582] und unter Anleitung des getauften Juden Flavius Mithridates Hebräisch, Arabisch und Chaldäisch zu lernen und sich in die jüdische Geheimlehre der Kabbala einführen zu lassen[53]. Diese frisch erworbenen Kenntnisse der östlichen Traditionen gehen unmittelbar in die 900 *Conclusiones* [C] oder Thesen ein, anhand derer er in öffentlicher Disputation in Rom die Vereinbarkeit aller philosophischen Traditionen nachweisen zu können verspricht. Die als Einleitung zu dieser Disputation gedachte Rede, in der er die prinzipielle Möglichkeit einer solchen «Befriedung der Philosophen», einer *pax philosophorum*, nachzuweisen versucht, sollte, später von seinem Neffen Gianfrancesco unter dem Titel «Über die Würde des Menschen» – *Oratio de hominis dignitate* – [OR] veröffentlicht, Picos Ruhm bei der Nachwelt begründen.

Endlich in Rom angekommen, scheitert sein Plan jedoch am Einspruch von Papst Innozenz VIII., der erst 13 von Picos Thesen und dann, als Pico sich in einer rasch veröffentlichten Apologie [OPO I, 114–240] verteidigt, alle Thesen als häretisch verurteilt [OP I, 60–66], und als Pico schließlich nach Paris zu fliehen sucht, ihn auf dem Weg dorthin bei Lyon verhaften läßt. Erst im März 1488 wird er, durch Intervention der Medici und anderer italienischer Fürsten, aus der Haft entlassen und kann nach Florenz zurückkehren, wo Lorenzo il Magnifico ihm Schutz gewährt.

Damit beginnt die letzte Phase seines Lebens, in der Pico zwar an der Grundintention seiner *Conclusiones*, der Herstellung der *pax philosophorum*, festhält und sie im 1491 veröffentlichten Traktat «Über das Seiende und das Eine» – *De ente et uno* – [OP I, 385–441] auch exemplarisch in Angriff nimmt. Daneben steht aber offenbar stets das Bemühen, sich vom Vorwurf der Häresie zu reinigen, nicht durch Unterwerfung unter den Spruch der Kirche, sondern durch den Nachweis, daß sein Denken letztlich christlich begründet ist. Unter der Anleitung des jüdischen Gelehrten Jochanan Alemanno, der selbst eine Philosophie der Liebe geschrieben hatte[54], vertieft er sich weiter in die jüdische Tradition, beginnt er die Psalmen zu kommentieren und veröffentlicht schon 1489 unter dem Titel *Heptaplus* [OP I, 167–383] seine der kabbalistischen Methode folgende Interpretation der ersten 27 Verse der Genesis.

Bei Lorenzo de'Medici setzt er sich darüber hinaus für die Berufung des ihm von Ferrara her bekannten Dominikaners Girolamo Savonarola nach Florenz ein[55], zu dem er, besonders nach Lorenzos Tod, in immer engere Beziehung tritt. Von dieser Beziehung scheint der Plan einer Widerlegung aller auf Aberglauben beruhenden Wissenschaften mitbestimmt zu sein, von dem sein Neffe Gianfrancesco in seiner Biographie spricht [OPO. I, 4^v]

und dessen ausgeführten Teil, die «Zwölf Bücher gegen die prognostische
Astrologie» [OP II / III], er aus des Oheims Nachlaß veröffentlicht, und
von ihr scheint schließlich auch jener Brief an den gleichen Neffen [G
824–833] Zeugnis abzulegen, in dem Pico das humanistische mit dem
christlichen Lebensideal verbindet und der, vielfach übersetzt, im Zeitalter der Reformation Modellcharakter erhalten sollte[56].

Daß der neue Papst, Alexander VI. Borgia, Pico 1492 voll rehabilitier-
te, konnte ihm eine Bestätigung dieser Bemühungen sein; daß Pico an
eben jenem Tag starb, an dem Karl VIII. von Frankreich Florenz eroberte
und dem Regime der Medici ein Ende machte, gab seinem Tod für die
Nachwelt symbolischen Wert[57].

Picos philosophisches Werk, in wenigen Jahren entstanden, parallel zu
einer sich ständig erweiternden philosophischen Bildung gewachsen und
auf äußere Einflüsse reagierend, stellt sich nicht – und in dieser Hinsicht
ist es vielleicht in der Tat exemplarisch für die Philosophie der Renaissance – als geschlossene systematische Lehre dar. Trotzdem vermochte es
der Geschichte der Philosophie und der Wissenschaften einige neue Impulse zu geben und lassen sich einige Grundzüge feststellen, die für das
Denken Picos in seiner historischen Entwicklung charakteristisch sind.

Schon wenn Pico anläßlich seiner Übersiedlung nach Florenz, 1484,
erklärt, er sei nicht als Überläufer, sondern als Kundschafter und in der
Überzeugung, daß Platon und Aristoteles sich zwar den Worten, nicht
aber der Sache nach widersprächen, in die Hochburg des Platonismus
gegangen [OPO I, 368 f.], deutet sich ein philosophisches Programm an,
das im Brief zur Verteidigung seiner Paduaner Lehrer und der scholastischen Philosophie überhaupt, gegen den Vorwurf, sprachlich ungehobelt
und philosophisch bedeutungslos zu sein [G 806], deutlicher Gestalt annimmt. Zwar ist dieser Brief, wie der Adressat Ermolao Barbaro in seiner
Antwort hervorhebt [G 844–862], selbst ein rhetorisches Meisterstück
und zögert Pico nicht, zu Beginn und Ende die Verbindung von Philosophie und Rhetorik bei seinem Adressaten als höchste Form menschlicher
Bildung zu preisen, aber in der Verteidigung selbst besteht Pico darauf,
daß entweder die Philosophie nichts mit der Rhetorik gemein habe – insofern nämlich die Rhetorik den Beifall der Menge, die Philosophie aber
die Wahrheit suche [G 808–812] – oder, wenn auch die Rhetorik sich
nach der Richtigkeit und Sachhaltigkeit der Aussagen bemesse, der Philosophie die Sprachkompetenz zukomme. Denn seien die Bedeutungen der
Worte konventionell, so könne man den Philosophen das Recht zu einer
eigenen Konvention nicht absprechen, seien sie jedoch durch die Natur

der Sache bedingt, dann hätten die Philosophen als Erforscher der Natur über ihre Richtigkeit zu befinden [G 818].

Auf den ersten Blick liest sich Picos Brief als Eröffnung jener antirhetorischen Polemik, die für den humanistischen Gedanken der Konsensbedürftigkeit der Wahrheit kein Verständnis mehr hat und, von Descartes neu formuliert[58], bis in die Gegenwart hinein wirksam geblieben ist. Erst das zweite Argument, in dem Pico den Philosophen auf die *res*, die Realität, verweist, die aller sprachlichen Formulierung vorausgeht, läßt erkennen, daß es Pico nicht um die auch von Descartes noch diskutierte Frage nach der der Philosophie angemessenen Sprache geht, sondern um die Befreiung der Philosophie von der Bindung an jede bestimmte sprachliche Form und Terminologie: «Hatte Pythagoras seine Gedanken ohne Sprache auszudrücken vermocht, so hätte er nicht gesprochen» [G 810]. Ohne es zu erwähnen, unterläuft Pico damit das Nominalismusproblem[59] und verpflichtet den Philosophen auf jene vorsprachliche Realität und universale Wahrheit, die in jeder Terminologie ihren Ausdruck sucht und in deren Sicht die prinzipielle Einheit aller Philosophenschulen gefunden werden kann. Auch Pico sucht daher im Angesicht der Vielfalt philosophischer Schulen und Meinungen den Konsens und nicht die kritische Widerlegung, aber im Unterschied zum rhetorischen Konsens der Humanisten, der, die philosophischen Schulen nach den jeweiligen historischen Erfahrungen eklektisch ausbeutend, selbst historisch ist, ist der philosophische Konsens Picos unhistorisch und *a priori* vorausgesetzt, und die Aufgabe des Philosophen besteht darin, ihn jenseits aller historischen Ausdrucksformen synkretistisch einzuholen.

Worin dieser Synkretismus Picos besteht und worin er begründet ist, wird deutlich im Augenblick, in dem er ihn in den 900 *Conclusiones* [C] und der sie einleitenden *Oratio* [OR] zu realisieren versucht. Schon Ficino hatte unter dem hermetischen Theorem der «ursprünglichen Theologie» – *prisca theologia* – eine einheitliche Tradition der wahren Philosophie propagiert, in die er den richtig, das heißt neuplatonisch verstandenen Aristoteles als «Physiker» zu integrieren versuchte, andere Traditionen aber, die mit der neuplatonischen Explikation dieser Urlehre nicht übereinstimmten – wie die des Averroismus und des Alexandrismus und die jüdische Religion – entschieden ausgeschlossen[60]. Bei Pico gibt es einen solchen prinzipiellen Ausschluß bestimmter Schulen nicht mehr. Ausdrücklich erklärt er, über allen Schulen zu stehen [OR 58 f.], und er berücksichtigt in seinen Thesen neben den Platonikern Ficinoscher Prägung in gleicher Weise auch die gesamte Tradition des Aristotelismus, sei er lateinisch-scholastischer, arabischer oder spätantik-griechischer Provenienz.

Diese Erweiterung des Programmes der *prisca theologia* zu dem der Versöhnung aller Philosophien, der *pax philosophorum*, scheint zunächst biographisch begründet zu sein. Noch ehe er mit Ficinos Lehre vertraut wurde, hatte Pico in Padua die averroistische Mystik kennengelernt, die als höchste Form menschlicher Erkenntnis die Vereinigung des menschlichen mit dem göttlichen Intellekt lehrte[61] und damit der Philosophie auch in der aristotelisch-averroistischen Tradition jenes Ziel setzte, das Pico bei Ficino als Ziel der platonischen Philosophie wiederfinden sollte. Dies erlaubte ihm eine Assimilation der neuplatonisch-hermetischen Tradition auf der Basis des Aristotelismus und mußte eine generelle Vereinbarkeit von Platon und Aristoteles auch in ihren metaphysischen Grundlagen als möglich erscheinen lassen [OR 64].

Vor diesem Hintergrund hatte Pico schließlich die jüdische Geheimlehre der Kabbala[62] kennengelernt. Sie nahm für sich in Anspruch, von Moses auf dem Berg Sinai neben den Gesetzen selbst als Lehre von deren Auslegung aus der Hand Gottes empfangen und auf göttliches Geheiß hin nur mündlich tradiert worden zu sein, bis die Umstände der babylonischen Gefangenschaft eine schriftliche Fixierung geraten erscheinen ließen [OR 79 f.]. In ihr lernte Pico eine Methode der Buchstaben- und Zahlenkombinationen, durch die einerseits, in ihrem spekulativen Teil, das in den Namen Gottes verborgene Geheimnis des göttlichen Schöpfers erkennbar und dadurch die Rückkehr zum göttlichen Einen möglich werden und durch die andererseits, in ihrem praktischen Teil, der Mensch sich der göttlichen Schöpferkräfte bemächtigen und die Fähigkeit zu magischem Handeln in der Natur erwerben können sollte [C 83, These 1–3].

Die Kabbala bestätigte nicht nur den Hermetismus, seine Theorie der Rückkehr zu Gott und seine Praxis des magischen Handelns, sondern übertraf ihn sogar noch an Überzeugungskraft durch ihre Zugehörigkeit zur jüdisch-christlichen Tradition und ihr höheres Alter. Insofern sie dem Menschen nicht nur die siderischen, sondern auch die über ihnen stehenden göttlichen Kräfte zugänglich zu machen versprach[63], war sie die Vollendung und der Inbegriff alles magischen Handelns [C 79, These 15], und insofern sich durch sie im Alten Testament spezifisch christliche Dogmen wie das der Trinität und der Erlösung durch Christus nachweisen ließen, war sie geeignet, auch die jüdische Religion in die große Einheit mit einzubeziehen [OR 82]. Die Kabbala scheint daher der letzte Impuls zu Picos umfassendem Synkretismus und zugleich auch die Methode seiner geplanten Realisierung gewesen zu sein. In ihr gipfeln die 700 Thesen, die Pico nach den verschiedenen Schulen formuliert [C 50–83] und ebenso die folgenden 200 Thesen, deren Autorschaft er für sich selbst beansprucht [C 83–90], und mit ihr endet auch die sie einleitende *Oratio* [OR 77–83].

Im Kontext dieser kabbalistischen Begründung von Picos Synkretismus verändern sich nun aber auch Begriff und Aufgabe der Philosophie. Wenn es im Zusammenhang des Hermetismus darum ging, die Übereinstimmung philosophischer Aussagen mit jener bei Hermes und seinen Nachfolgern formulierten Uroffenbarung zu überprüfen, so ist unter dem Vorzeichen der Kabbala, an deren Beginn nicht eine formulierte Wahrheit, sondern eine Methode der Rückführung aller Aussagen auf ihren vorsprachlichen Ursprung steht, die Wahrheit selbst nicht mehr formulierbar, sondern kann vom Menschen nur, wie Pico unter Hinweis auf Platons Siebten Brief [341 c-d] feststellt, durch deren Selbstoffenbarung im *fulgor veritatis*, im blitzartigen Aufleuchten der Wahrheit, erfaßt werden [OR 62]. Das Kriterium für den Wert einer philosophischen Tradition stellt daher nicht mehr ein bestimmbarer Wahrheitsgehalt dar, sondern der Beitrag, den sie zu dieser Rückführung auf die vorsprachliche universale Wahrheit zu leisten vermag, und es ist Aufgabe des Philosophierenden, diese Rückführung argumentativ vorzubereiten.

Ebendies scheint Pico im anthropologischen Teil seiner Einleitungsrede zu den *Conclusiones* zu versuchen, der dieser später den Titel «Über die Würde des Menschen» eingebracht hat. Pico preist in ihr zunächst in einem Mythos die Freiheit des Menschen, der von Gott nach Abschluß der Schöpfung ohne feste Bestimmung und ohne festen Ort geschaffen worden sei und die Macht erhalten habe, sich und seinen Ort selbst zu bestimmen: hinabzusteigen zur untersten Stufe des nur vegetativen Lebens oder hinauf bis zur höchsten Stufe des göttlichen Daseins [OR 26–28]. Da in diesem Mythos der Mensch nicht, wie bei Ficino, einen ausgezeichneten Platz in der Mitte des Kosmos, sondern überhaupt keinen Platz zugewiesen bekommt und als der Ortlose außerhalb der kosmischen Ordnung steht, ist er von der Nachwelt als die erste Bekundung des seiner Autonomie und Freiheit bewußt gewordenen modernen Menschen verstanden worden[64].

Betrachtet man ihn jedoch im Kontext von Picos Argumentation, so wird eine solche Bewertung zumindest fragwürdig. Denn der Mythos beginnt nicht unvermittelt, sondern versteht sich als Interpretation des hermetischen Satzes «Ein großes Wunder, Asclepius, ist der Mensch» [CH II,

201 f.; OR 26], und er endet nicht mit dem Preis der menschlichen Freiheit und Ortlosigkeit, sondern ihm folgt ein Kommentar, in dem Pico
diese Freiheit auf eine hermetisch-kabbalistische Ausfüllung
verpflichtet. Er schildert darin die Stufen, über die der Mensch, von der Ethik über die
Dialektik, die Naturphilosophie und die Theologie bzw. Metaphysik, sich
reinigend auf die durch göttliches Entgegenkommen mögliche Vereinigung mit dem Göttlichen sich vorbereiten und gleichzeitig jene höheren
Erkenntnisse gewinnen kann, die ihn zum Handeln in der Welt befähigen
[OR 32–46]. Picos Anthropologie ist daher im hermetisch-kabbalistischen
Kontext verankert, zu dessen Akzeptierung sie, als Einleitung zu den
Conclusiones, hinführen soll. Die Freiheit, die sie preist, ist die des Magiers, des *magus*, und kann nur durch ein magisches Verhältnis zum Ganzen
des Kosmos in Theorie und Praxis eingeholt werden[65]. Sie ist von diesem
Kontext ebensowenig zu trennen wie die Anthropologie der Humanisten
von deren philosophischer Grundproblematik.

Pico hält an dieser philosophischen Position auch nach ihrer Verurteilung, auch in der *Apologie* [OPO I, 115–124] fest, die große Teile der
Oratio übernimmt [OR 56–85], und es scheint, daß alle seine übrigen
Werke als Ausfüllung und Verteidigung dieses Programmes unter wechselnden Perspektiven verstanden werden können. In der noch vor dem
Häresieprozeß verfaßten Liebesphilosophie des *Commento alla canzone
d'amore* [COM], die dem Denken Ficinos am nächsten steht, obwohl
auch sie einige, in den Ausgaben der Renaissance unterdrückte kritische
Bemerkungen gegen ihn enthält [OP I, 15–17], entwickelt Pico einen Kosmos, dessen belebende Kraft die Liebe ist, die einmal, als Liebe zum Nutzen des Geliebten, von Gott ausgehend, die Welt schafft [OP I, 488] und
andererseits, als Liebe, die dem Liebenden nützt, alle Geschöpfe nach ihrem Vermögen zum universalen Ziel der Teilhabe an der göttlichen Güte
zurückführt [OP I, 490 f.]. Der Mensch aber ist von jeder in der kosmischen Ordnung begründeten Einschränkung in der Realisierung dieses
Liebesstrebens ausgenommen. Er vermag nicht nur, durch den ersten Tod
der Trennung der Seele vom Körper die göttliche Schönheit von Angesicht
zu Angesicht zu sehen und vollkommen zu erkennen, sondern auch in
einem zweiten Tod, den er in der *binsica*, dem Todeskuß, stirbt und in
dem er alle Individualität und alle Distanz der Erkenntnis verliert, zur
völligen Vereinigung mit der göttlichen Schönheit zu verschmelzen [OP I,
557; C 84, These 13].

Wenn Picos Philosophie der Liebe, ohne die Diskrepanzen zu ver-
schweigen, vor allem seine Nähe zu Ficino unterstreicht, so scheint die

erste nach der Verurteilung und der Rückkehr nach Florenz verfaßte
Schrift, der Lorenzo de'Medici gewidmete Genesiskommentar *Heptaplus*,
die doppelte Funktion zu haben, sich dem Kreis der Florentiner Akademie
zu empfehlen und sich gegen den Häresievorwurf zu verteidigen. Während daher die philosophischen Aussagen im einzelnen weitgehend mit
Ficino übereinstimmen und in Vergleich zu diesem wenig Originalität besitzen[66], zeugt schon die Wahl des mosaischen Textes als Quelle aller wahren Philosophie [OP I, 176] von seinem Festhalten an der kabbalistischen
Grundposition. Und diese wird bestätigt durch den hermeneutischen Ansatz, unter dem er den «rohen» Text des Moses interpretiert: ein aus jüdisch-kabbalistischer Tradition stammender[67] Kosmos dreier Welten – der
vom göttlichen Geist erfüllten intelligiblen Welt der Engel, der von vergänglichen Körpern gebildeten sublunaren Welt und, zwischen ihnen, der
aus der Vereinigung von ewigen Körpern und göttlichem Geist bestehenden himmlischen Welt [OP I, 184 f.] – , dem als alle drei Welten in sich
vereinigender Mikrokosmos der Mensch als vierte Welt gegenübersteht
[OP I, 192]. Auch hier bleibt also, wie in der *Oratio* [OR], der Mensch als
der Ortlose aus der kosmischen Ordnung ausgeschlossen, und wenn Pico
im siebten und letzten Buch den mosaischen Text unter dem Aspekt der
Glückseligkeit, der *felicitas*, interpretiert, dann betont er, daß es für den
Menschen kein natürliches Glück, das durch die Erkenntnis der natürlichen Ordnung zu bestimmen wäre, geben kann, sondern nur ein übernatürliches, in der Vereinigung mit dem allumfassenden Gott, das jenseits
aller philosophischen Erkenntnismöglichkeit liegt [OP I, 330] und dem
Menschen nur durch einen göttlichen Gnadenakt geschenkt werden kann
[OP I, 326]. Schließlich, und damit wird der apologetische Bezug zu den
als häretisch verurteilten Thesen unübersehbar, gipfelt der Genesiskommentar, nicht anders als die *Conclusiones* und die *Oratio*, in der Kabbala
selbst, und zwar in der streng methodisch-kabbalistischen Interpretation
des ersten hebräischen Wortes der Genesis, *berescith*, das heißt *in principio* bzw. «Im Anfang...». Diese ergibt, durch Buchstabenkombination,
zunächst den Satz: «Der Vater schuf im Sohn und durch den Sohn – den
Anfang und das Ende oder die Ruhe – das Haupt, das Feuer und das Fundament des großen Menschen in einem guten Bündnis» [OP I, 378], einen
Satz also, der sich seinerseits wiederum als die Summe jener christlich-neuplatonischen Genesisinterpretation verstehen läßt, die Pico in den vorhergehenden Büchern vorgelegt hat [OP I, 380 f.]. Damit ergänzt Pico die
theoretische Behauptung über die Fähigkeit der kabbalistischen Methode,
die verborgene Wahrheit der göttlichen Wahrheit zu enthüllen [C 83–90;

OR 83], durch die praktische Demonstration ihrer Effektivität auch und
gerade in den Händen des christlichen Philosophen. Die Tradition der
«christlichen Kabbala», die dadurch wenn nicht ihre Initialzündung, so
doch ihren entscheidenden Impuls erhielt und zumindest als Instrument
der Judenbekehrung erfolgreich eingesetzt wurde, zeugt für die Überzeugungskraft, die Picos Argumentation für die Renaissance besaß[68].

Weniger auf die Integration in den Kreis der Florentiner Akademie als
auf die Betonung der Eigenständigkeit seines Denkens scheint die zweite
von Picos Florentiner Schriften, *De ente et uno*, «Über das Seiende und
das Eine», zu zielen. Denn ihr Anlaß und Gegenstand ist die neuplatonische, gegen die aristotelische Metaphysik gerichtete These, Einheit und
Sein seien nicht konvertibel, sondern Gott als das Eine sei allem Sein
transzendent [OP I, 388]. Pico hält dagegen, daß eine solche antiaristote-
lische These nur aus dem falschen Verständnis des platonischen Parmenides als dogmatischen statt als dialektischen Dialog erwachsen könne
[OP I, 390] – worauf Ficino in seinem Parmenides-Kommentar antworten wird [OP 1137 f.] –, und verteidigt damit seine Hypothese von der
generellen Vereinbarkeit von Platon und Aristoteles auch und gerade auf
der Grundlage der aristotelischen Metaphysik [OP I, 386]. Aber diese
Auseinandersetzung mit Ficino über das richtige Verständnis des Platon
oder des Aristoteles ist nicht Selbstzweck, sondern nur die argumentative
Vorbereitung eines Modells des graduellen Aufstieges zu Gott, dessen
letzter Schritt von der Erkenntnis Gottes als des Allumfassenden, das nur
durch die Transzendentalien *unum, verum, bonum, ens* – «Eines», «Wahres», «Gutes», «Seiendes» – ausgesagt werden kann, zur Erkenntnis seiner Unbegreifbarkeit und Unaussagbarkeit führt [OP I, 414–420]. Das
Werk gipfelt daher in einer negativen Theologie, deren Erfüllung nicht
philosophisch-argumentativ, sondern nur durch eine auf die letzte Vereinigung mit Gott ausgerichtete Lebensführung erreicht werden kann [OP
I, 438 f.], und verweist damit wiederum zurück auf die «Rede über die
Würde des Menschen» [OR].

Lediglich die letzte Schrift Picos «Gegen die prognostische Astrologie»,
die *Disputationes adversus astrologiam divinatricem*, in der Pico scheinbar der astrologischen Medizin Ficinos ebenso wie seinen eigenen positiven Äußerungen zur Astrologie und Magie in den *Conclusiones* [C 90,
These 72] und der *Oratio* [OR 76] widerspricht, scheint sich nicht als
weiterführende Explikation der 1486 vertretenen Thesen verstehen zu
lassen. Man hat zur Erklärung dieser «Wende» in Picos Denken auf den
wachsenden Einfluß Savonarolas verwiesen[69], der Pico dazu bestimmt

habe, in einem mehr technischen als philosophischen Traktat die innere Inkonsistenz der Astrologie und ihre äußere Diskrepanz zur aristotelisch-scholastischen Kosmologie nachzuweisen[70]. Erst wenn man hinter diese in der Tat weitläufige technische Argumentation zurückfragt und sie – ähnlich den großen neuplatonischen Passagen im kabbalistisch motivierten *Heptaplus* – nicht als Picos eigentliche Aussage, sondern als Instrument zu deren umständlicher Demonstration versteht, wird deutlich, daß, wie schon der Titel *Adversus astrologiam divinatricem*, gegen die prognostische Astrologie, besagt, Pico lediglich jene Astrologie zu widerlegen beabsichtigt, die den siderischen Einflüssen eine das Leben des Menschen determinierende Bedeutung zuspricht. Und in diesem Punkte der Ablehnung einer «schlechten» Astrologie ist er nicht nur im Prinzip, sondern auch in den zentralen Argumenten mit Ficino [OP 1609], auf den er sich auch ausdrücklich beruft [OP II, 60], einig und scheint er auch sich selbst in seinen frühen Äußerungen weniger zu widersprechen als zu explizieren.

Denn da der Mensch nach der *Oratio* zwar als Mikrokosmos an allen Stufen des Seins Anteil hat, als der Ortlose jedoch an keine dieser Stufen gebunden ist, kann sein Leben nicht, wie die prognostische Astrologie impliziert, von den siderischen Konstellationen abhängig sein, sondern muß von ihm, der kraft seines Geistes die Freiheit der Wahl besitzt, frei gestaltet und selbst verantwortet werden [OP II, 414]. Da dieser Mensch darüber hinaus – wie wiederum in der *Oratio* entwickelt [OR 36; 74] – als Magier in der Lage sein soll, im Abstieg, *descensus*, schöpferisch in den Prozeß der Natur einzugreifen, darf auch innerhalb des Kosmos der Einfluß der himmlischen auf die sublunare Welt nicht so weit gehen, daß er das irdische Geschehen vollständig determiniert. Darum gibt Pico sehr wohl zu, daß der Himmel die universale Ursache, *causa universalis*, des Geschehens in der Körperwelt ist, betont aber, daß diese universale Ursache immer einförmig, durch Licht und Bewegung, wirkt [OP II, 178] und daß zur Hervorbringung eines einzelnen Phänomens eine diesem entsprechende partikulare Ursache als die Wirkung unmittelbar hervorbringende *causa proxima* wirksam werden muß, die für dieses einzelne Phänomen verantwortlich ist: nicht eine siderische Konstellation, sondern ein Pferd zeugt ein Pferd [OP II, 188 ff.].

Wenn man den Traktat gegen die Astrologie daher von jenen Problemen her liest, die der Determinismus der prognostischen Astrologie für das in der *Oratio* verkündete Menschenbild bedeutet, dann erweist er sich ebenfalls als Beitrag zu dessen Explikation und Verteidigung. Während Pico jedoch in seinen übrigen Werken die Freiheit des Menschen, im

«Aufstieg» – *ascensus* – die letzte Vereinigung mit dem göttlichen Ur-
sprung zu erreichen, dargestellt hatte, wird im Astrologietraktat die Frei-
heit des Menschen zum «Abstieg» – *descensus* – thematisch, das heißt die
Möglichkeit des schöpferischen Einwirkens auf die Natur mit Hilfe der
Magie, die er als «praktischen und edelsten Teil der Wissenschaft von der
Natur» definiert hatte [C 78 f., These 3–4] und die, was in der Natur als
Samen schlummert oder getrennt ist, aktualisiert und verbindet [C 79,
These 11]. Wenn Pico sich dabei zur Abwehr des astrologischen Determinismus der aristotelischen Forderung nach der Kenntnis der «unmittelbar
wirkenden Ursache» – *causa proxima* – bedient[71], überschreitet er zwar
nicht die Grenzen seines magisch-kabbalistischen Menschenbildes, eröffnet aber einen Weg, auf dem Magie zu empirischer Naturwissenschaft
werden kann. Die Tatsache, daß zum Beispiel Kepler bekennt, dieser
Wegweisung gefolgt zu sein[72], mag zeigen, daß sie nicht folgenlos geblieben ist.

5. Der Ausgang des Florentiner Neuplatonismus

Trotz seiner erheblichen theoretischen Leistungen in der Aneignung der
platonischen und neuplatonischen, hermetischen und kabbalistischen
Traditionen und ihrer Vereinigung zu einer umfassenden philosophischen
Lehre, die in ihrer Methode wie in ihrer Kosmologie eine Alternative zum
traditionellen Aristotelismus darstellte, war das Ziel des Florentiner Neuplatonismus weniger ein theoretisches als ein praktisches: eine *institutio
vitae*, eine Lebenslehre, die dem Menschen des 15. Jahrhunderts eine gesicherte Anweisung geben sollte, wie er sein letztes Ziel und höchstes
Glück erreichen oder in dieser Welt erfolgreich handeln konnte.

Mit dieser praktischen Ausrichtung bleibt er dem humanistischen
Grundsatz, an den Plethon angeknüpft hatte, treu, daß theoretische
Wahrheit sich durch ihre Relevanz für das menschliche Leben auszuweisen hat, und sie wird auch bestimmend für seine eigene Rezeption nicht
im Umkreis der universitären Philosophie[73], sondern im gebildeten Bürgertum und höfischen Ambiente, die sich auch dem Humanismus geöffnet
hatten und im 16. Jahrhundert außerhalb Italiens Humanismus und Neuplatonismus gleichzeitig und weitgehend undifferenziert übernehmen
sollten. Institutionelle Träger dieser Rezeption waren nach dem Vorbild
der Florentiner Akademie gegründete Akademien[74], denen neben professionellen Philosophen Literaten und Künstler, Architekten und Musiker

angehörten. Sie sicherten dem Neuplatonismus einen prägenden Einfluß auf das außeruniversitäre geistige und kulturelle Leben seit der Renaissance, führten aber gleichzeitig dazu, daß einzelne Theoreme sich verselbständigten und der philosophische Kontext, in dem sie ihre Begründung fanden, zunehmend in den Hintergrund trat

a) Die Philosophie der Liebe

Dies wird exemplarisch deutlich in der Philosophie der Liebe, die bei Ficino, aber auch bei Pico, als Lehre von der alle in der Erkenntnis noch vorhandene Distanz zu dem göttlichen Einen transzendierenden Vereinigung die höchste Vollendung philosophischer Reflexion dargestellt hatte, in der die Philosophie selbst ihre Grenze bestimmt und zu ihrer mystischen Überschreitung auffordert. In der unmittelbaren Nachfolge Ficinos und Picos war die Richtung, in die sich ein solcher Ansatz zur Selbstaufhebung der Philosophie entwickeln sollte, zunächst noch offen. Einer ihrer Protagonisten war Francesco Cattani da Diacceto (1466–1522)[75], von Geburt Florentiner, in Pisa in der Tradition des Aristotelismus ausgebildet und seit 1502 dort auch Professor für Griechisch und aristotelische Philosophie. Mit Ficino und seinem Kreis seit 1492 verbunden, avancierte er bald zu einem seiner bevorzugten Schüler und wurde nach Ficinos Tod als dessen geistiger Erbe angesehen. In zwei Nachfolgeorganisationen von Ficinos Akademie, in dem in den sogenannten *Orti Oricellari* zusammenkommenden Kreis um Bernardo Rucellai und in der *Sacra Academia Medicea* war er prominentes Mitglied[76], und er rechtfertigte seinen Ruf durch die Veröffentlichung eines «Loblieds auf die Liebe» – *Panegyricus in amorem* – [OP 130–138] und dreier Bücher «Über die Liebe» – *De amore* – [OP 90–129] im Jahre 1508, die er selbst auch ins Italienische übersetzte, und durch sein Hauptwerk «Über das Schöne» – *De pulchro* – [P 1–90 = PU] das er, in einer ersten Version bereits zu Ficinos Lebzeiten beendet, 1514 noch einmal überarbeitete.

Anders als ein moderner Leser erwarten würde, ist *De pulchro* nicht eine ästhetische Abhandlung, sondern, da das Schöne, im Anschluß an Plotin [*Enneaden* I, 6], als die nach außen strahlende Vollkommenheit des Kosmos verstanden wird [PU 75], vor allem ein kosmologisches Werk. Der Anstoß zu dieser Schrift dürfte von Ficino selbst stammen, der in seinem Parmenides-Kommentar [OP 1191], an dem er zur Zeit der ersten Bekanntschaft mit Diacceto arbeitet, diesen im Kontext des gleichen Schönheitsbegriffes lobend erwähnt und dessen Parmenides-Verständnis

Diacceto zu folgen scheint, wenn er im ersten Buch die Grundlagen seiner Kosmologie von dem Einen aus, das über allem Sein ist, deduziert und alles Seiende durch die Gegensatzpaare von Einheit und Vielheit, von Bewegung und Ruhe und von Identität und Verschiedenheit bestimmt sein läßt. Denn wenn das Eine in die Vielheit überflösse, so verlöre es sich im Grenzenlosen und das Viele fände nicht in der Zahl seine Begrenzung [PU 9 f.]; der Prozeß des Überfließens wäre ziel- und regellos, würde seine Bewegung nicht durch die Ruhe geordnet [PU 35 ff.], und das Ergebnis dieses Prozesses wäre absolute Mannigfaltigkeit, wäre in der Verschiedenheit des Seienden nicht zugleich auch Identität [PU 35]. Daher müssen Zahl als Einheit in der Vielheit, Ordnung als Ruhe in der Bewegung und Proportionalität als Identität in der Verschiedenheit vorausgesetzt werden, damit das Seiende in seiner Bestimmtheit, in der Dynamik seines Werdens und in der Einheit des Kosmos bestehen und erkannt werden kann [PU 73].

Für den Fortgang von Diaccetos Argumentation erhält das letzte dieser Prinzipien, das der Proportionalität, besondere Bedeutung, wenn er im 2. Buch, nun nicht mehr deduktiv, sondern induktiv, die Struktur alles Seienden entwickelt und, vom aristotelischen Grundsatz des Abscheus gegen das Leere – des *horror vacui* – ausgehend [PU 80], einen dreistufigen proportionalen Kosmos entwirft, in dem die Seele, an der intelligiblen Welt des Geistes Anteil habend und in die materielle Welt wirkend, zwischen beiden Extremen vermittelt [PU 86 ff.].

Im 3. Buch endlich wird vor dem Hintergrund dieses Kosmos die Bestimmung des Menschen möglich, der, da mit Körper und rationaler Seele begabt, keiner Stufe des Kosmos angehört. Als Mikrokosmos vermag er alle kosmischen Stufen zu durchstreifen und kann er durch *inspectio*, durch betrachtende Wendung auf sich selbst [PU 158 f.], die Einheit des Seienden in sich betrachten und an die Grenze der göttlichen Einheit heranreichen [PU 186]. Der Wege dieses Aufstiegs von der sinnlichen Vielheit zur geistigen Einheit sind drei: die der Philosophie eigene Dialektik, die Musik und, als wichtigster, die Liebe [PU 187 f.]. Denn als Sehnsucht nach dem Schönen [PU 16], die aller Erkenntnis vorausgeht, ist die Liebe nicht nur die richtungsweisende Motivation des Erkennens, sondern sie führt auch über den Akt des Erkennens hinaus, in dem der Erkennende immer ein seiner Natur verhaftetes Individuum und darum, als Seiendes, diesseits der Grenze zur göttlichen Einheit bleibt, zur ekstatischen Vereinigung mit dem überseienden Einen selbst [PU 78 f.], wenn schließlich die göttliche Schönheit die Liebe zum höchsten Grad der Verzückung, dem *furor*, steigert und den seiner selbst vergessenden Menschen zu sich emporreißt [PU 202 ff.].

Erst hier, am Ende, wird verständlich, warum Diacceto sein Werk «Über das Schöne» – *De pulchro* – genannt hat. Denn da in der Nachfolge Ficinos die göttliche Einheit als überseiend gesetzt wird, vermag nicht das Wahre, als das Sein des vom erkennenden Subjekt vorausgesetzten Objekts der Erkenntnis, und nicht das Gute, als Objekt des an Erkenntnis gebundenen Strebens (PU 15), sondern allein das Schöne, das die alles Seiende transzendierende, ekstatische Liebe erweckt, den Menschen mit diesem überseienden Einen zu vereinigen und dadurch den vom Kosmos isolierten Mikrokosmos in die umfassende Einheit zu integrieren. Das natürliche Streben nach Wissen, das in der aristotelischen Tradition die Philosophie als Königsweg der menschlichen Vollendung begrundet hatte[77], wird damit ersetzt durch die Liebe zum Schönen, die Diacceto zwar philosophisch begründet, aber nur, um ihre Unabhängigkeit von aller Philosophie zu beweisen. Der Antiintellektualismus, der sich in dieser Philosophie ausdrückt, kann sich formal auf die paulinisch-augustinische Tradition berufen, die gelehrt hatte, daß das Wissen aufblähe, die Liebe aber erbaue[78]. Während jedoch bei Augustinus die Liebe, als Liebe zu Gott, religiös abgesichert ist, scheint Diaccetos Liebe zum Schönen den Weg zu einem reinen Ästhetizismus zu eröffnen, der, seine philosophischen Wurzeln vergessend, in pseudoreligiöse Bindungslosigkeit mündet[79].

Etwa zur gleichen Zeit, zu der Diacceto diese Konsequenzen aus dem Parmenides-Verständnis Ficinos zieht, entwickelt auch Leone Ebreo, eigentlich Jehuda Abrabanel, (ca. 1460–vor 1535)[80] eine Philosophie der Liebe. Er war als Sohn des jüdischen Finanzberaters am portugiesischen Hof in Lissabon geboren und hatte dort Philosophie mit Einschluß der jüdischen Tradition und Medizin studiert. Als die Familie 1483 nach Spanien fliehen muß, ist er bereits als Arzt registriert, und er führt diese Tätigkeit auch in Spanien fort, bis die spanische Politik der inneren Einigung, die den Juden nur die Wahl läßt, sich taufen zu lassen oder Spanien zu verlassen, die Familie 1492 zwingt, nach Italien zu emigrieren. Hier macht Ebreo erstmals mit der Renaissance Bekanntschaft, zunächst in Venedig, Genua und Florenz, wo er noch mit Giovanni Pico della Mirandola zusammentrifft, dann in Neapel, wo er seit 1494 als königlicher Leibarzt und Professor für Medizin und Astrologie tätig ist. Sein letztes Lebenszeichen stammt aus dem Jahr 1521; als 1535 sein philosophisches Lebenswerk, die in italienischer Sprache geschriebenen «Dialoge über die Liebe» – *Dialoghi d'amore* –, zum ersten Mal gedruckt werden, spricht sein Herausgeber von ihm als einem Verstorbenen.

Daß Leone Ebreo durch den der jüdischen Tradition gegenüber aufgeschlossenen Giovanni Pico zur philosophischen Produktion inspiriert wurde, könnte aus dem Bericht gefolgert werden, daß er ein – heute verlorenes – zweites philosophisches Werk «Über die Harmonie des Himmels» – *De harmonia coeli* – auf «Bitten des göttlichen Pico della Mirandola» verfaßt habe[81]; daß er unter Picos Einfluß zu weitgehend anderen Konsequenzen als der Ficino-Nachfolger Diaccето kommt, zeigen seine *Dialoghi* von Anfang an in Form und Argumentationsweise. Ebreo schreibt keinen systematischen Traktat, sondern einen Dialog, in dem *Filone*, der Liebende, die von ihm geliebte *Sofia* zu gewinnen sucht und daher zunächst, im ersten Buch, von der erfahrbaren menschlichen Liebe ausgehend, deren Wesen zu klären sucht, dann, von dieser aufsteigend, im zweiten Buch von der Liebe als dem allgemeinen belebenden Geist, dem *spirito vivificante* [D 165], des Kosmos handelt und erst im dritten Buch mit dem Titel «Über den Ursprung der Liebe» ihre systematische Begründung unternimmt. Ein angekündigtes viertes Buch [D 391] über die Wirkungen, *effetti*, der Liebe ist, wenn es je geschrieben wurde, verloren.

Schon die dramatische Inszenierung scheint anzudeuten, daß es Ebreo in seinen Dialogen nicht darum geht, die Liebe als einen von der Erkenntnis unabhängigen eigenen Weg zur menschlichen Vollendung darzustellen, sondern beide, Liebe und Weisheit, in ihrer gegenseitigen Abhängigkeit voneinander zu zeigen, die erst in ihrer Vereinigung als Philo-sophie zur Vollendung gelangen. Dementsprechend definiert Ebreo Liebe und jedes Begehren – *desiderio* – schlechthin als ein Streben, das einerseits die Erkenntnis des Liebesobjektes als *ens*, *verum* und *bonum*, als «Seiendes», «Wahres» und «Gutes», voraussetzt [D 10], andererseits aber einem Mangel entspringt, der in der noch nicht vollzogenen Vereinigung mit dem Liebesobjekt besteht bzw., auf intellektueller Ebene, in der Unvollkommenheit der anfänglichen Erkenntnis, die eine exemplarische und distanzierte – *cognizione esemplare e divisa* – ist und in eine vollkommene, vereinigende Erkenntnis – *cognizione unitiva* – übergeführt werden will, die im vollkommenen Genuß – *fruizione* – des Liebesobjektes besteht [D 44 f.]. Liebe und Erkenntnis sind daher dialektisch aufeinander bezogen und führen unter ständiger Steigerung und Erweiterung endlich zu jenem höchsten Objekt, Gott, mit dem sich in einem gleichermaßen liebenden und erkennenden Akt zu vereinigen die menschliche Glückseligkeit bedeutet [D 46].

Damit Gott aber das höchste Objekt dieser erkenntnisbedingten Liebe
sein kann, muß er – wie Pico gegen Ficino in *De ente et uno* [OP I, 385–
441] gelehrt hatte – selbst nicht als überseiendes, sondern als Seiendes,
Wahres und Gutes gesetzt werden können. Wenn Ebreo daher im 2.

Buch
die menschliche in die kosmische Liebe integriert, entwirft er einen Kosmos, der aus zwei Halbkreisen, einem des stufenförmigen Abstiegs in die
Vielheit und einem der stufenförmigen Rückkehr in die Einheit, besteht
und dessen Ausgangs- und Zielpunkt Gott als höchstes Seiendes darstellt
[D 377]. Das Prinzip dieses kosmischen Kreises, das ihn zu einer dynami-
schen Einheit verbindet, ist die Liebe, die – wiederum wie in Picos *Commento alla canzone d'amore* [COM] – eine doppelte ist: im ersten Halb-
kreis die selbstlose Liebe des Schöpfers zum Geschöpf, im zweiten die
nach Vollendung strebende Liebe des Geschöpfes zum Schöpfer [D 165].
Da aber auch die kosmische Liebe, um der Liebesdefinition zu entsprechen, an Mangel und Erkenntnis gebunden sein muß, ist auch die göttliche Liebe nicht völlig selbstlos, sondern strebt danach, die absolute Vollkommenheit Gottes um die relative Vollkommenheit der Beziehung zu
seinem Geschöpf zu vermehren [D 234 f.], und besitzt auch der unbelebte
Körper eine natürliche Erkenntnis seines Zieles, auf der seine Neigung zu
dem ihm eigentümlichen Ort beruht [D 67].

So wie Gott ist auch der Mensch in diese dynamische Liebesordnung des
Kosmos eingebunden und daher, anders als bei Pico, nicht als der Ort- und
Bestimmungslose isoliert. Er besitzt jedoch eine Sonderstellung insofern,
als er als einziges körperliches Geschöpf mit der Vernunft, der *ratio*, begabt
ist [D 68] und daher allein seine Liebe die Grenze zwischen materieller und
geistiger Welt zu überschreiten vermag. Aus dieser Sonderstellung erwächst
ihm in der Dynamik des Universums die Aufgabe, die materielle Welt erkennend in die geistige Welt hinüberzuführen und die Rückkehr der Schöpfung zu Gott zu vollenden [D 372 f.].

Damit ist die Diskursivität rationaler Erkenntnis nicht nur eine Stufe,
die der einzelne Mensch auf dem Weg zur Schau des Einen möglichst bald
hinter sich lassen sollte, sondern die eigentliche kosmische Aufgabe des
Menschen. Er leistet sie, indem er sich von den materiellen Formen dazu
anregen läßt, deren in der Seele schlummernden Urbilder zu erinnern
bzw., wie Ebreo in Adaptation der aristotelischen Erkenntnislehre erklärt,
aus der reinen Möglichkeit des Intellektes in die Aktualität zu überführen
[D 328] und dadurch das erkannte materielle Objekt in geistiger Weise
selbst zu werden [D 257].

Mit dieser Adaptation der aristotelischen Erkenntnislehre gelingt es

Ebreo nach dem Grundsatz des Aristoteles, daß im Akt der Erkenntnis Erkennender und Erkanntes identisch sind [*De anima* 430 a 2 ff.], die Differenz zwischen Subjekt und Objekt, die Diacceto allein in der Liebe zu überbrücken vermochte, in der Erkenntnis selbst zu überwinden. Die diskursive Erkenntnis wird so zum Prozeß der Vereinigung, der, von der Liebe geleitet und zu immer größerer Allgemeinheit fortschreitend, sich allmählich an die vereinigende Erkenntnis, die *cognizione unitiva*, des allumfassenden Einen annähert, das mit dem *intellectus agens*, dem tätigen Intellekt des Aristoteles identisch ist und das der Mensch durch die vollständige Aktualisierung seines möglichen Intellektes erreicht [D 41].

Das höchste Glück des Menschen, das in dieser Vereinigung mit dem göttlichen Einen besteht, ist daher identisch mit der Vollendung seiner kosmischen Aufgabe, die Gesamtheit der materiellen Formen erkennend in die geistige Welt zurückzuführen. Ob allerdings das menschliche Individuum dieses Glück zu erreichen vermag, ist wohl eher zu bezweifeln, da sein kosmischer Aspekt, die Rückkehr der geschaffenen Vielheit zur schöpferischen Einheit, nach Ebreo nur alle 49.000 Jahre Wirklichkeit wird [D 246 f.]. So scheint denn, während Diacceto im Zustand der ekstatischen Liebe jedem einzelnen Menschen – allerdings unter Verlust seiner Individualität – die Erreichung des höchsten Glückes in Aussicht stellt, Ebreos letztes Ziel nur von der menschlichen Gattung als Ganzer erreicht werden zu können. Dem menschlichen Individuum bleibt nur die Philosophie, der Weg der fortschreitenden diskursiven Annäherung an die umfassende Erkenntnis, die ebensowenig ihre endliche Erfüllung findet wie in Ebreos Dialog *Filone* seine geliebte *Sofia* zur endgültigen liebenden Vereinigung zu bewegen vermag.

Leone Ebreo beweist mit seinen *Dialoghi*, daß die Philosophie der Liebe durchaus auch als Begründungsrahmen rationaler Philosophie und Wissenschaft zu dienen vermag, und die weite Verbreitung, die seine Dialoge im 16. Jahrhundert fanden – 11 italienische, 6 französische, 4 spanische und 2 lateinische Ausgaben sind bekannt und noch Spinoza hat sich von ihnen inspirieren lassen[82] –, läßt es als lohnend erscheinen, der Rezeption seiner Version der Liebesphilosophie genauer nachzugehen, obwohl der breite Strom der Liebestraktate, der sich, beginnend mit Pietro Bembos (1470–1547) noch im letzten Jahrzehnt des 15. Jahrhunderts geschriebenen *Asolani*, im 16. Jahrhundert in Italien verbreitete, abgesehen von Agostino Nifo (1473–1538) und Giordano Bruno (1548–1600), Diaccetos Angebot eines von strenger philosophischer Argumentation freien, direkten Weges zur menschlichen Vollendung gefolgt zu sein und vor allem zur Literarisierung des Florentiner Neuplatonismus beigetragen zu haben scheint[83].

b) Prisca theologia und Philosophia perennis

Wenn die Attraktivität und Überzeugungskraft des Florentiner Neuplatonismus für das gebildete Bürgertum weitgehend auf der vom fachphilosophischen Ballast befreienden Philosophie der Liebe beruhte, so scheint für seine Rezeption in der Fachphilosophie selbst das Konzept der *prisca theologia* oder *prisca philosophia*, der «ursprünglichen Theologie» oder «ursprünglichen Philosophie», das vor dem Hintergrund einer philosophisch-theologischen Uroffenbarung den philosophischen Synkretismus legitimierte, von zentraler Bedeutung gewesen zu sein. Denn da dieses Konzept keine dogmatische Entscheidung zwischen platonischer und aristotelischer Tradition forderte, bot es einerseits dem Aristoteliker die – im 16. Jahrhundert intensiv genutzte – Chance, der traditionellen Aristotelesinterpretation durch die Integration neuplatonischer Theoreme neue Impulse zu geben[84], und erlaubte andererseits dem Platoniker, ohne Verleugnung seiner philosophischen Überzeugung als Philosophieprofessor an einer Universität tätig zu werden, deren Curriculum auf den aristotelischen Texten beruhte und die erst im letzten Viertel des 16. Jahrhunderts, beginnend mit der Einrichtung «außerordentlicher» Vorlesungen über platonische Philosophie in Pisa im Jahre 1576, dazu bereit war, Platon als Grundlage universitären Philosophieunterrichtes zu akzeptieren[85].

Die konkrete Gestalt dieses Synkretismus nimmt dabei – und dies mag als Zeichen seiner belebenden Wirkung gelten – wie bei Ficino und Pico selbst, so auch bei ihren Nachfolgern unterschiedliche Formen an. Bei Leone Ebreo, der Pico nähersteht, ist die Philosophie der Liebe in zentralen Momenten aristotelisch geprägt, Diacceto dagegen, der Ficino folgt, versucht zwar auch, die aristotelische mit der platonischen Erkenntnislehre zu versöhnen [PU 163–178], betont aber in seiner Kritik der Bewegungslehre des Aristoteles [PU 86–95] und in seiner Verteidigung der platonischen Ideen [PU 48–72] die prinzipielle Verbindlichkeit der platonischen Tradition, und wenn er im Vorwort zu seiner Vorlesung über die Nikomachische Ethik [OP 319–323] zunächst den neuplatonischen Kosmos und das menschliche Ziel des Aufstiegs zum ursprünglichen Einen entwickelt, um dann, am Schluß, die aristotelische Ethik als Vorstufe der moralischen Reinigung zu

charakterisieren, dann wird der Wert des Aristoteles nach seinem möglichen Beitrag zur platonischen Lehre bemessen.

In der Nachfolge Diaccetos scheint gerade an der Pisaner Universität,
aber nicht nur hier[86], das Problem der Vereinbarkeit von Platon und Aristoteles weiter thematisiert worden zu sein. So wird zum Beispiel Francesco de'Vieri der Jüngere (1524–1591)[87], Enkel des 1553 verstorbenen
gleichnamigen Professors für aristotelische Philosophie[88], nachdem er in
Florenz Vorlesungen über die Liebe gehalten hatte und ihm 1576 das
Recht eingeräumt worden war, über Platon zu lesen, zunächst 1577 die
platonische Lehre in ihrer Widerspruchsfreiheit zum Christentum zusam-
menfassen und dann, 1590, das Programm erweiternd, die Übereinstimmung Platons auch mit Aristoteles systematisch darzustellen versuchen.
Einen noch weiter gefaßten systematischen Versuch, nicht nur Platon und
Aristoteles, sondern auch, nach dem Vorbild Picos, die gesamte griechische, arabische und lateinische Tradition in ihrer Vereinbarkeit zu zeigen,
unternimmt 1577 Jacopo Mazzoni (1548–1598)[89], der allerdings später,
als Vieris Nachfolger in Pisa und Lehrer Galileis, von diesem universalen
Synkretismus abrückt und in einem 1597 veröffentlichten Vergleich von
Platon und Aristoteles zu einem nicht historisch, sondern kritisch begründeten Eklektizismus zurückzufinden scheint.

Größere Originalität und Eigenständigkeit in Entwurf und Wirkung
haben die Beiträge von Francesco Giorgi Veneto (1455–1540)[90] und Agostino Steuco Eugubino (1497/98–1548)[91] aus Gubbio zu dieser synkreti-
stischen Tradition. Francesco Giorgi oder Zorzi, aus einer Venezianer
Patrizierfamilie stammend, ist Franziskaner und wohl am Paduaner Studio seines Ordens, das gerade in jenen Jahren eine entschieden antiaver-
roistische Tendenz verficht[92], erzogen. Darüber hinaus scheinen seine intensiven hebräisch-kabbalistischen Studien auf einen direkten Einfluß von
seiten Picos hinzudeuten. Ihm dürfte er auch das Interesse für eine symbolisch verstandene Mathematik verdanken[93], das dann später noch durch die
Bekanntschaft mit dem Mathematiker Luca Pacioli (1445–1515) gefördert wurde[94].

Alle diese Einflüsse und Quellen verbinden sich in der 1525 veröffentlichten großen Kompilation «Über die Weltharmonie» – De harmonia totius mundi –, in der Giorgi bestrebt ist, durch kabbalistische Interpretation
der Schulen und Traditionen zu den arcana mundi, den Geheimnissen der
Welt, und damit zum ursprünglichen Christentum zurückzufinden. Dieser eindeutig von christlichem Reformdenken inspirierte Synkretismus bestimmt ihn dazu, alle jene Lehren, die, wie zum Beispiel die averroistischen

Thesen von der Einheit des Intellektes und der Ewigkeit der Welt [HM 15ᵛ f.], nicht in die hermetisch-kabbalistische Tradition integriert werden können, nicht nur zu übergehen, sondern auch zu widerlegen, den neuplatonischen Kosmos christlich umzudeuten, indem er Christus, das «Fleisch gewordene Wort», *verbum incarnatum*, als Mittler zwischen Einheit und Vielheit versteht [HM 185ʳ], und schließlich dem Menschen, dessen ausgezeichnete Stellung außerhalb des Kosmos er beibehält, die *imitatio Christi* als spirituellen Weg der individuellen Rückkehr zum Einen zu empfehlen.

Aber wichtiger noch als diese Christianisierung scheint die Mathematisierung des Kosmos zu sein, nach der Gott, das Eine, sich geometrisch in die Vielheit expliziert hat, so daß nicht nur die gesamte Schöpfung geometrisch geordnet ist, sondern in den geometrischen Proportionen und Harmonien der himmlischen wie der irdischen Schöpfung gleichermaßen ein Abbild der göttlichen Vollkommenheit zu erkennen ist [HM 89ʳ ff.]. Sowohl der aristotelisch-physikalische Ausgang von der Vielheit wie der platonisch-theologische Ausgang vom Einen besitzen daher ihre prinzipielle Legitimität und Vereinbarkeit [HM 37ᵛ f.]. Die Struktur des Kosmos ist symbolisch in der Sechszahl der biblischen Schöpfungstage repräsentiert, insofern sie die Einheit aus der Drei, die sich im Dreieck materialisiert, der Eins, die Gott ist, und der Zwei, die zwischen beiden vermittelt, darstellt [HM 35ʳ ff.]. Sechs Perioden hat daher auch das Leben des Menschen [HM 176ʳ ff.], in sechs Zeitalter gliedert sich die Geschichte [HM 172ᵛ ff.], und da seit Christi Geburt das sechste Zeitalter angebrochen ist, bleibt nur noch das Ende der Welt, das er durch eine das letzte Buch abschließende Interpretation der Apokalypse beschreibt.

Wenn dieser eschatologische Charakter Giorgis «Weltharmonie» eine ins Mittelalter verweisende Färbung gab, so verschaffte der theologisch-reformerische Charakter des Werkes seinem Autor bei den Zeitgenossen eine umstrittene Aktualität, der er in einer zweiten, zurückhaltender argumentierenden kabbalistischen Bibelinterpretation [P] erfolglos zu begegnen versuchte[95].

Die durchgehende Mathematisierung des Kosmos und die Forderung, die Welt nach mathematischen Proportionen zu erkennen, lassen schließlich Giorgis Werk in die Zukunft weisen. Zwar ist sein Mathematikverständnis, in den hermetisch-kabbalistischen Kontext eingeschlossen, noch ein symbolisch-qualitatives und noch nicht ein quantitativ-messendes, aber die Tatsache, daß zu Beginn des 17. Jahrhunderts Marin Mersenne (1588–1648) sich aufmacht, gerade ihn zu widerlegen[96], scheint zu bewei-

sen, daß seine Idee von der mathematischen Harmonie des Kosmos nicht
unwiderlegt bleiben konnte und folglich auch nicht ohne Einfluß auf die
neue Geometrisierung der Wissenschaften war. Auch der fast ein halbes Jahrhundert jüngere Agostino Steuco war vor
allem Theologe. Schon früh in den Augustinerorden eingetreten, hatte er
in Bologna Griechisch, Hebräisch und andere orientalische Sprachen studiert, war 1538 Bischof und Bibliothekar der Vatikanischen Bibliotheken
unter Papst Paul IV. geworden und hatte von 1546 an als entschiedener
Gegner Luthers[97] am Konzil von Trient teilgenommen. So war auch sein
Denken, wie das des Francesco Giorgi, von den Problemen der religiösen
Reform geleitet, aber anders als diesem diente ihm das Konzept der *prisca
theologia* nicht zur Begründung einer spirituell-mystischen Erneuerung
des Christentums, sondern zur Verteidigung der menschlichen Rationalität innerhalb des Christentums gegen den philosophiefeindlichen Antiintellektualismus Luthers. Ihm geht es daher auch nicht nur darum, wie
Ficino nachzuweisen, daß die Philosophie sich, wenn und insoweit sie
sich auf die hermetisch-platonische Tradition zurückführen läßt, auf eine
göttliche Uroffenbarung berufen kann, oder wie Pico, daß sich letztlich
alle Philosophie als Explikation dieser Uroffenbarung verstehen läßt, sondern er will zeigen, daß, weil der Ursprung aller Dinge ein einziger ist,
auch die Wissenschaft von diesem Ursprung immer und überall eine einzige gewesen ist und sein wird [PHP 1], gleichgültig, ob sie auf göttlicher
Offenbarung und theologischer Autorität oder auf der Betrachtung der
Dinge und rationalem Urteil beruht [PHP 3]. Die Einheit aller Philosophi-
en unter sich und mit der Theologie, die er mit dem die *prisca theologia*
erweiternden neuen Begriff der «immerwährenden Philosophie», der *philosophia perennis*, beansprucht, beruht daher nicht nur auf dem Anspruch, sie trotz aller Verschiedenheit auf einen einzigen, letztlich historisch begründeten Ursprung zurückführen zu können, sondern behauptet
darüber hinaus die unhistorisch sich durchhaltende, systematisch begründete Identität ihres inhaltlichen Kernes [PHP 5 f.], der lediglich in seiner
konkreten Manifestation räumlichen und zeitlichen Bedingungen unterworfen ist [PHP 6]. Die historisch-vergleichende Darstellung, in deren
Verlauf etwa, wie bei Ficino und Giorgi, Aristoteles als Physiker, Platon
aber als Theologe charakterisiert wird [PHP 166], dient daher nicht der
kritischen Sichtung der Schulen und Religionen, sondern dem Nachweis,
daß sie alle stets und überall als gemeinsames Fundament die Einheit eines höchsten Gottes und Ursprungs aller Dinge [PHP 123 ff.] und die
Unsterblichkeit der menschlichen Seele [PHP 539] vertreten und als Ziel

von Philosophie und Religion gleichermaßen die Erkenntnis und Verehrung dieses Gottes gelehrt haben [PHP 575].

Steucos *philosophia perennis* ist daher ausdrücklich und bewußt christliche Philosophie. Insofern sie als solche das Christentum, um der Vereinbarkeit mit heidnischer Philosophie und Religion willen, auf wenige
Kernsätze reduzieren muß, ruft sie einerseits notwendig den Widerspruch
der nach dem Konzil von Trient zu dogmatischer Abgrenzung tendieren-
den Kirche hervor, die zwar nicht die zehn Bücher *De perenni philosophia*, wohl aber den ebenso argumentierenden Genesis-Kommentar *Cos-
mopoeia* [OP I, 1–77] zweimal, 1583 und 1596, auf den Index verbotener
Bücher setzt. Andererseits aber wird Steucos Philosophie aus dem gleichen Grunde – wie zum Beispiel die unmittelbare Rezeption durch den
Franzosen Guillaume Postel (1510–1581) zeigt[98] – zu einer willkomme-
nen Argumentationshilfe für die Verfechter religiöser Toleranz. Für die
Philosophie selbst dagegen wurde die *philosophia perennis*, ohne daß der
Theologe Steuco dies intendiert haben dürfte, durch die von ihr verkündete prinzipielle Gleichwertigkeit von religiöser Offenbarungswahrheit
und empirisch erworbener rationaler Erkenntnis zu einem weiteren Schritt
zur Befreiung von theologischer Bevormundung, so daß der Begriff
schließlich, wie etwa bei Leibniz[99], zur Legitimation eines gleichermaßen
historisch wie systematisch argumentierenden Eklektizismus wird, in dem
die Philosophie hinter dem Wandel ihrer historischen Manifestationen
ihre Identität in der beständigen Frage nach der einen Wahrheit findet.

c) Gianfrancesco Pico della Mirandola

Die Tradition der *prisca theologia* oder *philosophia* manifestiert so ebenso wie die Liebesphilosophie die Ambivalenz des neuplatonischen Ansatzes einer Vereinigung von Philosophie und Religion, der, wenn er philosophische Aussagen am Kriterium der Glaubenswahrheit mißt, frei ist, die
Differenzen oder die Übereinstimmungen, die Leistungen oder die Fehllei-
stungen des empirisch-rationalen Weges zu betonen, und daher gleichermaßen zur Aufwertung wie zur Abwertung der rationalen Philosophie
führen kann. Gianfrancesco Pico della Mirandola (1469–1553)[100], der
nur um 6 Jahre jüngere Neffe und bewundernde Biograph Giovanni Picos, wählte, mit einem neuen argumentativen Instrumentarium ausgestattet, die zweite Alternative mit solcher Radikalität, daß seine Herkunft aus
dem neuplatonischen Kontext beinahe unkenntlich wird.

Wie sein Onkel dürfte auch er, über dessen durch ständige Erbstreitprei-

en beschwertes Leben wenig bekannt ist, in Ferrara eine solide humanistische Ausbildung genossen haben, die ihn lebenslang befähigte, als großer
Gelehrter philologisch-historisch zu argumentieren und im Jahre 1512/13
in einer Auseinandersetzung über das Problem der rhetorischen Nachahmung mit Pietro Bembo [EPIM] am humanistischen Ciceronianismus-
streit auf Seiten Polizianos[101] kompetent teilzunehmen. Auch seine weite
philosophische Bildung ruhte, wie die seines Onkels, auf einem soliden
aristotelisch-scholastischen Fundament, wie seine 1501 veröffentlichte
Schrift «Über die Vorstellung» – *De imaginatione* – zeigt, in der er die
aristotelische Lehre von der Phantasie, neuplatonisch verbrämt, zusammenfassend darstellt [IM 50–62], die Vorstellungskraft als Quelle menschlicher Freiheit und menschlichen Irrtums charakterisiert [IM 62–76] und
in den Möglichkeiten ihrer Kontrolle und therapeutischen Führung den
Weg zu einem guten und gottgefälligen Leben zu beschreiben versucht
[IM 76–108]. Wenn diese Hinordnung philosophischer Argumentation
auf die Praxis christlicher Lebensführung und die häufige Berufung auf
den Onkel Giovanni in *De imaginatione* Gianfrancesco, getreu dem Brief
Giovannis an ihn aus dem Jahr 1492[102], als dessen geistigen Erben auszuweisen scheint, dann wird dieser Eindruck noch verstärkt durch die *Defensio de ente et uno* [OP 109–131] von 1495, in der er seines Onkels
Weigerung, das göttliche Eine als überseiend zu setzen, verteidigt, und
durch seine umfangreiche Schrift «Über die Vorhersage der Zukunft» –
De rerum praenotione – [OP 366–709], in der er dessen Kampf gegen die
prognostische Astrologie wieder aufnimmt und fortsetzt.

Aber wie sehr und nachhaltig auch Giovanni Pico den Neffen bei seiner
Annäherung an die Philosophie bestimmt haben mag, noch entscheidender scheint der Einfluß Savonarolas gewesen zu sein, der zwar offenbar
ein intellektuelles Interesse an Giovanni Picos Projekt der «Befriedung der
Philosophen» – der *pax philosophorum* – nicht verhehlen konnte, aber
seinen propagierten fideistischen Antiintellektualismus deswegen nicht
aufzugeben bereit war[103]. Die dauernde Faszination, die von ihm auf
Gianfrancesco ausgeht, zeigt sich nicht nur in dessen Versuchen, ihn nach
seiner Verhaftung und selbst noch nach seiner Verurteilung zu verteidigen[104], sondern auch in der Biographie Savonarolas, der *Vita Savonarolae*, an der Gianfrancesco lebenslang arbeitet und die erst 1674 gedruckt
werden wird. In den philosophischen Schriften Gianfrancescos macht
sich Savonarolas Einfluß zum ersten Mal in der Abhandlung «Über das
Studium der göttlichen und der menschlichen Philosophie» – *De studio
divinae et humanae philosophiae* [OP 3–39] – aus dem Jahr 1496 be-

merkbar, in der er zwar der «menschlichen» Philosophie der Antike noch
einen gewissen Wahrheitswert zuspricht, insofern auch sie zur Schau und
Liebe Gottes zu führen vermöge [OP 4], aber die in der Bibel offenbarte
«göttliche» Philosophie als überlegene und ausreichende Quelle der theoretischen wie der praktischen Philosopie, der Wahrheit wie der Lebenslehre bezeichnet [OP 39].

Während Gianfrancesco durch die Berufung auf seines Onkels *Heptaplus* am Ende dieser Schrift [OP 39] erkennen läßt, daß er sich zumindest subjektiv noch in der Tradition der *pax philosophorum* sieht, nimmt
er in seinem monumentalen Hauptwerk, der «Prüfung der Eitelkeit der
heidnischen Philosophie» – dem *Examen vanitatis doctrinae gentium* –
[OP 710–1264], auch bewußt und ausdrücklich eine radikale Wendung
vor: Statt, wie sein Onkel Giovanni, die in den zerstrittenen Schulen der
«menschlichen» Philosophie verstreuten wahren Erkenntnisse mühsam
zu sammeln und auf die christliche Lehre hin zu vereinigen, sei es sinnvol-
ler und nützlicher, ihre prinzipielle Unzuverlässigkeit und «Eitelkeit»
nachzuweisen, um die Wahrheit der «göttlichen» Philosophie vor jeder
Gefahr einer Kontamination mit dem Irrtum zu bewahren [OP 717–722;
738; 1026].

Das Instrument, das ihm zu dieser generellen Zerstörung der heidnischen Philosophie – der Vorsokratiker, Platons und der Platoniker, der
Stoiker und Epikureer, des Aristoteles und der aristotelischen Tradition –
dient, ist der «Grundriß der pyrrhonischen Skepsis» des Sextus Empiricus[105], den er offenbar im Umkreis Savonarolas kennengelernt hatte[106]
und den er als erster Vertreter der Renaissance benutzt[107]. In den ersten
drei Büchern des *Examen* gelingt es ihm, unter konsequenter Anwendung
der von Sextus überlieferten Argumentationsmuster zu zeigen, daß alle
heidnische Philosophie, da auf dem Fundament der Sinne, der Vorstellung
und des Intellekts beruhend, die Forderung nach einem zuverlässigen
Wahrheitskriterium nicht zu erfüllen vermag und daher dem skeptischen
Zweifel unterliegt, während die christliche Lehre, von Gott stammend,
durch Offenbarung verkündet und vom Glauben getragen, gegen den
skeptischen Einspruch gefeit sei [OP 853]. In den restlichen drei Büchern
konzentriert er sich anschließend darauf, nachzuweisen, daß die aristotelische Philosophie als die am weitesten verbreitete und akzeptierte Lehre
das wahre Ziel der Philosophie verfehlt, da sie eine falsche Gottesvorstel-
lung vertritt [Buch IV], daß sie auch nach ihren eigenen Standards keine
Sicherheit besitzt, da die aristotelische Lehre vom Beweis mangels gesi-
cherter erster Prämissen nicht realisiert werden kann [Buch V], und daß

sie in einer Reihe fundamentaler Aussagen der Naturphilosophie, beispielsweise der Lehre von Raum, Zeit und Bewegung, offensichtlich falsch
ist, wie er im 6. Buch mit Hilfe des Physik-Kommentars von Johannes
Philoponos[108] und der Aristoteleskritik des jüdischen Gelehrten Hasdai
Crescas[109], die er ebenso beide als erster in der Renaissance benutzt, darzustellen versucht [OP 1012; 1014].

Trotz dieser umsichtigen Verwendung der von Sextus übernommenen
skeptischen Waffen ist Gianfrancesco Pico selbst kein Skeptiker, denn er
hält daran fest – und dies verbindet ihn weiterhin mit der Tradition der
prisca theologia –, daß die Wahrheit dem Menschen dank ihrer ursprünglichen Selbstoffenbarung zugänglich ist. Das skeptische Instrumentarium
ist ihm lediglich ein Mittel, um den mit der christlichen Lehre konkurrierenden Wahrheitsanspruch der «menschlichen» empirisch-rationalen Philosophie durch diese selbst zu widerlegen und die antiintellektualistischen
Tendenzen des Florentiner Neuplatonismus zum reinen Fideismus zu ver-
schärfen. Dies mag erklären, warum offenbar nicht Gianfrancescos mei-
sterliche Handhabung skeptischer Argumentation, sondern erst die lateinischen Übersetzungen der Werke des Sextus Empiricus in den Jahren
1562 und 1569 den Anstoß zur Ausbildung jenes Renaissance-Skeptizis-
mus gaben, der über Montaigne (1533–1592), Charron (1541–1603) und
Sanchez (ca. 1550–ca. 1623) zu Descartes führen sollte[110]. Statt dessen
aber scheint Gianfrancescos Kritik an der aristotelischen Wissenschaftslehre und Naturphilosophie im 5. und 6. Buch des *Examen* der Ausbildung eines nicht-aristotelischen Wissenschaftsbegriffes und der Überwindung des aristotelischen Naturbildes im 16. Jahrhundert wichtige Impulse
gegeben und damit, entgegen der Intention ihres Autors, zur Weiterentwicklung der «menschlichen» Philosophie beigetragen zu haben[111].

IV. DER PADUANER ARISTOTELISMUS DES
15. JAHRHUNDERTS

1. Die aristotelische Tradition unter dem
Einfluß des Humanismus

In der Philosophie der Renaissance stellt die aristotelische Tradition das mittelalterliche Erbe dar, das nicht nur, mit den Positionen des Nominalismus und des Voluntarismus, jene Problemsituation definierte, von der die Renaissance-Philosophie ihren Ausgang nimmt, sondern das auch, durch seine universitäre Institutionalisierung, den allgemeinen Rahmen absteckte, innerhalb dessen Philosophie als solche möglich wurde. Denn aristotelisch war die Systematik des Philosophieunterrichts, aristotelisch waren die dabei zugrunde gelegten Texte und aristotelisch war die Terminologie der Philosophie bis zum Ende der Renaissance und über ihr Ende hinaus, und dies selbst bei jenen Autoren, die Aristoteles schon längst nicht mehr als den verbindlichen Philosophen, als *philosophus* schlechthin, betrachteten[1].

Dies bedeutete einerseits, daß jeder neue philosophische Gedanke und jede neue Erkenntnis sich gegen die aristotelische Schulphilosophie durchsetzen mußte, so daß der Aristotelismus zur generellen Zielscheibe von Spott und Polemik und die Schulphilosophie, die Scholastik, zum Inbegriff steriler Pseudophilosophie wurde[2]. Es bedeutete andererseits aber auch, daß die Erklärungsleistung jeder neuen Theorie sich gegenüber der aristotelischen Tradition auszuweisen hatte und sich entweder in deren System integrieren lassen oder selbst deren System integrieren können mußte, so daß die Geschichte der Philosophie der Renaissance sich auch als sich zunehmend radikalisierender Prozeß der Transformation des Aristotelismus schreiben ließe[3].

Diese der Renaissance eigene Transformation der aristotelischen Tradition beginnt dort, wo auch die Renaissance beginnt, in Italien. Sie vollzieht sich zunächst unter humanistischem, dann auch unter neuplatonischem Einfluß, bleibt aber nicht eine Sache der Humanisten und Neuplatoniker, sondern wird wesentlich von den die Philosophie des Aristoteles lehrenden Professoren der Schulen und Universitäten selbst getragen. Die Tatsache, daß zwischen 1500 und 1650 mehr Aristoteleskommentare verfaßt wurden als in dem vorhergehenden Jahrtausend[4], vermag eine Ahnung von der Vitalität der Auseinandersetzung mit Aristoteles in der Renaissance zu geben, auch wenn die moderne Forschung, auf die platonische Tradition konzentriert, erst seit der Mitte des vorigen Jahrhunderts begonnen hat, sie zur Kenntnis zu nehmen[5].

Den Anstoß zu diesem Transformationsprozeß gibt wiederum Petrarca, der Aristoteles vom Sockel des *philosophus* stößt, ihn zu einem Philosophen unter anderen macht und an seiner Stelle Platon zum «Fürsten der Philosophie» ernennt[6], der Aristoteles zwar die theoretische Kompetenz in ethischen Fragen zugesteht, ihm aber die praktische Relevanz und Wirksamkeit abspricht[7] und der schließlich irrtümlich, aber mit großer Wirksamkeit, die mittelalterlichen Aristotelesübersetzungen als Verfälschungen der stilistischen Eleganz des griechischen Originals anprangert[8]. In seiner Nachfolge bemühen sich daher die Humanisten, sobald sie Griechisch gelernt haben, also seit ca. 1400, darum, die Werke des Aristoteles der lateinischen Welt in ihrer ursprünglichen, wahren Gestalt durch neue, stilistisch ausgefeilte Übersetzungen zugänglich zu machen[9].

Soweit diese Übersetzertätigkeit sich lediglich um eine terminologische und stilistische Glättung im Sinne des ciceronianischen Sprachklassizismus bemühte, mußte sie, wie das Beispiel des Joachim Perion (1498/99–1559) im 16. Jahrhundert zeigt, philosophisch scheitern, da ein radikaler Verzicht auf die traditionelle Terminologie notwendig auch einen Verzicht auf die philosophische Auseinandersetzung mit der aristotelischen Tradition einschließt[10]. Für die Humanisten des 15. Jahrhunderts hatte sich jedoch das sprachliche Kriterium noch nicht verselbständigt, sondern war, wie die Kontroverse Leonardo Brunis mit Alonso de Cartagena über die richtige Übersetzung der Nikomachischen Ethik erkennen läßt[11], an die Frage nach dem «wahren» Aristoteles gebunden, als der ihnen nicht der rational rekonstruierbare, sondern der in seiner Sprachlichkeit manifeste, historische Aristoteles gilt.

Diesen historischen Aristoteles wiederzuentdecken, der in seinen ethischen Werken nicht nur eine rationale Theorie ethischer Begrifflichkeit entwickelt, wie noch Petrarca meinte, sondern in sie seine konkrete Lebenserfahrung einbrachte, war das Motiv der ersten Aristotelesübersetzungen im Umkreis des Florentiner Bürgerhumanismus, denn auf diese Weise konnte, was Aristoteles in der Nikomachischen Ethik über das Glücksstreben des Individuums, in der Ökonomie über die richtige Verwaltung des Hauswesens und in der Politik über die beste Staatsführung lehrte, in die eigene Praxis vermittelt und mit dem humanistischen Programm einer pragmatischen Moralphilosophie versöhnt werden[12].

Von der Mitte des 15. Jahrhunderts an beginnt dann neben dem moral-philosophischen Interesse ein zweites Motiv die Wiederentdeckung des historischen Aristoteles zu beherrschen: das Streben nach Vollständigkeit. So wird, unter Mithilfe griechischer Emigranten und zeitweise mit dem ersten Humanistenpapst Nikolaus V. als Auftraggeber, allmählich der ganze Aristoteles neu übersetzt und durch neu entdeckte Werke ergänzt: die pseudoaristotelischen «Mechanischen Probleme» – die *Quaestiones mechanicae* –, die Probleme der Statik behandeln und zu einem Impuls für die Entwicklung einer nicht auf Wesenserkenntnis, sondern funktionaler Beherrschung der Natur ausgerichteten Wissenschaft werden[13], und die aristotelische Poetik, die, im Mittelalter nur fragmentarisch bekannt, gegen Ende des Jahrhunderts nach Italien gelangt, sofort übersetzt wird und eine im ganzen 16. Jahrhundert und darüber hinaus nicht abreißende Diskussion auslöst. Wie zahlreiche Übersetzungen, Kommentare und an Aristoteles orientierte Poetiken bezeugen, bewirkt diese verspätete Rezeption der aristotelischen Poetik zur selben Zeit, in der die Naturphilosophie des Aristoteles allmählich in den Hintergrund gedrängt wird, das Entstehen eines ästhetischen Aristotelismus, der die moderne Literaturkritik begründet[14] und langfristig – über den Paduaner Jacopo Zabarella (1533–1589) – zur Definition der Ästhetik als eigener philosophischer Disziplin zu führen scheint[15].

Am einschneidendsten und für die weitere Entwicklung der aristotelischen Schulphilosophie folgenreichsten war die Wiederentdeckung und Übersetzung der spätantiken griechischen Aristoteleskommentare[16] durch die Humanisten. Diese waren zwar auch im Mittelalter vereinzelt direkt[17] und, wie zum Beispiel durch die Aristoteles-Kommentare des Averroes, indirekt bekannt gewesen, aber wieder in Vergessenheit geraten, ehe sie, beginnend mit der Übersetzung der Paraphrase des Themistius zu *De anima* durch Ermolao Barbaro und der Übersetzung von Alexanders Darstellung der aristotelischen Psychologie durch Girolamo Donato zum Ende des 15. Jahrhunderts, bis zur Mitte des 16. Jahrhunderts vollständig in griechischem Urtext und lateinischer Übersetzung im Druck zugänglich gemacht wurden[18]. Damit stand neben der lateinisch-christlichen Kommentartradition, wie etwa der des Thomas von Aquin[19], und der arabisch-naturphilosophischen Kommentartradition vor allem des Averroes[20] eine dritte, griechisch-neuplatonische Kommentartradition zur Verfügung. Diese vermochte einerseits, insofern sie keine religiösen Rücksichten nahm, als rein philosophische Interpretation den spekulativen Freiraum einer an Aristoteles orientierten Philosophie wesentlich zu erweitern[21] und andererseits, insofern sie, zeitlich näher an Aristoteles, höchste Authentizität zu besitzen schien, dem Bemühen um den philologisch-historisch richtig verstandenen Aristoteles neue Impulse zu geben[22]. Obwohl so die große Zäsur in der aristotelischen Schulphilosophie unter dem Einfluß des Humanismus erst um die Wende vom 15. zum 16. Jahrhundert eintrat, so daß man nicht ohne Grund den Renaissance-Aristotelismus gelegentlich mit ihr beginnen läßt[23], nimmt doch der Aristotelismus in Italien, vor allem an dessen führender Universität Padua[24], schon seit dem Ende des 14. Jahrhunderts in Reaktion auf die vom Humanismus ins Zentrum gerückten Problemstellungen eine veränderte Gestalt an. Dies läßt sich vor allem ablesen an der überragenden Bedeutung, die die Psychologie, gleichermaßen als psychologische Erkenntnistheorie und als Anthropologie, zu erhalten scheint[25].

2. Biagio Pelacani da Parma

Der erste Schulphilosoph, der in diesem Kontext zu nennen ist, ist Biagio Pelacani da Parma oder Blasius Parmensis (1347–1416), der, in der Nähe von Parma geboren, erst in Pavia, im Umkreis des dort herrschenden radikalen Aristotelismus, und dann an der nominalistisch beherrschten Pariser Universität promoviert hatte, seit 1377 abwechselnd in Pavia, Bologna und Padua – 1388/89 auch in Florenz, wo er mit dem humanistischen Zirkel um Salutati in Berührung kam – Logik, Naturphilosophie und Astrologie, Mathematik und Moralphilosophie lehrte, der als der berühmteste Aristoteliker seiner Zeit galt, aber dennoch 1411 aus Altersgründen und, weil er keine Hörer mehr fand, seine Professur in Padua verlor, der sich 1396 in Pavia in einem Häresieprozeß zu verantworten hatte, aber dennoch nach seinem Tode von seiner Heimatstadt Parma durch eine Gedenktafel an der Fassade der Kathedrale geehrt wurde[26]. Seine beinahe ausschließlich handschriftlich erhaltenen Werke umfassen einerseits Kommentare und Quästionen zu den naturphilosophischen Schriften des Aristoteles und andererseits solche zu Schriften mittelalterlicher und zeitgenössischer Autoren, auch hier vorwiegend naturphilosophischen Inhalts, in denen sich Pelacani als Wissenschaftler auf der Höhe seiner Zeit und kompetenter Teilnehmer an der aktuellen Diskussion ausweist.

Als solchem scheint Pelacani eine wichtige Vermittlerrolle zwischen der nominalistischen Logik von Oxford und Paris und dem in Italien herr-

schenden radikalen Aristotelismus oder Averroismus zugefallen zu sein.
Dies wird deutlich in seinen Auseinandersetzungen mit den zur calculato-
rischen Tradition gehörenden Thomas Bradwardine und Nicole Oresme
[LF][27] und seinen für die Entwicklung der malerischen Perspektive im
15. Jahrhundert wichtigen Quästionen zur Perspektiventheorie des John
Peckkam[28], in denen er den Regenbogen, nach dem Ockhamschen Öko-
nomieprinzip, nicht als Körper, sondern als durch ein Medium vermittel-
tes Bild der Sonne erweist, und es wird auch thematisch in seinen Auseinandersetzungen mit noch unveröffentlichten Quästionen zur Logik des
Petrus Hispanus[29]. In diesen vertritt er eindeutig eine Trennung von konzeptueller und realer Ebene, aufgrund deren die Universalien lediglich
Zeichen für eine Vielzahl von Einzeldingen sind, der Mittelbegriff im Syllogismus lediglich eine Funktion der umfangmäßigen Über- und Unterordnung besitzt, der Beweis nur logisch-formale, nicht aber reale Kausalität beinhaltet und Einzelaussagen aufgrund empirischer Evidenz größere
Sicherheit besitzen als Allgemeinaussagen. Wissenschaft wird damit auch
für Pelacani zu einem hypothetischen Modell der Realität, dessen rational
geordnete Konzepte auf Erfahrung gründen und dessen Aussagen der
empirischen Verifikation oder Falsifikation bedürfen; die Logik aber wird
zur Dialektik, die – und damit nähert sich Pelacani seinen humanistischen
Zeitgenossen – ein Instrument nicht der Wahrheitssicherung, sondern der
Nützlichkeit ist.

Dieses Wissenschaftsverständnis, das in der Logik nur andeutungswei-
se sichtbar wird, konkretisiert Pelacani in seinen Quästionen zur Seelenlehre [AN], die explizit das Leib-Seele-Problem zum Gegenstand haben,
zu dessen Lösung eine psychologische Erkenntnistheorie entwickeln und
zur Sicherung ihres Ergebnisses Wissenschaft von der Natur überhaupt
im voluntaristisch-nominalistischen Kontext zu definieren versuchen.

Dies wird deutlich an den Rahmenbedingungen, die Pelacani für seine
Untersuchung voraussetzt. Zum einen verschärft er die 1277 verurteilte,
radikal-aristotelische These von der doppelten Wahrheit, dem Nebeneinander von Glaubenswahrheit und philosophischer Wahrheit[30], zur gegenseitigen Ausschließung von auf Evidenz beruhendem Wissen und auf Autorität
gestütztem Glauben – «es ist unmöglich, daß du dieses weißt, wenn du es
glaubst» [AN 69–71] – und erhebt damit in der Tradition des lateinischen
Averroismus den Anspruch auf eine rein naturwissenschaftliche Erörterung des Problems, zum anderen schränkt er, der nominalistischen Tradition folgend, die möglichen Inhalte des Wissens auf durch sich selbst bekannte formale Prinzipien und empirisch evidente Sachverhalte und was

aus diesen rational abgeleitet werden kann, ein [AN 74–76], und schließlich stellt er sich unter den voluntaristischen Grundsatz, daß Gott kraft
seiner Allmacht alles zu tun vermöge, was keinen Widerspruch in sich
schließt [AN 55; 76], wodurch jede inhaltliche Allaussage nur bedingt –
unter der Voraussetzung nämlich, daß Gott von seiner Allmacht keinen
Gebrauch macht – gültig ist.

Unter diesen Voraussetzungen untersucht Pelacani das Leib-Seele-Problem in der Form, in der es schon von Aristoteles gestellt worden war[31]:
Da nämlich die Frage, ob die intellektuelle Seele vom Körper getrennt
existieren kann und folglich eine immaterielle Substanz ist, weder aus sich
selbst noch aufgrund unmittelbarer empirischer Evidenz entschieden werden kann [AN 76], transformiert er sie zu der Frage, ob die beobachtbaren Tätigkeiten des Intellektes, also die Akte des Erkennens, die Annahme
einer abtrennbaren, immateriellen Seele nötig machen [AN 60], und verschiebt damit das Leib-Seele-Problem aus der Ontologie in die psychologische Erkenntnistheorie.

In deren Rekonstruktion geht Pelacani von dem naturphilosophischen
Grundsatz aus, daß jeder Akt der Erkenntnis eines ihn verursachenden,
informierenden Erkenntnisgegenstandes bedarf, gleichgültig, ob es sich
um empirische Ersterkenntnis oder um die Erinnerung und Verarbeitung
bereits gespeicherter Erkenntnisinhalte oder Vorstellungen handelt. Da
nun aber alle Ursachen, und also auch beide Arten von Erkenntnisgegen-
ständen, dann und nur dann tätig werden, wenn sie die adäquate Entfernung zu dem besitzen, worauf sie einwirken, können die Vorstellungsbilder nicht in einer immateriellen und darum ausdehnungslosen Seele
aufbewahrt werden – denn dann müßte der Intellekt ständig alle erkennen –, sondern sie müssen in ausgedehnter Materie lokalisiert und darum
materielle Formen sein [AN 65]. Wenn aber dies der Fall ist, dann ist Erkennen, wenn man es naturphilosophisch-kausal erklärt, immer an Materie, also an den Körper gebunden, in dem die Sätze, denen der Intellekt
zustimmt oder nicht zustimmt, repräsentiert sind, so daß der Intellekt
keine Tätigkeit besitzt, die er abgetrennt vom Körper ausführen könnte
[AN 66 f.], und auch kein willentlich gesteuertes, sondern ein völlig natürliches Vermögen ist [AN 75]. Für das Leib-Seele-Problem folgt dann
aus dieser materialistischen Erkenntnispsychologie, daß die Annahme einer immateriellen, abtrennbaren Seele unnötig und unbegründet ist und
daher ein materialistischer Monismus gegenüber einem Leib-Seele-Dua-
lismus die größere Wahrscheinlichkeit besitzt [AN 77].

Mit der Qualifikation dieses einzelwissenschaftlichen Schlusses auf einen psychophysischen Monismus als «wahrscheinlich» trägt Pelacani der Tatsache Rechnung, daß im voluntaristischen Kontext dank der prinzipiell unvollständigen Beobachtungsbasis wissenschaftlicher Aussagen die Möglichkeit einer widersprechenden empirischen Evidenz nicht ausgeschlossen und daher schlechthinnige Allgemeingültigkeit und Notwendigkeit nicht gesichert werden kann.

Wenn er dennoch am Ende der *Quaestio* fordert, daß jeder Mensch diesen materialistischen Monismus ohne Umschweife – *de plano* – zugestehen müsse [AN 79], stützt er diese Forderung darauf, daß sein erkenntnispsychologischer Schluß nachweislich zu den Aussagen anderer, von ihm betroffener Einzelwissenschaften nicht im Widerspruch steht, sondern mit ihnen übereinstimmt: mit der Ethik, insofern moralisches Handeln auch ohne Annahme einer unsterblichen Seele sinnvoll ist [AN 79 f.]; mit der Anthropologie, weil, wie die dem «Märchen» von der Sintflut zugrunde liegende Erfahrung zeigt, der Mensch wie andere Lebewesen auch unter entsprechenden stellaren Konstellationen aus der *putrefactio*, der verwesenden Materie, entstehen kann [AN 78 f.]; mit der Theologie, weil die Entstehung der unterschiedlichen Religionen sich ebenso unterschiedlichen stellaren Konstellationen verdankt und folglich auch die Inhalte des christlichen Glaubens astrologisch zu relativieren sind [AN 80–82].

Einzelwissenschaftliche Aussagen, die, von empirischer Evidenz abgeleitet, für sich genommen nur Wahrscheinlichkeit beanspruchen können, erhalten so den Charakter wissenschaftlicher Allgemeingültigkeit nach Maßgabe ihrer widerspruchsfreien Integrierbarkeit in das umfassende wissenschaftliche Erklärungsmodell der Realität, deren Beständigkeit an Stelle der «Ewigkeit der Welt» die astrologisch bestimmbaren stellaren Einflüsse garantieren, die, zwischen den voluntaristischen Gott und die empirischen Einzeldinge geschoben, die gesamte Natur lenken und die göttliche Allmacht weitgehend neutralisieren. Die von Pelacani berichtete Anekdote, nach der er, als ein astrologisch vorhergesagtes Ereignis nicht einzutreten schien, gesagt haben soll, entweder trete ein, was er gesagt habe, oder der Himmel stürze ein[32], scheint daher Pelacanis Wissenschaftsverständnis im nominalistisch-voluntaristischen Kontext richtig zu charakterisieren: Der Widerspruchsfreiheit des konzeptuellen Gesamtmodells der Natur entspricht auf seiten der Realität die generelle Steuerung der Einzelphänomene durch die stellaren Einflüsse, so daß weder eine einzelwissenschaftliche Aussage noch der Ablauf eines natürlichen Prozesses verändert werden könnte, ohne daß das gesamte System der Welt und der

Wissenschaft aufgehoben würde. Die schwerwiegende voluntaristische Einschränkung, daß wissenschaftliche Aussagen nur gültig sind, wenn und insofern Gott von seiner Allmacht keinen Gebrauch macht, wandelt sich daher – angesichts der astrologischen Absicherung – zur nur noch formalen Bedingung, daß wissenschaftliche Aussagen von dieser und nicht von einer anderen – möglichen – Welt gelten[33].

3. Paolo Veneto

Nachfolger Pelacanis auf dem Lehrstuhl für Naturphilosophie in Padua wurde mit Paolo Veneto oder Paolo Nicoletti da Udine (1369–1429) ein Mann, der nicht nur schon eine lange und beachtliche wissenschaftliche Karriere hinter sich hatte – außer in Padua hatte er bereits in Florenz, Perugia, Siena, Parma und Bologna gelehrt –, sondern auch in seinem Orden – er war schon als Knabe den Augustiner-Eremiten von Santo Stefano in Venedig beigetreten – bis zum Generalvikar aufgestiegen und zu Anfang des Jahrhunderts von der Republik Venedig mit diplomatischen Missionen betraut worden war[34].

Seine lang anhaltende Bedeutung, die sich daran ablesen läßt, daß fast alle seine Werke schon bald nach Erfindung des Buchdrucks gedruckt wurden, beruht auf der Tatsache, daß sein Orden ihn im Jahre 1390 für drei Jahre nach Oxford geschickt hatte, um die dortige Logik zu studieren. Erste Frucht dieses Aufenthaltes ist ein schon in Oxford begonnenes kleines Handbuch der nominalistischen Logik, die *Logica parva* [LP], die, in ganz Italien verbreitet, 1496 als offizielles Lehrbuch der Logik in Padua vorgeschrieben werden wird. Als nächstes entsteht die *Logica magna* [LM], in der er die Oxforder Logik nicht nur rezipiert, sondern auch zur umfassendsten Logik des Mittelalters weiterentwickelt. Es folgen Erörterungen spezieller logischer Probleme [*Quadratura* und *Sophismata aurea*], ein Kommentar zu den *Analytica posteriora* des Aristoteles [EP] und schließlich, am Ende seines Lebens, ein Kommentar zu Porphyrios' Einführung in das aristotelische Organon, die *Isagoge*, und zu den «Kategorien» des Aristoteles [U].

Diese lebenslange Beschäftigung mit logischen Problemen im nominalistischen Kontext macht Paolo Veneto zum Musterbeispiel des von der humanistischen Polemik verfolgten modernen Logikers, und er zögert nicht, in seinem letzten Werk diese Identifikation anzunehmen und mit einer Gegenpolemik zu antworten, in der er nicht nur die Humanisten der

Unkenntnis und des mangelnden Wahrheitsstrebens zeiht, sondern auch die Anwendbarkeit der neuen Logik auf die Naturphilosophie und damit ihre Tauglichkeit als Instrument der Realwissenschaft behauptet[35]. In dieser Behauptung, die er als Naturphilosoph in seinen Kommentaren zu Aristoteles und seiner «Summe der Naturphilosophie», der *Summa philosophiae naturalis* [SPN], auch einzuholen versucht, wird deutlich, daß Paolo Veneto sich nicht nur als Propagator der formalen Oxforder Logik in Italien verstand, sondern daß es sein Ziel war, die nominalistische Logik mit der in Italien gelehrten «averroistischen» Naturphilosophie zu vermitteln.

Thematisch wird dieses Problem der Sicherung von Realerkenntnis durch eine konzeptuell verstandene Logik bei Paolo Veneto zunächst in der Universalienfrage, definiert doch einerseits die nominalistische Logik, die die Allgemeinbegriffe als mentale Konzepte zur Bezeichnung von Einzeldingen versteht, Realwissenschaft als Wissenschaft von Termini, die für die Realität supponieren[36], und fordert andererseits die averroistische Physik, die die Möglichkeit unmittelbarer Realerkenntnis vertritt, eine Realität, die den Universalbegriffen, in denen Wissenschaft formuliert ist, entspricht. Veneto hat zur Lösung dieser für die Möglichkeit von Wissenschaft zentralen «Universalienfrage», die er offenbar dreimal im Laufe seines Lebens diskutiert[37], zwischen einem «realen» und einem «intentionalen» Universalen unterschieden [U 7ra]. Die «realen» Universalia existieren in den Einzeldingen und sind dort jene Gemeinsamkeiten oder Ähnlichkeiten, die, ohne daß es eines Aktes der Erkenntnis bedürfte, die Ordnung der Einzeldinge in Arten und Gattungen begründen [SPN 93vb-94ra] und die Bildung von Allgemeinbegriffen verursachen; die «intentionalen» Universalia dagegen existieren als Begriffe in der Seele und haben in Hinblick auf die extramentale Realität nur potentielles Sein [SPN 94ra], denn sie sind nur dann, wenn ein entsprechendes Einzelding existiert, in diesem, wie die Wirkung in ihrer Ursache, enthalten.

Diese Universalientheorie kann einerseits als nominalistisch inspiriert verstanden werden, insofern sie der Unterscheidung von «personaler» und «einfacher» Supposition folgt. So hatte Veneto etwa in der *Logica parva* den Satz «Alle Menschen laufen» aufgelöst in «Dies und dies und dies läuft; und dies und dies und dies ist ein Mensch» [LP 80], wobei Mensch – «personal» supponierend – die Gesamtheit aller hier und jetzt existierenden einzelnen Menschen bzw. das «reale Universale» meint. Anschließend löst er dann den gleichen Satz auf in «Nichts ist ein Mensch, es sei denn, es laufe» [LP 84], wobei Mensch – einfach supponierend –

den «Begriff» oder das «intentionale Universale» Mensch meint, das unabhängig davon, ob hier und jetzt ein Mensch existiert, das Laufen impliziert. Andererseits ist diese Universalientheorie auch eine «averroistische»
Modifikation und Ergänzung des Nominalismus, insofern sie die geistigen Konzepte, die, gleichgültig ob singulär oder universal, für Ockham
dem Menschen als natürliche und daher nicht mehr hinterfragbare Zeichen für die Realität gegeben waren[38], als Wirkungen der extramentalen
Einzeldinge versteht, deren Entstehung folglich in der Erkenntnispsychologie kausal erklärt werden kann und muß.

Auch für die Philosophie des Paolo Veneto erhält daher die Psychologie, und in ihr vor allem die Lehre vom Intellekt, die er zweimal – in seiner
«Summe der Naturphilosophie» [SPN] und im Kommentar zu *De anima*
[SAN] – erörtert, eine zentrale Stellung. In ihr entwickelt er im Anschluß
an Aristoteles und seinen Kommentator Averroes, wie das sinnliche Bild
der Einzeldinge zunächst die fünf äußeren Sinne affiziert, von diesen dann
an die fünf inneren Sinne – den Gemeinsinn, das Erinnerungs-, das Be-
wahrungs- und das Vorstellungsvermögen und schließlich an die Erkennt-
niskraft, die *anima cogitativa*, die das Vorstellungsbild entindividuali-
siert[39] – weitergegeben wird, woraufhin der Intellekt, in dem ein tätiger
und ein passiver Aspekt unterschieden werden, durch Abstraktion die immaterielle *species intelligibilis*, das universale Erkenntnisbild, gewinnt
und erkennend aufnimmt.

Nach Averroes nun ist dieser Intellekt, um die Allgemeingültigkeit und
Notwendigkeit der Erkenntnis garantieren zu können, ein einziger in allen Menschen; er ist ewig und bedient sich im Erkenntnisakt der in der
anima cogitativa eines jeden Menschen angebotenen Vorstellungsbilder,
so daß nicht eigentlich das menschliche Individuum, sondern der eine
Intellekt das Subjekt der Erkenntnis ist, das sich der Menschen bedient
wie der Seemann des Schiffes[40]. Diese Einheit des Intellektes nun übernimmt Paolo Veneto zunächst uneingeschränkt von Averroes, mit der Begründung, daß nur ein immaterieller Intellekt die ewigen und immateriellen Universalien aufnehmen könne und ein nach der Zahl der Menschen
individuierter Intellekt notwendig materiell sein müsse [SPN 88va]. Damit
sichert er zwar ebenso wie Averroes die absolute Verbindlichkeit wissenschaftlicher Erkenntnis, gerät aber in Widerspruch nicht nur zur christlichen Lehre von der Unsterblichkeit der individuellen Seele, sondern auch
zu seiner eigenen Theorie der Universalien, die, als ewige, nicht von den
vergänglichen Einzeldingen verursacht sein können.

Um seine Position philosophisch widerspruchsfrei zu machen, modifiziert Veneto daher die averroistische Intellektlehre dahingehend, daß der eine Intellekt sich nicht nur des Menschen im Akt des Erkennens wie eines Instrumentes bedient, sondern daß er zugleich die substantielle Form ist, die dem einzelnen Menschen, der bei Averroes durch die *anima cogitativa* bestimmt war, das spezifische und wesenhafte Sein gibt [SPN 88ra].

Damit erkennt nicht nur der eine Intellekt durch den Menschen, sondern auch der einzelne Mensch durch den ihm wesenhaft verbundenen Intellekt, und das heißt, es gibt neben der Einheit und Ewigkeit der Universalien in dem einen Intellekt eine durch die individuellen Vorstellungen hervorgerufene und an diese gebundene numerische Vielheit von Universalienerkenntnis entsprechend der Vielheit der menschlichen Individuen[41]. Und ebendies sind die «intentionalen» Universalien, von denen Veneto gesprochen hatte: die von den Einzeldingen verursacht werden, die der Mensch als Erkenntnissubjekt empirisch erwerben muß und auf die allein wir uns in den Wissenschaften beziehen können, während die ewigen Universalien des einen Intellektes, unserer individuellen Erkenntnis transzendent, lediglich die Funktion der überindividuellen Erkenntnissicherung besitzen.

Modifikation der nominalistischen Universalientheorie und Modifikation der averroistischen Erkenntnispsychologie sind so bei Paolo Veneto aufeinander zugeordnet und resultieren in einer Realwissenschaft, in der die Erkenntnistheorie mit der Einheit und Ewigkeit des Intellektes die Allgemeingültigkeit und mit der rezeptiven Rekonstruktion des Erkenntnisprozesses die Realitätshaltigkeit von Wissenschaft garantiert, während die nominalistische Logik ihr formales Gerüst und die Universalientheorie ihre empirische Bindung an die Einzeldinge bestimmen. Veneto gelingt es so, nicht nur die Anwendbarkeit der neuen Logik in der averroistischen Naturphilosophie nachzuweisen, sondern dieser auch einen neuen, empirischen Impuls zu geben, den er schließlich durch seine Interpretation der aristotelischen Unterscheidung von Beweis aus der Wirkung und Beweis aus der Ursache[42] als empirische Methode des Regressus[43] noch zu operationalisieren versucht [EP 15r-v; SPN 5ra-vb].

Offen bleibt nur der Widerspruch zur christlichen Unsterblichkeitslehre. In seinem späteren Kommentar zu *De anima* [SAN] versucht Paolo Veneto, auch diesen zu mildern, indem er die These von der Einheit des Intellektes zwar als naturphilosophisch zwingend, nicht aber als evidente Wahrheit vertritt und für die christliche Lehre von der individuellen Unsterblichkeit der menschlichen Seele rationale Argumente anführt [SAN 7rb-8ra]. Tatsächlich reißt er damit jedoch die alte Kluft zwischen Natur-

philosophie und Theologie nur erneut auf und gibt so das Stichwort für
eine Diskussion, die das Schicksal des Aristotelismus in Padua über das
Ende des Jahrhunderts hinaus bestimmen wird.

4. Gaetano da Thiene

Nachfolger Paolo Venetos auf dem Lehrstuhl für Philosophie in Padua
wird dessen Schüler Gaetano da Thiene (1367–1465), in Gaeta geborener
unehelicher Sohn des Grafen von Thiene, nahe Vicenza[44]. Er hatte in Padua studiert, 1418 den «Doctor in artibus» erworben, seit 1422 Logik
gelehrt und 1428 auch in Medizin promoviert. Als die Universität ihm
1436 einen medizinischen Lehrstuhl anbot, lehnte er trotz des damit verbundenen sozialen und finanziellen Aufstiegs ab, um sich weiterhin den
theoretischen Problemen der Naturphilosophie widmen zu können. Als er
sich 1453 von der Lehrtätigkeit zurückziehen wollte, bedrängten ihn seine Kollegen und der Senat von Venedig, bis zu seinem Tode im Amt zu
bleiben.

Wie bei seinem Lehrer umfassen auch die Werke des Gaetano logische
und naturphilosophische Schriften und wie dieser bemüht sich auch er
um eine Vermittlung von nominalistischer Logik und averroistischer Naturphilosophie, aber anders als Paolo Veneto, an dessen Logik er orientiert bleibt, verfaßt er keine eigenen logischen Lehrbücher, sondern kommentiert statt dessen zum ersten Mal in Italien an Stelle von Aristoteles
die Oxforder Quellen der neuen Logik, das heißt die Werke von William
Heytesbury, Ralph Strode und Richard Feribrigus[45]. Dabei geht sein Bemühen dahin, die von diesen erörterten Probleme nicht nur formallogisch
nachzuvollziehen, sondern ihnen durch exemplarische Anwendungsfälle
ihre Relevanz für die Realwissenschaft zu sichern[46], denn, wie er einmal
betont: «Wer die sinnliche Wahrnehmung zugunsten der Ratio aufgibt,
vertritt nach unserem Aristoteles die Schwäche des Intellekts.»[47]

Dieser Satz, der nicht der empirischen Forschung das Wort redet, sondern die empirische Einholbarkeit konzeptueller Modelle fordert, scheint
geeignet zu sein, die vermittelnde Haltung des Gaetano auch in seinen
naturphilosophischen Kommentaren zu Aristoteles zu charakterisieren,
in denen er den Widerspruch zwischen Theorien durch den Nachweis zu
heilen versucht, daß sie entweder von verschiedenen Phänomenen sprechen oder nicht alle Aspekte des Phänomens, das sie zu erklären beanspruchen, berücksichtigen.

Den ersten Weg, nachzuweisen, daß unterschiedliche Theorien sich auf unterschiedliche Phänomene beziehen, beschreitet Gaetano in der für die Möglichkeit von Realwissenschaft zentralen Universalienfrage, indem er in sprachanalytischer Weise fragt, was mit dem Begriff des Universalen insgesamt gemeint sein kann, und zur Unterscheidung von vier Verwendungsmöglichkeiten gelangt [SDA 4va]: Er kann für einen Begriff stehen – also in der «einfachen» Supposition, der *suppositio simplex* – oder für das extramentale Einzelding – also in «personaler» Supposition[48]. In diesen beiden Fällen ist das Universale, da es von dem Einzelding verursacht wird, wie schon Paolo Veneto gesagt hatte, später als das Einzelding, so daß Gaetano hier dessen naturphilosophisch modifizierte nominalistische Universalientheorie vertritt. Das Universale kann aber auch eine universale Ursache, nämlich den Mittelbegriff im Syllogismus, oder die Sache an sich, ohne individualisierende Bedingungen, nämlich als Subjekt der Definition, meinen, und in diesen Fällen ist es vor den Einzeldingen und gestattet eine realistische Universalientheorie.

Nominalismus und Realismus sind daher für Gaetano keine einander ausschließenden Theorien, sondern beziehen sich auf unterschiedliche Funktionen des Allgemeinbegriffes im aristotelischen Wissenschaftsmodell, das nur durch beide Universalientheorien gerettet werden und als Instrument der Realwissenschaft dienen kann.

Den zweiten Weg, nämlich nachzuweisen, daß die sich widersprechenden Theorien jeweils nur einen Teil der erklärungsbedürftigen Aspekte des Phänomens berücksichtigen, schlägt Gaetano dagegen in der Seelenfrage ein, die auch bei ihm der erkenntnispsychologischen Sicherung von Wissenschaft dient, darüber hinaus aber unter dem Druck des von Paolo Veneto erneut aufgerissenen Widerspruchs zwischen Naturphilosophie und theologischer Unsterblichkeitslehre steht. Sein Ansatz ist daher nicht nur ein erkenntnistheoretischer, sondern auch ein ontologisch-anthropologischer, und im Lichte dieser doppelten Fragestellung unterscheidet er in der aristotelischen Tradition zwei Positionen. Entweder man geht von der Definition des Menschen als «vernünftiges Lebewesen» – *animal rationale* – aus und räumt folglich ein, daß der Intellekt die substantielle Form des Menschen ist, individuiert und nach der Zahl der Menschen vervielfältigt. Dann folgt, daß die Seele, als Form einer materiellen Entität, einerseits an den Körper, dessen Form sie darstellt, gebunden und wie dieser vergänglich ist und daß sie andererseits aufgrund dieser ihrer Materialität weder alle Formen mit Einschluß ihrer selbst, noch universal, das heißt losgelöst von aller materieller Individuation, aufzunehmen und zu erken-

nen und folglich auch die geforderte Erkenntnisleistung nicht zu erbringen vermöchte [SDA 57va]. Dieser Position, die Gaetano als die des Alexander von Aphrodisias identifiziert [SDA 58ra], stellt er die averroistische
Position des einen, identischen immateriellen Intellektes für alle Menschen gegenüber. Diese vermag zwar die Universalerkenntnis zu retten,
kann aber, insofern nach ihr nicht der Intellekt, sondern die als höchstes
sinnliches Vermögen verstandene *anima cogitativa* die substantielle Form
des Menschen ist, der Definition des Menschen als vernünftiges Lebewesen nicht genügen und außerdem, da der Intellekt des Averroes in allen
Menschen ein und derselbe ist, die Individualität der Erkenntnis nicht
erklären [SDA 58ra].

Damit weist Gaetano implizit nach, was sein Zeitgenosse Kardinal Bessarion pointiert formuliert hatte[49]: daß es nämlich in der Tradition der
aristotelischen Naturphilosophie nur diese beiden alternativen Seelen-
theorien geben kann, deren jede nur einen Teil der erkenntnistheoretischen und anthropologischen Aspekte klärt und daher unbefriedigend
bleiben muß. Er bereitet damit den Boden für die im 16. Jahrhundert
nach Pomponazzi einsetzende Spaltung der Naturphilosophie in jene beiden Richtungen, die man als Averroismus und Alexandrismus bezeichnet
hat[50].

Gaetano selbst aber findet einen dritten Weg, der die Grenzen der Naturphilosophie überschreitet und die menschliche Seele als übernatürliches Phänomen über die Gesetze der Natur hinaushebt. Als solches ist sie,
von Gott aus dem Nichts geschaffen und nach der Zahl der Menschen
vervielfältigt, zugleich immateriell und individuell. Dank ihrer Immaterialität kann sie sowohl universal erkennen als auch unabhängig vom
Körper existieren, dank ihrer Individualität aber kann sie der Definition
des Menschen genügen, sie kann zusammen mit dem ihr verbundenen
Körper individuell erkennen und die Unsterblichkeit des Individuums ermöglichen.[51]

Mit dieser Lösung gelingt es Gaetano zwar, sowohl der naturphilosophischen Forderung nach Rettung der Phänomene – erkenntnispsycholo-
gisch wie anthropologisch – gerecht zu werden als auch – das von Veneto
ungelöst gelassene Problem – die Naturphilosophie mit der Theologie zu
versöhnen, aber der Preis, den er dafür zu zahlen hat, ist der Verzicht auf
eine konsistente Naturphilosophie, die Psychologie und Erkenntnistheorie einschließt, und damit der Verrat an den eigenen Prinzipien als Naturphilosoph.

5. Nicoletto Vernia

Wenn Gaetano, der ein erfolgreicher Lehrer war, mit seiner vermittelnden Haltung die Naturphilosophie fast bis zur Selbstaufgabe strapazierte, so schien sein Nachfolger, Nicoletto Vernia (1420–1499)[52], sie zunächst wieder in ein ruhigeres Fahrwasser zu geleiten. Aber der Schein trog, denn Vernia war nicht nur persönlich ein schillernder Charakter, über den seine durchaus nicht unbedeutenden Schüler eine Unzahl geistreicher und drastischer Anekdoten kolportieren konnten, sondern er ließ sich auch in seinem Alter zu einem philosophischen Widerruf bestimmen, der ihm und seiner Philosophie jede Glaubwürdigkeit rauben mußte. In Chieti geboren, hatte er an der Scuola di Rialto in Venedig[53] unter dem Vencto-Schüler Paolo della Pergola (1380–1455)[54] Logik studiert, anschließend Naturphilosophie bei Gaetano da Thiene und war von diesem 1458 promoviert worden, um schließlich gegen Ende seiner Lehrtätigkeit, 1495, auch noch den Doktor der Medizin zu erwerben.

Beinahe 30 Jahre lang trat er in Padua als engagierter Verteidiger der reinen Naturphilosophie auf. Obwohl er die neue Logik sehr wohl kannte, ja sogar 1480 extra nach Pavia gegangen war, um die Werke des *Calculators* Richard Swineshead zu studieren[55], vertritt er eine, an Averroes und Albertus Magnus orientierte, realistische Universalientheorie [UR] und spricht vom Nominalismus als der Methode des «Abschaums» – *via nominalium, imo merdalium*[56]. In die Diskussion der Humanisten über den Vorrang der Medizin oder der Jurisprudenz[57] greift er ein, um die Medizin bzw. die Naturphilosophie zu verteidigen, die allein dem Menschen zur Erkenntnis seiner selbst verhelfe und, als Psychologie, die Grundlage jeder Moralphilosophie sei [M 119], und in seiner naturphilosophischen Lehre bekämpft er gleichermaßen die Schule der Thomisten wie die der Skotisten, die in Padua zunehmend an Einfluß gewinnen[58], aber auch Paolo Veneto und seinen Lehrer Gaetano da Thiene. Sie alle sind ihm *deviantes*, Abweichler, von der reinen Lehre des Aristoteles, die allein bei Averroes und, soweit er mit diesem übereinstimmt, Albertus Magnus als dem besten lateinischen Kommentator[59] zu finden ist. So kann es auch nicht verwundern, daß er selbst keine großen eigenen philosophischen Werke verfaßt, sondern statt dessen als Herausgeber traditioneller Darstellungen, unter ihnen, seine größte Leistung, der ersten lateinischen Druckausgabe des gesamten Aristoteles mit dem Kommentar des Averroes, hervortritt, denen er eigene *Quaestiones*, klärende Stellungnah-

men zu Einzelproblemen, voranschickt, und es kann noch weniger verwundern, daß er in der Seelenfrage die averroistische Lehre von der Einheit des Intellekts für alle Menschen offensiv vertritt [UI].

Mit diesem Bemühen, so etwas wie einen orthodoxen Aristotelismus
gegen dessen argumentative Weiterentwicklung zu verteidigen, verleugnet
Vernia die lebendige Tradition des an Aristoteles orientierten mittelalterlichen Philosophierens und setzt an ihre Stelle ein – wie auch seine spärli-
che eigene Produktion zu belegen scheint – eher unfruchtbares abgeschlos-
senes System der Philosophie. Man kann dies als schulphilosophische Va-
riante der zeitgenössischen humanistischen Suche nach dem historischen
Aristoteles verstehen, und so hat es auch einer ihrer Vertreter, Vernias
Freund Ermolao Barbaro, verstanden, der in ihm einen Verbündeten im
Kampf gegen das «verbrecherische Philosophieren» der Scholastiker sieht[60].
Man kann Vernia aber auch als den reinen Reaktionär verstehen, der ohne
Not hinter die von Gaetano geleistete Vermittlung von Naturphilosophie
und Theologie zurückfällt – und so verstehen ihn seine als Abweichler
gebrandmarkten Kollegen unter Führung des Skotisten Antonio Trombet-
ta (1436–1517)[61].

Trombetta, Mitglied des Franziskanerkonvents des Hl. Antonius,
nimmt seinerseits Vernias 1480 verfaßte *Quaestio de unitate intellectus*
[UI] zum Anlaß einer umfangreichen «katholischen» Gegenschrift, und es
gelingt ihm mit dieser, den Bischof von Padua, Pietro Barozzi, dazu zu
bestimmen, 1489 die öffentliche Verteidigung der Lehre von der Einheit
des Intellektes per Dekret zu untersagen, da sie mit ihrer Leugnung der
individuellen Unsterblichkeit zu jeder Art von Laster und Verbrechen auf-
rufe[62]. Für Vernia bedeutete dies – da die Seelenlehre im universitären
Curriculum verpflichtend vorgeschrieben war –, entweder gegen seine
Überzeugung eine andere als die averroistische Intellekttheorie zu lehren
oder seine Tätigkeit in Padua aufzugeben. Einen Augenblick lang scheint
er die zweite Alternative zu wählen, indem er 1491 einen Ruf an die Florentiner Universität in Pisa annimmt. Dann aber arrangiert er sich mit
den Paduaner Autoritäten und schreibt einen Widerruf «Gegen die per-
verse Lehre des Averroes» – *Contra perversam Averrois opinionem* – [CA],
der zwar erst 1499 beendet, aber auf 1492 datiert wird und so als spon-
tane Unterwerfung erscheint und seine Glaubwürdigkeit als Philosoph
nachhaltig erschüttert.

In der Tat ist diese von zwei Zensoren approbierte Schrift auf den ersten Blick ein überaus peinliches Dokument. Vernia erklärt darin ausdrücklich die Unterordnung der Naturphilosophie unter die Theologie

[CA 89vb], empfiehlt als ergänzende Lektüre die Schrift seines «ihm in innigster Freundschaft verbundenen» Gegners Trombetta [CA 91ra] und läßt sich in einem Begleitbrief des Bischofs Barozzi demütig als Saulus feiern, der zum Paulus geworden ist [CA 83rb]. Bei genauerem Hinsehen scheint sich jedoch zu zeigen, daß diese Bekehrung nicht einem allzu menschlichen Altersopportunismus entspringt, sondern einen echten philosophischen Wandel manifestiert, zu dem sich Vernia nicht nur in einem eleganten humanistischen Widmungsgedicht[63], sondern auch am Beginn seines Testamentes ausdrücklich bekennt[64].

Dieser Wandel wird schon am Gang der Argumentation Vernias in seinem Widerruf deutlich. Im ersten Teil referiert er, als Positionen der Abweichler, *deviantes*, die Vorsokratiker und gliedert sie – nach den von Gaetano und Bessarion für die Aristotelesinterpretation herausgearbeiteten Alternativen «Rettung der Unsterblichkeit der menschlichen Seele durch Zugeständnis der Einheit des Intellekts» und «Rettung der Individualität der menschlichen Seele durch Zugeständnis ihrer Sterblichkeit» – in zwei Gruppen, die ihre Vermittlung in Sokrates, Platon und Avicenna finden. Im zweiten Teil definiert er dann diese Position, die das Dilemma zwischen Averroismus und Alexandrismus aufhebt, unter Rückgriff auf die griechischen Kommentatoren und Platon[65], aber auch auf die nichtaverroistischen Araber und Lateiner und selbst auf Cicero und Vergil als die genuin aristotelische Lehre. Im dritten Teil schließlich sichert er die Vereinbarkeit dieser Position mit der christlichen Lehre durch den Nachweis, daß auch philosophisch die *creatio ex nihilo in tempore*, die zeitliche Schöpfung der Seele aus dem Nichts, gefordert werden muß.

Auffallend an dieser Argumentation ist zunächst die Öffnung für die ganze Breite der von den Humanisten neuentdeckten philosophischen Überlieferung, durch die Aristoteles nicht mehr als unhistorischer Hort der ewigen Wahrheit erscheint, sondern in einen historischen Kontext gerückt und aus diesem verstanden wird – so wie es zur gleichen Zeit sein humanistischer Kollege Girolamo Donato für den Kommentator Averroes tut[66]. Folge dieses nicht systematischen, sondern historischen Ansatzes ist es, daß die griechischen neuplatonischen Aristoteleskommentatoren, als dem Philosophen zeitlich am nächsten stehend, an die Stelle der Autorität des Averroes treten. Bei einem von diesen – Simplicius – findet Vernia, daß Platon und Aristoteles sich nicht in der Sache, sondern nur den Worten nach unterschieden [CA 87ra], so daß auch Platon zu einer Quelle für das richtige Aristotelesverständnis wird bzw. – wie bei einem anderen Gaetano-Schüler, Johannes Argyropulos (1415–1487)[67], aber auch bei Ficino und Giovanni Pico della Mirandola[68] – der Nachweis der Übereinstimmung zwischen beiden ein Kriterium philosophischer Wahrheit ist.

Damit wandelt sich aber auch, mit Ausnahme des dritten Teiles, in dem Vernia noch der Form der *Quaestio* folgt, die Struktur der Argumentation. Denn im Augenblick, in dem die verbale Aussage nur noch der zeitbedingte, individuelle Ausdruck einer dahinterliegenden Wahrheit ist, verliert die Sprache ihre terminologische Eindeutigkeit und kann die solche Eindeutigkeit voraussetzende terminologische Analyse und die auf ihr aufbauende rational-deduktive Rekonstruktion des aristotelischen Textes dessen Wahrheit nicht mehr erreichen. An ihre Stelle muß – wie Vernia selbst in einem Passus gegen Scotus erklärt[69] – eine Interpretation treten, die die hinter den Aussagen verborgene Wahrheit induktiv zu erschließen und mit Wahrscheinlichkeitsargumenten dialektisch die Übereinstimmung, den *Consensus*, aller, der meisten oder der Weisesten zu ergründen sucht[70].

Diesen Konsens sucht Vernia daher in seinem Widerruf herauszuarbeiten, um seinetwillen erweitert er die Quellenbasis weit über den Kreis der aristotelischen Tradition hinaus und macht er selbst Alexander von Aphrodisias – fälschlich – zu einem Vertreter der Unsterblichkeit der Seele[71]. Dieser Konsens wird ihm nicht nur zum Kriterium der richtigen Aristotelesinterpretation, um die es ihm sein Leben lang zu tun war, sondern der wahren philosophischen Einsicht überhaupt.

So verstanden, ist der Widerruf Vernias nicht ein Zeugnis opportunistischer Unterwerfung unter die Kirche, sondern ein hervorragendes Dokument für den Wandel des Aristotelismus – Ermolao Barbaro und Giovanni Pico della Mirandola waren Vernias Freunde – unter dem Einfluß des Humanismus und des Neuplatonismus.

Nach Vernia wird es zwei Hauptrichtungen der aristotelischen Schulphilosophie geben, in denen gerade jene Momente, welche für die Störung der innerphilosophischen Ruhe verantwortlich gewesen waren – die Konzentration auf die Seelenlehre, die problematische Beziehung zur Kirche und die durch die Rezeption der spätantiken griechischen Aristoteleskommentare möglich und notwendig gewordene Auseinandersetzung mit der neuplatonischen Tradition – zu Fluchtpunkten der gegensätzlichen Positionsbestimmungen werden[72].

Zwei von Vernias ehemaligen Schülern, Pietro Pomponazzi und Agostino Nifo, werden an der Wende vom 15. zum 16. Jahrhundert – der eine, indem er die Seele weiterhin als Naturphänomen betrachtet und die «Phänomene zu retten» versucht, und der andere, indem er eine spirituelle Seelentheorie vertritt und den Konsens der Philosophen herzustellen bemüht ist – die Grundzüge dieser beiden Hauptrichtungen definieren, deren interne Möglichkeiten sich in der überaus lebhaften und vielgestaltigen Arbeit des 16. Jahrhunderts[73] an Aristoteles zu einer Vielzahl von Aristotelismen[74] ausdifferenzieren und endlich in der Verabschiedung des Aristoteles als Leitstern der Philosophie aufgehoben werden.

6. Agostino Nifo und die averroistisch-simplicianische Schule

Augustinus Niphus oder Agostino Nifo[75], der jüngere, dafür aber seinem Lehrer in den Jahren des Umdenkens näherstehende von beiden, hatte, 1469 oder 1470 in Sessa Aurunca in Süditalien geboren, zuerst in Neapel und dann in Padua bei Vernia studiert und war von diesem 1492 zum *Doctor artium* promoviert worden. Damit begann eine bewegte akademische Karriere, zunächst, bis 1499, auf verschiedenen Professuren in Padua, immer in Konkurrenz zum älteren Pomponazzi, dann, bis 1513, als Professor der Naturphilosophie und Medizin in Neapel und Salerno, in Rom (1514–1518), in Pisa (1519–1522), wieder in Salerno (1522–1531), Neapel (1531–1532) und noch einmal Salerno (1532–1535), ehe er sich trotz weiterer verlockender Berufungen in seine Heimatstadt zurückzog, wo er 1538 starb. Daneben eröffnete sich ihm in der zweiten Hälfte seines Lebens offenbar eine zweite, höfische Karriere dank seiner vorzüglichen Beziehungen zum Medici-Papst Leo X., der ihn 1520 zum Markgrafen erhob und ihm das Recht verlieh, selbst den Namen der Medici zu führen. Es heißt, daß Nifo den Anforderungen auch dieser Lebensform zu entsprechen wußte und sich durchaus nicht unempfindlich zeigte für die Liebe zu Geld, Ruhm und schönen Frauen[76].

Als Schüler des Vernia hatte Nifo zunächst dessen Averroismus, die Überzeugung, daß die Kommentare des Averroes der einzige Weg zum richtigen Verständnis des Aristoteles seien und folglich die Philosophie sich im wesentlichen auf das Verständnis beider, des *Philosophen* und seines *Kommentators*, zu konzentrieren habe[77], übernommen. Er hatte in seinen Paduaner Jahren eine lateinische Ausgabe der Werke des Aristoteles mit den Kommentaren des Averroes veröffentlicht[78], einige kleinere Werke des Averroes selbst kommentiert[79] und, ohne zu zögern, in seinem frühen Kommentar zu *De anima* von 1498 die averroistische Einheit des Intellektes vertreten[80]. Folglich wurde er auch, zusammen mit Vernia, zur

Zielscheibe des diese Lehre verbietenden Ediktes von Bischof Barozzi und
der dieses Verbot argumentativ motivierenden Schrift von Antonio Trombetta[81].

Anders als Vernia aber mußte er nicht einen öffentlichen Widerruf auf
sich nehmen, sondern es gelang ihm, seinen Sinneswandel beinahe unbe-
merkt zu vollziehen, da er sich gleichzeitig, im Jahre 1499, aus Enttäu-
schung darüber, daß Pomponazzi an seiner Statt zum Nachfolger Vernias
berufen wurde, aus Padua und der Paduaner philosophischen Szene zurückzog. Als er 1503 eine revidierte Version seines schon 1492 verfaßten
Traktates «Über die intellektuelle Seele» – *De intellectu* [INT] – veröffentlichte und sein 1498 beendeter erster Kommentar zur Schrift des Aristoteles «Über die Seele» – *De anima* – gegen seinen Willen und ohne sein
Wissen gedruckt wurde [AN], da war Nifo bereits Professor in Neapel
und Salerno, und die Spuren der «perversen» Intellekt-Lehre des Averroes
waren gleichsam als Jugendsünde getilgt[82].

Der Sache nach aber folgt Nifo durchaus der Wende seines Lehrers und
führt aus, was dieser nur noch hatte andeuten können: Er lernt, wohl als
erster seiner Zunft, Griechisch und betreibt die vollständige Rezeption
der spätantiken neuplatonischen griechischen Aristoteles-Kommentare in
die Kommentartradition der Renaissance. Das bedeutet einerseits, daß er
nicht nur verbal, wie man es wohl in den Vorreden ihrer lateinischen
Übersetzer lesen kann, die Griechen aufgrund ihrer größeren Authentizität den von ihnen abhängigen Arabern und Lateinern vorzuziehen fordert[83], sondern daß er tatsächlich selbst die griechischen Kommentare in
ihrer ganzen Breite liest und sich in seiner Interpretation an ihrem Aristo-
teles-Verständnis orientiert. In einem großangelegten Unternehmen faßt
Nifo offenbar den Plan, dieses neue, ihrem Autor näherstehende Verständnis in Hinblick auf alle Werke des Aristoteles festzuschreiben und
durch ein neues umfassendes Kommentarwerk die fundamentale Verbindlichkeit der Averroistischen Kommentare zu überholen und sich
selbst an Stelle des Averroes als neuer «*Commentator*» zu etablieren.
Wenn man die Bibliographie der von ihm publizierten Kommentare betrachtet, so scheint ihm dies, was den Umfang angeht, der weit über die
üblicherweise in den Universitäten gelesenen Texte hinausgeht, annähernd gelungen zu sein, und auch die große Zahl ihrer Drucke im 16. Jahrhundert[84] scheint in die gleiche Richtung zu weisen.

Die Integration des Neuplatonismus in die Kommentartradition der
Renaissance bedeutet aber auch, daß Nifo, wie schon Vernia angedeutet
hatte, die neuplatonische Überzeugung von der prinzipiellen gegenseiti-

gen Vereinbarkeit der platonischen, aristotelischen und aller übrigen der Wahrheit verpflichteten Traditionen teilt. Kriterium für das richtige Verständnis des Aristoteles wie für die richtige Erkenntnis der Wahrheit überhaupt ist ihm daher nicht das von der Vielzahl der Meinungen unterschiedene, unwiderlegbare eine Argument, sondern der Konsens aller oder der meisten oder der besten unter den Meinungen und Argumenten. In der Intellekt-Frage, in der er zuvor aus rationalen Gründen mit Averroes dessen Einheit vertreten hatte, lehrt er nun dessen Vielheit unter Berufung auf die übereinstimmende Meinung: «In allen Religionen und bei allen Menschen, gleichgültig welcher Schule, gibt es die unbestrittene Meinung, daß die rationalen Seelen vervielfältigt sind. Und was bei allen unbestrittene Meinung ist, das scheint aus der Natur zu folgen. Denn die Natur unterscheidet sich darin von der Kunst, daß sie in allen in gleicher Weise ist, und die Kunst in allen oder den meisten. Und was von Natur ist, das kann unmöglich falsch und wahrheitsfern sein, da Gott und die Natur immer alles machen, was das Bessere ist. Und es wird auch von den Weiseren dies vor allem gebilligt.»[85]

Dieses konsensische Wahrheitskriterium fordert nun von Nifo, sich bei der Kommentierung des Aristoteles nicht nur an die neuen griechischen Kommentatoren zu halten, sondern auch die Lateiner, vor allem Albertus Magnus und Thomas von Aquin[86], und die Araber zu berücksichtigen, um durch einen möglichst breiten Konsens eine möglichst gesicherte Erkenntnis zu erreichen. Dies führt dazu, daß die Kommentare des Nifo im Laufe seines Lebens als Professor der Philosophie zwar immer umfangreicher und umfassender und er selbst immer gelehrter wurde, aber beide in gleichem Maße an Klarheit und Präzision verloren. Nifos wahres Denken mußte so, «im Nebel seiner wahrhaft unermeßlichen Gelehrsamkeit verborgen»[87] bleiben, und seine Kommentare – weit gefehlt, daß sie als Manifestation der Philosophie und Wissenschaft überhaupt oder wenigstens des verbindlichen Aristoteles-Verständnisses dienen konnten – mußten es sich gefallen lassen, als nützliche Schatzhäuser aller wesentlichen traditionellen Argumente ausgebeutet zu werden.

Bis zu seinem Tode scheint Nifo, der als Hochschullehrer nicht nur Aristoteles und Averroes kommentierte, sondern auch zu aktuellen naturphilosophischen und astrologischen Fragen Stellung nahm und als Mediziner praktizierte und publizierte, dem Programm der Konsensphilosophie treu geblieben zu sein. Zwar ließ er sich während seiner Zeit am Hofe Leos X. dazu hinreißen, gegen seinen alten Konkurrenten Pietro Pomponazzi, der den theologisch-philosophischen Konsens in der Unsterblichkeitsfrage aufzukündigen gewagt hatte, entschieden Partei zu ergreifen [IA][88], aber sonst blieb er auch dort auf Ausgleich bedacht. In seinen politisch-moralischen Abhandlungen, mit denen er den humanistischen Erwartungen an einen Hofintellektuellen entsprach, ist seine integrative Kraft groß genug, um auch einer Adaptation von Machiavellis *Fürst* Raum zu geben [RP][89], und in seinen Abhandlungen über das Schöne und über die Liebe, mit denen er den neuplatonischen Erwartungen an einen Höfling Genüge tat, vereinigt er platonische und aristotelische Tradition dergestalt, daß er geistige und venerische Liebe verbindet und erstere als metaphorische Übertragung letzterer definiert[90].

Obwohl daher die Philosophie des Agostino Nifo, der Idee des Konsenses der Traditionen mehr als dem Prinzip der Konsistenz und Widerspruchsfreiheit verpflichtet, kaum als eindeutiges und einsichtiges Ganzes dargestellt werden kann, lassen sich doch in seiner konsensorientierten Aufnahme einzelner aktueller Probleme Positionen isolieren, die theoretisch attraktiv und für den Prozeß der dialogisch strukturierten Renaissancephilosophie von nachhaltiger Bedeutung waren.

In der Logik hatte das Mittelalter wie auf keinem anderen Gebiet die aristotelische Überlieferung nicht nur tradiert, sondern auch – vor allem auf den Gebieten der Semantik und der Modallogik – erweitert, so daß neben dem aristotelischen Organon oder häufig sogar an seiner Stelle neue logische Textbücher wie die *Summulae logicales* des Petrus Hispanus als Grundlage des Logikunterrichts dienten[91]. Die Renaissance hat sich, wie die seit Beginn des 15. Jahrhunderts eingeführte *Logica parva* des Paulus Venetus zeigt, dieser Übung durchaus angeschlossen[92]. Gleichzeitig erwachten jedoch unter dem Einfluß des Humanismus, der generell die Praxisferne der sich immer mehr verselbständigenden scholastischen Logik beklagt, neue Tendenzen, die einerseits eine Rückkehr zum ursprünglichen Text des Aristoteles und andererseits eine Verlagerung des Schwergewichts von den Analytiken auf die Topik und damit von der strengen Beweislehre auf die allgemeine Argumentationslehre fordern[93].

Alle diese Ansätze und Tendenzen lassen sich im auf Vermittlung bedachten Nifo wiederfinden: Er schreibt in der Tradition des Petrus Hispanus ein Lehrbuch der Logik, die «Kurzweilige Dialektik», *Dialectica ludicra* [DL], mit dem er die *Logica parva* des Paulus Venetus verdrängen will; er nimmt in dessen Vorwort die humanistische Kritik an der Abstraktheit und Realitätsferne der zeitgenössischen logischen Praxis auf [DL 2[r-v]], er fordert die Umkehr zum Aristotelischen Ursprung, versteht sein Lehrbuch als dessen Quintessenz und kommentiert selbst die Werke des Organon; er setzt sich dafür ein, eine auf der Topik gegründete Logik der Argumentation an die Stelle der gängigen Beweislogik zu setzen[94].

Daß die Realisierung dieses Vermittlungsprogramms im einzelnen nicht völlig ohne kritische Auseinandersetzung mit der mittelalterlichen Tradition möglich ist, leuchtet ein, und an einigen Punkten erweist sich diese Kritik auch als gewichtig, wie zum Beispiel dort, wo er sich mit der von den *Sorticolae* – den die Logik an ‹*Sortes*› statt ‹*Sokrates*› exemplifizierenden mittelalterlichen Logikern – entwickelten Signifikations- und Suppositions-Theorie auseinandersetzt[95].

Die spätmittelalterliche Logik hatte seit Ockham gelehrt, daß die geistigen Inhalte oder Konzepte Termini der mentalen Sprache seien und als solche die extramentale Realität bezeichnen und das Vermögen besitzen, in Aussagen über diese für sie zu stehen oder zu supponieren. Dieses Verständnis der mentalen Termini als Zeichen für die Realität führte notwendig zur Frage nach der Beziehung zwischen Zeichen und Bezeichnetem, und da es offenbar keine universalen Entitäten geben kann, Universalität also lediglich ein Modus des Bezeichnens, nicht aber des Seins ist, zum nominalistischen Bruch zwischen Denken und Sein.

Ein universaler Terminus konnte folglich in einem Satz nicht für ein universal Seiendes, sondern lediglich für eine Vielzahl oder eine «Klasse» von einzelnen Seienden supponieren.

Ohne das Universalienproblem selbst als solches zu thematisieren, versucht Nifo in seiner für Anfänger gedachten *Dialectica ludicra* demgegenüber zu zeigen, daß die mentalen Termini, also die Konzepte oder Begriffe, durchaus nicht Zeichen für die Dinge, sondern die Dinge selbst im Status des Erkannt-Seins – *res obiective apprehensae* – sind, welche allenfalls durch die gesprochenen oder geschriebenen Termini bezeichnet werden können[96]. Dieses ungewöhnliche Verständnis der mentalen Termini nicht als Zeichen, sondern als Bezeichnetes impliziert aber nun, daß es keine Frage nach der Beziehung der mentalen Termini zu der von ihnen bezeichneten Realität mehr gibt, daß vielmehr die universalen geistigen Konzepte identisch sind mit universal erkanntem Seienden und folglich die nominalistische Differenz zwischen Denken und Sein aufgehoben ist. Universalität ist nicht nur ein Modus des Bezeichnens, sondern wird bei Nifo so zu einem Modus des Erkannt-Seins, so daß die universalen, geschriebenen oder gesprochenen Zeichen in den mentalen Termini ein ihnen entsprechendes universales *Significatum* finden, das nicht selbst wieder ein Zeichen, sondern eine *res* ist, so wie sie dem Menschen gegeben ist: nämlich als erkannte.

Daß Nifo seine ungewöhnliche Theorie der mentalen Termini als *res obiective apprehensae* tatsächlich entwickelt hat, um das Universalienproblem zu unterlaufen, wird später deutlich, wenn er im Kontext der Suppositionstheorie in ebenso ungewöhnlicher Weise affirmative Allsätze wie «Alle Menschen sind Lebewesen» nicht, wie in der Folge des Nominalismus üblich, in «Jeder einzelne Mensch ist mit je einem einzelnen Lebewesen identisch», sondern in «Alle einzelnen Menschen sind mit einem bestimmten Lebewesen identisch», auflöst[97], was sinnlos ist, es sei denn, man versteht das von ‹Lebewesen› Bezeichnete als ein Universale im Sein, und sei es nur im Erkannt-Sein.

Nifo bezeichnet diese für seine Zeit außergewöhnliche Theorie der mentalen Termini[98], dank deren es ihm gelingt, das Universalienproblem zu unterlaufen, als das authentische Verständnis des Anfangs der Aristotelischen «Lehre vom Satz», *De interpretatione*[99]. Daß ein solches Verständnis der aristotelischen Lehre von der Beziehung zwischen mentalen Konzepten und extramentaler Realität jedoch tatsächlich auf einer ganz bestimmten, ihm eigenen neuplatonischen Interpretation der aristotelischen Erkenntnispsychologie beruht, wird erst deutlich, wenn man einen Blick auf seine Intellekt-Lehre wirft, in der Nifo, Averroes hinter sich lassend, einen neuen Weg zu gehen hatte[100].

Die Attraktivität der Averroistischen Erkenntnispsychologie, der Nifo zunächst anhing, hatte bekanntlich darin bestanden, daß sie dadurch, daß sie einen einzigen Intellekt als Subjekt allen menschlichen Erkennens ansetzte, diesem Subjekt Immaterialität und Ewigkeit verleihen und seiner Erkenntnis den Charakter der universalen Gültigkeit und Notwendigkeit garantieren konnte. Den Preis, den sie dafür zu zahlen hatte und dessentwegen sie verfolgt und verurteilt wurde, war jedoch der Verzicht auf die Unsterblichkeit der individuellen menschlichen Seele und der Verlust ihrer Qualifikation als Subjekt der Erkenntnis.

In der Unsterblichkeitsfrage, die er gleich im ersten Traktat von *De intellectu* [INT] umständlich erörtert, geht Nifo den von seinem Lehrer Vernia vorgezeichneten Weg. Er führt alle die Unsterblichkeit leugnenden Positionen auf, setzt ihnen die sie verteidigenden Positionen entgegen und verkündet schließlich, mehr auf den breiten Konsens der Tradition als auf strenge Argumentation gestützt, die philosophische Beweisbarkeit der Unsterblichkeit der individuellen Seele[101].

Was das zweite, nicht theologisch vorbestimmte erkenntnispsychologische Problem der Rettung der menschlichen Seele als Subjekt der Erkenntnis angeht, hatte Nifo schon in seiner ersten, noch dem Averroes ver-

pflichteten Phase dessen radikale Leugnung zu mildern versucht. Einem
Ansatz der Pariser Averroisten Siger von Brabant und Johannes von Jandun folgend, hatte er die rationale Seele, die bei Averroes unter dem Namen *anima cogitativa* zwar als die den Menschen in seinem Menschsein
bestimmende Form galt, gleichzeitig aber als ein in der Materie angelegtes
und aus ihr entwickeltes Vermögen verstanden wurde, das auf der Ebene
der Sinnlichkeit angesiedelt ist, mit der Rezeptivität der Vernunft, dem
intellectus possibilis, wie Materie und Form zusammengesetzt sein lassen,
so daß der Akt, in dem der Intellekt die ihm entsprechenden Inhalte, die
intelligiblen Species, erkennend aufnimmt, zu einem Akt der dem Menschen eigenen rationalen Seele wurde[102]. Auf diese Weise schien der individuelle Mensch wieder als Subjekt der Erkenntnis fungieren zu können,
während gleichzeitig die Einheit des *intellectus agens*, der Vernunft, insofern sie das Erkennen überhaupt, das jedem Erkenntnisakt gleichermaßen
zugrunde liegt, erst ermöglicht, ungeschmälert blieb und die Universalität
der Erkenntnis weiterhin zu garantieren vermochte.

Diese funktional so elegante Lösung hatte jedoch den Pferdefuß, daß
die ontologische Einheit der aus *anima cogitativa* und *intellectus possibilis* zusammengesetzten rationalen Seele nicht befriedigend erklärt werden
konnte. Denn wenn diese Einheit, wie der Vorschlag lautete, nach Art von
Materie und Form konstituiert sein sollte, dann mußten in ihr die immaterielle Form des möglichen Intellektes und die materielle Form der cogitativen Seele zur Einheit kommen und folglich die rationale Seele zugleich
materiell und immateriell, individuell und universal sein – ein ontologischer Widerspruch, der sich nicht aus der Welt disputieren ließ und in der
kosmologischen Trennung zwischen sublunarer, vergänglicher, materieller Welt und supralunarem, ewigem, immateriellem Universum festge-
schrieben war.

Hier erweist sich nun die nach dem Vorbild Vernias vollzogene, nicht
ganz freiwillige Umorientierung von Averroes weg hin zu den neuplatonischen Aristoteleskommentaren als segensreich. Denn bei diesen trifft Nifo
in der neuplatonischen Kosmologie auf eine zwischen den Extremen vermittelnde Instanz, welche, da sie nach dem Prinzip der Teilhabe beiden
Bereichen zugleich zuzugehören vermag, auch zwischen den dem aristotelischen Kosmos eigenen Gegensätzen von materieller und immaterieller
Welt, von universaler Einheit und individueller Vielheit die Einheit stiften
kann.

Nifo zögert nicht, von diesem Lösungsangebot Gebrauch zu machen.
Er setzt zwischen den immateriellen Formen, zu denen die Intelligenzen

oder Sphärengeister zählen, die die ewigen Bewegungen der Planeten ordnen, und den materiellen Formen, welche das Werden und Vergehen im
materiellen Bereich bestimmen, Formen, die *qua definitione* an beiden
Bereichen teilhaben und zwischen ihnen vermitteln.

Indem er diese mit
den rationalen Seelen identifiziert, gelingt es ihm, deren ontologische Einheit als zugleich materielle und immaterielle, individuelle und universale
Formen kosmologisch zu legitimieren und den zugleich individuellen und
universalen Charakter der menschlichen Erkenntnis zu retten: «Da ganz
allgemein zwischen das am meisten Extreme ein Mittleres fällt, ist es
wahrscheinlich, daß es zwischen diesen extremen Formen mittlere Formen gibt, die sich zum Teil in die Materie einsenken und zum Teil sich von
ihr abgelöst halten. Und zu dieser Gattung gehören die rationalen Seelen.
Sie sind nämlich, wie Platon sagt, im Grenzbereich von Zeit und Ewigkeit ... In welcher Weise also die rationale Seele Form des Körpers ist, ist
nach dem, was gesagt wurde, einsichtig: denn sie ist eine mittlere Form
zwischen den extremen.»[103]

Aber Nifo bleibt hier noch nicht stehen. Er bedient sich der neuplatonischen Denkfigur von Partizipation und Vermittlung nicht nur mit dem
Ziel, die Verteidigungsstrategie der lateinischen Averroisten zu befestigen,
sondern um über die averroistische Position letztlich überhaupt hinauszugehen.

Bei dem Intellekt, den die lateinischen Averroisten der individuellen
Seele des Menschen zugestanden hatten, handelte es sich um den *intellectus possibilis*, das heißt jenen Intellekt, der den passiven Part der Aufnahme der geistigen Erkenntnisobjekte, der *species intelligibiles*, zu leisten
hatte. Der aktive Part der Abstraktion der sinnlichen Species von der Materie bzw. der Verwandlung des sinnlichen in ein geistiges Erkenntnisobjekt dagegen, durch die der Intellekt als Tätiger, das heißt als *intellectus
agens*, das Objekt der Rezeption überhaupt erst konstituierte, blieb weiter einem einzigen, universalen Intellekt vorbehalten, der sich nur im Akt
der Erkenntnis selbst mit der individuellen Seele verband und diese gleichsam – wie der Seemann das Schiff – als sein Organ benutzte. Folglich er-
wies sich die durch die Verbindung des aufnehmenden Intellektes mit der
menschlichen Seele gewonnene Individualität der Erkenntnis als Scheinlösung, die die Bedenken gegen die Averroistische Einheit des Intellektes
nicht auszuräumen vermochte, sondern lediglich zu einer Frage nach dem
ontologischen Status des «tätigen Intellektes» – *intellectus agens* – zwischen Individualität und Universalität verschob.

Es bot sich daher an, auch auf diesen, nicht anders als auf den *intellec-*

tus possibilis, die Denkfigur von Partizipation und Vermittlung anzuwenden und so, wie zuvor drei Arten von Formen unterschieden wurden, nun drei Arten des tätigen Intellektes zu unterscheiden. Dies sieht bei Nifo nun so aus, daß er, unter Berufung auf Simplicius, einerseits einen tätigen Intellekt annimmt, welcher als das eine Prinzip und die eine Ursache alles Erkennens identisch ist mit Gott und, der Sonne vergleichbar, alles erleuchtet; daß er andererseits einen zweiten tätigen Intellekt annimmt, der Teil der rationalen Seele und daher, wie diese, vervielfältigt und individualisiert ist. Von dem ersten erleuchtet und seinerseits erleuchtend, konstituiert er die intelligiblen Species und verursacht ihre Rezeption im möglichen Intellekt. Zwischen beiden vermittelnd aber setzt er einen dritten *intellectus agens*, der wie der erste nur einer ist, aber, selbst weder erleuchtet noch erleuchtend, lediglich als Instrument der Erleuchtung des zweiten durch den ersten *intellectus agens* dient und als ‹erste Erkenntnis› – *prima notio*[104] – oder als ‹uns von Natur eingeborene erste Sätze› – *propositiones primae, nobis per naturam insitae* – bezeichnet wird[105]. Mit dem ersten tätigen Intellekt rettet Nifo das eine universale Prinzip aller Erkenntnis, für das er sich auf Platon, aber auch auf den einen Intellekt des Averroes beruft; mit dem zweiten, für den er sich auf Aristoteles beruft, rettet er die Individualität der menschlichen Erkenntnis; mit dem dritten, vermittelnden, rettet er die Universalität der individuellen Erkenntnis, die damit in platonischer Weise auf *a priori* gegebene, allgemeine eingeborene Ideen zurückgeführt wird.

In diesen Identifikationen der tätigen Intellekte mit Platon und Averroes auf der einen und Aristoteles auf der anderen Seite wird offenbar, daß der Weg, den Nifo zur Problemlösung und Wahrheitssicherung einschlägt, nicht mehr der der Entscheidung zwischen entgegengesetzten Positionen und Traditionen ist, sondern der der Zusammenführung verschiedener legitimer, jedoch unvollständiger Positionen, wobei Averroes auf der Seite Platons die Wahrheit begründende Universalität, Aristoteles aber die Individualität konkreter Erkenntnisakte vertritt.

Der besondere Rahmen, in dem die Zusammenführung in der Intellekt-Theorie möglich wird, ist die im dritten Intellekt angesetzte apriorische Gegebenheit von universalen Konzepten, die Erkenntnis überhaupt erst ermöglichen. Sie scheint ein Licht auf die Theorie der mentalen Termini in der *Dialectica ludicra* zu werfen, die, als «objekthaft aufgenommene Dinge» – *res obiective apprehensae* –, nicht einer aposteriorischen Realitätsprüfung bedürfen, sondern offenbar ihre Realitätsadäquatheit a priori in sich tragen.

Der allgemeine Rahmen solcher Zusammenführung aber ist die neuplatonische Tradition, in der Aristoteles – wie schon von Ficino definiert[106] – den Part des *physicus*, des auf die sinnlich gegebene, materielle Welt konzentrierten Naturphilosophen erhält und damit der Korrektur und Ergänzung durch die umfassende und alles begründende neuplatonische «Geistmetaphysik» unterworfen wird.

Dies wirkte sich – jenseits von allen Einzelfragen – besonders auf die generelle Haltung des neuplatonisierenden Aristotelikers gegenüber okkulten Phänomenen und magischen Praktiken aus, die im Gefolge des Neuplatonismus offenbar sehr erfolgreich selbst an den Universitäten diskutiert wurden und die aristotelische Naturphilosophie in Erklärungsnotstand zu bringen begannen[107]. Hatte Nifo noch 1497 in einem Exkurs seines Kommentars zur «Zerstörung der Zerstörungen» – *Destructio destructionum* – des Averroes seine Ratlosigkeit gegenüber diesen neuen Fragestellungen bekundet und die Annahme von übernatürlichen Ursachen wie Geistern und Dämonen als naturphilosophisch unakzeptabel abgelehnt [DESTR 122ᵛ–123ᵛ][108], so veröffentlicht er, als Ergebnis der neuplatonischen Wende, im Jahre 1503 gleichzeitig mit *De intellectu* eine Abhandlung «Über die Dämonen» – *De daemonibus* –, in der er den Dämonen eine Zwischenstellung zwischen den himmlischen und irdischen Körpern zubilligt [DAEM 78ᵛᵃ] und sie als übernatürliche Ursachen behandelt, die zwar mit der Betrachtungsweise des Peripatos, nicht aber zu der der Platoniker in Widerspruch stehen [DAEM 79ʳᵇ; 81ʳᵇ f.]. Um naturphilosophisch-aristotelisch gültig sein zu können, bedarf diese zunächst nur kosmologisch-neuplatonisch legitimierte Annahme jedoch noch der Integration in das System, die *ratio naturalis*, der aristotelischen Naturphilosophie, gegen deren Prinzipien sie eingestandenermaßen verstößt. Folglich muß Nifo in seinem Bemühen, die Dämonologie philosophisch hoffähig zu machen, eine Methode entwickeln, die es erlaubt, das geschlossene aristotelische Modell der Natur über seine definierten Grenzen hinaus zu erweitern[109].

Da dies nicht durch deduktiv-apriorische Ableitung möglich ist, muß Nifo den empirisch-aposteriorischen Weg wählen. Er orientiert sich dabei an der Methode der Astrologie [DAEM 77ʳᵃ], und so, wie diese von allgemein beobachtbaren Himmelserscheinungen auf jene Ursachen schließt, welche die Erscheinungen zu erklären oder zu «retten» vermögen, geht Nifo von Phänomenen oder Wirkungen aus, die nach den Prinzipien der aristotelischen Naturphilosophie nicht erklärt werden können und daher als okkulte oder wunderbare Phänomene gelten, die aber durch die An-

nahme von Dämonen offensichtlich erklärbar werden. Zu diesen Phänomenen zählen nicht nur naturgegebene Erscheinungen, sondern – und
damit scheint Nifo einen Schritt auf die experimentelle Naturforschung
hin zu tun – auch die Werke der sich übernatürlicher Ursachen bedienen-
den Magier [DAEM 79ra].

Die Gültigkeit der daraus zu ziehenden Schlüsse von den «okkulten»
Phänomenen auf die Existenz von Dämonen als ihre Ursache hängt nun
zunächst von der Sicherheit ab, mit der man von der tatsächlichen Gegebenheit der betreffenden Phänome ausgehen kann. Und hier sieht Nifo
durchaus einen Unterschied zur Astrologie: denn während dort die Himmelserscheinungen, ihrem ontologischen Status nach, ewig und unverän-
derlich, unbezweifelbar und für alle in gleicher Weise erfahrbar sind, sind
hier die Phänomene in unterschiedlicher Weise bekannt: Für alle nachvoll-
ziehbar sind sie nur in der mittelbaren Erfahrung der historischen Überlieferung – die allerdings, wie Nifo zu zeigen bemüht ist, einhellig und
überwältigend ist [DAEM 79va; 80va] –, unmittelbar erfahrbar im strengen
Sinne dagegen nur den Magiern selbst und jenen, welche bei deren Praktiken anwesend sind. Wenn für letztere die Beweisführung daher wie in
der Astrologie absolute Gültigkeit zu besitzen vermag, kann für sie im
allgemeinen nur hypothetische Gültigkeit beansprucht werden in dem
Sinne, daß nur, wenn es diese okkulten oder magischen Phänomene tatsächlich gibt, auch die Existenz von Dämonen als ihre Ursache angenommen werden muß[110].

Nifo entwirft mit diesem Versuch, die Existenz von Dämonen auch für
die aristotelische Naturphilosophie zu sichern, ein methodisches Prozede-
re, die aristotelische Naturphilosophie auf empirischer Grundlage nicht
nur zu erweitern, sondern auch – wie im Falle der Annahme «übernatürlicher» Ursachen – in ihren Prinzipien zu transformieren. Er verschiebt
damit unmerklich das Schwergewicht von den zur Korrektur freigegebe-
nen Lehrinhalten zu den für die Identität des naturphilosophischen Ansatzes verantwortlichen Methodenfragen, die er auch selbst weiter reflektiert.

Tatsächlich ist der Beweis, mit dem Nifo in *De daemonibus* die Existenz von Dämonen sichert, hypothetisch nicht nur insofern, als in ihm,
im Unterschied zur Astrologie, die Existenz des phänomenalen Ausgangs-
punktes nicht als notwendig gesichert gelten kann, sondern dieser Beweis
ist darüber hinaus, darin mit der Astrologie einig, auch hypothetisch, insofern die durch ihn erschlossene Ursache zwar die Phänomene zu erklären vermag, nicht aber nachweislich die einzig mögliche Erklärung und

folglich die wahre Ursache der betreffenden Phänomene darstellt. Nifo
war dieser naturphilosophische Vorbehalt gegenüber der Astrologie oder
Astronomie, daß diese nur Hypothesen, nicht aber die physikalischen Ursachen für die Planetenbewegungen zu bestimmen vermöchten – ein Vorbehalt, der zu einer Jahrhunderte währenden Diskussion in Mittelalter
und Renaissance geführt hatte, an der Nifo sich auch selbst beteiligte[111] –,
sehr wohl bewußt[112], und so konnte es nicht ausbleiben, daß er sich mit
der Lösung aus *De daemonibus* nicht zufriedengab, sondern weiter an der
Entwicklung einer befriedigenden empirischen Methode im Rahmen der
aristotelischen Naturphilosophie arbeitete.

Die Vorgabe, an der sich eine solche Methode zu orientieren hatte, war
die aristotelische Definition von Wissen und Wissenschaft als Wissen eines Tatbestandes aufgrund seiner Ursache, erworben durch den Beweis,
der syllogistisch aus den allgemeinen Ursachen auf die besonderen Wirkungen schließt[113]. Obwohl Aristoteles immer wieder davon gesprochen
hatte, daß der Gang der Wissenschaft vom «für uns» Bekannteren zum
«an sich» Bekannten, das heißt von den sinnlich gegebenen Wirkungen zu
den Ursachen zu verlaufen habe[114] und Wissenschaft stets von der Erfahrung ausgehen müsse, verlangt folglich sein Wissenschaftsbegriff ein de-
duktives Vorgehen, das eine «empirische Wissenschaft» gerade nicht zu
gestatten vermag.

Lediglich an einer Stelle seiner Wissenschaftslehre scheint Aristoteles
einen weitergehenden Ansatz zu machen, dort nämlich, wo er neben dem
eigentlichen Beweis aus den Ursachen – dem Beweis des *dihóti* bzw. des
propter quid – einen unvollkommenen Beweis – den Beweis des *hóti* bzw.
des *quia* – zuläßt, der aus der Existenz dessen, was zwar nicht Ursache,
aber doch bekannter ist, auf die Existenz der Ursache schließt, und wo er
an einem Beispiel zeigt, daß beide Beweise unter der Bedingung der Kon-
vertibilität der Mittelbegriffe sogar hintereinandergeschaltet werden können[115].

Obwohl das Mittelalter, allen voran Averroes, kein Interesse an empirischer Forschung und an darauf gründender Erweiterung der Wissenschaft besaß, nahm es doch, im Bemühen um eine konsistente Rekonstruktion der Lehre des *Philosophen*, die in dieser Passage enthaltenen
Ansätze bereitwillig auf, um ein dem Ausgang von der Erfahrung angemessenes Verfahren für die Naturphilosophie zu entwerfen. Averroes,
der Protagonist dieser Entwicklung, versteht den Beweis des *quia* als
Schluß von der – erfahrenen – Existenz der Wirkung auf die Existenz der
Ursache und teilt den Aristotelischen Beweis des *propter quid* in zwei

Arten, je nachdem, ob er von Ursachen aus geführt wird, die uns bekannter sind als die Wirkungen, oder von Ursachen, deren Existenz erst durch einen *quia*-Beweis gesichert wurde. Im ersten Fall spricht Averroes vom vollkommenen Beweis, der *demonstratio potissima*, der die Ursache und die Existenz der Wirkung gleichermaßen aufzeigt, im zweiten Falle vom Beweis des *propter quid tantum*, der nur die kausale Relation zwischen Ursache und Wirkung, nicht aber die Existenz der Wirkung aufzeigt, welche ja bereits im vorausgehenden *quia*-Beweis als gegeben vorausgesetzt wurde[116]. Damit kreiert Averroes neben der klassischen, von *a priori* gegebenen Ursachen ausgehenden Aristotelischen Beweismethode, wie es der *demonstratio potissima* eigen ist, eine zweite, von den *a posteriori* gegebenen Wirkungen ausgehende Methode, die, dank der Hintereinanderschaltung der Beweise des *quia* und des *propter quid tantum*, im zweiten Schluß die Wirkungen ebenso aufgrund der Ursachen beweist und daher als der Naturphilosophie eigene empirische Methode gelten kann[117]. Unter dem Namen *regressus* – das ist der nach dem Schluß von der Wirkung auf die Ursache erfolgende «Rückschritt» von der Ursache zur Wirkung – wird sie in der mittelalterlichen Scholastik weiterdiskutiert und im 16. Jahrhundert zum Bezugspunkt der methodologischen Bemühungen um eine empirische Wissenschaft auf dem Boden der aristotelischen Tradition[118].

Es ist daher nicht überraschend, daß auch Nifos Überlegungen, im Augenblick, in dem er anläßlich der Dämonen-Frage mit dem Problem einer empirischen Methode zur Erweiterung der aristotelischen Naturphilosophie konfrontiert wird, sich im Rahmen dieses *Regreß*-Paradigmas bewegen. Dabei erhebt sich zwar im 1508 erstmals veröffentlichten Physik-Kommentar gegen den *Regreß* das schwerwiegende Bedenken, daß, wenn ich zuerst von der beobachteten Wirkung auf die Ursache schließe und anschließend von der so erschlossenen Ursache zur Wirkung zurückkehre, der *Regreß* als Ganzer keinen Erkenntnisgewinn darstellt, sondern lediglich die Existenz der Wirkung durch die Existenz der Wirkung bestätigt, und also letztlich ein Zirkelschluß ist. Aber Nifo weiß dieses Bedenken auszuräumen, indem er zwischen den beiden Schritten, also nach dem Schluß von der Wirkung zur Ursache und vor dem Schluß von der Ursache zur Wirkung, einen *negotiatio intellectus* – vernünftige Erwägung – genannten zusätzlichen Erkenntnisakt einschiebt, in dem die gefundene Ursache durch «Zergliederung» – *divisio* – und «Zusammensetzung» – *compositio* – in ihrem Wesen erkannt und definiert wird, so daß im Schluß von der Ursache zur Wirkung die Ursache nicht mehr nur

aufgrund der Gegebenheit der Wirkung, sondern aufgrund ihrer Stellung
im Ganzen des Seienden bekannt ist und folglich auch die zunächst nur
in ihrer Existenz bekannte Wirkung in dieses Ganze des Seienden einord-
net [PH 12^b–13^a].

Ob diese Ergänzung des *Regreß*-Paradigmas, die nach dem Zeugnis
Pomponazzis bereits von Antonio Trombetta, dem Gegner von Vernia
und Nifo in der Seelenfrage, vorgeschlagen worden war[119], Nifo schon
vor seiner Wendung zum Neuplatonismus akzeptabel erschienen wäre, ist
ungewiß. Jetzt aber, in den Jahren nach dieser Wendung, fügt sie sich offenbar mühelos in Nifos Denken ein, insofern sie eine Erweiterung der
aristotelischen Naturphilosophie auf empirischer Basis bis hinein in den
prinzipiellen Bereich erlaubt, der Naturphilosophie, trotz ihres Ausgangs
von der Erfahrung, den Status einer vollkommenen, deduktiven Wissenschaft garantiert und schließlich selbst von der in der Dialektik entwickelten Theorie der Termini als die Dinge selbst im Status des Erkannt-Seins
– *res obiective apprehensae* – bestätigt wird.

Um so überraschender – und für die Geschichte der Methodendiskussion bedeutungsvoller – muß es daher erscheinen, daß Nifo diese Lösung
des naturphilosophischen Methodenproblems durch Anbindung an eine
sie begründende Metaphysik[120] auf die Dauer nicht als befriedigend emp-
findet und gegen Ende seines Lebens – manifest in den posthum veröffentlichten Korrekturen, den *Recognitiones*, zum frühen Physik-Kommentar –
widerruft. Als Begründung für diesen Widerruf verweist Nifo auf die
jüngsten Ergebnisse der Methodendiskussion, welche die *Juniores*, die
jüngeren Kollegen, aber auch Nifo selbst aufgrund der Lektüre der biolo-
gischen Schriften des Aristoteles wie ihrer griechischen Kommentatoren
zu der Einsicht geführt habe, daß einerseits Aristoteles selbst eine solche
«vernünftige Erwägung» – *negotiatio intellectus* – nicht vorgenommen
habe und andererseits die Sicherung der Kausalrelation zwischen Wirkung und Ursache in der Naturphilosophie einer solchen *negotiatio* auch
nicht bedürfe. Denn das eigentliche Problem der naturphilosophischen
Methode sei nicht, was die durch den Beweis aus der Wirkung, die *demonstratio quia*, erschlossene Ursache ihrem Wesen nach sei, sondern ob
sie die einzig mögliche und folglich die wahre Ursache und nicht nur ein
Begleitphänomen der Wirkung sei. Da diese Frage aber nie befriedigend
zu beantworten sei, könne der Beweis aus der erschlossenen Ursache, die
demonstratio propter quid, im naturphilosophischen Regreß in jedem
Falle nur hypothetische Gültigkeit besitzen und folglich auch die Wissenschaft von der Natur, obwohl sie den an eine Wissenschaft zu stellenden

Anforderungen formal genügt, in Hinblick auf die in ihr gesicherte Erkenntnis nur als hypothetische Wissenschaft gelten[121].

Mit der Übernahme dieser Position gesteht Nifo offenbar das Scheitern seiner Bemühungen ein, durch eine auf die griechischen Kommentatoren gestützte Integration des Aristoteles in die Tradition des Neuplatonismus eine inhaltliche Erweiterung und methodologische Erneuerung der aristotelischen Naturphilosophie vorzunehmen. Aber es spricht für Nifo, daß er das Scheitern dieses Bemühens selbst eingesteht und argumentativ begründet und damit, wenn auch spät erst, den Weg bereiten hilft zu einem neuen Wissenschaftsverständnis, welches die Naturphilosophie von den Schranken des aristotelischen Wissenschaftsbegriffs ebenso wie von der Abhängigkeit von der neuplatonischen Metaphysik befreit.

7. Pietro Pomponazzi und die alexandristisch-naturalistische Schule

Diesen Weg hatte vor Nifo und gegen ihn schon der andere bedeutende Schüler Vernias, der sieben Jahre ältere Pietro Pomponazzi[122], eingeschlagen, der dem ursprünglichen Ansatz seines Lehrers treu geblieben und ihm in seiner späten Öffnung zum Neuplatonismus nicht gefolgt war. Pomponazzi wurde 1462 in Mantua geboren, hatte in Padua bei Vernia und, wie er selbst immer wieder betonte, dem Thomisten Francesco de Nardò studiert und wurde dort 1488 Extraordinarius und 1492 Ordinarius für Naturphilosophie, seinem Kommilitonen Nifo immer um eine Nasenlänge voraus. Nachdem er wegen Unstimmigkeiten mit diesem 1495 eine Professur in Ferrara angenommen hatte, kehrte er 1499 als Nachfolger Vernias nach Padua zurück – worauf der darob verärgerte Nifo Padua für immer verließ. Als 1509 die Universität Padua wegen der Pest geschlossen werden mußte, begab sich Pomponazzi zunächst wiederum nach Ferrara, um dann, von 1511 bis zu seinem Tode im Jahre 1525, in Bologna seine Lehrtätigkeit fortzusetzen.

In dieser setzt er sich, wie es die Paduaner Aristoteliker im 15. Jahrhundert getan hatten, mit den aus dem späten Mittelalter ererbten Problemen der Naturphilosophie zwischen Nominalismus und «radikalem Aristotelismus» auseinander, diskutiert das Universalienproblem ebenso wie die Methodenfrage, steht der Tradition der *Calculatores* wesentlich kritischer gegenüber als seine geistigen Vorfahren[123], und obwohl er offenbar wenig Neigung besitzt, sich um die Verbreitung seiner Werke zu kümmern – nur der kleinste Teil seiner Werke wurde zu seinen Lebzeiten veröffentlicht, weniges postum, und vieles ist, trotz verschiedener moderner Anstrengungen auch heute noch nur fragmentarisch zugänglich[124] –, unterläßt er es gleichzeitig doch nicht, wie Nifo, wenn auch weniger konziliant, auf die neue Situation einzugehen, die durch die Rezeption des Neuplatonismus in Florenz und die zunehmenden Übersetzungen der zumeist ebenfalls neuplatonischen, spätantiken griechischen Aristoteleskommentare entstanden war.

Offenbar war Pomponazzi, der wegen seiner geringen Körpergröße auch in der wissenschaftlichen Literatur der Zeit *Peretto*, Peterchen, genannt wurde, allein dank seiner ungewöhnlichen äußeren Erscheinung und seiner beißenden Ironie und Schlagfertigkeit der intellektuelle Antityp zum gelehrten Hofphilosphen Nifo[125]: Seine Studenten mahnte er, sich den Theologen und Prälaten zu unterwerfen, um nicht das Schicksal der Kastanien zu teilen[126], seine Kollegen warnte er vor dem Irrtum, es genüge, Griechisch schreiben und lesen zu können – was ihm selbst nie gelang –, um ein guter Philosoph zu sein[127].

Die Gegnerschaft zwischen den beiden Vernia-Schülern war jedoch nicht nur eine persönliche, sondern auch eine sachliche und trat als solche in der sogenannten Pomponazzi-Affäre spektakulär zu Tage[128]. Im Dezember 1513 hatte das 5. Laterankonzil unter Leo X., dem Mäzen Nifos, den lokalen Eingriff in die psychologische Diskussion durch Bischof Barozzi von Padua aus dem Jahr 1489 auf die gesamte Christenheit ausgedehnt und beschlossen, daß, da die Unsterblichkeit der individuellen Seele des Menschen philosophisch bewiesen werden könne, alle Philosophen gehalten seien, diese auch zu lehren[129]. Gegen diesen Beschluß, der den neuplatonischen Philosophiebegriff des Nifo sanktionierte, hatten lediglich zwei Konzilsmitglieder, unter ihnen der General des Dominikanerordens Thomas de Vio, der spätere Kardinal Cajetan[130], den Pomponazzi aus gemeinsamen Tagen in Padua kannte, ihre Stimme erhoben.

Nicht ohne von dieser Seite ermutigt zu sein, veröffentlichte Pomponazzi daraufhin im Jahre 1516 seinen berühmten Traktat «Über die Unsterblichkeit der Seele» – *De immortalitate animae* – [IA], in dem er ausdrücklich nicht nur die philosophische Beweisbarkeit der Unsterblichkeit leugnet, sondern darüber hinaus auch noch ihre Sterblichkeit als einzige philosophisch vertretbare Position lehrt.

Die Empörung ist groß; ehemalige Schüler, wie der Venezianer Gasparo Contarini[131], greifen ihn sachlich, andere, vor allem Ordensleute – Pomponazzi nennt sie die *cucullati*, die Kapuzenträger –, polemisch an. Pomponazzi antwortet 1518 mit einer *Apologia* [TR 51ᵛ-75ᵛᵇ], die eine zweite

Welle von Angriffen provoziert, in die sich nun auch Nifo einschaltet und in deren Verlauf auch Thomas de Vio als Parteigänger Pomponazzis entlarvt und von Mitgliedern seines eigenen Ordens bekämpft wird[132]. Aber es gelingt Pomponazzi, mit einer zweiten Verteidigungsschrift [TR 81^r– 108rb], in der er seine Position vor allem gegen Nifo unmißverständlich darlegt und erklärt, auf weitere Anwürfe nicht mehr antworten zu wollen, und mit der Unterstützung einer zugleich veröffentlichten Stellungnahme seines theologischen Kollegen in Bologna, des Dominikaners Chrysostomus Javelli[133], die Kontroverse schon im Jahre 1519 zu beenden und die bis 1525 fortgesetzten Polemiken gegen sich ins Leere laufen zu lassen.

Auf dieser Affäre und den in ihr bewährten Haltungen beruht Pomponazzis Ruhm in der Geschichte der Philosophie, die ihn entweder als wegweisenden Freidenker verehrt, der gegen das Diktat der Kirche die Autonomie der Ratio verteidigt und dessen wiederholte Bekenntnisse zur Wahrheit der christlichen Lehre reine Schutzbehauptungen sind[134], oder als bornierten Reaktionär verurteilt, der Aristoteles mit der philosophischen Wahrheit verwechselt und die Chancen der neuen, platonischen Ansätze nicht zu nutzen weiß[135].

Betrachtet man Pomponazzi in seinem Kontext, so muß dieser Ruhm offenbar, im guten wie im bösen, korrigiert werden. Denn angesichts der Tatsache, daß Pomponazzi in seiner dem Konzil widersprechenden Sterblichkeitsthese von nicht unbedeutenden und in der Folge an Einfluß gewinnenden Theologen Unterstützung erfahren hatte, scheint es von der Sache her geboten zu sein, diese These eher als Ausdruck einer abweichenden Theologie denn einer antikirchlichen oder gar antichristlichen Haltung zu verstehen, und wenn man Chrysostomus Javellis Stellungnahme zu Pomponazzi liest[136], in der er diese Theologie gegen die Übergriffe eines sich als «Offenbarungsphilosophie» gerierenden Neuplatonismus verteidigt und ihm die aristotelische Tradition als der menschlichen Ratio angemessenes, empirisch begründetes Philosophieren entgegensetzt, dann wird deutlich, daß die philosophische Seite der gegen das Konzil gerichteten Opposition nicht einfach ein reaktionärer Rückgriff auf Aristoteles war, sondern – nicht anders als Nifos neuplatonisierender Umgang mit Aristoteles – ein neues zukunftsweisendes Verständnis der Philosophie in der Tradition des Aristoteles darstellte[137].

Dieses neue Philosophieverständnis, in dem alle philosophischen Bemühungen Pomponazzis ihren Ursprung und ihr Ziel zu haben scheinen, ist entschieden gegen den Einbruch von Okkultismus und Magie in die

Naturphilosophie gerichtet, wie man ihn im Gefolge des Neuplatonismus, zum Beispiel in der Dämonologie des Nifo, beobachten kann. Pomponazzi entwickelt seinen Einspruch jedoch nicht in unmittelbarer Auseinandersetzung mit Nifo, sondern er greift zurück auf den Lehrer seines Lehrers Vernia, auf Gaetano da Thiene, der zur Rettung der Unsterblichkeit der Seelen eine «übernatürliche Ursache», ein *agens supernaturale*, zugestanden[138] und damit in der Paduaner Naturphilosophie ganz allgemein das Tor für übernatürliche Ursachen geöffnet hatte.

Die argumentative Begründung für diese Öffnung gab Gaetano in seinem Traktat «Über die Reaktion», *De reactione*, in dem er das von den sogenannten Kalkulatoren, den *Calculatores*, gestellte Problem diskutiert, wie trotz des Grundsatzes, daß immer nur das Stärkere auf das Schwächere einzuwirken vermag, dennoch eine Einwirkung bzw. Reaktion von seiten des Schwächeren auf das Stärkere möglich ist, wodurch sich unterschiedliche Mischungsverhältnisse der primären Qualitäten «warm», «kalt», «trocken» und «feucht» ergeben und dadurch die Vielfalt der natürlichen Körper entstehen kann[139]. Um diesen Widerspruch zu lösen, nimmt Gaetano zunächst, wie vor ihm Albert von Sachsen und Marsilius von Inghen[140], ein vom Aktionspotential unterschiedenes Reaktionspotential der Qualitäten an, dessen Stärke sich umgekehrt proportional zu der des ersteren verhält, so daß den jeweils stärkeren Aktions- auch stärkere Reaktionspotentiale gegenüberstehen und eine Reaktion zumindest erleichtert wird[141]. Darüber hinaus aber entwickelt Gaetano auch in Analogie zur Optik eine eigene Theorie natürlichen Handelns der Primärqualitäten. So wie in der Optik die Qualitäten «Bilder», *species*, aussenden, die, wenn sie von den Sinnen aufgenommen werden, eine sinnliche Wahrnehmung hervorbringen, so senden hier die Primärqualitäten, wenn sie aufeinander einwirken, den Bildern der Optik analoge *species* aus – man könnte sie allgemein «Formen» nennen –, welche entweder, wenn sie intensiv genug sind, aufgenommen werden und eine Veränderung im Aufnehmenden bewirken oder, wenn sie nicht hinreichend intensiv sind, um sich die Aufnahme verschaffen zu können, reflektiert und – wie das Licht in einem konkaven Spiegel – durch diese Reflexion intensiviert werden, bis sie schließlich, intensiv genug, auf das Aufnehmende einzuwirken vermögen[142]. So wird es erklärlich, wie auch eine noch so schwache Qualität gegenüber einer noch so intensiven entgegengesetzten Qualität tätig werden kann und daher der fundamentale Prozeß von Aktion und Reaktion in jedem Falle möglich ist.

Diese durchaus elegante Lösung eines für die aristotelische Naturphilo-

sophie grundlegenden Problems muß Gaetano jedoch bezahlen mit der
Aufweichung und Infragestellung des aristotelischen Modells der Naturphilosophie als Ganzer. Denn die Agentien des benutzten Erklärungsmo-
dells der Wahrnehmung, die *species*, sind keine real-materielle, sondern
intentional-geistige Entitäten, so daß durch seine Einführung ein intentionales Geschehen zum Grundmodell jeglicher natürlicher Aktion erhoben
und die Grenze zwischen natürlichen und übernatürlichen Agentien und
Ursachen aufgehoben wird. Aufgrund dieser ihrer prinzipiellen Implikati-
on nun wird Gaetanos Lösung des Reaktionsproblems für Pomponazzi
zum Anlaß, die Leistungen und Grenzen der Naturphilosophie in der aristotelischen Tradition neu zu reflektieren und gegenüber den neuplatonisch inspirierten Überholungsmanövern klarer zu konturieren.

Pomponazzi löst daher in seiner «Untersuchung über die reale Aktion», der *Quaestio de actione reali* [TR 38ra-40vb], die allgemeine Frage
nach der Struktur natürlicher Prozesse aus der Reaktionsproblematik
heraus[143] und zeigt gegen Gaetano, daß, abgesehen von den allem Seienden und seinen Differenzierungen vorausliegenden schöpferischen «Formen», den *species*, in Gott[144], alle intentionalen *species*, um real tätig
werden zu können, der vermittelnden Ortsbewegung bedürfen: Die *species* in den himmlischen Intellekten, welche das gesamte irdische Geschehen steuern, bedürfen der Planetenbewegungen – weshalb ihre Zahl auf
die Zahl der Planeten begrenzt ist –[145], die *species* im Intellekt des Menschen und im Vorstellungsvermögen der Tiere bedürfen der Bewegung
der in ihrem Körper befindlichen, in ihrer Konsistenz dem himmlischen
Äther verwandten feinsten Materie der *spiritus*[146], durch welche geistige
in räumliche Bewegung umgesetzt wird. Alle Prozesse im Bereich der
Natur müssen daher – sieht man von dem ursprünglichen Schöpfungs-
Prozeß ab – durch Ortsbewegung verursacht sein oder auf eine vermittelnde Ortsbewegung als unmittelbare Ursache – *causa proxima* – zurückgeführt werden können.

Dies bedeutet zunächst, daß es Dämonen, die auf den Gang dieser Welt
Einfluß nehmen könnten, nicht geben kann, da es keine Himmelskörper
gibt, die ihnen als Instrument zur Vermittlung von Ortsbewegung zugewiesen werden könnten [TR 38rb], und daß es ebensowenig magische
Praktiken geben kann, die einer sinnlich wahrnehmbaren unmittelbaren
Ursache entbehren könnten, da kein Mensch in die materielle Welt einzuwirken vermag, es sei denn, seine intentionalen Bewegungen würden mittels der *spiritus* in Ortsbewegungen umgesetzt [TR 38va]; es bedeutet aber
auch, daß prinzipell jeder natürliche Prozeß auf räumliche Bewegungen

zurückgeführt und daher aufgrund sinnlich wahrnehmbarer Ursachen erklärt werden können muß [TR 38vb]. So führt die von Pomponazzi anfangs allein intendierte Abwehr okkulter Erklärungsmodelle zu einer Transformation der aristotelischen Naturphilosophie in eine prinzipiell empirische, von den Sinnen ausgehende Wissenschaft[147], die, wie er in einem methodologischen Einschub seiner Untersuchung über die Reaktion darlegt, darauf verzichtet, natürliche Phänomene aufgrund übernatürlicher, metaphysischer Ursachen zu beweisen, und ihre Aufgabe darin sieht, das, was mit sinnlicher Evidenz gegeben ist, naturimmanent zu erklären[148].

Diese Wissenschaft von der Natur ist, solange sie sich in ihren Grenzen hält und keinen über die empirische Grundlage hinausgehenden Wahrheitsanspruch erhebt, autonom und – wie Javelli Pomponazzi bestätigt hatte[149] – von Metaphysik und Theologie unabhängig. Pomponazzi befestigt sie universalientheoretisch, indem er Universalität im Gefolge des Nominalismus generell aus dem realen in den intentionalen Bereich verweist und allein den sinnlich gegebenen Einzeldingen reale Existenz zuspricht[150]. Er befestigt sie methodologisch, indem er in der Regreß-Frage gegen den jungen Nifo und die übrige Paduaner Tradition die Möglichkeit und Notwendigkeit einer «vernünftigen Erwägung» – *negotiatio intellectus* – zur metaphysischen Absicherung der empirischen Phänomene leugnet und dem zweiten, von der erschlossenen Ursache auf die sinnlich gegebene Wirkung zurück schließenden Schritt lediglich darstellende Funktion zugesteht, da bereits durch den ersten Schluß von der Wirkung auf die Ursache das Kausalverhältnis konstituiert werde und der Rück-Schluß auf die Wirkung keinen Erkenntniszuwachs bedeute[151], und er bringt diese Wissenschaft schließlich selbst zur Anwendung, indem er sie zur Grundlage seiner eigenen philosophischen Fragestellungen und Argumentationen macht.

Das Problem der Reaktion, das ihn zu seiner Präzisierung des Begriffes einer aristotelischen Naturphilosophie veranlaßt hatte, löst er in seinem «Traktat über die Reaktion» [TR 21ra-37vb], indem er die Existenz der Reaktion als sinnlich gegeben voraussetzt und sie nicht aus notwendigen Gründen abzuleiten, sondern durch eine befriedigende funktionale Hypothese kausal zu erklären versucht. Grundannahme ist ihm dabei, daß die Qualitäten nicht durch die Aussendung von *species* oder atomaren, intentionalen oder materiellen Repräsentanten «qualitativ» aufeinander wirken, sondern daß sie bei entsprechender Annäherung lediglich durch «Assimilation» die im anderen Körper bereits vorhandenen Potentiale – jede

Qualität das ihr entsprechende – aktivieren[152]. Mag daher auch die Stärke der Interaktionsprozesse von der Intensität der jeweils beteiligten aktuellen und potentiellen Qualitäten abhängen, so ist die Ursache für derartige Prozesse doch immer die empirisch beobachtbare Ortsbewegung, welche die notwendige Annäherung hervorbringt.

Erst in seinem umfangreichen Traktat «Über die Ursachen natürlicher Prozesse oder Über die Beschwörungen» – *De naturalium effectuum causis sive De incantationibus* –, in dem er sein Wissenschaftskonzept in der Anwendung auf in der Erfahrung gegebene natürliche Phänomene und Prozesse überprüft und weiterentwickelt, werden dessen Leistungsfähigkeit und Grenzen sichtbar. Denn in diesem Werk, das, zu seinen Lebzeiten nur handschriftlich verbreitet, nach seinem Tode zweimal – 1556 und 1557 – gedruckt wurde und keine geringe Aufmerksamkeit erfuhr[153], setzt Pomponazzi seinen Kampf gegen das Eindringen übernatürlicher Erklärungsmuster in die Naturphilosophie explizit fort[154]. Er wählt daher zum Ausgangspunkt seiner Erörterungen nicht die Demonstrationsobjekte der traditionellen Physik und Medizin – wie zum Beispiel die «natürliche» und die «gewaltsame» Bewegung oder die Funktion und Tätigkeit der «eingeborenen Wärme» –, sondern Randphänomene des traditionellen Wissenschaftsparadigmas – wie den Magnetismus, Wunderheilungen und Erscheinungen von Geistern und Verstorbenen –, die eben deshalb, weil sie anscheinend nicht auf offenbare Ursachen zurückgeführt werden können, als «okkulte» Phänomene Anlaß zur Entwicklung und Verbreitung magischer und anderer okkulter Theorien gegeben hatten [INC 21–38]. Da sein radikaler Empirismus ihm keine Handhabe bietet, das, was in der Erfahrung gegeben ist oder als in ihr gegeben gilt, zu bezweifeln oder gar argumentativ aus dem Bereich möglicher Realität *a priori* auszuschließen, muß er diese von den Vertretern der okkulten Wissenschaften vorgebrachten Phänomene für bare Münze nehmen – was ihn dem Verdacht ausliefert, selbst in das magische Denken verstrickt zu sein[155] – und sie einzeln, eines nach dem anderen, als Wirkungen lokal bewegter materieller Ursachenketten erklären.

Diese Erklärungsarbeit ist jedoch mühsam, endlos wie die Zahl möglicher beobachtbarer und eingebildeter okkulter Phänomene, und gelingt nicht immer[156]. So muß sich Pomponazzi auch in *De incantationibus* letztlich wiederum auf die, allerdings inzwischen weiterentwickelten, Grundsätze seiner Naturphilosophie zurückziehen. Aus dem in *De actione reali* [TR 38ra-40vb] gewonnenen Prinzip der Abhängigkeit aller natürlichen Prozesse von einer lokal bewegten Ursache leitet Pomponazzi nun

ab, daß nicht nur die Intelligenzen oder Engel, sondern auch Gott, als
das allgemeine und ewige Prinzip der Natur, nicht unmittelbar, sondern
nur durch Vermittlung der Planeten in der Natur wirksam werden kann[157].
Die Planeten und ihre Bewegungen sind daher die ersten natürlichen
Ursachen überhaupt, auf die alle natürlichen Phänomene zurückgeführt
werden können[158] und aus deren Kenntnis alle in der Erfahrung sich offenbarenden natürlichen Ereignisse abzuleiten wären[159]. Da der Geist des
Menschen aber zu schwach ist, um diese Erkenntnis vollkommen zu besitzen, bleibt ihm verborgen, daß diese Welt im Schutze der unveränderlichen Determination durch die Planeten vollkommen geordnet und im
guten wie im bösen die beste aller möglichen Welten ist und daß Unglück
und Naturkatastrophen nur für unser beschränktes Verständnis widersin-
nig und ordnungsstörend[160] und sogenannte Wunder lediglich ungewöhnliche und selten eintretende Naturereignisse sind[161]. Daher ist es die Aufgabe der empirischen Naturforschung, die in der Erfahrung gegebenen
Naturereignisse auf ihre natürlichen Ursachen zurückzuführen und die
Kenntnis der unveränderlichen kausalen Ordnung der Natur, die dem
Menschen *a priori* verschlossen ist, fortschreitend *a posteriori* zu erwerben. Wenn dies aber nicht immer sofort und zufriedenstellend gelingt,
spricht dies nicht gegen das naturphilosophische Erklärungsmodell, sondern für die Notwendigkeit, es genauer zu erklären und sorgfältiger anzuwenden – und so könnte man versucht sein zu unterstellen, daß die
Schwerpunkte der empirischen Naturforschung des 16. Jahrhunderts – die
intensive astronomische Analyse der Planetenbewegungen bis hin zu Ko-
pernikus und Kepler und die nicht weniger intensive physikalische Analyse der Gesetze der Lokalbewegung bis hinauf zu Galilei – zumindest im
Ansatz mit Pomponazzis naturphilosophischem Konzept verbunden werden können.

Eine andere Frage, die sich aus Pomponazzis naturphilosophischem
Konzept ergibt und die er selbst thematisiert, ist die nach der besonderen
Stellung, welche der Mensch aufgrund seiner offensichtlichen Vermögen
zu geistigem Erkennen und freiem Handeln in und zu dieser ausschließlich materiell verstandenen Natur und ihrer notwendigen, determinierten
Ordnung einnimmt. Schon innerhalb von *De incantationibus* streift er
diese Frage kurz und schlägt vor, den Menschen wegen der Abhängigkeit
seines Geistes beim Erkennen und seines Willens beim Handeln vom Körper als den stellaren Ursachen unterworfen zu betrachten. Er verweist
aber gleichzeitig für den Geist auf die Erörterung der Unsterblichkeitsfrage von 1615 [IA][162] und verfaßt noch im gleichen Jahr, 1520, einen eige-

nen Traktat «Über das Schicksal, den freien Willen und die Prädestination» – *De fato, de libero arbitrio et de praedestinatione* – [FA][163], in dem er unter dem Eindruck der kürzlich erst veröffentlichten Übersetzung des Schicksalstraktates von Alexander von Aphrodisias[164] die Freiheitsproblematik einer die zeitgenössische Diskussion berücksichtigenden ausführlichen Erörterung unterzieht [FA 3].

Alexander nämlich, jener spätantike Aristoteleskommentator[165], dem Pomponazzi nach langem Kampf in der Seelenfrage endlich als seinem Hauptzeugen gefolgt war, hatte, wie Pomponazzi im ersten Buch von *De fato* sorgfältig darlegt, das Fatum bei Aristoteles mit der Natur identifiziert [FA 13], hatte dann gezeigt, daß die natürlichen Kausal-Prozesse für Aristoteles nicht mit absoluter Notwendigkeit, sondern nur meistens – *ut plerumque* – wirksam sind und daher manchmal auch etwas gegen die Natur – *praeter naturam* – eintreten kann [FA 14], so daß nicht nur der Mensch, sondern die Natur überhaupt von jeder schicksalhaften Determination frei ist, und nicht nur der Mensch, sondern auch Gott oder gar andere Akteure außerhalb der natürlichen Ordnung oder sogar gegen sie tätig werden können [FA 15].

Ein solches Verständnis der eingeschränkten Verbindlichkeit der natürlichen Ordnung war geeignet, übernatürlichen Einflüssen auf das Naturgeschehen wiederum Tür und Tor zu öffnen, und dies um so mehr, als es sich – nicht ohne Grund[166] – auf Aristoteles berief. Daß Pomponazzi ihm daher, zur Rettung seines Konzeptes einer Wissenschaft von der Natur, widerspricht, kann nicht überraschen; es ist aber bemerkenswert, daß der Aristoteliker Pomponazzi diesen Widerspruch nicht in die Form einer anderen, alternativen Aristotelesinterpretation kleidet – und damit die strikte Übereinstimmung seines Wissenschaftskonzeptes mit der Lehre des Aristoteles nachzuweisen versucht –, sondern sich von der aristotelischen Tradition verabschiedet und an Stelle des aristotelischen Fatum-Begriffes, den er als eine unmaßgebliche Sondermeinung weiter zu diskutieren ablehnt, vom Beginn des zweiten Buches an den üblichen, das heißt stoischen Begriff des Fatums, der eine strenge Determination aller mundanen Prozesse unterstellt, zugrundelegt [FA 137] und – unter Hinweis auf die damit verbundenen Theodizee-Probleme – gegen das christlich-voluntaristische Gottesverständnis verteidigt.

In *De fato* begründet er den Vorzug, den ein stoisch determinierter vor dem christlich freien Gott beanspruchen könne, nicht ohne Zynismus, damit, daß ersterer nicht für das Leid und die Übel dieser Welt verantwortlich gemacht werden könne und müsse[167] – später wird er, versöhn-

licher, die mit dem stoischen Fatum verbundene Garantie der Vernünftig-
keit und Perfektion des Ganzen der Welt geltend machen und wenn nicht
für den Bereich der religiösen, so doch für den der naturphilosophischen
Argumentation in Anspruch nehmen[168].

So nimmt Pomponazzi die durch die Veröffentlichung von Alexander
von Aphrodisias' Schrift über das Fatum im eigenen Lager erwachsene
Gegnerschaft zu seinem naturphilosophischen Modell zum Anlaß, um
völlig neue Wege zu gehen und sich nicht um die Vereinbarkeit seines
Modells mit den beiden Autoritäten der mittelalterlichen Philosophie und
Wissenschaft, der aristotelischen Tradition und der Lehre der Kirche, zu
bemühen. Gegenüber der aristotelischen Tradition sucht er zur Begründung seines Wissenschaftsbegriffes offen Unterstützung bei der stoischen
Kosmologie, die er damit für das 16. Jahrhundert aufwertet und als dritte
naturphilosophische Kraft neben dem Aristotelismus und dem Neuplatonismus einführt, und gegenüber der mit den Problemen des voluntaristischen Gottesverständnisses belasteten kirchlichen Lehre bemüht er sich
um eine Abgrenzung, die nicht auf die Konkurrenz der vertretenen Wahrheiten, sondern auf die Koexistenz unterschiedlicher Fragestellungen und
Betrachtungsweisen hinausläuft.

Das andere, in *De incantationibus* nur gestreifte naturphilosophische
Sonderproblem ist die Frage nach den Konsequenzen aus der Intellektbe-
gabung des Menschen für seine Stellung in der und zu der Natur. Pomponazzi verweist zu ihrer genaueren Beantwortung auf die Unsterblichkeits-
problematik, deren enge Verflechtung mit der Naturphilosophie dadurch
noch einmal betont wird und deren Erörterung bei Pomponazzi von
grundlegender Bedeutung ist. Denn Pomponazzi war als Schüler Vernias
in die Seelenproblematik hineingewachsen, er hatte als Professor für Naturphilosophie regelmäßig die Psychologie des Aristoteles kommentiert[169]
und immer wieder sein besonderes Interesse an ihr betont[170], und er hat
schließlich mit seinem Traktat über die Unsterblichkeit der Seele – *De
immortalitate animae* – von 1516 nicht nur die schon erwähnte Affäre
gegen einen Teil der Kirche provoziert, sondern auch das erste Manifest
seines neuen naturphilosophischen Modells publiziert. Denn weit davon
entfernt, lediglich eine rasche, von einem antikirchlichen Affekt getragene
Reaktion auf den Beschluß des Laterankonzils zu sein, erweist sich dieser
Traktat bei einer Analyse seiner Argumentation und der inzwischen veröffentlichten Zeugnisse für Pomponazzis jahrelange psychologische Bemühungen[171] durchaus als das Ergebnis einer konsequenten theoretischen
Entwicklung[172].

Offenbar beginnt Pomponazzi, seiner Ausbildung entsprechend, als treuer Gefolgsmann des Averroes, bemüht, Aristoteles mit den Augen seines zuverlässigsten Kommentators zu lesen.

Aber bald schon, von 1504 an, unterbricht er die kommentierende Lektüre des Textes durch problematisierende Fragen – *Quaestiones* –, die die ontologische Hypothese des Averroes von der Existenz eines einzigen, ewigen Intellektes für alle Menschen in Zweifel ziehen, da, gleichgültig ob man diesen Intellekt mit dem einzelnen Menschen als assistierende Form – wie der Steuermann mit seinem Schiff [POP II, 17–31] – oder als die cogitative Seele überformende *forma informans* verbindet, wie es etwa der frühe Nifo getan hatte [POP II, 31–34], auf das menschliche Individuum als einheitliches Subjekt der Erkenntnis verzichtet werden müßte, und sieht sich schließlich gezwungen, die Position des Averroes und, insofern sie die richtige Auslegung des Aristoteles darstellt, auch die des Aristoteles als bestialisch – weil sie den Menschen zum Tier macht – und einfältig – weil sie rational nicht vertreten werden kann[173] – aufzugeben.

So weitgehend Pomponazzi einerseits in dieser seiner Kritik an der averroistischen Lehre vom einen Intellekt mit Thomas von Aquin[174] übereinstimmt, kann er doch andererseits auch dessen Position in der Seelenfrage nicht teilen, da diese zwar die Individualität der intellektuellen Seele des Menschen lehrt und damit den einzelnen Menschen als Subjekt der Erkenntnis versteht, gleichzeitig aber, um die Immaterialität und Unsterblichkeit dieser individuellen Seele zu retten, sie wie Gaetano da Thiene auf übernatürliche Weise, durch unmittelbare göttliche Schöpfung, entstanden sein lassen muß[175], was Pomponazzi zwar als Inhalt des christlichen Glaubens, nicht aber als naturphilosophische Aussage akzeptieren kann[176].

Damit erweisen sich die beiden traditionellen Versuche, die Seele des Menschen als immateriellen, zur Erkenntnis befähigenden Intellekt zu denken, vor dem Hintergrund der von Pomponazzi vertretenen reinen Naturphilosophie als gescheitert. Um die dadurch notwendig gewordene neue Lösung zu finden, greift auch Pomponazzi – nicht anders als sein ebenfalls neue Wege einschlagender Gegenspieler Nifo – zur zu seiner Zeit offenbar modischsten und aktuellsten Denkfigur der neuplatonischen Kosmologie, nach der der Mensch bzw. seine Seele den zwischen Geist und Materie vermittelnden Mittelpunkt des Kosmos darstellt[177]. Während aber Nifo in dieser Denkfigur bereits die Lösung der Seelenfrage sah und sie dazu benutzte, die Psychologie aus dem Prokrustesbett der Naturphilosophie zu befreien und in eine zwischen Materialität und Immateria-

lität, Physik und Metaphysik angesiedelte mittlere Wissenschaft – *scientia
media* – zu verwandeln[178], betrachtet Pomponazzi, der Verteidiger der
Naturphilosophie, das neuplatonische Bild von der Mittelstellung der
gleichermaßen materiellen wie immateriellen, sterblichen wie unsterblichen Seele des Menschen nicht als die Lösung, sondern allenfalls als die
Beschreibung des Problems, deren «Sowohl – Als-auch» nicht Bestand
haben kann, sondern nach dem Satz vom Widerspruch in die Eindeutigkeit des «Entweder – Oder» aufgelöst werden muß[179].

So wie daher schon Pomponazzis Problemstellung wiederum entschieden naturphilosophisch und gegen die neuplatonischen Neuerungen gerichtet ist, ist es auch sein Lösungsansatz, der nicht primär um die Möglichkeit der Lokalisierung der menschlichen Seele in einer vorgegebenen
kosmologischen oder metaphysischen Ordnung besorgt ist, sondern –
ganz in der Tradition der Aristotelischen Psychologie – um die Erklär-
barkeit der als Funktionen der Seele verstandenen, beobachtbaren Phänomene.

Unter diesen Phänomenen gibt es nun zwei Bereiche, die die Annahme
einer immateriellen und unsterblichen Seele zu fordern scheinen: das Erkennen und das Wollen [IA 7; 55]: das Erkennen – *intelligere* –, weil es
alle materiellen und immateriellen Formen ohne die Bedingungen materiellen Seins erkennt [POP II 2–5], und das Wollen – *velle* –, weil es über die
materiellen Werte hinausreiche und erst nach diesem Leben zu seinem
letzten Ziel und Lohn gelange [POP II, 5–7]. Während Pomponazzi nun
die Argumente aus dem Bereich des Wollens – welche für die Unsterblichkeitslehre des Ficino von grundlegender Bedeutung gewesen waren – rigo-
ros bestreitet und statt ihrer in der Tradition der Stoa eine Ethik propagiert, die keiner transzendenten Ergänzung bedarf, da das menschliche
Wollen und Tun in Tugend und Laster seinen Lohn und seine Strafe bereits in sich trage [POP II, 21–25; IA 151–229], läßt sich eine immaterielle Komponente für den Bereich des Erkentnisgeschehens nicht prinzipiell
leugnen. Es ist jedoch durchaus zu fragen, ob sie – bei Abwägung der
materiellen und immateriellen Anteile – im Prozeß des Erkennens gewichtig genug ist, um dem Intellekt selbst, als Vermögen der Erkenntnis, Immaterialität zusprechen und für ihn einen entsprechenden Platz in der
Ordnung des Seins vorsehen zu können oder zu müssen.

Dies aber ist offenbar nicht der Fall. Denn mag auch der Intellekt im
Prozeß des Erkennens – im Unterschied zum Sinn im Prozeß des Wahr-
nehmens – keines körperlichen Organs bedürfen und daher «*ut subiecto*»
in seinem Tun vom Körper unabhängig sein, so kann er doch in Hinblick

auf die Erkenntnisinhalte, die in ihrer Verschiedenheit und Individualität von körperlichen Dispositionen bedingt sind [POP II, 76–81] und in jedem Erkenntnisakt in der zur materiellen Sinnlichkeit zählenden Vorstellung gegeben sein müssen, nicht ohne Körper tätig werden und ist daher *«ut objecto»* von diesem abhängig. Wenn aber Erkennen prinzipiell nicht ohne Vorstellung und damit ohne Körper möglich ist, gibt es – nach dem schon von Aristoteles vertretenen Prinzip[180] – keinen Grund, einen immateriellen Intellekt anzunehmen, der als solcher ohne Funktion und daher überflüssig wäre[181].

Es ist folglich im naturphilosophischen Sinne legitim – das heißt zur Erklärung der Phänomene ausreichend und zur Vermeidung unnötiger ontologischer Probleme ratsam –, die Frage der doppelten Natur der menschlichen Seele dahingehend zu entscheiden, daß der Intellekt, wie die anderen Vermögen der Seele, und damit die menschliche Seele als Ganze die aus der Möglichkeit der Materie entwickelte Form – *de potentia materiae educta forma* – des menschlichen Körpers ist, die sich jedoch in bestimmten Aspekten des Erkennens zu immateriellen Funktionen zu erheben vermag[182].

Pomponazzi kommt daher zu dem Ergebnis, daß die Seele von seinem naturphilosophischen Ansatz aus eindeutig eine natürliche, materielle Form und damit, wie alle natürlichen Formen, individuell und dem Werden und Vergehen unterworfen ist – womit die verteufelte Position des die Sterblichkeit der menschlichen Seele lehrenden spätantiken Aristoteles-Kommentators Alexander von Aphrodisias sich als jenes Modell erweist, das den Anforderungen der naturphilosophischen Betrachtungsweise angemessen ist[183]. Aber nicht die Aufwertung Alexanders, aufgrund deren die Position des Pomponazzi und seiner Nachfolger im Unterschied zu jener des Averroismus nicht ohne Grund als Alexandrismus bezeichnet worden ist[184], und auch nicht die mit der Veröffentlichung des Traktates von 1516 verbundene Verteidigung der naturphilosophischen Argumentation gegen theologische Bevormundung macht die psychologische Argumentation Pomponazzis so bedeutsam und folgenreich, sondern die Tatsache, daß er damit die Psychologie als Teil der in ihren Grenzen sich autonom erklärenden Naturphilosophie reklamiert und so – in Abwehr der magisch-neuplatonischen Dichotomie von natürlichen und übernatürlichen, beobachtbaren und okkulten Ursachen – die Natur als Ganze, in ihrer Einheit aus anorganischen Mechanismen und organischen Funktionen, zum Gegenstand der methodisch sich weiterentwickelnden empirischen Naturforschung macht.

V. ABSCHLUSS UND AUSBLICK

Die Philosophie des 15. Jahrhunderts hatte die radikale Erschütterung ihres Fundamentes bereits im 14. Jahrhundert erfahren, als im Gefolge des sich unwiderstehlich ausbreitenden Nominalismus die notwendige Entsprechung zwischen intramentalen Erkenntnisinhalten und extramentaler Wirklichkeit und damit der Realitätsbezug von philosophischem Denken und wissenschaftlichem Erkennen in Frage gestellt worden war. Die Philosophie hatte in der zweiten Hälfte des 14. und im 15. Jahrhundert auf diese Verunsicherung vor allem damit reagiert, daß sie alternative philosophische Modelle zur Beschreibung und Sicherung der Beziehung zwischen Mensch und Welt – vor allem das ciceronisch-rhetorische und das hermetisch-platonische – rezipierte und an die aktuelle Situation anpaßte, und sie war bemüht, dank der Autorität und der überwältigenden argumentativen Fülle dieser Modelle die Radikalität der Infragestellung abzumildern oder zu verschleiern. Die drei Strömungen der Philosophie des 15. Jahrhunderts – Humanismus, Neuplatonismus und Aristotelismus – erwiesen sich in diesem Lichte nicht als drei voneinander unabhängige, konkurrierende philosophische Ansätze, sondern als zwar in ihrer Strategie verschiedene, aber in ihrer Zielsetzung identische Anstrengungen im Rahmen eines gemeinsamen Unternehmens der Schadensbegrenzung und Rettung der Philosophie.

So hat der Humanismus die aristotelische Grundstruktur der Philosophie und Wissenschaften nicht als solche zu ersetzen versucht, aber er hat – unter Rückgriff auf die Fülle der neu zu entdeckenden antiken Schulen und Traditionen – die Wertungen und Akzente innerhalb dieser Struktur versetzt, hat statt des Seins das Werden, statt der Ewigkeit die Vergänglichkeit, statt des Jenseits das Diesseits, statt der *vita contemplativa* die *vita activa*, statt des Wahren das Gute, statt der Logik die Rhetorik, statt des Allgemeinen das Besondere, statt des Universalen das Partikulare, statt der Einheit die Vielheit gepflegt, hat in der Definition des Menschen als *animal rationale* die Vernunft in den Dienst des Lebens gestellt und die Moralphilosophie zur grundlegenden Disziplin, zur *prima philosophia*, die Philosophie zur Lebenskunst im weitesten Sinne werden lassen. Es ist die Philosophie des allseitig gebildeten und vielseitig tätigen Bürgertums, der Handwerker und Ingenieure, der Kaufleute und Bankiers, die hier ihren Anfang nimmt.

Auch der Florentiner Neuplatonismus läßt die aristotelische Grundstruktur der Philosophie unangetastet, statt aber, wie der Humanismus, sich im Inneren des ererbten Schulgebäudes neu einzurichten, errichtet er eine Kathedrale über dem scholastischen Lehrhaus, das den auseinanderdriftenden Ebenen von Universalität und Partikularität, von Einheit des Denkens und Vielheit des Seienden und der im Gefolge humanistischer Antikenrezeption zunehmenden Mannigfaltigkeit des Wissens eine kosmologisch begründete Statik und eine genealogisch gesicherte Dynamik verleiht. Der Neuplatonismus des 15. Jahrhunderts erweckt daher mit seiner Integration der christlich-religiösen Traditionen von Spätantike und Mittelalter und der Rückkehr des Vorranges kontemplativer Weltabgewandtheit leicht den Eindruck eines reaktionären Konservativismus.

Aber dieser Eindruck ist nur bedingt richtig, eröffnen doch der aus der neuplatonischen Liebesphilosophie erwachsende Ästhetizismus der Renaissance, der langfristig zur Konstitution des Systems der «Schönen Künste» führt, und die uneingeschränkte Verwendung magischer und alchemistischer Prinzipien zur Erklärung und Manipulation natürlicher Prozesse, die zumindest in der modernen Chemie ihre Fruchtbarkeit erweisen werden, neue Weisen der Weltzugewandtheit und bahnt der neuplatonische Anspruch auf theoretische Führerschaft gegenüber der Theologie den Weg für eine neue, von der Theologie unabhängige spekulative Philosophie, in der zukünftige Generationen von Philosophen, ich nenne nur die Vertreter des Deutschen Idealismus, ihre Wurzeln erkennen zu können glauben sollten.

Das Verdienst der vielgeschmähten und doch das Monopol der philosophischen Ausbildung und der verbindlichen philosophischen Terminologie behauptenden, von der Philosophiegeschichte eher schamvoll verschwiegenen und erst seit der Mitte des 20. Jahrhunderts allmählich wieder entdeckten aristotelisch-scholastischen Tradition scheint auf den ersten Blick vor allem auf ihrem Beharrungsvermögen zu beruhen, mit dem sie trotz aller Anfeindungen das übermäßige Ausufern unkontrollierter philosophischer Spekulation in die Schranken zu weisen und ein Minimum an philosophischer Solidität und Kontinuität und damit an Einheit der gelehrten Wahrheit und der gedeuteten Realität zu bewahren vermochte.

Aber auch hier täuscht der erste Eindruck, denn nicht das Beharrungsvermögen einer bewegungsunfähig gewordenen und verknöcherten Schule, sondern die Vitalität und Elastizität einer hochqualifizierten, zu Kritik und Selbstkritik fähigen philosophischen Klasse zeichnete den Aristotelismus der Renaissance aus und befähigte ihn, offen für alles Neue, auf die Probleme und Anstöße, mit denen er durch die wiederentdeckte antike Philosophie und Wissenschaft wie durch die neuen philosophischen Ansätze von Humanisten und Neuplatonikern konfrontiert wurde, zu reagieren.

So läßt sich, parallel zur anthropologischen Frage des Humanismus nach der «Würde des Menschen», in der aristotelischen Schulphilosophie eine Verschiebung des Schwerpunktes von der Metaphysik zur Seelenlehre hin beobachten, in der mit der kontroversen Diskussion über Wesen und Leistung des Intellektes als des dem Menschen spezifischen Seelenvermögens die Natur des Menschen als rationales Lebewesen zur Debatte steht; so wird die Forderung der Humanisten nach einer auf Erfahrung gegründeten Wissenschaft von der Natur unter Rückbesinnung auf die entsprechende Forderung bei Aristoteles bereitwillig aufgenommen und auf der Grundlage seines logischen «Organons» der Wissenschaften versucht, eine solche auf Beobachtung und Erfahrung gestützte Naturforschung methodologisch dazu zu befähigen, dessen formalen Ansprüchen an Wissenschaftlichkeit zu genügen. Schließlich werden, obwohl die humanistische Proklamation der Rhetorik als die übergeordnete und umfassende Argumentationslehre dem strengen aristotelischen Wissenschaftsbegriff diametral widersprach, unter dem Eindruck der humanistischen Verlautbarungen auch bei Lehrern der aristotelischen Logik Rhetorik und Poetik unter methodologischen Aspekten reflektiert und in der zweiten Hälfte des 16. Jahrhunderts im Rahmen einer argumentationstheoretisch erweiterten Logik ihren Platz finden[1].

Problematischer ist das Verhältnis zum Neuplatonismus, der sich gegenüber der auf Aristoteles gegründeten Schulphilosophie wie gegenüber der Theologie weniger als ein – sei es auch provokativer – Dialogpartner denn als feindlicher Konkurrent im Kampf um die theoretische Meinungsführung gerierte. Zu seiner Abwehr verbündet, werden die seit dem 12. Jahrhundert miteinander ringenden Modelle mittelalterlicher Realitätserklärung zu einem Kompromiß finden, in dem die Theologie dem auf den Intellekt bzw. den Geist – die *mens* – sich berufenden Neuplatonismus die Kompetenz für den Bereich des Übernatürlichen, der dem Menschen in göttlicher Offenbarung zugänglich ist, und die Philosophie ihm die Kompetenz für den Bereich des Natürlichen, dessen Kenntnis auf sinnlicher Wahrnehmung und Erfahrung beruht, abspricht. So ergibt sich jene Dreiteilung, die die Neuzeit beherrschen wird, von auf Offenbarung beruhendem Glauben der Theologie, auf der Vernunft beruhender Einsicht der Philosophie und auf der Erfahrung beruhender Erkenntnis der Wissenschaften.

Während sich daher in der Mitte des 14. Jahrhunderts – am Ende des Mittelalters und dem Beginn der Renaissance in Italien – die Philosophie in einer eher ausweglosen Situation befand, ist 150 Jahre später, zu Beginn des 16. Jahrhunderts, als die in Italien herangewachsene Renaissance sich auf ganz Europa auszubreiten beginnt, das Terrain soweit erforscht, daß sich eine Reihe von möglichen Wegen und vielversprechenden Zielsetzungen, eine Vielfalt von begründeten Fragestellungen und erprobten Verfahrensweisen erkennen lassen. In dieser Vielfalt scheint das stillschweigende Einvernehmen zwischen den philosophischen Strömungen, im Wettstreit um die besten Wege zur Erkenntnis der Wahrheit die Einheit der Philosophie nicht aufzugeben, seine Tragfähigkeit verloren zu haben. An seine Stelle scheint – wie am von Nifo und Pomponazzi eröffneten Dualismus beispielhaft deutlich wird – ein Gegeneinander in Destruktion der alten und Konstruktion neuer Ordnungen getreten zu sein, das sich zur Pluralität der *considerationes*, der Ansätze und Methoden, bekennt, die sich, wenn man über die Jahrhunderte hinweg auf sie zurückblickt, als verläßliche Leitlinien für das Fortschreiten von Philosophie und Wissenschaften in die Neuzeit bewährt haben[2].

ANMERKUNGEN

I. EINLEITUNG: VOM SPÄTEN MITTELALTER BIS ZUM ENDE DES 15. JAHRHUNDERTS

1 «Humanismus» erstmals bei Fr. I. Niethammer: «Der Streit des Philanthropinismus und des Humanismus in der Theorie des Erziehungsunterrichtes unserer Zeit», Jena 1808, Repr. Weinheim 1968; als Epochenbegriff bei Georg Voigt: «Die Wiederbelebung des classischen Alterthums oder das erste Jahrhundert des Humanismus», 2 Bde., Berlin 1859, ⁴1960. Der Renaissancebegriff erstmals bei J. Michelet: «Histoire de France», Bd. 7: «Histoire de France au seizième siècle (Renaissance)», Paris 1857, dann, grundlegend, J. Burckhardt: «Die Kultur der Renaissance in Italien», 1860 (viele Auflagen). Zum Renaissanceproblem vgl. A. Buck (Hg.): «Zu Begriff und Problem der Renaissance», Darmstadt 1969; W. K. Ferguson: «The Renaissance in Historical Thought. Five Centuries of Interpretation», Cambridge, Mass. 1948.
2 H. Weisinger: «The Renaissance Theory of the Reaction against the Middle Ages as a Cause of the Renaissance», in: «Speculum» 2 (1945), 461–467; A. Buck (Hg.): Zu Begriff und Problem ... (s. oben, Anm. 1), 1–17, 228–244.
3 Vgl. «Epistola sine nomine 4», in: P. Piur: «Petrarcas ‹Buch ohne Namen› und die Päpstliche Kurie», Halle/Saale 1925, 173–184; «Ep.fam. XVIII, 1», in: «Le familiari» (= Epistolae familiares), hg. v. V. Rossi/U. Bosco, 4 Bde., Florenz 1933–42 (= Edizione Nazionale delle Opere di Francesco Petrarca, Bd. X–XIII).
4 Vgl. W. Röd: «Die Philosophie der Neuzeit 1: Von Francis Bacon bis Spinoza» (= Geschichte der Philosophie, hg. v. W. Röd, Bd. VII), München ²1999.
5 Vgl. P. O. Kristeller: «Die humanistische Bewegung», in: ders.: «Humanismus und Renaissance I», München 1974, 12–16 (= «The Classics and Renaissance Thought», Cambridge, Mass. 1955).
6 Vgl. W. Röd: «Die Philosophie der Neuzeit 2: Von Newton bis Rousseau» (= Geschichte der Philosophie, hg. v. W. Röd, Bd. VIII), München 1984.
7 Zur Geschichte der Renaissance im allgemeinen vgl. E. Hassinger: «Das Werden des neuzeitlichen Europa. 1300 bis 1600», Braunschweig 1966; R. Ruggiero/A. Tenenti: «Die Grundlegung der modernen Welt. Spätmittelalter, Renaissance, Reformation» (= Fischer Weltgeschichte Bd. 12), Frankfurt 1967; J.-Cl. Margolin (Hg.): «L'avènement des temps modernes», Paris 1977 (= Peuples et civilisations, Bd. VIII); J. Engel (Hg.): «Die Entstehung des neuzeitlichen Europa», Stuttgart 1971 (= Handbuch der Europäischen Geschichte, Bd. III); W. T. Waugh u. a. : «The Close of the Middle Ages» (=The Cambridge Medieval History, Bd. 8), Cambridge 1936; G. R. Potter (Hg.): «The Renaissance 1493–1520», Cambridge 1957 (= The New Cambridge Modern History, Bd. 1); G. R. Elton/R. B. Wernham (Hg.): «The Counter-Reformation and Price Revolution 1559–1610», Cambridge 1968 (= The New Cambridge Modern History, Bd. 3); P. Renucci u. a. (Hg.): «Dalla caduta dell'impero romano al secolo XVII», Turin 1974 (= Storia d'Italia Bd. II, 2); W. Goez: «Grundzüge der Geschichte Italiens in Mittelalter und Renaissance», Darmstadt 1975.
8 W. Ullmann: «Medieval Foundations of Renaissance Humanism», London 1977.
9 E. Fueter: «Geschichte des europäischen Staatensystems von 1492–1559»,

München/Berlin 1919; W. Platzhoff: «Geschichte des europäischen Staatensystems von 1559–1660», München/Berlin 1928.

10 F. Meinecke: «Die Idee der Staatsraison in der neueren Geschichte», 1924; Stuttgart/München/Darmstadt²1960.

11 «The Cambridge Economic History of Europe», 3 Bde., Cambridge 1941–1963; H. Pirenne: «Sozial- und Wirtschaftsgeschichte Europas im Mittelalter», München 1971 (= UTB 33).

12 R. Ruggiero/A. Tenenti: Die Grundlegung der modernen Welt ... a. a. O. (oben, Anm. 7), 9–47.

13 A. v. Martin: «Soziologie der Renaissance», 1932; ³München 1974.

14 J. Dolch: «Lehrplan des Abendlandes», Ratingen 1965; Eugenio Garin: «Geschichte und Dokumente der abendländischen Pädagogik», 3 Bde., Reinbek, 1964–1967 (= L'educazione in Europa. 1400–1600, Bari 1957); W. H. Woodward: «Studies in Education during the Age of the Renaissance», Cambridge 1906; E. Garin (Hg.): «Il pensiero pedagogico dell'Umanesimo», Florenz 1958; F. Battaglia (Hg.): «Il pensiero pedagogico del Rinascimento», Florenz 1960.

15 W. Ullmann: «Medieval Foundations of Renaissance Humanism», a. a. O. (oben, Anm. 8); P. O. Kristeller: «Humanismus und Scholastik in der italienischen Renaissance», in: ders.: «Humanismus und Renaissance I», a. a. O. (oben Anm. 5), 87–111 (= «Humanism and Scholasticism in the Italian Renaissance», in : «Byzantion» 17, 1944–45, 346–374).

16 «Itinerarium Italicum. The Profile of the Italian Renaissance in the Mirror of its European Transformations», hg. v. H. A. Oberman/Th. A. Brady, Leiden 1975.

17 «Constitutiones Societatis Jesu cum earum declarationibus», Pars IV, Rom 1583; «Ratio studiorum et Institutiones Societatis Jesu per Germaniam diu vigentes collectae, concinnatae dilucidatae», hg. v. G. M. Pachtler S. J., 4 Bde., Berlin 1887–94 (= Mon. Germ. Paed., Bd. II, V, IX, XVI).

18 P.O. Kristeller: «Die humanistische Bewegung», in: ders.: «Humanismus und Renaissance I», a. a. O. (oben, Anm. 5), 11–29; A. Campana: «The Origin of the Word Humanist», in: «Journal of the Warburg and Courtauld Institutes» 9 (1946), 60–75.

19 G. Cammelli: «Manuele Crisolora», Florenz 1941.

20 H. Baron: «The ‹Querelle› of the Ancients and the Moderns as a Problem for Renaissance Scholarship», in: «Journal of the History of Ideas» 20 (1959), 3–22; A. Buck: «Aus der Vorgeschichte der ‹Querelle des anciens et des modernes› in Mittelalter und Renaissance», in: ders.: «Die humanistische Tradition in der Romania», Bad Homburg 1968, 75–91.

21 P.O. Kristeller: «Ursprung und Entwicklung der italienischen Prosasprache», in: Ders.: «Humanismus und Renaissance II», München 1976, 132–148 (= «The Origin and Development of the Language of Italian Prose», in: «Word» 2, 1964, 50–65).

22 Vgl. N. Kretzmann/A. Kenny/J. Pinborg (Hg.): «The Cambridge History of Later Medieval Philosophy. From the Rediscovery of Aristotle to the Desintegration of Scholasticism 1100–1600», Cambridge 1982; John Marenbon: «Later Medieval Philosophy (1150–1350). An Introduction», London/New York 1987; K. Flasch: «Das philosophische Denken im Mittelalter. Von Augustin zu Machiavelli», Stuttgart 1986.

23 P. O. Kristeler: «Die aristotelische Tradition», in: Ders.: «Humanismus und Renaissance I», a. a. O. (oben, Anm. 5), 30–49; B. G. Dod: «Aristoteles latinus», in: N. Kretzmann/A. Kenny/J. Pinborg (Hg.): «The Cambridge History of Later

Medieval Philosophy», a. a. O. (oben, Anm. 22), 45–79; C. H. Lohr: «The medieval interpretation of Aristotle», ebd., 80–98; F. van Steenberghen: «Die Philosophie im 13. Jahrhundert», Paderborn 1977 (= «La philosophie au XIIIᵉ siècle», Louvain 1966).

24 Das Verbannungsdekret mit den verbotenen Thesen bei P. Mandonnet: «Siger de Brabant et l'Averroisme Latin au XIIIᵐᵉ siècle», Louvain 1908, Bd. II, 175–191; mit dt. Übers. in: K. Flasch: «Aufklärung im Mittelalter? Die Verurteilung von 1277», Mainz 1989 (= Excerpta classica Bd. VI).

25 Johannes Duns Scotus: «Quaestiones in Librum I Sententiarum», in: «Opera», Lyon 1639, Bd. V,2, fol. 1299 ff.; 1368 ff. (Nachdruck Hildesheim 1968).

26 Vgl. N. Kretzmann/A. Kenny/J. Pinborg (Hg.): «The Cambridge History of Later Medieval Philosophy, a. a. O. (oben, Anm. 22), 125–157.

27 Petrus Abaelard: «Logica ingredientibus», hg. v. B. Geyer, Münster 1919–27 (= «Beiträge zur Geschichte und Theologie des Mittelalters», Bd. XXI, 1–3). Vgl. K. Flasch, a. a. O. (oben, Anm. 24), 233–261; 475–480.

28 M. H. Carré: «Realists and Nominalists», London 1946.

29 Vgl. Wilhelm von Ockham: «Texte zur Theorie der Erkenntnis und der Wissenschaft», lt./dt. hg. v. R. Imbach, Stuttgart 1984.

30 Heinrich Rombach: «Substanz, System, Struktur», Freiburg/München 1965, Bd. I.

31 Gordon Leff: «The Dissolution of the Medieval Outlook. An Essay on the Intellectual and Spiritual Change in the 14ᵗʰ Century», New York 1976.

32 Hans Blumenberg: «Säkularisierung und Selbstbehauptung», Frankfurt/M. 1976 (= 2. Aufl. v. «Die Legitimität der Neuzeit», Frankfurt 1966, T. 1–2).

33 Zu Descartes vgl. W. Röd: «Die Philosophie der Neuzeit 1: Von Francis Bacon bis Spinoza», München ²1999 (= Geschichte der Philosophie, hg. v. W. Röd, Bd. 7).

34 J. Brucker: «Historia critica philosophiae a mundi incunabilis ad nostram usque aetatem deducta», Leipzig, 1742; ²1766/67, 6 Bde., davon Bd. 4 und 5, 1–144 die Renaissance betreffend.

35 G. W. F. Hegel: «Vorlesungen zur Geschichte der Philosophie», Frankfurt/M. 1971, 11–60 (= Suhrkamp Werkausgabe, Bd. 20).

36 W. Dilthey: «Weltanschauung und Analyse des Menschen seit Renaissance und Reformation», Göttingen 1913, ⁹1970.

37 E. Cassirer: «Individuum und Kosmos in der Philosophie der Renaissance», Leipzig 1921; Darmstadt ³1977.

38 E. Cassirer: «Das Erkenntnisproblem in der Philosophie und Wissenschaft der neueren Zeit», Bd. 1, Darmstadt ³1974.

39 G. Gentile: «Il carattere del Rinascimento», in: «Opere complete», Bd. 11, Florenz 1955, 17 ff.

40 E. Bloch: «Vorlesungen zur Philosophie der Renaissance», Frankfurt/M. 1972.

41 E. Garin: «Der italienische Humanismus», Bern 1947; ders.: «Medioevo e Rinascimento», Bari 1961.

42 P. O. Kristeller: «Humanismus und Renaissance» I und II, hg. v. E. Keßler, München 1974/1976 (= Humanistische Bibliothek I, Bd. 21/22).

43 E. Grassi: «Der Beginn des modernen Denkens. Von der Leidenschaft und der Erfahrung des Ursprünglichen», in: «Geistige Überlieferung. Ein Jahrbuch», 1940, 36 ff.; «Die Verteidigung des individuellen Lebens. Studia humanitatis als philosophische Überlieferung», Bern 1946.

44 Vgl. oben, Anm. 32.

II. DER ITALIENISCHE HUMANISMUS BIS ZUM ENDE DES 15. JAHRHUNDERTS

1 E. Grassi: «Der Beginn des modernen Denkens. Von der Leidenschaft und der Erfahrung des Ursprünglichen», in: «Geistige Überlieferung». Ein Jahrbuch», I (1940), 36–84.

2 A. Campana: «The origin of the word ‹humanist›, in: «Journal of the Warburg and Courtauld Institutes» 9 (1956) 60–73.

3 Die enge Beziehung, in der die Humanisten trotz ihrer offenen Polemik zur zeitgenössischen spätscholastischen Philosophie standen, ist erst in den letzten Jahrzehnten aufgedeckt worden und bedarf weiterer philosophiehistorischer Forschung. Vgl. vor allem E. Garin: «La cultura fiorentina nella seconda metà del Trecento e i barbari Britanni», in: ders.: «L'età nuova», Neapel 1969, 139–166; Th. E. James: «Peter Alboini of Mantua: Philosopher – Humanist», in: «Journal of the History of Philosophy» 12 (1974) 161–170; C. Dionisotti: «Ermolao Barbaro e la fortuna di Suiseth», in: «Medioevo e Rinascimento. Studi in onore di Bruno Nardi», Florenz 1955, 219–253; C. Vasoli: «Polemiche Occamiste», in: «Rinascimento» 3 (1952) 119–141; K. Flasch: «Giovanni Boccaccio: Poesie nach der Pest», Mainz 1992, 138–143 (= «excerpta classica» 10).

4 E. Keßler: «Humanist Thought: A Response to Scholastic Philosophy», in: «Res Publica Litterarum» II (1979), 149–166.

5 H. Gray: «Renaissance Humanism: The Pursuit of Eloquence», in: «Journal of the History of Ideas» 24 (1963) 497–514. Sehr negativ E. Cassirer: «Individuum und Kosmos in der Philosophie der Renaissance» 1927, ³Darmstadt 1963, 1.

6 Vgl. Aristoteles, «Rhetorik» I, 2; 1357a 1 ff.; Ch. Perelman: «L'empire rhétorique. Rhétorique et argumentation», Paris 1977.

7 Vgl. zu FRANCESCO PETRARCA (1304–1374):
Biographie: E. H. Wilkins: «Life of P.», Chicago 1961; U. Dotti: «Vita di P.», Bari 1992.
Chronologie seiner Werke: E. H. Wilkins: «A Chronological Conspectus of the Writings of P.», in: «The Romanic Review» 39 (1948), 89–101; zur Datierung der Briefe E. H. Wilkins: «P's Correspondance», Padua 1960.
Bibliographie: E. Calvi: «Bibliografia analitica petrarchesca 1877–1904», Rom 1904; W. Totok: «Handbuch der Geschichte der Philosophie III: Renaissance», Frankfurt/M. 1980, 99–110; Ch. B. Schmitt u. a. (Hg.): «The Cambridge History of Renaissance Philosophy»[CHRP], Cambridge 1988, 831; E. Keßler: «Ausgewählte Bibliographie zur Einführung in das lateinische Werk Petrarcas», in: «Francesco Petrarca: De remediis utriusque fortunae», lt./dt., ausgew. und hg. v. R. Schottlaender, München ²1988, 261–271 (= Humanistische Bibliothek II,18); R. Speck/F. Neumann (Hg.): «F. P. 1304–1374: Werk und Wirkung im Spiegel der Bibliotheca Petrarchesca Reiner Speck», Köln 2004; L. Marcozzi: «Bibliografia petrarchesca 1989–2003», Florenz 2005 (= «Biblioteca di bibliografia italiana» 183).
Ausgaben: Die Edizione Nazionale [EN] der Werke Petrarcas ist noch nicht vollständig; erschienen sind: Bd. I: «Africa» [EN I], hg. v. N. Festa, Florenz 1926; Bd. II: «De viris illustribus» [EN II], hg. v. G. Martellotti, Florenz 1964 ; Bd. X-XIII: «Le familiari» (= «Epistolae familiares») [EN X-XIII], hg. v. V. Rossi/U. Bosco, Florenz 1933–42; Bd. XIV: «Rerum memorandarum libri» [EN XIV], hg. v. G. Billanovich, Florenz 1945. Zuverlässige Editionen

von einigen Schriften bietet der Band F. Petrarca: «Prose» [P], hg. v. G. Martellotti, P. G. Ricci; E. Carrara, E. Bianchi, Mailand/Neapel 1955.
Kritische Einzeleditionen: «Le familiari» (= Familiarium rerum libri), lt./it. hg. v. U. Dotti, 3 Bde. (lt./franz. hg. v. A. Longpré/U. Dotti/F. La Brasca, 5 Bde., Paris 2002); «Senilium rerum libri», lt./franz. hg. v. E. Nota/U. Dotti/F. La Brasca, 4 Bde., Paris 2002; «Rerum senilium libri I – IV», lt./it. hg. v. S. Rizzo, Florenz 2006; «Lettere disperse», lt./it. hg. v. A. Pancheri, Parma 1994; «De gestis Cesaris», lt./it. hg. v. G. Crevatin, Pisa 2003; «De viris illustribus», lt./it. hg. v. F. di Silvano, 3 Bde., Florenz 2006–2007; «De otio religioso» [OR], hg. v. G. Rotondi, Città del Vaticano 1958; «Remedies for Fortune Fair and Foul – A Modern English Translation of ‹De remediis utriusque Fortune›», with a commentary, hg. v. C. H. Rawski, 5 Bde., Indiana U. P. 1991; «Invective contra medicum» [INV.], hg. v. P. G. Ricci, Rom 1950; «Invectives», lt./engl. hg. v. D. Marsh, Cambridge, Mass. 2003; „Contra eum qui maledixit Italie», lt./it. hg. v. M. Berté, Florenz 2005; „Invective contra medicum / Invectiva contra quendam magni status hominem sed nullius scientie aut virtutis», lt./it. hg. v. F. Bausi, Florenz 2005. Im übrigen ist zu benutzen die Ausgabe der «Opera omnia» [OP], Basel 1554, Repr. Ridgewood, N.Y. 1965.
Deutsche Übersetzungen: «Brief an die Nachwelt / Gespräche über die Weltverachtung / Von seiner und vieler Leute Unwissenheit», dt. v. H. Hefele, Jena 1910; «Briefe», ausgew. und übers. v. H. Nachod/P. Stern, Berlin 1931; «Heilmittel gegen Glück und Unglück/De remediis utriusque fortunae» [HGU], lt./dt. ausgew. und hg. v. R. Schottlaender, München ²1988 (= Humanistische Bibliothek II, 18); «Über seine und vieler anderer Unwissenheit» [UN], lt./dt. hg. v. K. Kubusch, Hamburg 1993; «Die Besteigung des Mont Ventoux», lt./dt. hg. v. K. Steinmann, Stuttgart 1995; «Secretum meum/Mein Geheimnis», lt./dt. hg. v. G. Regn, Mainz 2004 (= «excerpta classica» 21); «Familiaria/Briefe der Vertraulichkeiten», Buch 1–12, übers. v. Berthe Widmer, Berlin 2005; «Africa», lt./dt. hg., übers. und mit einem Nachw. von B. Huss, Mainz 2007 (= «excerpta classica» 24); «Ep. fam. VI, 4 [EN XI, 77–80] und XX,4 [EN XIII, 13–22], lt./dt. hg. v. E. Keßler, in: S. Ebbersmeyer u. a. (Hg.): «Ethik des Nützlichen. Texte zur Moralphilosophie im italienischen Humanismus», München 2007, 44–71 (= Humanistische Bibliothek II, 36).
Gesamtdarstellungen: G. Billanovich: «P. letterato», Rom 1947; W. Handschin: «F. P. als Gestalt der Historiographie», Basel 1964; U. Bosco: «F. P.», Bari 1965; A. Tripet: «P. ou la connaissance de soi», Genf 1967; H. W. Eppelsheimer: «P.», ²Frankfurt 1971; G. Billanovich/G. Frasso (Hg): «Il P. ad Arquà», Padua 1975; A. S. Bernardo (Hg): «F. P., Citizen of the World», Padua/Albany, N.Y., 1980; N. Mann: «P.», Oxford 1984; F. Neumann: «F. P.», Reinbek 1998; K. A. E. Enenkel: «P. and his readers in the Renaissance», Leiden 2006; L. Rotondi Secchi Tarugi (Hg.): «F. P.: l'opera latina: tradizione e fortuna», Florenz 2006 (= Atti del XVI convegno internazionale, Chianciano – Pienza, 19–22 luglio 2004); A. Aurnhammer: «F. P. in Deutschland. Seine Wirkung in Literatur, Kunst und Musik», Tübingen 2006; G. Belloni: «F. P. da Padova all'Europa», Rom 2007 (= «Atti del convegno internazionale di studi, Padova, 17–18 giugno 2004»).
Philosophie: K. Heitmann: «Fortuna und Virtus. Eine Studie zu P.s Lebensweisheit», Köln/Graz 1957; K. O. Apel: «Die Idee der Sprache in der Tradition des Humanismus von Dante bis Vico», Bonn 1963; P. O. Kristeller: «Acht Philosophen der italienischen Renaissance», dt. v. E. Blum, Weinheim

1986, 1–16; J.E. Seigel: «Rhetoric and Philosophy in Renaissance Human-
ism. The Union of Eloquence and Wisdom», P. to Valla», Princeton 1968;
U. Dotti: «P. civile. Alle origini dell'intellettuale moderno», Rom 2001;
J. Küpper: «P.: Das Schweigen der Veritas und die Worte des Dichters», Berlin
2002; E. Keßler: «P. und die Geschichte. Geschichtsschreibung, Rhetorik,
Philosophie im Übergang vom Mittelalter zur Neuzeit», München 1978,
²2004 (= Humanistische Bibliothek I, 25); ders.: «P. der Philosoph», in:
R. Speck/F. Neumann (Hg.): «F. P. 1304–1374: Werk und Wirkung im Spiegel
der Bibliotheca Petrarchesca Reiner Speck», Köln 2004, 79–94; L. Marcozzi:
«P. platonico», Rom 2005; H. Grote: «Petrarca lesen», Stuttgart 2006; F.-
H. Robling: «Redner und Rhetorik. Studie zur Begriffs- und Ideengeschichte
des Rednerideals», Hamburg 2007.

8 Vgl. zur philologischen Leistung Petrarcas P. de Nolhac: «P. et l'humanisme»,
Paris 1907, Repr. Turin 1959; G. Billanovich: «La tradizione del testo di Livio
e le origini dell'umanesimo», 2 Bde., Padua, 1981/82; B. König: «P. und die
Philologie», in: R. Speck/F. Neumann (Hg.): «F. P. 1304–1374 …, a. a. O. (oben,
Anm. 7), 105–116.

9 Vgl. zum Problem der Dichterkrönung E. H. Wilkins: «The Coronation of P.»,
in: ders.: «The Making of the Canzoniere and other Petrarchean Studies», Rom
1951, 9–69.

10 Zu Petrarcas politischem Engagement vgl. P. Piur: «P.s ‹Buch ohne Namen› und
die päpstliche Kurie», Halle 1925 (mit Edition der politischen Briefe des «Liber
sine nomine»); R. de Mattei: «Il sentimento politico del P.», Florenz 1944;
I. Bonincontro (Hg.): «P. politico», Rom 2006 (= «Atti del convegno, Roma –
Arezzo, 19–20 marzo 2004»).

11 Zum Erfolg von «De remediis» (28 Drucke zwischen 1474 und 1756 und mehr
als 50 Übersetzungen in 9 verschiedene Sprachen, davon 13 ins Deutsche) vgl.
W. Fiske: «F. P.'s Treatise De remediis utriusque fortunae», Florenz 1888.

12 Vgl. P. O. Kristeller: «P.'s Averroists», in: «Bibliothèque d'Humanisme et Renaissance» 14 (1952), 59–65.

13 Vgl. E. Keßler: «P. und die Geschichte», a. a. O. (oben, Anm. 7), 133 f.

14 Vgl. z. B. Coluccio Salutati: «Epistolario», hg. v. F. Novati, Rom 1891–1905,
Bd. I, 170.

15 Das geschieht z. B. in «De sui ipsius et multorum ignorantia», nachdem man
ihm vorgeworfen hatte, er sei ein herzensguter Mensch, aber recht ungebildet
(«sine litteris virum bonum»; [P 714]).

16 Dante, «Inferno» IV, 131.

17 W. Rüegg: «Cicero und der Humanismus. Formale Untersuchungen über Petrarca und Erasmus», Zürich 1946; A. Bobbio: «Seneca e la formazione spirituale e culturale del Petrarca», in: «La Bibliofilia» 53 (1942), 224–290. Von
Platon kannte Petrarca die im Mittelalter übersetzten Werke Phaidon, Menon
und den Timaioskommentar des Chalcidius und besaß er darüber hinaus eine
griechische Handschrift, die er allerdings nicht verstehen konnte (vgl. P. de Nolhac, a. a. O. (oben, Anm. 8) II, 127 ff.). Zur Überordnung Platons über Aristoteles vgl. «De sui ipsius et multorum ignorantia» (P 750 ff). Für sein Verhältnis
zu Augustinus vgl. P. Courcelle: «Pétrarque entre S. Augustin et les Augustins
du XIVième siècle», in: «Atti del III Congresso dell'Ass. per gli studi di lett.ital.»,
Bologna 1961, 51–71; P. P. Gerosa: «Umanesimo cristiano del Petrarca. Influen-
za Agostiniana, attinenze medievali», Turin 1966.

18 Am deutlichsten im Vorwort zu «De remediis utriusque fortunae» ([OP 3]:
«Quid enim de re qualibet iudicare possum nisi quod sentio? Nisi forte compel-

lar, ut iudicio iudicem alieno, quod qui facit, iam non ipse iudicat, sed iudicata commemorat.» Auch die antiken Autoren waren Menschen und daher dem Irrtum verfallen ([P 718 f.; 750: Aristoteles]; [EN XIII, 224: Cicero]), sie müssen daher an der Erfahrung überprüft werden ([OP 123; 916]; [EN XII,348]: «Sciebam hanc esse sententiam Salomonis; at inexperta vix credimus, experta non credimus, sed novimus; iam non mihi credulitas rei huius sed notitia certa est»). In die gleiche Richtung führt auch Petrarcas Theorie der *imitatio* ([EN X, 39 ff.; XIII, 108; 206]) vgl. E. Keßler: «Petrarca und die Geschichte», a. a. O. (oben, Anm. 7), 169–182.

19 Zu Petrarcas akademischer Skepsis vgl. die Selbstaussagen [EN XI, 55; XIV, 214]. Für eine allerdings zu extensive Interpretation dieser Skepsis vgl. J. Ohren: «The Sceptics of the Italian Renaissance», 1908, Nachdr. London 1970, 113; G. Gentile: «Storia della filosofia italiana fino a Lorenzo Valla» (= Opere Bd. 11), Florenz 1962, 225.

20 Vgl. zum Verhältnis von Philosophie und göttlicher Offenbarung [EN XI, 55 f.]; zur Einheit der Wahrheit [EN X, 136] («Quis, inquis, hoc loquitur? Quid refert? Si dictum probas, quid queris auctorem. Omne verum, ut ait Augustinus, a veritate verum est. Ego hoc loquor. An forte tu negas? Loquitur experientia que mentiri non solet; loquitur veritas, que mentiri non potest. Quodsi mortalem poscis autorem, loquitur hoc peritissimus rerum talium, Iuvenalis») [EN XIII, 76; OP 214; 222 (unter Berufung auf Aristoteles)]; zur Unerreichbarkeit der letzten Wahrheit [OR 38,14 ff.; 39, 5–8].

21 Eine deutsche Übersetzung findet sich außer in [UN] in F. Petrarca: «Brief an die Nachwelt ...» a. a. O. (oben, Anm. 7).

22 Vgl. dazu auch [OP 880; 1009]. P. O. Kristeller: «Petrarch's Averroists», in: «Bibliothèque d'Humanisme et de la Renaissance» 14 (1952), 59–65.

23 Für Petrarca wie für seine Zeitgenossen bezeichnet der Begriff der Dialektik die Logik. Zu seiner Polemik gegen die Dialektik vgl. [EN X, 35 ff.; P 52; OP 2; 57; INV 51]. Vgl. auch E. Garin: «Petrarca e la polemica contro i ‹moderni›», in: ders.: «Rinascite e rivoluzioni», Bari 1976, 71–88; C. Vasoli: «La dialettica e la retorica. ‹Invenzione› e ‹Metodo› nella cultura del XV e XVI secolo», Mailand 1968, 9–27.

24 Für die Theologie vgl. [EN XI, 312; XII, 213; OP 57]; für die Medizin vgl. [INV 80]; für die Ausbildung der Jugend vgl. [P 52; EN X, 35 f.].

25 Die prinzipielle Wandelbarkeit und Unsicherheit der menschlichen Realität: [EN XIII, 138]. Die Sicherheit des Todes: [EN X, 22; XI, 42; 314 sq.; XIII, 4; 111; 220; OP 819].

26 Vgl.. [EN XI, 314]. Zu diesem Topos, dessen Quelle Cicero (Tusculanen V, 4,10) ist, bei den Humanisten vgl. A. Buck: «Die humanistische Polemik gegen die Naturwissenschaften», in: ders.: «Die humanistische Tradition in der Romania», Bad Homburg 1968, 154.

27 Vgl. [EN XIII, 20], wo Petrarca eine Reihe von Beispielen aus der Bibel aufzählt, denen zufolge Gott selbst seine eigenen Gebote übertreten hat. Für die parallele Argumentation bei den zeitgenössischen Schulphilosophen vgl. E. Hochstetter: «*Viator mundi*. Einige Bemerkungen zur Situation des Menschen bei Wilhelm von Ockham», in: «Franziskanische Studien» 32 (1950), 1–20; Ch. Trinkaus: «In Our Image and Likeness», Chicago 1970, Bd. I, 3 ff.

28 Cf. [EN XIII, 13–22], wo Petrarca das Problem der Ethik exemplarisch diskutiert und den mittelalterlichen *viator mundi* als *experimentator vitae* umdefiniert. Zur Bedeutung des Lebensplanes bzw. der jeweiligen Absicht – *propositum* – vgl. auch [EN XI, 55].

29 Zentral für das Problem Providentia – Fortuna – Virtus ist [OP 924 ff.], vgl.
E. Keßler: «Petrarca und die Geschichte», a. a. O. (oben, Anm. 7), 141–158;
K. Heitmann: «Fortuna und Virtus, a. a. O. (oben, Anm. 7). Zum Problem der
Fortuna in der Renaissance generell A. Doren: «Fortuna im Mittelalter und in
der Renaissance», in: «Vorträge der Bibliothek Warburg» II,1, Berlin/Leipzig
1924, 71–144.

30 Zentral dafür die Vorrede zur 2. Fassung von «De viris illustribus» (P 218–226),
wo die nachantike Geschichte als nicht darstellenswert und «dunkel» bezeichnet wird, da sie nicht die *virtus* der Handelnden aufzeige [P 222] und damit das
Ziel der Geschichtsschreibung, *virtus* zu vermitteln [P 224], verfehle.

31 Petrarcas Theorie des historischen Beispiels als mittelbare Selbsterfahrung [EN
XI, 77–80]; seine «Rerum memorandarum libri» [EN XIV] sind der Versuch,
historische Beispiele unter moralphilosophischen Gesichtspunkten zu systema-
tisieren. Zum Topos von der Geschichte als Lehrmeisterin des Lebens cf. R. Koselleck: «Historia magistra vitae. Über die Auflösung des Topos im Horizont
neuzeitlich bewegter Geschichte» in, «Natur und Geschichte. Karl Löwith zum
70. Geburtstag», Stuttgart 1967, 196–219; E. Keßler: «Historia magistra vitae.
Zur Rehabilitation eines überwundenen Topos», in: R. Schörken (Hg): «Der
Gegenwartsbezug der Geschichte», Stuttgart 1982.

32 Vgl. «De remediis utriusque fortunae» II, 93 [OP 211 ff.] dt. Übers. [HGU 189
206]. Dazu Ch. Trinkaus: «In Our Image and Likeness», a. a. O. (oben,
Anm. 27), Bd. I, 179 ff.; E. Keßler: «Petrarca und die Geschichte», a. a. O. (oben,
Anm. 7), 173–177.

33 Vgl. Petrarcas eigenes Eingeständnis dieser Tatsache [EN X, 9]. Versuche, diese
Tatsache zu erklären, u. a. bei K. Heitmann: «Fortuna und Virtus», a. a. O.
(oben, Anm. 7), 256; U. Bosco: «F. P.», a. a. O. (oben, Anm. 7), 83–93; H. Baron: «Petrarch: His Inner Struggles and the Humanistic Discovery of Man's
Nature», in: «Florilegium Historiale. Essays Presented to W. K. Ferguson», Toronto 1971, 18–51; E. Keßler: «Petrarca und die Geschichte», a. a. O. (oben,
Anm. 7), 159 ff.

34 Hierher gehört nicht nur die rhetorische Topik als Lehre der Argumentenfin-
dung (vgl. Cicero, «Topica»), sondern auch die Forderung, der Redner müsse
«in utramque partem disputare» können (Cicero: «De oratore» III, 27, 107)
und *copiose*, reich an Argumenten, sprechen (cf. Cicero: «De oratore» III, 31,
125 ff.).

35 Vgl. die Forderung des *apte dicere*, d. h. daß die Rede dem Redner, dem Zuhörer und dem Sachverhalt angemessen zu sein habe (cf. Cicero, «De oratore» III,
54, 210).

36 Dies drückt sich aus in der Forderung, der Redner müsse nicht nur belehren
(docere), sondern auch bewegen *(movere)* (vgl. Cicero, «De oratore» I, 8, 30 ff.).
Auf die Unfähigkeit, die voluntative Vermögen des Menschen anzusprechen,
zielt Petrarcas Kritik an der mangelnden Eloquenz des zeitgenössischen Aristotelismus (vgl. P 744 ff.), durch sie unterscheidet sich die Wortfülle der «Dialek-
tiker» *(loquacitas)* von der Beredsamkeit des wahren Philosophen, vgl. [P 534].
Petrarca selbst schrieb nur eine fragmentarische Rhetorik in seinem Brief «De
studio eloquentie» [EN X, 45 ff.].

37 Vgl. zu COLUCCIO SALUTATI (1331–1406):
Biographie: F. Novati: «La giovinezza di C. S., 1331–1353», Turin 1888;
B. L. Ullman: «The Humanism of C. S.», Padua 1963; A. Petrucci: «C. S.»,
Rom 1972; G. R. Witt: «Hercules at the Crossroads. The Life, Works and
Thought of C. S.», Durham, N. C. 1983.

Bibliographie: Totok, a. a. O. (oben, Anm. 7), 110–112; Schmitt: CHRP, a. a. O. (oben, Anm. 7), 835.

Ausgaben: «Epistolario» [EP], hg. v. F. Novati, 4 Bde., Rom 1891–1904; «De tyranno» [TYR], hg. v. F. Ercole, Berlin/Leipzig 1914 (andere Ausgaben: hg. v. A. v. Martin, Berlin/Leipzig 1913; hg. v. F. Ercole, Bologna 1942); «De nobilitate legum et medicinae. De verecundia» [NOB], hg. v. E. Garin, Florenz 1947; «De laboribus Herculis» [LAB], hg. v. B. L. Ullman, 2 Bde., Zürich 1951; «De seculo et religione» [SEC], hg. v. B. L. Ullman, Florenz 1957; «De fato et fortuna» [FF], hg. v. C. Bianca, Florenz 1985; «Index zu C. S.», hg. v. C. Zintzen/U. Ecker/P. Riemer, Tübingen 1992 (= «Indices zur lateinischen Literatur der Renaissance Bd. I; mit einem Anhang «Opera minora selecta», hg. v. H. Münstermann); «Indices zur Lateinischen Literatur der Renaissance» [= «S. C.: Opera omnia, CD-Rom], hg. v. Th. Burch/U. Rösler/U. Ecker, Hildesheim 2000.

Deutsche Übersetzungen: «Vom Vorrang der Jurisprudenz oder der Medizin/ De nobilitate legum et medicinae» [NOB], lt./dt. hg. v. P.-M. Schenkel, eingel. v. E. Keßler, München 1990 (= Humanistische Bibliothek II, 25); Ep. II, 18 [EP 1, 103–114] und Ep. VII, 11 [EP II, 289–302]», lt./dt. hg. v. S. Ebbersmeyer/M. Schmeisser, in : S. Ebbersmeyer u. a. (Hg.): «Ethik des Nützlichen ...», a. a. O. (oben, Anm. 7), 72–107.

Literatur zur Philosophie: A. v. Martin: «Mittelalterliche Welt- und Lebensanschauung im Spiegel der Schriften von C. S.», München 1913; ders.: «S. und das humanistische Lebensideal», Leipzig 1916; E. Walser: «C. S., der Typus eines Humanisten der älteren Schule», in: ders.: «Gesammelte Studien zur Geistesgeschichte der Renaissance», Basel 1932, 22–37. L. Borghi: «La dottrina morale di C. S.», in: «Annali della R. Scuola Normale Superiore di Pisa», ser. II, vol. III (1934), 75–102; ders.: «La concezione umanistica di C. S.», ebd., 469–492; E. Garin: «Trattati morali di C. S.», in: «Atti e memorie dell'Acc. Fiorentina di scienze morali, La Colombaria», n.s. I (1947), 55–88; M. Iannizzotto: «Saggio sulla filosofia di C. S.», Padua 1959; H. Baron: «The Crisis of the Early Italian Renaissance», ²Princeton N. J. 1966, 1–190; E. Keßler: «Das Problem des frühen Humanismus. Seine philosophische Bedeutung bei C. S.», München 1968 (= Humanistische Bibliothek I, 1); C. Bec (Hg.): «L'umanesimo civile. Alberti, Salutati, Bruni, Bracciolini e altri trattatisti del ‹400›», Turin 1978; J. Lindhardt: «Rhetor, Poeta, Historicus. Studien über rhetorische Erkenntnis und Lebensanschauung im ital. Renaissancehumanismus», Leiden 1979; «Atti del Convegno su Coluccio Salutati», Buggiano Castello, giugno 1980, Buggiano, 1981; R. G. Witt: «Italian Humanism and Medieval Rhetoric», Aldershot 2001.

38 [EP] IV, 247. Zur Tätigkeit Salutatis als Kanzler vgl.: E. Garin: «I cancellieri umanisti della repubblica fiorentina da C. S. a Bartolomeo Scala, in: ders.: «La cultura filosofica del Rinascimento italiano», Florenz 1961, 3–37; P. Herde: «Politik und Rhetorik in Florenz am Vorabend der Renaissance», in: «Archiv für Kulturgeschichte» 57 (1965), 141–220; R. G. Witt: «C. S. and his Public Letters», Genf 1976; H. Langkabel: «Die Staatsbriefe C. S's, Untersuchung zum Frühhumanismus in der Florentiner Staatskanzlei und Auswahl-Edition», Wien 1981.

39 Vgl. zu MANUEL CHRYSOLORAS (1368–1415):
Bibliographie: Schmitt CHRP, a. a. O. (oben, Anm. 7), 813.
Literatur: R. Sabbadini: «L'ultimo ventennio della vita di M. C.», in: «Giornale Ligustico» 17 (1890), 321–326; G. Cammelli: «M. C.», Florenz 1941 (= I dot-

ti Bizantini e le origini dell'Umanesimo» Bd. 1); I. Thomson: «M. C. and the early Italian Renaissance», in: «Greek, Roman and Byzantine Studies» 7 (1966), 63–82; D. J. Geanakoplos: «Interaction of the ‹Sibbling› Byzantine and Western Cultures in the Middle Ages and Italian Renaissance (330–1600)», New Haven 1976) R. Maisano (Hg): «M. C. e il ritorno del greco in Occidente», Neapel 2002 (= Atti del Convegno Internazionale, Napoli 26–29 giugno 1997»); E. Konstantinou (Hg): «Der Beitrag der byzantinischen Gelehrten zur abendländischen Renaissance des 14. und 15. Jh.s», Frankfurt/M. 2006; L. Thorn-Wickert: «M. C. (ca. 1350–1415). Eine Biographie des byzantinischen Intellektuellen vor dem Hintergrund der hellenistischen Studien in der italienischen Renaissance», Frankfurt a. M. 2006.

40 Vgl. U. Rossi: «Il Quattrocento», Mailand 1933, 15 f. Salutati gebraucht den Begriff als erster – aus Cicero: «Pro Archia Poeta» entlehnt – schon im Jahr 1369 [EP I, 106], vgl. B. G. Kohl: «The changing concept of the ‹studia humanitatis›», in: «Renaissance Studies» (1992), 185–209; zum ersten Programm vgl. P. P. Vergerio: «De ingenuis moribus et liberalibus studiis adolescentiae», hg. v. A. Gnesotto, in: «Atti e memorie della R. Acc. di Padova 34 (1918). Vgl. dazu: E. Garin: «Geschichte und Dokumente der abendländischen Pädagogik» Bd. 2, Reinbek 1966, 27 ff.

41 Eine Rekonstruktion von Salutatis Bibliothek bei B. L. Ullman, a. a. O. (oben, Anm. 37). Salutati besaß danach z. B. die wichtigsten Werke des Aristoteles in lateinischer Übersetzung und – mit scholastischen Kommentaren; vgl. auch R. G. Witt: «Salutati on contemporary physics», in: «Journal of the History of Ideas» 38 (1977), 667–672.

42 Für die ockhamistische Partei vgl. Francesco Landini: «In laudem Loyce Ockham», hg. v. C. Vasoli, in: «Rinascimento» 3 (1952), 119–141. Einen Eindruck von den Diskussionen in Florenz gibt Giovanni da Prato: «Il paradiso degli Alberti», hg. v. A. Wesselofsky, 3 Bde., Bologna 1879. Vgl. E. Garin: «La cultura fiorentina nella seconda metà del Trecento e i ‹Barbari Britanni›», in: ders.: «L'età nuova», Neapel 1969, 139–166.

43 So A. v. Martin, E. Walser und z. T. auch noch L. Borghi a. a. O. (alle Anm. 37).

44 Salutati beruft sich zweimal [NOB 24 und 216] ausdrücklich auf Petrarcas «Invective contra medicum».

45 [NOB 40]. Für Grosseteste vgl. «Summa Philosophiae, Roberto Grosseteste ascripta», hg. v. L. Baur, Münster 1912, 300. Zu [NOB] vgl. allgemein E. Keßler: «Humanismus und Naturwissenschaft. Zur Legitimation neuzeitlicher Naturwissenschaft durch den Humanismus», in: «Zeitschrift für philosophische Forschung» 33 (1979), 23–40.

46 [NOB 40]. Für Thomas vgl. «Summa Theologica» II, I, q. 50, art. 4

47 Vgl. [FF II, 11; 97,16 ff.]: «Et ipse quidem deus, qui summa pura et absoluta necessitas est, extra se nihil agit nisi voluntarie et contingenter, ut licet grave moveatur ad centrum necessitate nature, contingens tamen sit loco, tempore, materia et ipsa etiam sit voluntate.»

48 [NOB 106]: «Nam, ut ad huius rei fundamentum et caput veniam, non crediderim posse negari quod ex parte rerum, quantum in eis est, nulla maior certitudo sit in una quam in alia, tunc cum sunt.»

49 [EP III, 320]: «Enuda sophismatum apparentiam; redde nobis rerum noticiam, ut non semper laboremus extremis et in equivoco tum significationum tum suppositionum.» Vgl. auch [LAB 1].

50 [EP III, 603]: «Nam si rite diffinire voluerimus scire nostrum nihil aliud est quam rationabiliter dubitare.» Salutati ist daher, ähnlich Petrarca, als Skeptiker

charakterisiert worden. Vgl. L. Borghi: «La dottrina morale di C. S.», a. a. O. (oben, Anm. 37), 81; M. Iannizzotto, a. a. O. (oben, Anm. 37), 18 ff.

51 Cf. Aristoteles: «Lehre vom Beweis/Analytica posteriora» I, 2; 71 b 9 ff. In diesem Sinne akzeptiert und verteidigt Salutati die Logik bzw. Dialektik durchaus als Instrument der Wissenschaften, vgl. [EP IV, 222 f. ; [NOB 114; 118; 144].

52 [NOB 124]. Damit weist Salutati auf Giambattista Vico voraus. Vgl. E. Kessler: «Vico's Attempt Towards a Humanistic Foundation of Science», in: G. Tagliacozzo (Hg): «Vico: Past and Present», Atlantic Highlands N. J. 1981, 73-88.

53 [NOB 258] erklärt die Medizin abschließend: «Nihil enim speculor solum ut sciam, sed ut possim, postquam sciverim, rationabilius operari ... quoniam pro mortalium salute laboro.»

54 [EP III, 587 ff.]. Vgl. E. F. Rice: «The Renaissance Idea of Wisdom», Cambridge, Mass., 1958, 36-43.

55 [NOB 14 ff.; 54 f.]. Für Cicero vgl. «De legibus», München 1974, 238 ff. Für Thomas v. Aquin vgl. «Summa Theologica» II, I, q. 90-96. Zum Einfluß des Thomismus auf das Denken des Humanismus vgl. P. O. Kristeller: «Medieval Aspects of Renaissance Learning», Durham, N. C., 1974, 56 ff.

56 Vgl. Salutati: [FF]; W. Ruegg: «Entstehung, Quellen und Ziel von Salutatis ‹De fato et fortuna›» in: «Rinascimento» 5 (1954), 3-50. Der gleiche Gedanke drückt sich auch darin aus, daß, wann immer der Mensch richtig handelt, Gott durch ihn handelt und der Mensch nur sein *cooperator* ist. Vgl. [EP II, 184]; vgl.. auch J. Lindhardt, a. a. O. (oben, Anm. 37), 66-77.

57 [NOB 18] «Eligendum sit, quod ad hoc principium via propriore, rectius immediatiusque refertur.» Von diesem «*eligere*» sei daher, nach Cicero («De legibus» I, 6, 19), der Begriff «*lex*», Gesetz, abgeleitet.

58 Salutati [TYR]. Dazu: E. Keßler: «Die politische Theorie G. S's», in: «Das politische Denken der Florentiner Humanisten», hg. v. W. Rotholz, Kastellaun 1976, 43-66; D. De Rosa: «C. S.: il cancelliere e il pensatore politico», Florenz 1980.

59 Es ist zumindest auffällig, daß Salutati in seiner politischen Korrespondenz als Kanzler immer wieder den *status*, den jeweiligen Zustand, zu sichern sucht. Vgl. P. Herde, a. a. O. (oben, Anm. 38), 157; 161; E. Keßler: «Humanistische Denkelemente in der Politik der Renaissance», in: «Wolfenbütteler Renaissance Mitteilungen», 7, 1983, 34-43; 85-92. Eine ausführliche Interpretation seiner Politik unter diesem Aspekt steht noch aus.

60 [EP II, 231]: «Possumus etenim aliquid velle vel nolle; potest et ipsa voluntas ad actum volendi vel nolendi se libere terminare: facere autem quod volueris vel fugere, quod non velis, alterius potentiae est.»

61 [EP III, 443]: «Quoniam sine rebus multis et usu rerum quibus ut vivamus opus est, vita non ducitur, certum est hoc sensu, ex quo res omnis veritas quedam est, quia vere necessaria, nos uti quo vivamus dumque vivimus veritate.» Zum Bildungsprogramm im einzelnen [EP II, 289 ff.; III, 598 ff.; IV, 205 ff.].

62 Zur Definition der *prudentia* [EP III, 348]: «Cumque prudentia sit agibilium rerum recta ratio, non potest aliqua virtus esse, nisi prudentia, nec ipsa perfecta quidem est, si sibi vel virtutis minime ratio desit.» Zu ihrer Verbindung mit Wissen: [EP III, 96; NOB 212].

63 Für die Praxis vgl. die von B. L. Ullman («C. S. on Monarchy», in: «Mélanges Eugène Tisserant», V, 2 (= Studi e Testi 235), Città del Vaticano 1964, 402-406) edierten Texte zum Problem der Erb- oder Wahlmonarchie, die jeweils die Ar-

gumente Pro und Contra sammeln. Für die Theorie vgl.. [EP III, 507; 603]. Vgl. auch Lindhardt, a. a. O. (oben, Anm. 38), 126–128.

64 [EP III, 602; 604]. Hinter dem so formulierten Ideal steht Cicero «De oratore» III, 142 f.

65 [EP III, 493; LAB 61]. Vgl. Lindhardt, a. a. O. (oben, Anm. 38), 107 ff. Zum Problem der Verteidigung der Poesie im frühen Humanismus, die schon Boccaccio begonnen hatte («Genealogia deorum gentilium» lib. XIV, hg. v. V. Romano, Bari 1951, Bd. II), vgl. E. Garin: «Geschichte und Dokumente der abendländischen Pädagogik» Bd. II., Reinbek 1966, 7 ff; 110 ff.

66 [EP IV, 236; LAB 85]; vgl. Lindhardt, a. a. O. (oben, Anm. 38), 118 ff. E. Grassi: «Macht des Bildes, Ohnmacht der rationalen Sprache. Zur Rettung des Rhetorischen», Köln 1970.

67 [EP IV, 170 ff; 234 ff.; LAB 8 f.]; vgl. Lindhardt, a. a. O. (oben, Anm. 38), 129 ff.; Ch. Trinkaus: «In Our Image and Likeness …», a. a. O. (oben, Anm. 27), Bd. 2, 683 ff.

68 Zur Inspirationstheorie vgl. [EP III, 454; IV, 180; LAB 82 ff.] A. Buck: «Italienische Dichtungslehre vom Mittelalter bis zum Ausgang der Renaissance», Tübingen 1952.

69 E. Hochstetter: «Viator Mundi …», a. a. O. (oben, Anm. 27).

70 R. Sabbadini: «Le scoperte dei codici latini e greci nei secoli XIV e XV», 2 Bde., Florenz 1967; R. R. Bolgar: «The Classical Heritage and its Beneficiaries. From the Carolingian Age to the Renaissance», London 1954; Ph. W. Goodhart Gordan: «Two Renaissance Book Hunters. The Letters of Poggius Braccilini to Nicolaus de Niccolis», New York 1974; A. Grafton: «The availability of ancient works», in: Ch. B. Schmitt u. a. (Hg.): «The Cambridge History of Renaissance Philosophy», Cambridge 1988, 767–791. «Catalogus translationum et commentariorum», hg. v. P. O. Kristeller/F. E. Cranz u. a., Washington D.C. 1960 ff.

71 «Praefationes et epistolae editionibus principibus auctorum veterum praepositae», hg. v. B. Botfield, Cambridge 1861.

72 E. Garin (Hg.): «Il pensiero pedagogico dell'Umanesimo», Florenz 1958 (Sammlung der wichtigsten Texte, lt./it.); G. Müller: «Bildung und Erziehung im Humanismus der italienischen Renaissance», Wiesbaden 1969.

73 R. Sabbadini: «La scuola e gli studi di Guarino Veronese», Catania 1896; A. Grafton/L. Jardine: «Humanism and the school of Guarino: A problem of evaluation», in: «Past and Present» 96 (1982), 51–80; G. Müller: «Mensch und Bildung im italienischen Renaissance-Humanismus. Vittorino da Feltre und die humanistischen Erziehungsdenker», Baden-Baden 1984; A.-S. Göing: «Die Lebensbilder zu Vittorino da Feltre. Studien zur Rezeption einer Erzieherpersönlichkeit im Italien des 15. Jahrhunderts», Würzburg 1999.

74 R. Davidsohn: «Geschichte von Florenz», 5 Bde., Osnabrück 1969; M. B. Becker: «Florence in Transition», 2 Bde., Baltimore 1967/68; A. Tenenti: «Florence à l'époque des Médicis: de la cité à l'état», Paris 1968; G. Brucker: «Renaissance Florence», New York 1969; ders.: «The Civic World of Early Renaissance Florence», Princeton 1977; N. Rubinstein: «The Government of Florence under the Early Medici», London 1966; ders. (Hg.): «Florentine Studies. Politics and Society in Renaissance Florence», London 1968.

75 L. Martines: «The Social World of the Florentine Humanists (1390–1460)», Princeton 1963.

76 D. Marzi: «La Cancelleria della Repubblica Fiorentina», Rocca San Casciano 1910; E. Garin: «I cancellieri della repubblica fiorentina da Coluccio Salutati a Bartolomeo Scala», in: «Rivista storica italiana» 71 (1959), 185–208.

77 E. Garin: «Der italienische Humanismus», Bern 1947, 36–91.
78 Ch. Bec: «Les marchands écrivains. Affaires et humanisme à Florence 1375–
   1434», Paris 1967.
79 P. O. Kristeller: «Ursprung und Entwicklung der italienischen Prosasprache»,
   in: ders.: «Humanismus und Renaissance II», München 1976, 132–148;
   A. Buck/M. Pfister: «Studien zur Prosa des Florentiner Vulgärhumanismus im
   15. Jh.», in: «Abh. Marburger G. G.», 5 (1971), 171–195; E. Keßler: «Zur Bedeutung der lateinischen Sprache in der Renaissance», in: «Acta Conventus
   Neolatini Bononensis», Binghampton, N.Y. 1985, 337–355.
80 Zuerst H. Baron in der Einleitung zu seiner Ausgabe Leonardo Bruni Aretino:
   «Humanistisch-Philosophische Schriften», Leipzig 1928. Vgl. H. Baron: «The
   Crisis of the Early Italian Renaissance», 2 Bde., Princeton 1955; ders.: «Human-
   istic and Political Literature in Florence and Venice at the Beginning of the
   Quattrocento», Cambridge, Mass. 1955; W. Ferguson: «Interpretation of Ital-
   ian Humanism: The contribution of H. Baron», in: «Journal of the History of
   Ideas» 19 (1958), 14–25; G. Radetti: «Le origini dell'umanesimo fiorentino nel
   Quattrocento», in: «Giornale critico della filosofia italiana» 38 (1959), 98–112;
   J. Hankins: «Renaissance civic humanism. Reappraisals and Reflections»,
   Cambridge 2000.
81 Vgl. zu LEONARDO BRUNI (1369–1444):
   Bibliographie: Totok, a. a. O. (oben, Anm. 7), 112–115; Schmitt: CHRP, a. a. O.
   (oben, Anm. 7), 810 ; J. Hankins: «Repertorium Brunianum. A critical guide
   to the writings of Leonardo Bruni», Rom 1997.
   Ausgaben: «Epistolarum libri VIII» [EP], hg. v. L. Mehus, 2 Bde., Florenz 1741;
   «Dialogi ad Petrum Paulum Histrum» [PPH], hg. v. Th. Klette, Greifswald
   1889; hg. v. S. U. Baldassari, Florenz 1994; «Historiarum Florentini populi
   libri XII», hg. v. E. Santini (= Rer. It. Scr. 19,3), Città di Castello 1914; lt./engl.
   hg. v. J. Hankins, Cambridge, Mass. 2001–2004; «Rerum suo tempore gestarum commentarius» [RER], hg. v. E. Santini/C. di Piero (= Rer. It. Scr. 19,3),
   Bologna 1926; «Humanistisch-Philosophische Schriften» [HU], hg. v. H. Baron, Leipzig 1928 (mit einer Chronologie seiner Werke und Briefe); «De mili-
   tia», in: C. C. Bayley: «War and Society in Renaissance Florence», Toronto
   1961, 360–397; «Laudatio Florentinae urbis», in: H. Baron: «From Petrarch
   to L. B.», Chicago 1968, 232–263; hg. v. S.U. Baldassari, Florenz 2000; «The
   humanism of L. B. Selected texts», engl. Übers. v. G. Griffiths/J. Hankins/
   D. Thompson, Binghampton N.Y. 1987; «Opere letterarie e politiche» hg. v.
   P. Viti, Turin 1996; «Le vite di Dante e del Petrarca», hg. v. A. Lanza, Rom
   1987; E. Berti (Hg): «Il Critone di Leonardo Bruni e di Rinuccio Aretino»,
   Florenz 1983; «Isagogicon moralis disciplinae» [HU 20–41], lt./dt. hg. v.
   E. Keßler, in: S. Ebbersmeyer u. a. (Hg.): «Ethik des Nützlichen…», a. a. O.
   (oben, Anm. 7), 108–145.
   Zur Philosophie: J. Freudenthal: «B. als Philosoph», in: «Neue Jahrbücher f. d.
   Klassische Altertum» 14 (1911), 48–66; F. Beck: «Studien zu L. B.», Berlin/
   Leipzig 1912; E. Garin: «Le traduzioni umanistiche di Aristotele nel secolo
   XV», in: «Atti dell' Acc. fiorentina di sc. morali La Colombaria», n.s. 2
   (1947–50), 55–104; H. B. Gerl: «Philosophie und Philologie», München 1981
   (= Humanistische Bibliothek I, 42); P. Botley: «Latin translation in the Ren-
   aissance. The theory and practice of L. B., Giannozzo Manetti and Desiderius
   Erasmus», Cambridge 2004.
   Zur Rhetorik: J. E. Seigel: «Civic Humanism or Ciceronian rhetoric? The culture
   of Petrarch and B.», in: «Past and Present» 34 (1966), 3–48; ders.: «Rhetoric

and Philosophy ...», a. a. O. (oben, Anm. 7); H. Baron: «‹Professional rhetori-
cian› or ‹civic humanist›?», in: «Past and Present» 36 (1967), 21–37.
Zur Historiographie: B. L. Ullman: «L. B. and Humanistic Historiography», in:
ders.: «Studies in the Italian Renaissance», Rom 1955, 321–344; D. J. Wilcox: «The Development of Florentine Humanist Historiography», Cambridge, Mass. 1969, 32–129; N. S. Struever: «The Language of History in
the Renaissance. Rhetoric and Historical Consciousness in Florentine Humanism», Princeton 1970, 101–143.
Politik: P. Viti (Hg): «L. B., cancelliere della Repubblica di Firenze. Convegno di
studi, Firenze 27.-29. ottobre 1987», Florenz 1990; P. Viti: «L. B. e Firenze.
Studi sulle lettere pubbliche e private», Rom 1992; G. Griffith: «The justifica-
tion of Florentine foreign policy offered by L. B. in his public letters», Rom
1999.

82 Vgl. zu Poggio Braccolini (1380–1459):
Bibliographie: Schmitt: CHRP, a. a. O. (oben, Anm. 7), 833.
Biographie: E. Walscr: «P. Florentinus. Leben und Werke», Leipzig/Berlin 1914;
C. Gutkind: «P. B.'s geistige Entwicklung», in: «Deutsche Vierteljahres-
schrift» 10 (1932), 548–597; D. Bacci: «Cenni biografici e religiosi de P. B.»,
Florenz 1963; N. Rubinstein: «P. B.: Cancelliere e storico di Firenze», in:
«Atti e mem. Acc. Petrarca di lett., arti e scienze di Arezzo», n.s. 37 (1965).
Ausgaben: «Opera omnia» [OP], hg. v. R. Fubini, 4 Bde., Turin 1964; «Let-
tere», 3 Bde., hg. v. H. Harth, Florenz 1984–87; «Dialogus contra hypocri-
tas», hg. v. G. Vallese, Neapel 1946; «Oratio in laudem legum/Convivalis
disceptatio, utra artium, medicinae an iuris civilis, praestet» [DISP], in:
E. Garin (Hg.): «La disputa delle arti nel Quattrocento», Florenz 1947, 9–34;
«De avaritia» [AV], lt./it., in: E. Garin (Hg.): «Prosatori latini del Quattrocento», Mailand/Neapel 1952, 248–301; lt./it. hg. v. G. Germano/A. Nardi,
Livorno 1994; «De varietate fortunae», hg. v. Outi Merisalo, Helsinki 1993;
«De infelicitate principum», hg. v. D. Canfora, Rom 1998; «La controversia
di P. B. e Guarino Veronese su Cesare e Scipione», hg. v. D. Canfora, Florenz
2001; «De vera nobilitate», hg. v. D. Canfora, Rom 2002; Auswahl aus «De
avaritia» [AV 258–276], lt./dt. hg. v. M. Schmeisser, in: in S. Ebbersmeyer
u. a. (Hg.): «Ethik des Nützlichen ...», a. a. O. (oben, Anm. 7), 146–169.
Literatur: H. Baron: «Franciscan Poverty and Civic Wealth as Factor in the
Rise of Humanistic Thought» in: «Speculum» 13 (1938), 1–37; R. Roedel:
«P. B. nel quinto centenario della morte», in: «Rinascimento» 11 (1960),
51–68; F. Tateo: «P. B. e la dialogistica del Quattrocento», in: «Annali Fac.
di Lett. e Filos. Bari» 7 (1961), 165–204; D. J. Wilcox: «The Development
of Florentine Humanist Historiography in the 15th Century», Cambridge,
Mass. 1969, 130–176; N. S. Struever: «The Language of History in the
Renaissance», Princeton 1970, 144–200; Ch. Trinkaus: «In Our Image and
Likeness ...», a. a. O. (oben, Anm. 27), Bd. I, 258–270; J. W. Oppel: «P., San
Bernadino of Siena and the dialogue ‹On Avarice›», in: «Renaissance Quar-
terly» 30 (1977), 564–587; H. M. Goldbrunner: «Poggios Dialog über die
Habsucht. Bemerkungen zu einer neuen Untersuchung», in: «Quellen und
Forschungen aus Italienischen Archiven und Bibliotheken» 59, 436–552;
D. Marsh: «The Quattrocento Dialogue», Cambridge, Mass. 1980, 38–55;
«P. B. 1380–1980. Nel VI centenario della nascita», Florenz 1982; R. Fu-
bini: «Umanesimo e secolarizzazione da Petrarca a Valla», Rom 1990,
183–338.

83 Vgl. Giovanni da Prato: «Il paradiso degli Alberti», a. a. O. (oben, Anm. 42).

84 P. W. Goodhart Gordon: «Two Renaissance Book Hunters», a. a. O. (oben, Anm. 70).

85 Vgl. das Selbstzeugnis Brunis [RER 431].

86 Zur Bibliographie der Übersetzungen vgl. [HUM], 159–188; L. Bertalot, in: «Quellen und Forschungen aus italienischen Archiven und Bibliotheken» 27 (1937), 178–195.

87 Vgl. [DISP 15–33].

88 Platons Gorgias war 1409 von Bruni übersetzt worden, so daß P. ihn kennen konnte.

89 Vgl. Buonaccorsi da Montemagno: «De nobilitate», in: «Prose e rime de' due Buonaccorsi», hg. v. G. B. Casotti, Florenz 1718. Teiledition in: E. Garin (Hg): Prosatori latini del Quattrocento, Mailand/Neapel 1952, 142–165.

90 Zur Diskussion vgl. Cristoforo Landino: «De vera nobilitate», hg. v. M. Lentzen, Genf 1970, 3–12 (Einleitung).

91 J. Burckhardt: «Die Kultur der Renaissance in Italien», Wien o. J. (Phaidon), 160–204 (4. Abschnitt).

92 Vgl. zu GIANNOZZO MANETTI (1396–1459):

Bibliographie: A. Zeno: «Dissertazioni Vossiane», Venedig 1752, Bd. I, 181–186; Schmitt: CHRP, a. a. O. (oben, Anm. 7), 825 f.

Biographie: Vespasiano da Bisticci: «Lebensbeschreibungen berühmter Männer des Quattrocento» (= «Vite di uomini illustri del secolo XV»), dt. v. P. Schubring, Jena 1914, 241–273.

Ausgaben: «Das Corpus der Orationes», hg. v. H.-W. Wittschier, Köln/Graz 1968; «De dignitate et excellentia hominis» [DIG], hg. v. E. R. Leonard, Padua 1975; dt. v. H. Leppin, Hamburg 1990 (= Philosophische Bibliothek Bd. 426); «Vita Socratis et Senecae», hg. v. A. de Petris, Florenz 1979; «Apologeticus», hg. v. A. de Petris, Rom 1981; «Dialogus consolatorius», hg. v. A. de Petris, Rom 1983; «Vita di Socrate», lt./it. hg. v. M. Montuori/M. Bandini, Palermo 1995; «Vite di Dante, Petrarca e Boccaccio», hg. v. S. U. Baldassari, Palermo 2003; «Biographical Writings», lt./engl. hg. v. S. U. Baldassari/R. Bagemihl, Cambridge, Mass. 2003 (= «I Tatti Renaissance Library» 9); «De vita ac gestis Nicolai Quinti summi pontificis», lt./it. hg. v. A. Modigliani, Rom 2005.

Literatur: E. Garin: «La ‹dignitas hominis› e la letteratura patristica», in: «La Rinascita» 1 (1938), 102–146; W. Zorn: «G. M. Seine Stellung in der Renaissance», Endingen 1939; S. Garofalo: «Gli umanisti italiani del secolo XV e la Bibbia», in: «Biblica» 27 (1946), 338–375; A. Auer: «G. M. und Pico della Mirandola ‹De hominis dignitate›», in: «Vitae et veritati» (Festschrift für K. Adam), Düsseldorf 1956, 83–102; A. Buck: «Die Rangstellung des Menschen in der Renaissance: dignitas et miseria hominis», in: «Archiv für Kulturgeschichte» 42 (1960), 61–75; G. H. Cagni: «I codici vaticani palatino-latini appartenenti alla biblioteca di G. M.», in: «La Bibliofilia» 62 (1960), 1–43; N. Badaloni: «Filosofia della mente e filosofia delle arti in G. M.», in: «Critica storica» 2 (1963), 395–450; A. de Petris: «‹L'Adversus Judeos et Gentes› di G. M.», in: «Rinascimento» 16 (1976), 193–205; ders.: «Il ‹Dialogus consolatorius› di G. M. e le sue fonti», in: «Giornale storico della letteratura italiana» 154 (1977), 76–106; P. O. Kristeller: «Die Würde des Menschen», in: ders.: «Studien zur Geschichte der Rhetorik und zum Begriff des Menschen in der Renaissance», Göttingen 1981, 66–79; G. Fioravanti: «L'apologetica antigiudaica di G. M.», in: «Rinascimento» 23 (1983), 3–32; Ch. Dröge: «G. M. als Denker und Hebraist», Frankfurt/M. 1987; P. Magnard (Hg): «La dignité de l'homme», Paris 1995 (= Actes du Colloque tenu à la

Sorbonne-Paris IV en novembre 1992); E. Keßler: «Menschenwürde in der Renaissance», in: A. Siegetsleitner/N. Knoepffler (Hg.): «Menschenwürde im interkulturellen Dialog», Freiburg 2005, 41–66; Ch. Smith/J. F. O'Connor: «Building the kingdom. G. M. on the material and spiritual edifice», Tempe, Ariz. 2006; M. Schmeisser: «‹Wie ein sterblicher Gott…›. G. M.s Konzeption der Würde des Menschen und ihre Rezeption im Zeitalter der Renaissance», München 2006 (= Humanistische Bibliothek I, 58).

93 Cf. dazu jetzt zusammenfassend Ch. Trinkaus: «In Our Image and Likeness…» a. a. O. (oben, Anm. 27); P.O. Kristeller: «Renaissance Concepts of Man», New York 1972 (dt. in: ders. : «Studien zur Geschichte der Rhetorik und zum Begriff des Menschen in der Renaissance», Göttingen 1981, 63–114).

94 Lotharis Cardinalis (Innocentius III.): «De miseria humane conditionis», hg. v. M. Maccarone, Lugano 1955; W. Wili: «Innozenz III. und sein Werk ‹Über das Elend des menschlichen Daseins›», in: J. Koch (Hg.): «Humanismus, Mystik und Kunst in der Welt des Mittelalters», Köln 1953, 125–136.

95 Vgl. zu Bartolomeo Fazio (1400–1457):
Ausgaben: «Rerum suo tempore gestarum libri X», Basel 1566; «Dialogus de vitae felicitate seu summi boni fruitone», Leyden 1628; «De hominis excellentia ad Nicolaum Quintum» [EX], in: Felino Sandeo: «De Regibus Siciliae et Apuliae epitome», Hanau 1611, 149–168; «Invettive in Laurentium Vallam», hg. v. E. I. Rao, Neapel 1978.
Literatur: V. C. Braggio: «Bartolomeo Fazio e le sue opere minori», in: «Atti della Società Ligure di Storia Patria» 23 (1891), 207–257; C. Marchiori: «B. F. tra letteratura e vita», Mailand 1971; P. O. Kristeller: «The humanist B. F. and his unknown correspondence», in: ders.: «Studies in Renaissance Thought and Letters», Bd. II, Rom 1985, 265–280; 507–560.

96 E. Garin: «La ‹dignitas hominis›…», a. a. O. (oben, Anm. 92).

97 Fazio: [EX 151]: «Daß aber der Mensch nach dem Bild und Gleichnis Gottes geschaffen wurde, das bedeutet, daß dem Menschen eine Seele gegeben wurde, die mit Geist, Ratio und Unsterblichkeit begabt ist, mit Geist, mit dessen Hilfe wir erkennen, urteilen, wissen, erinnern.»

98 Manetti: [DIG 40,3 ff.]: «Es machte also Gott den Menschen nach seinem Bildnis und Gleichnis, d. h., er schuf ihm eine derartige Seele, daß er mit ihr, die mit Ratio und Unsterblichkeit, mit Intelligenz, Gedächtnis und Willen ausgestattet ist, vor den übrigen Lebewesen hervorrage und sie beherrsche.» [DIG 57,33 ff.]: «Wie groß und wie hervorragend die Kräfte der menschlichen Intelligenz sind, zeigen die zahlreichen großen und gewaltigen Taten und Maschinen, die in wunderbarer Weise erfunden und erkannt wurden.»

99 Manetti: [DIG 77,13 ff.]: «Was aber sollen wir über das feine und scharfe Ingenium dieses schönen und prächtigen Menschen sagen, das so groß und vollkommen ist, daß alles, was nach jener ersten und rohen Schöpfung der Welt entstand, aufgrund der einzigartigen und außerordentlichen Schärfe des menschlichen Geistes von uns erfunden, geschaffen und vollendet zu sein scheint.» Vgl. [DIG 78,18 ff.].

100 H. Blumenberg: «Theologischer Absolutismus und humane Selbstbehauptung», in: ders.: «Die Legitimität der Neuzeit», Frankfurt 1966, 75–200.

101 C. Varese: «Storia e politica nel primo umanesimo fiorentino», Genua 1955.

102 Vgl. zu Matteo Palmieri (1406–1475):
Bibliographie: Schmitt: CHRP, a. a. O. (oben, Anm. 7), 829.
Ausgaben: «De captivitate Pisarum liber», hg. v. G. Scaramella, Città di Cas-

tello 1904, 1–56 (= Rer. It. Scr. 19, 2); «Annales», hg. v. G. Scaramella, Città di Castello 1906, 131–194 (= Rer. It. Scr. 26, 1); «Liber de temporibus suis», hg. v. G. Scaramella, Città de Castello 1915, 5–127 (= Rer. It. Scr. 26, 1); «Libro del poema chiamato la ‹Città di vita›», hg. v. M. Rocke, Northhampton, Mass. 1927/28 (= Smith College Studies in Modern Languages 8); «Vita Nicolai Acciaioli», hg. v. G. Scaramella, Bologna 1934, 1–31 (= Rer. It. Scr. 13, 2); hg. v. A. Mita Ferraro, Bologna 2001; «Vita civile» (VIT), hg. v. G. Belloni, Florenz 1982; Auswahl aus «Vita civile» B. II und III [VIT 59–72; 103–115], it./dt. hg. v. M. Schmeisser, in : S. Ebbersmeyer u. a. (Hg.): «Ethik des Nützlichen…» a. a. O. (oben, Anm. 7), 72–107.
Literatur: A. Messeri: «M. P., cittadino di Firenze del secolo XV», in: «Archivio Storico Italiano» ser. V, 13 (1894), 256–340; D. Bassi: «Il primo libro della Vita Civile di M. P. e ‹l'Institutio oratoria› di Quintiliano», in: «Giornale Storico della Letteratura Italiana» 23 (1894), 78–85; G. Boffito: «L'eresia di M. P.», in: ebd. 37 (1901); V. Lugli: «I trattatisti della famiglia nel 400», Bologna 1909; H. Baron: «La rinascita dell'etica statale romana nell'umanesimo fiorentino del 400», in: «Civiltà moderna» 7 (1935), 21–49; A. Buck: «M. P. als Repräsentant des Florentiner Bürgerhumanismus», in: «Archiv f. Kulturgeschichte» 47 (1965), 77–95; D. Wilcox: «M. P. and the ‹De captivitate Pisarum liber›», in: «Renaissance Studies in Honor of Hans Baron», hg. v. A. Molho/J. A. Tedeschi, Florenz 1971, 265–281; E. Keßler: «Humanistische Denkelemente…», a. a. O. (oben, Anm. 59); G. M. Carpetto: «The humanism of M. P.», Rom 1984; Cl. Finzi: «M. P.: dalla ‹Vita civile› alla ‹Città di vita›», Perugia 1984; G. Tanturli: «Sulla data e la genesi della ‹Vita civile› di M. P.», in: «Rinascimento» ser. II, 36 (1996), 3–48; A. Mita Ferraro: «M. P. Una biografia intellettuale», Genua 2005.

103 Agnolo Pandolfini: «Trattato del governo della famiglia», hg. v. A. F. Stella, Mailand 1811. Der Traktat erlebte im 19. Jh. in Italien eine Reihe von Auflagen als Lehrbuch zur moralischen Erziehung. Tatsächlich handelt es sich offenbar um eine anonyme Bearbeitung des 3. Buches von Albertis «Della famiglia». Vgl. V. Lugli, a. a. O. (oben, Anm. 102), 108.

104 Später formuliert P. ausdrücklich die Forderung, daß theoretische Arbeit auf praktischen Nutzen auszurichten sei, vgl. [Vit 69 f.; 109 f.].

105 Quintilian: «Institutio oratoria» Buch I.

106 Cicero: «De officiis» I, 9–10.

107 Palmieri: [Vit 199–208]. Vorbild ist das «Somnium Scipionis» Ciceros (= «De re publica» VI, 9–29), das P. durch Macrobius («Commentarii in Somnium Scipionis») bekannt war.

108 Palmieri: [Vit 105]: «Die Gerechtigkeit ist in sich selbst gleichsam die vollkommene Tugend, und sie ist ausreichend, um die Menschen gut zu machen, weil sie am geeignetsten ist, die guten Gesetze zu bewahren und gerecht ist der, der nach diesen Gesetzen lebt.» [Vit 111]: «Gerechtigkeit ist die Haltung des Geistes, der ausgerichtet ist auf die Bewahrung des gemeinen Nutzens und der jedem seinen Verdienst zuweist.»

109 Petrarca [EN XIV], a. a. O. (oben, Anm. 7).

110 Eine solche konsensische Normenbegründung findet sich implizit schon bei Cicero, wenn er das ‹Sittlich-Schöne› der mittleren Stoa (cf. R. Philippson: «Das Sittlich-Schöne bei Panaitios», in: «Philologus» 1930, 386 ff.) in Rom als *honestum* – das ‹Ehrenvolle› bzw. das ‹Mit Ehren Belohnte› – einbürgert. Vgl. E. Keßler: «Die Proportionen der Schönheit», in: C. Gutwald/R. Zons (Hg.): «Die Macht der Schönheit», Paderborn 2007, 133–160.

111 Vgl. zu Leon Battista Alberti (1404–1472):
Bibliographie: Totok, a. a. O. (oben, Anm. 7), 115–119; Schmitt: CHRP, a. a. O.
(oben, Anm. 7), 807.
Biographie: G. Mancini: «Vita di L. B. A.», Florenz 1911; P. H. Michel: «Un
idéal humain au XVe siècle. La pensée de L. B. A.», Paris 1930 (Bibl.
11–46); C. Grayson: «L. B. A.», in: «Dizionario biografico degli Italiani» 1 (1960),
702–719; A. Grafton: «L. B. A.: Baumeister der Renaissance», Berlin 2002.
Ausgaben: «Opuscoli morali», hg. v. C. Bartoli, Florenz 1568; «Opere volgari»,
hg. v. A. Bonucci, 5 Bde, Florenz 1843–1849; «Opere volgari» [OVG],
3 Bde., hg. v. C. Grayson, Bari 1960–73; «Opera», hg. v. G. Massaino, Florenz 1499; «Opera inedita» [OIM], hg. v. G. Mancini, Florenz 1890; «Momo
o del principe», hg. v. R. Consolo, Genua 1986; «Opuscoli inediti: ‹Musca›,
‹Vita S. Potiti›», hg. v. C. Grayson, Florenz 1954; «Una intercenale inedita di
L. B. A.: ‹Uxoria›»[INT-GR], hg. v. C. Grayson, in: «Italia Medievale e Umanistica» 3 (1960), 291–307; «Alcune intercenali inediti» [INT-GA], hg. v.
E. Garin, in: «Rinascimento» 4 (1964), 125–258; «Intercenales» [INT], hg. v.
F. Bacchelli, Bologna 2003; «Dinner pieces», engl. Übers. v. D. Marsh, Binghampton, N.Y. 1987; «La prima grammatica della lingua volgare», hg. v.
C. Grayson, Bologna 1964; «Grammatichetta e altri scritti sul volgare», hg.
v. G. Patota, Rom 1996; «L'architettura/De re aedificatoria» [AED], 2 Bde.,
hg. v. G. Orlandi, Mailand 1966; «De commodis litterarum atque incommo-
dis/Defunctus», [F] hg. v. G. Farris, Mailand 1971; hg. v. L. Goggi Carotti,
Florenz 1976; «De pictura», hg. v. C. Grayson, Bari 1975 (Nachdr. aus [OVG
3, 7–107]); «Profugiorum ab erumna libri», hg. v. G. Ponte, Genua 1988;
«Apologhi», lt./it. hg. v. M. Ciccuto, Mailand 1989; «I libri della famiglia»,
hg. v. R. Romano, Turin 1989.
Deutsche Übersetzungen: «Kleinere kunsttheoretische Schriften», hg. v. H. Jan-
itschek, Wien 1877; «Vom Hauswesen» [H], dt. v. W. Kraus, Zürich/Stutt-
gart 1962; «Zehn Bücher über die Baukunst», dt. v. M. Theuer, Darmstadt
1975; «Momus oder Vom Fürsten/Momus seu de principe» [M], lt./dt. hg. v.
M. Boenke, München 1993 (= Humanistische Bibliothek II, 29); «Über die
Malkunst», it./dt. hg. v. O. Bätschmann, Darmstadt 2002; «Vita», lt./dt. hg.
v. Ch. Tauber/R. Cramer, Frankfurt/M. 2004; Auswahl aus «Della famiglia»
III, dt. v. W. Kraus [H 216–238], in: S. Ebbersmeyer u. a. (Hg.): «Ethik des
Nützlichen…», a. a. O. (oben, Anm. 7), 206–239.
Literatur:
Allgemeine Darstellungen: P.-H. Michel: «La pensée de L. B. A.», Paris 1930;
A. Tenenti: «L. B. A.», Rom/Mailand 1966; J. Gadol: «L. B. A: Universal Man
in the Early Renaissance», Chicago 1969; «Convegno Internazionale nel V.
centenario di L. B. A., Acc. dei Lincei», Rom 1974; G. Ponte: «L. B. A. Uma-
nista e scrittore», Genua 1981; C. Grayson: «Studi su L. B. A.», hg. v. P. Claut,
Florenz 1998; F. Furlan (Hg): «L. B. A.», Paris/Turin 2000 (= Congrès Inter-
national, Paris 10–15 avril 1995); L. Chiavoni u. a. (Hg): «Studi in onore di
C. Grayson e E. Gombrich», Florenz 2001; A. Beniscelli (Hg): «L. B. A. tra
scienze e lettere», Genua 2005 (= Atti del convegno… Genova 19.–20. Nov.
2004).
Zum Humanismus: V. Benetti Brunelli: «L. B. A. e il rinovamento pedagogico
nel Quattrocento», Florenz 1925; C. Grayson: «The Humanism of A.», in:
«Italian Studies» 12 (1957), 37–56; ders.: «L. B. A. and the beginnings of
Italian grammar» in: «Proc. Brit. Acad.» 49 (1964), 291–311; V. Zoubov:
«L. B. A. et les auteurs du moyen âge», in: «Medieval and Renaissance Stu-

dies» 4 (1958), 245–266; L. Goggi Carotti: «Dalle ‹Intercenali› ai libri della ‹Famiglia›. La prima formazione di L. B. A.», in: «Annali Scuola Norm. Sup. di Pisa, Cl. di lett., stor. e filos.» (1971), 375–414; D. Marsh: «The Quattrocento Dialogue», Cambridge, Mass. 1980, 78–100; A. Buck: «Ökonomische Probleme in den ‹Libri della famiglia› des L. B. A.», in: ders.: «Studia humanitatis», Wiesbaden 1981, 227–236; E. Frauenfelder: «Il pensiero pedagogico di L. B. A.», Neapel 1996; G. Patota: «Lingua e linguistica in L. B. A.», Florenz 1999.

Zur Philosophie: V. d'Alessandro: «Il Concetto dell'arte e la questione della lingua in L. B. A. rispetto all'Umanesimo», Neapel 1959; G. Santinello: «L. B. A. Una visione estetica del mondo e della vita», Florenz 1962; F. Tateo: «‹Dottrina› ed ‹esperienza› nei libri della ‹Famiglia› di L. B. A.», in: ders.: «Tradizione e realtà nell'Umanesimo italiano», Bari 1967, 279–318; A. Tenenti: «Le ‹Momus› dans l'oeuvre de L. B. A.», in: «Il pensiero politico» 7 (1974), 321–333; E. Garin: «Studi su L. B. A.», in: ders.: «Rinascite e rivoluzioni. Movimenti culturali dal XIV al XVIII secolo», Bari 1975, 131–196; E. Grassi/M. Lorch: «Folly and Insanity in Renaissance Literature», Binghampton, N. Y., 1986, 65–85; P. Marolda: «Crisi e conflitto in L. B. A.», Rom 1988; R. Contarino: «L. B. A. moralista», Caltanisetta/Rom 1991; M. Paoli: «L'idée de nature chez L. B. A.», Paris 1999; K. W. Forster (Hg): «Theorie der Praxis. L. B. A. als Humanist und Theoretiker der bildenden Künste», Berlin 1999; E. Lallis: «Zeit und Zeitlichkeit in den ‹Libri della famiglia› des L. B. A.», Augsburg 2002.

Zur Ästhetik: E. Panofsky: «Das perspektivische Verfahren L. B. A.s», in: «Kunstchronik» 26 (1915), 504–516; ders.: «Die Perspektive als symbolische Form», in: «Vorträge der Bibliothek Warburg», 1924/25, 258–330; W. Fleming: «Die Begründung der modernen Ästhetik und Kunstwissenschaft durch L. B. A.», Berlin/Leipzig 1916; G. C. Argan: «The architecture of Brunelleschi and the origins of perspective theory in the 15th century», in: «Journal of the Warburg and Courtauld Institutes» 9 (1946), 96–121; J. White: «Developments in Renaissance perspective», in: ebd. 122 (1949), 58–79; A. Blunt: «Artistic Theory in Italy, 1450–1600», Oxford 1956; L. A. Ciapponi: «Il ‹De architettura› di Vitruvio nel primo umanesimo», in: «Italia Medievale e Umanistica» 3 (1960), 59–99; N. Badaloni: «La interpretazione delle arti nel pensiero di L. B. A.», in: «Rinascimento» N. S. 3 (1963), 59–113; S. Y. Edgerton: «A.'s perspective: A new discovery and new evaluation», in: «Art Bulletin» 48 (1966), 367–378; R. Wittkower: «Grundlagen der Architektur im Zeitalter des Humanismus», München 1969; «Omaggio ad A.», in: «Studi e documenti di architettura» 1 (1972); L. Vagnetti: «‹Concinnitas›: riflessioni sul significato di un termine albertiano», in: ebd. 2 (1973), 137–161; H. Mühlmann: «Ästhetische Theorie der Renaissance: L. B. A.», München 1981; M. Jarzombek: «On L. B. A.: His literary and aesthetic theories», Cambridge, Mass. 1989; P. Panza: «L. B. A.: filosofia e teoria dell'arte», Mailand 1994; R. Beltrame: «La prospettiva rinascimentale. Nascita di un fatto cognitivo», Rom 1996; R. Sinisgalli: «Verso una storia organica della prospettiva», Rom 2001; E. Keßler: «Die Proportionen ...», a. a. O. (oben, Anm. 110).

Zur Wissenschaft: D. Winterberg: «L. B. A.s technische Schriften», in: «Repertorium für die Kunstwissenschaft» 11 (1883), 326–356; L. Olschki: «Geschichte der Neusprachlichen wissenschaftlichen Literatur» Bd. I., Heidelberg 1919, 45–87; G. Wolff: «L. B. A. als Mathematiker», in: «Scientia» 60 (1936),

353–359; G. Boas: «Philosophies of Science in Florentine Platonism», in: Ch. Singleton (Hg): «Art, Science and History in the Renaissance», Baltimore 1967, 239–254; J. Gadol: «L. B. A. Universal Man of the Early Renaissance», Chicago 1969; W. Krohn: «Die ‹Neue Wissenschaft› der Renaissance», in: «Experimentelle Philosophie», hg. v. G Böhme/W. van den Daele/W. Krohn, Frankfurt 1977, 13–127.

112 L. Passerini: «Gli Alberti di Firenze. Genealogia, storia e documenti», 2 Bde., Florenz 1869–1870.

113 Vgl. seine Verteidigung der Vulgärsprache in der Vorrede zu «Vom Hauswesen» III, [H 195–200].

114 Vgl. «Lepidi comici veteris Philodoxios, fabula ex antiquitate eruta ab Aldo Manuccio», Lucca 1588.

115 Vgl. A. Buck: «Überlegungen zum gegenwärtigen Stand der Renaissanceforschung», in: ders.: «Studia humanitatis», Wiesbaden 1981, 76–79.

116 Das Werk galt lange Zeit als zumindest teilweise verloren; das Erhaltene in [OIM 122–235]. Neue Funde – vgl. [INT-GR] und [INT-GRA] – haben es inzwischen vervollständigt. Das 4. Buch («Defunctus») jetzt in [F 153–249].

117 Vgl. R. Förster: «Lukian in der Renaissance», Kiel 1886; E. Mattioli: «La fortuna di Luciano durante l'Umanesimo», Tesi di laurea, Bologna 1955/56.

118 Vgl. z. B. die Stücke *Virtus* und *Patientia*, in: [OIM 122/135].

119 Vgl. [F 244]: «Wer hat jemals, wie es sich gebührt, den Tod, den Geber so großer Güter, auch nur annähernd hinreichend gelobt? Und was ist andererseits mehr zu verabscheuen und zu fliehen und mit mehr Recht die Übel zu rechnen als jene Notwendigkeit zu atmen, zu schwitzen und zu hungern, die man Leben nennt?.»

120 In [OVG 2, 53–104 bzw. 107–183]. So wie der *Momus* auch unter dem Titel *De principe* überliefert ist, trägt der *Theogenius* auch den Titel *Della repubblica, della vita civile et rusticana* und die *Profugiorum ab aerumna libri* den Titel *Della tranquillità del'animo.*

121 Zur Bedeutung der Melancholie als theoretisches und psychosoziales Problem in der Renaissance vgl. R. Klibansky/E. Panofsky/F. Saxl: «Saturn und Melancholie», Frankfurt/M. 1990; W. Lepenies: «Melancholie und Gesellschaft», Frankfurt/M. 1972.

122 Zum Wandel des Fortuna-Verständnisses in der Renaissance vgl. A. Doren: «Fortuna im Mittelalter und in der Renaissance», in: «Vorträge der Bibliothek Warburg» II, 1 (1924), 71–144. Zum Wandel des Zeitbegriffes J. Le Goff: «Temps de L'Eglise et temps du Marchand», in: «Annales» 15 (1960), 417–433; R. J. Quinones: «The Renaissance Discovery of Time», Cambridge, Mass. 197; E. Keßler: «Zeitverständnisse in der Philosophie der Renaissance», in: A. Brendecke u. a. (Hg): «Autorität der Zeit in der Frühen Neuzeit», Münster 2007, 23–45 (= Pluralisierung und Autorität 10).

123 Alberti leitet den Titel selbst – vgl. [OVG 2, 273] – vom griechischen ‹oikiarchon›, d. h. vom Herrscher über die Familie, ab. Das italienische Fremdwort ‹iciarchia› statt ‹oikiarchia› zeigt, daß bei der Rezeption des Griechischen im 15. Jh. der byzantinische Jotazismus ebenfalls rezipiert wurde.

124 Cf. Cicero: «De oratore» III, 210–212. Diese *Aptum*-Forderung wird aber schon von Cicero auf das Verhältnis von Theorie und Praxis («De oratore» II, 17–18) und auf die richtige Lebensführung überhaupt («Orator», 70–74) übertragen und nähert sich damit dem ethischen *prépon* bzw. *decorum* der mittleren Stoa. Vgl. M. Pohlenz: «To prépon. Ein Beitrag zur Geschichte des griechischen Geistes», in: «Nachrichten der Gesellschaft der Wissenschaften zu Göttingen,

Philol.-Histor. Klasse», 1933, 53–92; Fr. Pfister: «Kairos und Symmetrie», in: «Würzburger Studien zur Altertumswissenschaft» 13 (1938), 131 ff.

125 Vitruv: «De architectura», hg. v. F. Krohn, Leipzig 1912. Vgl. B. Ebhardt: «Die zehn Bücher der Architektur des Vitruv und ihre Herausgeber seit 1484», Berlin 1918.

126 Vgl. Aristoteles: «Metaphysik» II, 3; 995 a 14; ders.: «Physik» II, 2; 193 b 22–194 a 12.

127 Alberti: [OIM 51]: «Punctum esse dico in pictura pusillam atomi persimilem inscriptionem, qua nulla uspiam fieri manu possit minor.»

128 Vgl. M. Lehnerdt: «Lucretius in der Renaissance», Königsberg 1904.

129 «De punctis et lineis apud pictores», in: [OIM 66].

130 [AED 447]: «Sit pulchritudo quidem certa cum ratione concinnitas universarum partium in eo, cuius sint, ita ut addi aut diminui aut immutari possit nihil quin improbabilius reddatur.»

131 [AED 817]: «... pulchritudinem esse quendam consensum et conspirationem partium in eo, cuius sunt, ad certum numerum, finitionem, collocationemque habitam, ita uti concinnitas, hoc est absoluta primariaque ratio naturae postularit.»

132 Vor diesem Hintergrund läßt sich eine Parallele zur Existenzphilosophie, besonders zu Heidegger, ziehen, vgl. «Archivio di Filosofia» 1949 («Umanesimo e Machiavellismo»); E. Grassi: «Heidegger e il problema dell'Umanesimo», Neapel 1985; ders.: «Einführung in philosophische Probleme des Humanismus», Darmstadt 1986.

133 Vgl. zu Cristoforo Landino (1424–1504):
Bibliographie: Schmitt: CHRP, a. a. O. (oben, Anm. 7), 823; A. M. Bandini: «Specimen literaturae florentinae saeculi XV», 2 Bde., Florenz 1747/1751; M. Lentzen: «Studien zur Dante-Exegese C. L.s», Köln/Wien 1971.
Ausgaben: «Historia naturale di C. Plinio Secondo tradocta», Rom 1473; «Commento sopra la Commedia di Dante Alighieri», Florenz 1481; «In Q. Horatii Flacci Libros Omnes Interpretationes», 2 Bde., Florenz 1482; «In P. Virgilium interpretationes», Florenz 1487; «Carmina omnia», hg. v. A. Perosa, Florenz 1939; «De nobilitate animae» [NA], hg. v. A. Paoli/G. Gentile, in: «Annali delle Università Toscane» 34 (1915), 1–50; NS 1, 2 (1916), 1–138; NS 2, 3 (1917) 1–96; «Testi inediti e rari di C. L. e Francesco Filelfo», hg. v. E. Garin, Florenz 1949; «De vera nobilitate» [VN], hg. v. M. Lentzen, Genf 1970; hg. v. M. T. Liaci, Florenz 1970; «Disputationes Camaldulenses» [DC], hg. v. P. Lohe, Florenz 1980; Reden [R], hg. v. M. Lentzen, München 1974; «Praefatio in Tusculanas Ciceronis habita in Gymnasio Florentino», in: K. Müllner (Hg.) «Reden und Briefe italienischer Humanisten», Wien 1899, Repr. München 1970, 118–128; «Scritti critici e teorici», 2 Bde., hg. v. R. Cardini, Rom 1974; M. Lentzen: «Studien zur Dante-Exegese C. L.s. Mit einem Anhang unveröffentlichter Briefe und Reden», Köln 1971 (Bibliographie 280–295); «Index zu C. L.», hg. v. U. Ecker, Hildesheim 1998 (= Indices zur lateinischen Literatur der Renaissance Bd. II).
Deutsche Übersetzung: «Camaldulensische Gespräche» (Buch I-II), dt. v. E. Wolf, Jena 1927.
Literatur: A. Buck: «Dichtung und Dichter bei C. L.», in: «Romanische Forschungen» 58/59 (1947), 233–246; J. B. Wadsworth: «L.'s Disputationes Camaldulenses, Ficino's De felicitate and L'altercazione of Lorenzo Medici», in: «Modern Philology 50 (1952–53), 23–31; B. Sandkühler: «Die frühen Dantekommentare und ihr Verhältnis zur mittelalterlichen Kommentartradition»,

München 1967; R. Cardini: «C. L. e l'Umanesimo volgare», in: «Rassegna della letteratura italiana» 72 (1968), 267–296; E. Müller-Bochat: «Leon Battista Alberti und die Vergil-Deutung der Disputationes Camaldulenses. Zur allegorischen Dichter-Erklärung bei C.L.», Krefeld 1968; P. Giannantonio: «C. L. e l'Umanesimo volgare», Neapel 1971; R. Cardini: «La Critica del L.», Florenz 1973; M. Lentzen: «C. L.s Dante-Kommentar», in: A. Buck (Hg): «Der Kommentar in der Renaissance», Bonn-Bad Godesberg 1975, 167–190; R. Weiss: «C. L. Das Metaphorische in den ‹Disputationes Camaldulenses›», München 1981; B. Vickers (Hg): «Arbeit, Muße, Meditation. Betrachtungen zur ‹vita activa› und ‹vita contemplativa›», Zürich 1985; P. Procaccioli: «Filologia ed esegesi dantesca nel Quattrocento. ‹L'inferno› nel ‹Comento sopra la Comedia› di C. L.», Florenz 1989; U. Rombach: «‹Vita activa› und ‹Vita contemplativa› bei C. L.», Stuttgart 1991; U. Rüsch-Klaas: «Untersuchungen zu C. L.s ‹De anima›», Stuttgart 1993; T. Jorde: «C. L.s ‹De vera nobilitate›. Ein Beitrag zur Nobilitas-Debatte im Quattrocento», Stuttgart 1995; F. Pasetto: «I ‹Landino›, una famiglia di artisti, vissuti fra Pratovecchio e Firenze nei secoli d'oro della storia Toscana», Cortona 1998; L. Nebes: «Der ‹furor poeticus› im italienischen Renaissanceplatonismus. Studien zu Kommentar- und Literaturtheorie bei Ficino, Landino und Patrizi», Marburg 2001.

134 Vgl. B. Guarino: «De ordine docendi et discendi», in: E. Garin (Hg): «Il pensiero pedagogico dell'Umanesimo», Florenz 1958, 460. Zur Verbreitung des Plinius in der Renaissance vgl. G. Sartori: «Appreciation of Ancient and Medieval Science during the Renaissance (1450–1600)», Philadelphia 1953, 78–86.

135 Vgl. E. Garin: «Il pensiero …», a. a. O. (oben, Anm. 72), 1–124; F. D'Episcopo: «Civiltà della parola I: La rivolta della poesia», Neapel 1984; E. Grassi: «Einführung in philosophische Probleme des Humanismus», Darmstadt 1986 (passim).

136 A. Buck: «Italienische Dichtungslehren vom Mittelalter bis zum Ausgang der Renaissance», Tübingen 1952. B. Weinberg: «A History of Literary Criticism in the Italian Renaissance», 2 Bde., Chicago 1961.

137 Vgl. Petrarca: «Oratio laudis poeticae. La ‹Collatio laureationis›», hg. v. C. Godi, in: «Italia Medievale e Umanistica» 13 (1970), 20 f.; Boccaccio: «Genealogia deorum gentilium», 2 Bde., hg. v. V. Romano, Bari 1951, Bd. 2, Buch XIV-XV.

138 Vgl. E. Garin: «Storia della filosofia italiana», 3 Bde., Turin 1966, Bd. 1, 427 ff.

139 Vgl. zu ANGELO POLIZIANO (1454–1494):
Bibliographie: Schmitt: CHRP, a. a. O. (oben, Anm. 7), 833; J. Maier: «Les manuscrits d' A. P.», Genf 1965; A. Waschbüsch: «P. Ein Beitrag zur Philosophie des Humanismus», München 1972, 212–217.
Ausgaben: «Opera omnia» [OP I–III], hg. v. J. Maier, 3 Bde., Turin 1970/71 (I: Scripta in ed. Basilensi anno 1553 collecta; II: Opera ab I. Del Lungo edita; III: Opera miscellanea et epistulae); «Prose volgari inedite, poesie latine e greche», hg. v. I. Del Lungo, Florenz 1867; «Le selve e la strega. Prolusioni nello studio Fiorentino (1482–1492)» [PR], hg. v. I. Del Lungo, Florenz 1925; «Tutte le poesie italiane», hg. v. G. R. Ceriello, Mailand 1952; «Sylva in Scabiem», hg. v. A. Perosa, Rom 1954; «De pactiana coniuratione commentarium», hg. v. A. Perosa, Padua 1958; «Miscellaneorum centuria secunda» [(MCS], hg. v. V. Branca/ M. Pastore Stocchi, 4 Bde., Florenz 1972; «Commento inedito alle Selve di Stazio», hg. v. L. Cesarini Martinelli, Florenz

1978; «Miscellaneorum centuria prima», hg. v. H. Katayama, Tokio 1981; «‹Lamia›, Praelectio in priora Aristotelis analytica», hg. v. A. Wesseling, Leiden 1986; «Commento inedito alle Georgiche di Virgilio», hg. v. L. Castano Musico, Florenz 1991; «Commento inedito ai Fasti di Ovidio», hg. v. F. Lo Monaco, Florenz 1991; «Silvae», hg. v. F. Bausi, Florenz 1997; lt./engl. hg. v. Ch. Fantazzi, Cambridge, Mass. 2004; «Poesie», lt/it. hg. v. F. Bausi, Turin 2006; «Letters», lt./engl. hg. v. S. Butler, Cambridge, Mass. 2006. *Literatur*: «Mostra del P. nella biblioteca Medicea Laurentiana», Florenz 1954; J. Maier: «Travaux de l'année: P. 1954», in: «Bibliothèque d'Humanisme et Renaissance» 17 (1955), 297–311; dies.: «Un inédit de P. : La classification des ‹Arts›», ebd. 22 (1960), 338–355; dies.: «A P. La formation d'un poète humaniste», Genf 1966; E. Garin: «La polemica fra A. P. e Paolo Cortesi sullo stile», in: «Celebri polemiche letterarie», Bellinzona 1957, 9–24; ders.: «P. e il suo ambiente», in: E. G.: «Ritratti di umanisti», Florenz 1967, 131–162; «Il P. e il suo tempo. Atti del IV Convegno Internazionale di studi sul Rinascimento», Florenz 1957; R. P. Oliver: «P.'s translation of the Enchiridion», in: «Transactions of the American Philological Association» 89 (1958), 185–217; A. Scaglione: «The humanist as scholar and P.'s conception of the grammaticus», in: «Studies in the Renaissance» 8 (1961), 49–70; E. Bigi: «La cultura del P. e altri studi umanistici», Pisa 1967; C. Vasoli: «Il P. maestro di dialettica», in: ders.: «La dialettica e la retorica dell'Umanesimo», Turin 1968, 116–131; R. Lo Cascio: «P.», Palermo 1970 (Storia della Critica 8); H. E. Troje: «Graeca leguntur», Köln/Wien 1971; R. Pfeiffer: «History of Classical Scholarship. From 1300 to 1850», Oxford 1976; V. Branca: «P. L'Umanesimo della parola», Turin 1983; A. Wolters: «P. as Translator of Plotinus», in: «Renaissance Quaterly» 40, 1987; F. Tateo: «Lorenzo de' Medici e A. P.», Bari 1990; J. Hunt (Hg): «Polizian and Scholastic Logic. An Unknown Dialogue by a Dominican Friar», Florenz 1995; M. Martelli: «A. P., storia e metastoria», Lecce 1995; A. Bettinzoli: «Daedaleum iter. Studi sulla poesia e la poetica di A. P.», Florenz 1995; L. Secchi Tarugi (Hg): «Poliziano nel suo tempo», Florenz 1996; T. Leuker: «A. P.: Dichter, Redner, Stratege; eine Analyse der ‹Fabula di Orfeo› und ausgewählter lateinischer Werke», Stuttgart 1997; J. Kraye: «L'interpretation platonicienne de l'Enchiridion d'Epictète proposée par P.: philosophie et philologie dans la Florence du XVe siècle, à la fin des années 70», in: F. Mariani Zini (Hg.): «Penser entre les lignes. Philologie et Philosophie au Quattrocento», Villeneuve d'Ascq 2001, 161–178.

140 G. Cammelli: «Giovanni Argiropolo», Florenz 1941; V. Brown: «G. A. on the Agent Intellect», in: J. R. O'Donnell (Hg): «Essays in Honor of A. Ch. Pegis», Toronto 1974, 160–175.

141 Vgl. E. Garin: «Prosatori latini del Quattrocento», Mailand/Neapel 1952, 902–912; R. Sabbadini: «Storia del Ciceronianismo», Turin 1885. An Cortesio bemerkenswert ist, daß er, als Humanist, nicht nur *De hominibus doctis* schrieb, sondern auch einen Kommentar zu den Sentenzen des Lombardus verfaßte, vgl. Paulus Cortesius: «Opera omnia», 2 Bde., Padua 1774.

142 Vgl. Alamanno Rinuccini: «Dialogus de libertate», hg. v. F. Adorno, in: «Atti e Mem. Acc. Toscana di Scienze e Lettere ‹La Colombaria›» 22 (1957), 267–303; ders.: «Lettere ed Orazioni», hg. v. V. R. Giustiniani, Florenz 1953. F. Adorno: «La crisi dell' Umanesimo civile fiorentino da A. R. al Machiavelli», in: «Rivista critica di storia della filosofia» 7 (1952), 19–40; V. R. Giustiniani: «A. R. (1426–1499). Zur Geschichte des Florentiner Humanismus», Köln/Graz 1965.

143 Vgl. zu NICCOLÒ MACHIAVELLI (1469–1527):
Bibliographie: Totok, a. a. O. (oben, Anm. 7), 122–148; Schmitt: CHRP, a. a. O. (oben, Anm. 7), 825; E. W. Cochrane: «N. M. 1940–1960», in: «The Journal of Modern History» 33 (1961), 113–136; F. Gilbert: «M. in modern historical scholarship», in: «Italian Quarterly» 33 (1961), 9–26; J. H. Geerken: «M. studies since 1969», in: «Journal of the History of Ideas» 37 (1976), 351–368.
Biographie: G. Prezzolini: «Vita di N. M. fiorentino», Verona 1934 (dt.: Dresden/Berlin 1929); R. Ridolfi: «Vita di N. M.», 2 Bde., Florenz 1969; E. Barincon: «N. M. in Selbstzeugnissen und Bilddokumenten», Hamburg 1958; Chr. Gil: «Machiavelli. Eine Biographie», Solothurn/Düsseldorf 1994.
Ausgaben: «Tutte le opere» [TO], hg. v. F. Flora/C. Cordié, 2 Bde., Mailand 1949/50; «Opera omnia», hg. v. S. Bertelli, 11 Bde., 1968–82; «Lettere», hg. v. F. Gaeta, Mailand 1961; «The letters of M.», ausgew. und hg. v. A. Gilbert, Chicago 1988; «Discorso o dialogo intorno alla nostra lingua», hg. v. B. T. Sozzi, Turin 1976; «Discorsi supra la prima deca di Tito Livio», hg. v. C. Vivanti, Turin 2000.
Deutsche Übersetzungen: «Briefe», dt. v. H. Leo, Berlin 1826; «Werke», dt. v. J. Ziegler, 8 Bde., Karlsruhe 1832–41; «Gesammelte Schriften», hg. v. H. Floerke, 5 Bde., München 1925; «Gesammelte Werke», hg. v. A. Ulfig, Frankfurt/M. 2006; «Geschichte von Florenz», dt. v. A. v. Reumont, Zürich 1986; «Discorsi. Gedanken zu Politik und Staatsführung», dt. v. R. Zorn, Stuttgart 1966; «Discorsi: Staat und Politik», hg. v. H. Günther, Frankfurt/M. 2000; «Il principe/Der Fürst», it./dt. hg. v. Ph. Rippel, Stuttgart 1986; dt. v. F. Oppeln-Bronikowski, Frankfurt/M. 1990; «Politische Schriften», hg. v. H. Münkler, Frankfurt/M. 1990; «Das Leben des Castruccio Castracani», hg. v. D. Hoeges, München 1998.
Literatur: A. H. Gilbert: «M.'s Prince and Its Forerunners», Durham 1938; F. Gilbert: «The humanist concept of the prince and the Prince of M.», in: «Journal of Modern History» 11 (1939), 449–483; ders.: «M. and Guicciardini. Politics and History in 16th Century Florence», Princeton 1965; «Umanesimo e Machiavellismo», in: «Archivio di filosofia», Padua 1949; «Umanesimo e scienza politica», hg. v. E. Castelli, Mailand 1951; L. Strauss: «Thoughts on M.», London 1958; F. Chabod: «Scritti su M.», Turin 1964. G. Sasso: «N. M. Geschichte seines politischen Denkens», Stuttgart 1965; ders.: «Studi su M.», Neapel 1967; L. Russo: «M.», Bari 1966; K. Kluxen: «Politik und menschliche Existenz bei M., dargestellt am Begriff der ‹necessità›», Stuttgart 1967; J. H. Whitfield: «Discourses on M.», Cambridge 1969; J. H. Hexter: «The Vision of Politics on the Eve of the Reformation», New York 1973, 150–230; Qu. Skinner: «The Foundation of Modern Political Thought», 2 Bde., Cambridge 1978; O. Castellani Pollidori: «N. M. e il ‹Dialogo intorno alla nostra lingua›, con una edizione critica del testo», Florenz 1978; dies.: «Nuove riflessioni sul ‹Discorso o dialogo intorno alla nostra lingua› di N. M.», Rom 1981; H. Münkler: «M. Die Begründung des politischen Denkens der Neuzeit aus der Krise der Republik Florenz», Frankfurt/M. 1982; E. Keßler: «Humanistische Denkelemente in der Politik der italienischen Renaissance», in: «Wolfenbütteler Renaissance-Mitteilungen» 7 (1983) 34–43; 85–92; G. Bock: «M. als Geschichtsschreiber», in: «Quellen und Forschungen aus italienischen Archiven und Bibliotheken» 66 (1986), 153–191; A. Buck: «M.», Darmstadt 1986; F. Deppe: «N. M.: Zur Kritik der reinen Politik», Köln 1987; H.-J. Diesner: «N. M.: Mensch, Macht, Politik und Staat im 16. Jh.», Bochum 1988; C. Knauer: «Das

‹magische Viereck› bei M. – fortuna, virtù, occasione, necessità», Würzburg 1990; J.-J. Marchand (Hg): «N. M., politico, storico, letterato», Rom 1996 (= «Atti del convegno di Losanna, 27.-30. sett. 1995»); D. Hoeges: «N. M., die Macht und der Schein», München 2000; M. Viroli: «Das Lächeln des N. M. und seine Zeit», Zürich/München 2000; F.-J. Verspohl: «Michelangelo Buonarotti und N. M.: Der David, die Piazza, die Republik», Bern 2001; P. Schroeder: «N. M.», Frankfurt/M. 2004; W. Kersting: «N. M.», ³München 2006 (= Beck'sche Reihe; 515:Denker). *Wirkung*: A. Gerber: «N. M. Die Handschriften, Ausgaben und Übersetzungen seiner Werke im 16. und 17. Jh.», 3 Bde., Gotha 1912–1913; Friedrich II.: «L'Anti-Machiavel», hg. v. C. Fleischauer, Genf 1958; dt. hg. v. F. v. Oppeln Bronikowski, Jena 1922; F. Meinecke: «Die Idee der Staatsräson in der neueren Geschichte», München 1924; P. Mesnard: «L'essor de la philosophie politique au XVIᵉ siècle», Paris 1936; A. Panella: «Gli Antimachiavellici», Florenz 1943; R. de Mattei: «Origini e fortuna della locuzione ‹Ragione di stato›», in: «Studi in memoria di F. Ferrara», Mailand 1943, Bd. 1, 177–192; A. Gramsci: «Note sul M., sulla politica e sullo stato moderno», Turin 1949; E. Cassirer: «Der Mythos des Staates», Zürich 1949; P. L. Weihnacht: «Staat. Studien zur Bedeutungsgeschichte des Wortes von den Anfängen bis ins 19. Jh.», Berlin 1968; R. de Mattei: «Dal Premachiavellismo all'Antimachiavellismo», Florenz 1969; «Machiavellismo e Antimachiavellismo» (Atti Convegno Perugia 1969), Florenz 1970; J. G. A. Pocock: «The Machiavellian Movement. Florentine Political Thought and the Atlantic Republican Tradition», Princeton 1965; H. Münkler: «Im Namen des Staates», Frankfurt/M. 1987.

144 Vgl. I. Berlin: «The originality of M.», in: M. P. Gilmore (Hg): «Studies on M.», Florenz 1972, 147–206.

145 Vgl. E. Garin (Hg): «La disputa delle arti nel Quattrocento», Florenz 1947, 28.

146 Vgl. L. B. Alberti: «De iciarchia», [OVG 2, a. a. O. (oben, Anm. 111), 188 f.

147 Vgl. Petrarca: «Epistolae seniles VIII, 3», [OP], a. a. O. (oben, Anm. 7), 923 ff.

148 Vgl. Petrarca: [EN 13, a. a. O. (oben, Anm. 7), 138: «Mutantur assidue res humanae ... denique una est horum, que videmus, stabilitas, non stare; una fides, fallere; una requies, circumvolvi.»

149 Der Sache nach scheint das Bewußtsein einer spezifischen politischen Ratio schon zu Beginn des 15. Jhs. in der Florentiner Politik vorhanden gewesen zu sein. Vgl. H. Baron: «The Crisis of the Early Italian Renaissance», Princeton 1966, 179–184. Als Terminus erscheint Staatsräson offenbar erstmals bei G. Botero: «Della ragione di stato», Venedig 1589.

150 Vgl. R. Koselleck: «Kritik und Krise. Zur Pathogenese der bürgerlichen Welt», Freiburg/München 1959.

151 Vgl. E. Keßler: «Petrarca und die Geschichte», München 1978, 40–102; G. Billanovich: «La tradizione del testo di Livio e le origini dell' Umanesimo», Padua 1981.

152 Vgl. P. O. Kristeller: «Studien zur Geschichte der Rhetorik und zum Begriff des Menschen in der Renaissance», Göttingen 1981, 28–42.

153 Vgl. P. Piur: «Petrarcas Buch ohne Namen und die päpstliche Kurie», Halle 1925; ders.: «Cola di Rienzo», Wien 1931.

154 G. Billanovich: a. a. O. (oben, Anm. 151), 1–33; Guido Billanovich: «Il preumanesimo padovano», in: «Storia della cultura veneta», Bd. II, Vicenza 1976, 19–110.

155 Vgl. zu GIOVANNI CONVERSINO DA RAVENNA (1343–1408):
Bibliographie: B. G. Kohl: «C.», in: «Dizionario biografico degli italiani» Bd. 28 (1983), 574–578; ders.: «The works of G. di C. da R.: A catalogue of manuscripts and editions», in: «Traditio» 31 (1975), 349–367.
Ausgaben: «Dragmalogia de eligibili vite genere» [DR], hg. v. H. L. Eaker/ B. G. Kohl, Lewisburg 1980; «Rationarium vitae», hg. v. V. Nason, Florenz 1986; «De primo eius introitu in aulam [PR]/De dilectione regnantium [DI], hg. v. B. G. Kohl/J. Day, München 1987 (= Humanistische Bibliothek II, 24); «Due epistole di G. di C. da Ravenna», hg. v. D. Rossi, Hildesheim 1988; «Dialogue between G. and a letter», lt./engl. hg. v. H. L. Eaker, Binghampton, N.Y., 1989.
Literatur: Th. Klette: «Johannes Conversinus und Johannes Malpaghini von Ravenna», Greifswald 1888; E. Bertanza/G. della Santa: «Maestri, scuole e scolari in Venezia fino al 1500», Venedig 1907 (= Documenti per la storia della cultura veneta» Bd I); R. Sabbadini: «G. da R., insigne figura d'umanista», Como 1924; L. Lazzarini: «Paolo de Bernardo e i primordi dell' Umanesimo a Venezia», Genua 1930; L. Gargan: «Il preumanesimo a Vicenza, Treviso e Venezia» in: «Storia della cultura veneta» Bd. II, Vicenza 1976, 159–167.
156 B. G. Kohl/J. Day: «G. C.'s ‹Consolatio ad Donatum› on the death of Petrarch», in: «Studies in the Renaissance» 21 (1974), 9–30.
157 Vgl. zu GASPARINO (1359–1431) und GUINIFORTE BARZIZZA (1400–1460):
Ausgaben: «Opera», hg. v. J. A. Furietti, Rom 1723, Repr. Bologna 1969; Gasparino B.: «De compositione», hg. v. R. P. Soukowsky, Ann Arbor 1958; Gasparino B./Guinoforte B.: «Commentarium in libros VIII de Vita Caesarum C. Suetonii Tranquilli», hg. v. G. M. Kaczynski, Ann Arbor 1970.
Literatur: R. Cessi: «Spigolature barzizzane», Padua 1907; R. G. G. Mercer: «The teaching of Gasparino B. With special reference to his place in Paduan humanism», London 1979 (154–162: Bibliographie); L. Gualdo Rosa: «Gasparino B. e la rinascita degli studi classici. Fra continuità e rinnovamento», Neapel 1999 (= Atti del seminario di studi, Napoli, Palazzo Sforza, 11. Aprile 1997).
158 Vgl. zu GUARINO VERONESE (1374–1460):
Bibliographie: Schmitt: CHRP, a. a. O. (oben, Anm. 7), 822.
Ausgaben: «Epistolario», hg. v. R. Sabbadini, 3 Bde., Venedig 1915–19; «Acht Inauguralreden des Veronesers G. und seines Sohnes Baptista», hg. v. K. Müllner, in: «Wiener Studien» 18 (1896), 283–306; «Nuovi carmini di G. V.», hg. v. D. Manzoli, Verona 2000.
Literatur: R. Sabbadini: «Vita di G. V.», in: «Giornale Ligustico» 18 (1891), 4–40; 109–135; 185–206; 261–282; 321–348; 401–432.; ders.: «G. V. e il suo Epistolario», Salerno 1885; ders.: «La scuola e gli studi di G. V.», Catania 1896; G. Bertoni: «G. da V. fra letterati e cortigiani a Ferrara», Genf 1921; E. Garin: «La scuola e gli studi di G. V.», in: ders.: «Il pensiero pedagogico...», a. a. O. (oben, Anm. 72), 305–503; R. Schweyen: «G. V.», München 1973 (Bibliogr. 257–261); D. Canfora: «La controversia di Poggio Bracciolini e G. V. su Cesare e Scipione», Florenz 2001 (enthält «De praestantia Scipionis et Caesaris» beider Autoren); W. K. Percival: «Studies in Renaissance Grammar», Aldershot 2004.
159 Vgl. zu VITTORINO DA FELTRE (1373–1446):
Bibliographie: Schmitt: CHRP, a. a. O. (oben, Anm. 7), 840; «V. da F. nel V. Centenario della sua morte», Feltre 1946; «V. da F. Pubblicazione comme-

morativa del V centenario della morte», hg. v. Comitato mantovano per le onoranze, Brescia 1947, 87–103.
Literatur: W. H. Woodward: «V. da F. and other Humanist Educators», Cambridge 1897; E. Garin: «Vittorino da Feltre e la sua scuola», in: ders.: «Il pensiero pedagogico …», a. a. O. (oben, Anm. 72), 505–699; N. Giannetto (Hg): «V. da F. e la sua scuola», Florenz 1981 (= «Atti del convegno … a conclusione delle celebrazioni del sesto centenario della nascita di V. de F., Venezia, Feltre, Mantova, 9–11 nov. 1979»); G. Müller: «Mensch und Bildung im italienischen Humanismus. V. da F. und die humanistischen Erziehungsdenker. Baden-Baden 1984; A.-S. Göing: «Die Lebensbilder zu Vittorino da Feltre», Studien zur Rezeption einer Erzieherpersönlichkeit im Italien des 15. Jhs», Würzburg 1999.

160 Vgl. zu ANTONIO BECCADELLI, genannt «PANORMITA» (1394–1471):
Ausgaben: Antonio Beccadelli: «Epistolarum Gallicarum libri IV»/»Epistolarum Campanarum liber», Neapel 1746; «Einige ungedruckte Verse und Briefe von A. P.», hg. v. A. Gaspary, in: «Vierteljahresschrift für Kultur und Literatur der Renaissance» 1 (1886), 474 ff.; «Hermaphroditus», lt./dt. hg. v. Fr. Forberg/Fr. Wolff-Untereichen, Coburg 1908; «Ottanta lettere inedite», hg. v. R. Sabbadini, Catania 1910; «Aus dem Leben König Alfons I.», dt. hg. v. H. Hefele, in: H. Hefele (Hg): «Alfonso I. und Ferrante I. von Neapel», Jena 1912; «Drei neapolitanische Humanisten über die Liebe» (A. B.: «Hermaphroditus», G. Pontano: «De amore coniugali», N. N.: «Hymni naturales») lt./dt. hg. v. N. Thurn, St. Katharinen 2002.
Literatur: L. Barozzi/R. Sabbadini: «Studi sul P. e sul Valla», Florenz 1891; M. v. Wolff: «Leben und Werke des Antonio Beccadelli genannt P.», Leipzig 1894; V. Laurenza: «Il P. a Napoli», Neapel 1912.

161 Vgl. zu FRANCESCO FILELFO (1398–1481):
Bibliographie: Schmitt: CHRP, a. a. O. (oben, Anm. 7), 817 f.; C. De Rosmini: «Vita di F. F.», 3 Bde., Mailand 1808; G. Bonaducci: «Contributo alla bibliografia di F. F.», in: «Atti e mem. della R. Deputazione di storia patria per le prov. delle Marche» 5 (1901/02), 459–535.
Ausgaben: «Epistolarum familiarium libri 37» [EP], Venedig 1502; «Die griechischen Briefe des F. F.», hg. v. Th. Klette, Greifswald 1890; «Cent dix lettres grecques de F. F.», hg. v. E. Legrand, Paris 1892 (it. Übers. v. L. Agostinelli, Tolentino 1902); «De morali disciplina», Venedig 1552; «Conviviorum libri II», Paris o. J. (15. Jh.); «Commentationes Florentinae de exilio III: De paupertate», in: «Prosatori latini del Quattrocento, hg. v. E. Garin, Mailand/ Neapel 1952, 494–517; «F. in Milan. Writings 1451–1477», hg. v. D. M. Robin, Princeton, N. J. 1991; «De psychagogia. Editio princeps dal Laurenziano 58, 15», hg. v. G. Cortassa, Alessandria 1997; «Opuscula» 1492, Repr. hg. v. A. F. W. Sommer, Wien 2006; «Epistolarum familiarium libri XXXVII» 1502, Reprint hg. v. A. F. W. Sommer, Wien 2006.
Literatur: A. Calderini: «Ricerche intorno alla biblioteca e alla cultura greca di F. F.», in: «Studi italiani di filologia classica» 20 (1913), 204–424; G. Zippel: «Il F. a Firenze», Rom 1899; A. Messer: «Franz Philelphus, De morali disciplina», in: «Archiv für Geschichte der Philosophie» 9 (1896), 337–341; L. Firpo: «F. F. educatore e il ‹Codice Sforza› della Biblioteca Reale di Torino», Turin 1967 (mit «Lettere pedagogiche 1475–1479», lt./dt.); «F. F. nel quinto centenario della morte», Padua 1986 (= Atti del XVII Convegno di Studi Maceratesi, Tolentino, 27–30 sett. 1981).

162 Der Text von Antonio Loschis Schrift gegen Florenz in: Coluccio Salutati: «In-

vectiva in Antonium Luschum Vicentinum», hg. v. D. Moreni, Florenz 1826.
Vgl. «Carmina quae supersunt fere omnia», hg. v. G. da Schio, Padua 1858;
G. da Schio: «Sulla vita e sugli scritti di A. L. Vicentino, uomo di lettere e di
stato, commentarii», Padua 1858.
163 Vgl. E. Fueter: «Geschichte der neueren Historiographie», München/Berlin
1911; B. Reynolds: «Latin historiography. A survey 1400–1600», in: «Studies
in the Renaissance» 2 (1955), 7–66; E. Cochrane: «History and Historiography
in the Italian Renaissance», Chicago 1981.
164 Cf. Poggio [OP] (a. a. O., oben, Anm. 82), 1, 64–83; zum Problem allgemein
vgl. C. Donati: «L'idea di nobiltà in Italia, secoli XIV-XVII», Rom / Bari 1988;
A. Rabil: «Knowledge, Goodness and Power. The Debate over Nobility among
Quattrocento Italian Humanists», Binghampton, N. Y. 1991.
165 Vgl. zu Bartolomeo Sacchi, genannt Platina (1421–1481):
Bibliographie: A. Zeno: «Dissertationes Vossianae», Venedig 1752, vol. 1, 242–
256; V. Zabughin: G. Pomponio Leto. Rom 1909, vol. 1, 58–98; Schmitt:
CHRP, a. a. O. (oben, Anm. 7), 832.
Ausgaben: «Opera» [OP], Köln 1540 (darin u. a. «De falso et vero bono Dialogi tres» 3–30; «Contra amores» 31–51; «De vera nobilitate» 52–64; «De
optimo cive» 65–80); «De principe libri tres» [PR], Genua 1637; «Commen-
tariolus de vita Victorini Feltrensis/De laudibus bonarum artium/Epistolae»,
hg. v. T. A. Vairani, in: «Cremonensium Monumenta Romae extantia I»,
Rom 1778; «Liber de vita Christi ac omnium Pontificum», hg. v. G. Gaida,
Bologna 1913–32 (Rer. It. Scr. III, 1); «De optimo cive» [OC], hg. v. F. Battaglia, Bologna 1944; «De Honesta Voluptate et Valetudine/On Right Pleasure and Good Health», hg. v. M. E. Milham, Tempe, Arizona 1998 (mit ausführlicher Einleitung, chronologischer Liste der Werke P.s und Bibliographie
1–95); «De falso et vero bono», hg. v. M. G. Blasio, Rom 1999.
Literatur: L.-P. Raybaud: «Platina et l'humanisme florentin», in: «Mélanges
Pierre Tisset», Montpellier 1970, 389–405; N. Rubinstein: «The ‹De optimo
Cive› and the ‹De Principe› by B. P.», in: «Tradizione classica e letteratura
umanistica: Per A. Perosa», Bd. 1, Rom 1985, 375–389; A. Campana (Hg):
«B. S., il P.», Padua 1986 (= Atti del Convegno Internazionale di Studi per il
V Centenario, Cremona, 14–15 nov. 1981); W. Benziger: «Zur Theorie von
Krieg und Frieden in der italienischen Renaissance: Die ‹Disputatio de pace
et bello› zwischen B. P. und Rodrigo Sánchez de Arévalo und andere anläßlich
der ‹Pax Paolina› (Rom 1468) entstandene Schriften», Frankfurt/M. 1996
(mit Editionen und Übersetzungen); L. Mitarotondo: «Virtù del principe –
virtú del Cittadino. Umanesimo e politica in B. P.», Bari 2005; St. Bauer:
«The censorship and fortuna of Platina's Lives of the popes in the sixteenth
century», Turnhout 2006; B. Laurioux: «Gastronomie, humanisme et sociétè
à Rome au milieu du XVe siècle. Autour du ‹De honesta voluptate› de P.»,
Florenz 2006; H. Lemke: «Ethik des Essens. Eine Einführung in die Gastro-
sophie», Berlin 2007.
166 Vgl. für das Folgende F. Tateo: «Tradizione e realtà nell ‹Umanesimo italiano»,
Bari 1967, 355–421; P. O. Kristeller: «Introduzione», in: «Lauro Quirini Umanista», hg. v. V. Branca, Florenz 1977, 33–42.
167 Caroli Poggii: «De nobilitate liber disceptatorius» / Leonardi Chienesis: «De
vera nobilitate contra Poggium tractatus apologeticus», hg. v. M. Justinianus,
Avellino 1657; J. Quetif/J. Echard: «Scriptores Ordinis Praedicatorum», Bd. I,
2, Paris 1719, 861 f.
168 Vgl. Tristano Caracciolo: «Opuscoli storici editi e inediti», hg. v. G. Paladino,

Bologna 1934/35 (= Rer. It. Scr. 22, 1), darin (141–148): «Nobilitatis Neapolitanae defensio»; M. Santoro: «T. C. e la cultura napoletana della Rinascenza», Neapel 1957.

169 Vgl. «Lauro Quirini Umanista», a. a. O. (oben, Anm. 166) (darin u. a. «De nobilitate contra Poggium Florentinum» 74–98; «De republica» 121–161, sowie C. Seno/G. Ravegnani: «Cronologia della vita e delle opere di L. Q.» 9–18); A. Segarizzi: «L. Q. umanista veneziano del secolo XV», in: «Mem. della R. Acc. delle Sc. di Torino» II, 54 (1904), 1–28.

170 Vgl. zu ANTONIO DE FERRARIIS, genannt «IL GALATEO» (1444–1517): *Bibliographie*: P. Andrioli Nemola: «Catalogo delle opere di A. de F. (G.)», Lecce 1982; «Bibliografia di Terra d'Otranto dal 1550 al 2003 (odierne province di Brindisi, Lecce e Taranto)», hg. v. E. Dimitri, nuova ed., Manduria 2007.
Ausgaben: «Opera», hg. v. S. Grande, Lecce 1867–71 (= «Collana degli scrittori di Terra d'Otranto», Bde. 2–4; 18; 22); «Eremita», in: E. Garin (Hg): «Prosatori latini del Quattrocento», Mailand/Neapel 1952, 1068–1125; «Epistole», hg. v. A. Altamura, Lecce 1959 (darin «De nobilitate» 267–289; «Bibliographie» 315–321); «De educatione», hg. v. C. Vecce, Leuven 1993; «Eremita», hg. v. S. Valerio, Bari 2004; «La Iapigia», hg. v. D. Defilippis, Galatina 2005.
Literatur: E. Savino: «Un curioso poligrafo del 400: A. de F., detto il G.», Bari 1941; N. Vacca: «Noterelle galateane», Lecce 1943; A. Altamura: «Il concetto umanistico della nobiltà e il ‹De nobilitate› del G.», in: «Archivio storico pugliese» 1 (1948), 84–89; L. Miele: «Saggi galateani», Neapel 1982; D. Canfora (Hg): «Principato ecclesiastico e riuso dei classici. Gli umanisti e Alessandro VI.», Rom 2002 (= Atti del convegno, Bari 22.–24. Mai 2000); F. P. De Ceglia: «Scienziati di Puglia, secoli V a.C. – XXI d.C.», Bari 2007.

171 Vgl. Giovanni Conversione da Ravenna; «Dragmalogia …», a. a. O. (oben, Anm. 155).

172 Vgl. zu PIETRO PAOLO VERGERIO (1370–1444):
Bibliographie: Schmitt: CHRP, a. a. O. (oben, Anm. 7), 839.
Ausgaben: «Paulus, comoedia ad iuvenum mores corrigendos», hg. v. K. Müllner, in: «Wiener Studien» 20 (1900); «De ingenuis moribus et liberalibus studiis adolescentiae» [IN], hg. v. A. Gnesotto, in: «Atti e mem. della R. Acc. di Padova» 34 (1918), 75–157; «Epistolario», hg. v. L. Smith, Rom 1934 (darin «De monarchia sive de optimo principatu» [MO], 447–450).
Literatur: C. Bischoff: «Studien zu P. P. V. dem Älteren», Berlin/Leipzig 1909; G. Calò: «La genesi del primo trattato pedagogico del' Umanismo», in: «Dall' Umanesimo alla scuola di lavoro», Florenz 1940, 37–66.

173 Vgl. zu PIER CANDIDO DECEMBRIO (1392–1477):
Bibliographie: Schmitt: CHRP, a. a. O. (oben, Anm. 7), 815.
Ausgaben: «De laudibus Mediolanensium Urbis Panegyricus» [LA], in: «Archivio storico Lombardo» 4, 8 (1907), 27–45; «Opuscula historica», hg. v. A. Butti, Bologna 1925/58 (= Rer. Ital. Script., nuova ed., 20,1); «Vita di Filippo Maria Visconti», Mailand 1983; «Leben des Filippo Maria Visconti und Taten des Francesco Sforza», dt. v. Ph. Funk, Jena 1913.
Literatur: K. Kretschmer: «Die Kosmographie des P. C. D.», in: «Festschrift zu Ehren von F. v. Richthofen», Berlin 1893; M. Borsa: «P. C. D. e l'Umanesimo in Lombardia», in: «Archivio storico Lombardo» 20 (1893), 161 ff.; 241 ff.; E. Ditt: «P. C. D.», in: «Mem. dell' Istituto Lombardo, Cl. di Lett.», 24 (1931), 21–108; P. O. Kristeller: «P. C. D. and his unpublished treatise on the

immortality of the soul», in: ders.: «Studies in Renaissance Thought and Letters», Bd. II, Rom 1985, 281–300; 561–584 (567–587 Edition).

174 Vgl. zu: DIOMEDE CARAFA (1407–1487):
Ausgaben: «De regentis et boni principis officiis», in: J. A. Fabricius: «Bibliotheca Latina», Florenz 1858, Bd. 6, 645–664; «Un opuscolo dedicato a Beatrice d'Aragona, regina d'Ungheria», hg. v. E. Mayer, Rom 1937; «Dello optimo cortesano», [OCO], hg. v. G. Paparelli, Salerno 1971; «Memoriali», hg. v. F. Petrucci Nardelli, Rom 1988.
Literatur: T. Persico: «D. C. uomo di stato e scrittore del sec. XV», Neapel 1899; L. Miele: «Modelli e ruoli sociali nei ‹Memoriali› di D. C.», Neapel 1989.

175 Vgl. zu: BALDASSARE CASTIGLIONE (1478–1529):
Ausgaben: «Opere volgari e latine», hg. v. G. A. und G. Volpi, Padua 1733; «Il libro del cortegiano», hg. v. V. Cian, ⁴Florenz 1974; hg. v. B. Maier, ³Turin 1955; hg. v. G. Preti, Turin 1960; «Lettere inedite e rare», hg. v. G. Gorni, Mailand 1969; «Le lettere» Bd. 1 (1497–März 1521), hg. v. G. La Rocca, Mailand 1978; «Vita di Guidubaldo, Duca di Urbino», hg. v. U. Motta, Rom 2006; «Das Buch vom Hofmann», dt. v. F. Baumgart, Bremen o. J. (Sammlung Dieterich Bd. 78).
Literatur: V. Cian: «Nel mondo di B. C. Documenti illustrati», in: «Archivio storico lombardo» 9 (1942), 3–97; A. Vallone: «La cortesia dai Provenzali a Dante», Palermo 1950; ders.: «Cortesia e nobiltà nel Rinascimento», Asti 1955; E. Loos: «B. C.s ‹Libro del Cortegiano›: Studien zur Tugendauffassung des Cinquecento», Mainz 1955; G. Mazzacurati: «B. C. e l'apologia del presente», in: «Misure del classicismo rinascimentale», Neapel 1967; M. Shapiro: «Mirror and portrait: the structure of ‹Il libro del Cortegiano›», in: «The Journal of Medieval and Renaissance Studies» 5 (1975), 37–61; «La Corte e il Cortegiano», hg. vom ‹Centro Studi Europa delle Corti›, 2 Bde., Rom 1980; G. Barberi Squarotti: «L'onore in corte dal Castiglione al Tasso», Mailand 1986; E. R. Wilbanks: «The changing images of women in the works of Petrarch, Boccaccio, Alberti, and C.», Ann Arbor 1977; R. H. Hanning: «C., The ideal and the real in Renaissance culture», New Haven 1983; A. Sole: «Il gentiluomo-cortigiano nel segno del Petrarca. Modelli sociali e modelli etico-retorici in quattro autori del Cinquecento: C., Berni, Bembo, Della Casa», Palermo 1992; P. Burke: «The fortunes of the Courtier. The European reception of C.'s Cortegiano», Cambridge 1995; Ch. Raffini: «Marsilio Ficino, Pietro Bembo, B. C.: Philosophical, aesthetic, and political approaches in Renaissance platonism», New York 1998; A. Quondam: «Questo povero Cortegiano. C., il libro, la storia», Rom 2000; U. Motta: «C. e il mito di Urbino. Studi sulla elaborazione del Cortegiano», Mailand 2003; A. M. Salvadè: «Imitar gli antichi. Appunti sul C.», Mailand 2006; M. Villa: «Moderni e antichi nel libro del Cortegiano», Mailand 2007.

176 Vgl. oben, Anm. 165.

177 Vgl zu UBERTO DECEMBRIO (1370–1427):
M. Borsa: «Un umanista vigevanasco del secolo XV», Genua 1893 (darin Teilpublikation von U. B.'s «De re publica»); E. Garin: «Ricerche sulle traduzioni di Platone nella metà del secolo XV», in: «Medioevo e Rinascimento. Studi in onore di Bruno Nardi», 2 Bde., Florenz 1955, Bd. 1, 341–374; E. Keßler: «Der Platonismus der Humanisten», in: «Philosophisches Jahrbuch» 95, 1980, 1–17; J. Hankins: «Plato in the Italian Renaissance», 2 Bde., Leiden 1990, Bd. I, 105–116.

178 Vgl. zu Francesco Patrizi da Siena (1412–1494):
  Bibliographie: Schmitt: CHRP, a.a.O. (oben, Anm. 7), 829.
  Ausgaben: «De institutione rei publicae ad Senatum Populumque Senensem
  libri IX» [IN], Straßburg 1594; «De regno et regis institutione libri IX ad
  Alfonsum Aragonium … Ducem» [RE], Straßburg 1594.
  Literatur: Chiarelli, G.: «Il ‹De regno› di F. P.», in: «Riv. Internazionale di filo-
  sofia del diritto» 12 (1932), 716–38; F. Sarri: «Il pensiero pedagogico ed eco-
  nomico del Senese F. P.», in: «Rinascita» 1 (1938), 98–138; F. Battaglia: «Enea
  Silvio Piccolomini e F. P. Due politici Senesi del Quattrocento», Florenz 1936;
  Ch. B. Schmitt: «Cicero Scepticus: A Study of the Influence of the ‹Academica› in the Renaissance», Den Haag 1972 (passim); L. F. Smith: «Members of
  F. P.'s family appearing in his letters and epigramms», in: «Renaissance Quaterly» 27 (1974), 1–6.
179 Vgl. zu Giovanni Pontano (1426–1503):
  Bibliographie: Schmitt: CHRP, a.a.O. (oben, Anm. 7), 834; E. Pèrcopo: «Gli
  scritti di G. P.», in: «Archivio storico per le provincie napoletane» 62 (1937),
  57–137; G. Vinay: «Gli studi sul P. nel dopoguerra (1918–1934)», in: «Rivista di sintesi letteraria» 1 (1934), 509–518; S. Sbordone: «Saggio di bibliografia delle opere e della vita di G. P.», Neapel 1982.
  Ausgaben: «Opera» [OP], Lyon 1514; «De rebus coelestibus» [COE], Neapel
  1512; «Lettere inedite in nome dei reali di Napoli», hg. v. F. Gabotto, Bologna 1893; «Lettere a principi ed amici», hg. v. E. Pèrcopo, in: «Atti della Acc.
  Pontaniana» 37 (1907) 1–87; «Nuove lettere a principi ed amici», hg. v.
  E. Pèrcopo, in: ebd. 56 (1926), 187–220; «Carmina», hg. v. B. Soldati, 2 Bde.,
  Florenz 1902; «I Dialoghi [D], hg. v. C. Previtera, Florenz 1943; «De princi-
  pe» [PR], in: «Prosatori latini del Quattrocento», hg. v. E. Garin, Mailand/
  Neapel 1952, 1021–1063; «De sermone libri sex» [SE], hg. v. S. Lupi/G. Ri-
  sicato, Lucani 1954; «I trattati delle virtù sociali» (»De liberalitate»; «De
  beneficientia»; «De magnificentia»; «De splendore»; «De conviventia»)
  [TVS], hg. v. F. Tateo, Rom 1965; «De magnanimitate», hg. v. F. Tateo, Florenz 1969; «De immanitate» [IM], hg. v. L. Monto Sabia, Neapel 1970;
  «Meteororum liber», in: M. de Nichilo: «I poemi astrologici di G. P., Storia
  del testo», Bari 1975, 33–137; «Dialoge», lt./dt. hg. v. H. Kiefer/H. B. Gerl,
  München 1984; «De magnificentia» [TVS 85–110], lt./dt. hg. v. M. Roick, in:
  S. Ebbersmeyer u. a.: «Ethik des Nützlichen …», a.a.O. (oben, Anm. 7),
  278–339.
  Literatur: M. Romano: «La trattatistica politica e il ‹De principe› di P.», Po-
  tenza 1901; B. Soldati: «La poesia astrologica del Quattrocento», Florenz
  1906; V. Laurenza: «Il Panormita e il P.», Malta 1907; E. Pèrcopo: «La biblioteca di G. P.», in: «Atti della Acc. Pontaniana» 56 (1926), 140–152; ders.:
  «La vita di G. P.», in «Archivio storico per le provincie napoletane» 61
  (1936), 116–250; G. Semprini: «Il P. di fronte alla religione», in: «Bilychnis»
  31 (1928) 96–110; V. Tanteri: «G. P. e i suoi dialoghi», Ferrara 1931; G. Tof-
  fanin: «G. P. fra l' uomo e la natura», Bologna 1938; A. Altamura: «G. P.»,
  Neapel 1938; F. Tateo: «Astrologia e moralità in G. P.», Bari 1960; ders.:
  «Le virtù sociali e l' immanità nella trattatistica pontaniana», in: «Rinascimento» 5 (1965), 119–154; ders.: «L' ‹Aegidius› di G. P. e il ‹De trinitate› di
  S. Agostino», in: «Vetera christianorum» 6 (1969), 145–159; ders.: «Umanesimo etico di G. P.», Lecce 1972; V. Prestipino: «Motivi del pensiero umanistico e G. P.», Mailand 1963; M. Santoro: «Il P. e l' ideale rinascimentale
  del ‹Prudente›», in: «Giornale italiano di filosofia» 17 (1964), 26–54; B. Ri-

chardson: «P.'s ‹De prudentia› e Machiavelli's ‹Discorsi›», in: «Bibliothèque
d'Humanisme et Renaissance» 33 (1971), 353–357; F. Tateo: «Umanesimo
etico di G. P.», Lecce 1972; A. Kreutz: «Poetische Epikurrezeption in der
Renaissance», Bielefeld 1990; C. Kidwell: «P., poet & Prime Minister»,
London 1991; M. Rinaldi: «‹Sic itur ad astra›. G. P. e la sua opera astrologica ...», Neapel 2002; «Atti della Giornata di Studi per il V. Centenario
della Morte di G. P.(2003)», Neapel 2004; C. Finzi: «Re, baroni, popolo. La
politica di G. P.», Rimini 2004.
180 Vgl. Qu. Skinner: «The Foundation of Modern Political Thought», 2 Bde.,
Cambridge 1978, Bd. 1, 113–138.
181 Vgl. oben, Anm. 102 und 111.
182 Vgl. K. Müllner (Hg): «Reden und Briefe italienischer Humanisten», Wien
1899, Repr. hg. v. B. Gerl, München 1970 (= Humanistische Bibliothek II, 1).
183 Vgl. oben, Anm. 81 [HU 5–19]. Zur Frauenbildung vgl. «Her Immaculate
Hand. Selected Works by and about Women Humanists of Quattrocento Italy»,
hg. v. M. L. King/A. Rabit, Jr., New York 1983.
184 Die beste Sammlung: E. Garin (Hg): «Il pensiero pedagogica dell' Umanesimo»,
Florenz 1958.
185 Vgl. oben, Anm. 172.
186 Vgl. zu ENEA SILVIO PICCOLOMINI (= PIUS II.) (1405–1464):
Ausgaben: «Opera», Basel 1551; «Historia Friderici III. Imperatoris», hg. v.
A. F. Kollar, in: «Analecta monumentorum omnis aevi Vindobonensia» II,
Wien 1762, 1–550; «Libellus dialogorum», hg. v. A. F. Kollar, ebd., 691–791;
«Briefwechsel» [BR], hg. v. R. Wolkan, 4 Bde., Wien 1909–1918 (= «Fontes
rerum Austriacarum» 61, 62, 67, 68»); «Commentarii rerum memorabilium
que temporibus suis contigerunt», hg. v. A. van Heck, 2 Bde., Rom 1984;
«Reject Aeneas, accept Pius. Selected letters of A. S. P. (P. II.)», engl. hg. v.
Th. Izbicki, Washinton 2006 (Bibliographie 407–415).
Dt. Übersetzungen: «Traktat über die Erziehung der Kinder», dt. v. P. Galliker,
Freiburg 1889 (= «Bibliothek d. kathol. Pädagogik» 2, 223–298); «Aus-
gewählte Schriften», dt. v. A. Liebert, Jena 1905; «Briefe», dt. v. M. Mell,
Jena 1911; «Ausgewählte Texte», lt./dt. v. B. Widmer, Basel/Stuttgart 1960;
«Briefe/Dichtungen», hg. v. G. Bürck, München 1966.
Literatur: G. Voigt: «E. S. P. als Papst P. II. und sein Zeitalter», 3 Bde., Berlin
1856–63; A. Weiss: «E. S. als Papst P. II. Sein Leben und Einfluß auf die li-
terarische Kultur Deutschlands», Graz 1897; F. Battaglia: «E. S. P. e Francesco
Patrizi. Due politici senesi del Quattrocento», Siena 1936; G. Paparelli:
«E. S. P. (P. II.)», Bari 1950; G. Bürck: «Selbstdarstellung und Personenbildnis
bei E. S. P. (P. II.)», Basel/Stuttgart 1956; B. Widmer: «E. S. P. in der sittlichen
und politischen Entscheidung», Basel/Stuttgart 1963; E. Garin: «Ritratto di
E. S. P.», in: ders.: «Ritratti di umanisti», Florenz 1967, 1–39; L. R. Secchi
Tarugi (Hg): «P. II. e la cultura del suo tempo», Mailand 1989 (= Atti del I.
convegno internazionale); Ch. Krebs: «Negotiatio Germaniae. Tacitus' ‹Ger-
mania› und E. S. P., G. Campano, C. Celtis und H. Bebel», Göttingen 2005;
M. A. Terzoli (Hg): «E. S. P. Uomo di lettere e mediatore di culture», Basel
2006 (= Atti del Convegno Internazionale di Studi, Basel 21.–23. April 2005);
B. Baldi: «P. II. e le trasformazioni dell'Europa cristiana», Mailand 2006;
R. Di Paola (Hg): «E. S. P.: Arte, storia e cultura nell'Europa di P. II.», Rom
2006 (= Atti dei convegni internazionali di studi 2003–2004); M. Sodi (Hg):
«E. S. P.: Pius secundus, poeta laureatus, pontifex maximus», Rom 2007
(= Atti del convegno internazionale 29 sett. – 1 ott. 2005).

187 Vgl. zu Maffeo Vegio (1407–1458):
    Bibliographie: L. Raffaele: «M. V.: Elenco delle opere, scritti inediti», Bologna
    1909.
    Ausgaben: «De felicitate et miseria dialogus», in: «Dialogi decem variorum
    auctorum cum oratione prooemiali», o. O.; o. J. (Köln 1473?), 66 ff.; «Excerp-
    ta e Jurisconsultorum Scriptis» (= «De verborum significatione»), Vicenza
    1477; «Opera», Lyon 1677 (= Maxima bibliotheca veterum patrum et anti-
    quorum ecclesiasticorum», hg. v. Bigne, Bd. 26, darin «De perseverantia reli-
    gionis libri sex», 689–744 / «Dialogus Veritatis et Philalethis ad Eustachium
    fratrem», 754–759); «De educatione liberorum et eorum claris moribus»
    [ED], hg. v. M. Walburg/A. St. Sullivan, 2 Bde., Washington 1933–36; «Er-
    ziehungslehre», dt. von K. A. Kopp, Freiburg 1889 («Bibliothek d. kathol.
    Pädagogik 2); «Short Epics», lt./engl. hg. v. M. C. J. Putnam, Cambridge,
    Mass. 2004.
    Literatur: K. A. Kopp: «M. V. Ein Humanist und Pädagoge des 15. Jhs.», Lu-
    zern 1887; M. Minoia: «La vita di M. V.», Lodi 1896; A. Franzoni: «L'opera
    pedagogica di M. V.», Lodi 1907; V. J. Horkan: «Educational Theories and
    Principles of M. V.», Washington 1953; A. Sottili: «Zur Biographie Giuseppe
    Brivios und M. V.s», in: «Mittellateinisches Jahrbuch» 4 (1967), 226; M. Spe-
    roni: «Il primo vocabolario giuridico umanistico: il ‹De verborum significa-
    tione› di M. V.», in: «Studi Senesi» 88 (1976), 7–43.
188 Zum Verhältnis humanistische Bildung und Christentum vgl. G. Müller: «Bil-
    dung und Erziehung im Humanismus der italienischen Renaissance», Wiesba-
    den 1969.
189 G. degli Agostini: «Notizie istoriche-critiche intorno alla vita e le opere degli
    scrittori vinitiani», Bd. I, Venedig 1752; P. G. Molmenti: «La storia di Venezia
    nella vita privata dalle origini alla caduta della Repubblica», (1880), riveduta e
    corretta Triest 1981; R. Cessi: «Storia della Repubblica di Venezia», Mailand
    1962; Branca, M. (Hg.) «Umanesimo Europeo e Umanesimo Veneziano», Florenz
    1963; J. B. Ros: «Venetian schools and teachers, 14th to early 16th century: a
    survey and study of G. B. Egnazio», in: «Renaissance Quarterly» 29 (1976),
    521–566; «Venezia centro di mediazione tra Oriente e Occidente (secoli XV-
    XVI)», hg. v. H.-G. Beck/M. Manoussacas/A. Pertusi, 2 Bde., Florenz 1977;
    «Storia della cultura veneta, Bd. 3, 2: Dal primo Quattrocento al Concilio di
    Trento», hg. v. G. Arnaldi/M. Pastore Stocchi, Vicenza 1980; «Umanesimo e
    Rinascimento a Firenze e Venezia», 2 Bde., Florenz 1983 (= «Miscellanea di
    studi in onore di V. Branca»); L. M. King: «Venetian umanisme in an age of
    Patrician dominance», Princeton, N. J. 1986; A. Fremmer: «Venezianische Buch-
    kultur: Buchhändler und Leser in der Frührenaissance», Köln 2001; G. Benzoni:
    «L'eredità greca e l'ellenismo veneziano», Florenz 2002; M. L. King: «Huma-
    nism, Venice and women. Essays on the Italian Renaissance», Aldershot 2005.
    E. Concina: «Tempo novo. Venezia e il Quattrocento», Venedig 2006; L. Lazza-
    rini: «Paolo Bernardo e il primordio dell' Umanesimo a Venezia», Venedig
    1930; P. Labalme: «Bernardo Giustiniani, a Venetian of the Quattrocento».
    Rom 1969.
190 M. L. King: «The patriciate and the intellectuals: power and ideas in Quattro-
    cento Venice», in: «Societas» 5 (1975), 295–312; U. Tucci: «Il patrizio venezia-
    no, mercante e umanista», in: «Venezia centro di mediazione …» a. a. O. (oben,
    Anm. 189), Bd. 1, 335–357; B. Baroli: «Saggi sulla cultura Veneta del Quattro-
    e Cinquecento», Padova 1971.
191 Vgl. zu Francesco Barbaro (1390–1454):

Bibliographie: Schmitt CHRP, a. a. O. (oben, Anm. 7), 809.
Ausgaben: «F. B. et aliorum ad ipsum epistolae», Brescia 1743; «Centotrenta lettere inedite di F. B.», hg. v. R. Sabbadini, Salerno 1884; «De re uxoria», hg. v. A. Gnesotto, in: «Atti e mem. della R. Acc. di Sc., Lett. ed arti di Padova» NS 32 (1915/16), 6–105; «Das Buch von der Ehe» [UX], dt. v. P. Gothein, Berlin 1933; «Epistolario», 3 Bde., hg. v. C. Griggio, Florenz 1991–1999. *Literatur*: P. Gothein: «F. B.: Frühhumanismus und Staatskunst in Venedig», Berlin 1932; A. Diller: «The library of F. and Ermolao B.», in: «Italia medievale e umanistica» 6 (1963), 253–262; G. Trebbi: «F. B., Patrizio Veneto e Patriarca di Aquileia», Udine 1984.

192 M. L. King: «Personal, domestic and republican values in the moral philosophy of Giovanni Caldiera», in: «Renaissance Quarterly» 28 (1975), 535–574.

193 Vgl. oben, Anm. 169.

194 Bibliographie zu Chrysoloras vgl. oben, Anm. 39.

195 Vgl. zu JOHANNES ARGYROPULOS (ca. 1415–1487):
Bibliographie: Lohr: «Medieval Latin Commentaries», in «Traditio» 26 (1970), 153; Schmitt CHRP, a. a. O. (oben, Anm. 7), 808.
Ausgaben: «Praefationes dum Florentiae doceret philosophiam», hg. v. K. Müllner, in: ders.: «Reden und Briefe…», a. a. O. (oben, Anm. 182), 3–56; V. Brown: «G. A. on the agent intellect: an edition of Ms. Magliabecchi v 42 (ff. 224–228ᵛ), in: «Essays in Honour of A. Ch. Pegis», hg. v. J. R. O'Donnel, Toronto 1974, 160–175; «Compendium de regulis et formis ratiocinandi», hg. v. C. Vasoli, in: «Rinascimento», ser. II,4, (1964), 285–339.
Literatur: G. Cammelli: «Giovanni Argiropolo», Florenz 1941 (= «I dotti Bizantini e le origini dell'Umanesimo», Bd. 2); D. J. Geanakoplos: «The Italian Renaissance and Byzantium: the career of the Greek humanist professor J. A. in Florenz and Rome (1415–1487)», in: «Conspectus of History» 1 (1974), 12–28; G. Zippel (Hg): «Storia e cultura del Rinascimento italiano», Padua 1979.

196 Vgl. oben, Anm. 158.

197 Vgl. oben, Anm. 161.

198 D. J. Geanakoplos: «Greek Scholars in Venice», Cambridge, Mass., 1962.

199 Geanakoplos, a. a. O. (oben, Anm. 198), 128; N. Wilson: «The book trade in Venice ca. 1400–1515», in: «Venezia centro di mediazione», a. a. O. (oben, Anm. 189), Bd. 2, 381–397.

200 Vgl. Giorgio Valla (1447–1500): «Rerum expetendarum et fugiendarum libri», Venedig 1501; J. L. Heiberg: «Beiträge zur Geschichte G. V.s und seiner Bibliothek», Leipzig 1896 (= 6. Beiheft zum Centralblatt für Bibliothekswesen); V. Branca (Hg): «G. V. tra scienza e sapienza», Florenz 1981 (Bio-Bibliographie: 93–97).

201 Vgl. zu (H)ERMOLAO BARBARO (1454–1493):
Bibliographie: Lohr: «Medieval Latin Commentaries», in «Traditio» 24, 1968, 236 f.; Schmitt CHRP, a. a. O. (oben, Anm. 7), 808 f.
Ausgaben: «Themistii Peripatetici libri paraphaseos in Aristotelem», interprete H. B. [TH], Treviso 1481(Reprint Frankfurt/M. 1978); «Rhetoricorum Aristotelis libri III», interprete H. B., cum commentariis Danielis Barbari, Paris 1540; «Compendium Ethicorum», hg. v. Daniele Barbaro, Venedig 1544; «Compendium scientiae naturalis», hg. v. Daniele Barbaro, Venedig 1545; «Epistolae, Orationes et Carmina» [EP], hg. v. V. Branca, 2 Bde., Florenz 1943; «Tractatus ‹De coelibatu› et ‹De officio Legati›» [CO] [OL], hg. v. V. Branca, Florenz 1969; «Castigationes Plinianae et in Pomponium Melam» [CA], hg. v. G. Pozzi, 2 Bde., Padua 1973/74.

Literatur: A. Ferriguto: «Almoró B.», Venedig 1922; B. Nardi: «B. Traduttore di Temistio», in: «Giornale critico della filosofia italiana» 28 (1948); V. Branca: «E. B. and late Quattrocento Venetian humanism», in: «Renaissance Venice», hg. v. J. R. Hole, London 1973, 218–243; F. Esposito: «Le insidie dell'allegoria, E. B. il vecchio e la lezione degli antichi», Venedig 1999; B. Figliuolo: «Il diplomatico e il trattatista. E. B. ambasciatore della Serenissima e il ‹De officio legati›», Neapel 1999.

202 Vgl. Das Ende des «Compendium Ethicorum», wo er die «sapientia» über die «prudentia» stellt.

203 Vgl. G. Sarton: «Appreciation of Ancient and Medieval Science during the Renaissance (1450–1600)», Philadelphia 1953, 78–86. V. Branca: «E. B. and late Quottrocento Venetian Humanism», in: «Renaissance Venice», hg. v. J. R. Hole, Toulon 1973, 218–243.

204 Alexander von Aphrodisias: «Enarratio De anima ex Aristotelis institutione», interprete H. Donato Patritio Veneto, Brescia 1495, Reprint hg. v. E. Keßler, mit einer Einleitung «A. v. A, Exeget der aristotelischen Psychologie bis zum Ende des 16. Jahrhunderts», Stuttgart 2008 (= CAGL Bd. 13).

205 N. Leonico Tomeo (1456–1531): «Dialogi», Venedig 1524.

206 A. Poppi: «Introduzione all'aristotelismo padovano», Padua 1970, 29 f.; Heiberg: «Giorgio Valla ...», a. a. O. (oben, Anm. 200), 19.

207 Vgl. oben, Anm. 157; Gasparino B.: «In principio quodam artium» [PR], hg. v. K. Müllner, in: ders.: «Reden und Briefe ...» a. a. O. (oben, Anm. 182), 56–60.

208 Vgl. «Memorie e documenti per la storia dell' Università di Pavia», Bd. 1, Pavia 1878.

209 Vgl. Albertus Magnus: «Liber de causis et processu universitatis a prima causa», in: «Opera omnia», Bd. 10, Paris 1891.

210 Walter Burley: «De vita et moribus philosophorum», hg. v. H. Knust, Tübingen 1886, 276: «Hec et multa laudabilia dixit Epicurus. Erravit autem in multis plus quam omnes philosophi, nam putavit Deum res humanas non curare, sed otiosum esse nihilque agere. Dixitque voluptatem summum bonum esse et animas cum corporibus interire.»

211 Paulus Venetus: «Universalia, praedicamenta sexque principia», Venedig 1494, 6ᵛ2: «Prima opinio fuit epicureorum dicentium genera et species nullum habere esse extra animam... Et hanc opinionem ocamiste et alii moderni plures sustinent tamquam veritatem enunciatam. Ista opinio est impossibilis.»

212 Lorenzo Mehus: «Historia litteraria Florentina», München 1968 (Nachdr. d. Ausg. Florenz 1759), 392–394 (= Humanistische Bibliothek II, 2).

213 Vgl. E. Keßler: «Ein Werk, ein Autor und seine verwirrende Geschichte», in: Lorenzo Valla: «Von der Lust oder Vom wahren Guten», lt./dt. hg. v. P. M. Schenkel, München 2004, X f. (= Humanistische Bibliothek II, 34).

214 Zum Epikureismus in der Renaissance vgl. M. Lehnerdt: «Lucretius in der Renaissance», Königsberg 1904; D. C. Allen: «The rehabilitation of Epicurus and his theory of pleasure in the Renaissance», in: «Studies in Philology» 41 (1944), 1–15; E. Garin: «Ricerche sull' epicureismo del Quattrocento», in: ders.: «La cultura filosofica del Rinascimento italiano», Florenz 1961, 72–92; G. Radetti: «L'epicureismo nel pensiero umanistico del Quattrocento», in: «Grande Antologia Filosofica», Bd. 6, Mailand 1964, 839–961; H. Jones: «The Epicurean tradition», London 1989; L. S. Joy: «Epicureanism in Renaissance Moral and Natural Philosophy», in: «Journal of the History of Ideas» 53 (1992), 573–583.

215 Vgl. oben, Anm. 81.

216 Vgl. zu Cosma Raimondi († 1435):
Ausgaben: «Quod recte Epicurus summum bonum in voluntate constituerit maleque de ea re Achademici, Stoici Peripathetique senserint», hg. v. E. Santini, in: «Studi storici» 8 (1899), 159–168 (= «Filosofi italiani del Quattrocento», hg. v. E. Garin, Florenz 1942, 133–149); «Defensio Epicuri contra Stoicos, Achademicos et Peripateticos», hg. v. E. Garin, in: ders.: «La cultura filosofia del Rinascimento italiano», Florenz 1961, 87–92 [G].
Literatur: G. Marcati: «Miscellanea di note storico-critiche: C. R. Cremonese», in: «Studi e documenti di storia e diritto» 15 (1894); E. Santini: «C. R. umanista e epicureo», in: «Studi storici» 8 (1899), 153–159; S. Floro di Zenzo: «Un umanista epicureo del sec. XV e il ritrovamento del suo epistolario», Napoli 1978 (mit Ausgabe der erhaltenen Briefe); M. C. Davies: «Cosma Raimondi's defence of Epicurus», in: «Rinascimento» ser. 2, 27, (1987), 123–139; R. Fubini: «Umanesimo e secolarizzazione. Da Petrarca a Valla», Rom 1990, 376–393.

217 Vgl. Raimondi: [G 88]: «Hac tota disputatione intelligi volo illud, me hic de simplici veraque philosophia, quam theologicam appelamus, nunc non agere, sed de hominis humano bono quaerere, et de opinionibus ipsorum hac de re dissentientium philosophorum».

218 Vgl. oben, Anm. 161; Es handelt sich um die Briefe an Bartholomaeus Fracanzanus aus dem Jahr 1428 [EP 6ʳ] und an Andreas Alamannus aus dem Jahr 1450 [EP 53ʳ–54ʳ]. Vgl. auch E. Garin (Hg): «Filosofi italiani …», a. a. O. (oben, Anm. 216), 158–160.

219 Vgl. M. Ficino: «De quatuor sectis philosophorum», in: ders.: «Supplementum Ficinianum», Florenz 1937, Bd. 2, 7–11, «Apologus de voluptate», in: «Opera omnia», 2 Bde., Turin 1983 (Nachdr. d. Ausg. Basel 1576), Bd. 1, 921–924; vgl. auch: ders.: «Liber de voluptate», ebd., 986–1012; F. Gabotto: «L'epicureismo di M. Ficino», in: «Rivista di filosofia scientifica» 10 (1891), 428–442.

220 Vgl. zu Lorenzo Valla (1407–1457):
Biographie: R. Sabbadini: «Cronologia documentata della vita di L. della Valle detto il V.», in: L. V.: [OP II, 353–454] (Nachdr. aus: L. Barozzi/R. Sabbadini: «Studi sul Panormita e sul V», Florenz 1891, 49–148); G. Mancini: «Vita di L. V.», Florenz 1892; M. v. Wolff: «L. V., sein Leben und seine Werke», Leipzig 1893.
Bibliographie: Totok, a. a. O. (oben, Anm. 7), 119–122; Schmitt: CHRP, a. a. O. (oben, Anm. 7), 838; M. Rossi: «L. V., edizioni delle opere, sec. XV-XVI», Rom 2007.
Ausgaben: «Opera omnia» [OP], hg. v. E. Garin, 2 Bde., Turin 1962 (Nachdr. d. Ausg. Basel 1540, ergänzt); «In Novum Testamentum ex diversorum utriusque linguae codicum collatione adnotationes» [CO-E], hg. v. D. Erasmus, Paris 1505; «Collatio Novi Testamenti (1440–1442)» [CO], hg. v. A. Perosa, Florenz 1970; «Elegantiarum Latinae Linguae libri VI» [EL], Lyon 1551 (u. ö.); «In Elegantiarum libros praefationes» [EL-PR], in: «Prosatori latini del Quattrocento», hg. v. E. Garin, Mailand/Neapel 1952, 594–631; «L. V. Elegantiarum concordantiae», hg. v. I. J. García Pinilla/M. J. Herráiz Pareja, Hildesheim 1997; «De libero arbitrio», hg. v. M. Anfossi, Florenz 1934; «Dialogue sur le libre arbitre», lt./fr. hg. v. J. Chomarat, Paris 1983; «De vero falsoque bono», hg. v. M. de Panizza Lorch, Bari 1970; «Defensio questionum in philosophia L. V., viri doctissimi atque eloquentissimi», hg. v. G. Zippel, in: ders.: «L'autodifesa di L.V. per il processo dell'inquisizione Napoletana (1444)», in: «Italia Medioevale e Umanistica», 13 (1970), 59–94;

«Gesta Ferdinandi Regis Aragonum» [GF], hg. v. O. Besomi, Padua 1973; «De falso credita et ementita Constantini donatione» [FA], hg. v. W. Setz, Weimar 1976; «Antidotum primum. La prima apologia contra Poggio Bracciolini» [AN], hg. v. A. Wesseling, Assen 1978; «Antidotum in Facium», hg. v. M. Religiosi, Padua 1981; «Apólogo contra Poggio Bracciolini (1452)», hg. v. V. Bonmatí Sánchez, Laón 2006; «Repastinatio dialectice et philosophie» [REP], hg. v. G. Zippel, 2 Bde., Padua 1982; «Epistolae» [EP], hg. v. O. Besomi, Padua 1984; «De professione religiosorum», hg. v. M. Cortesi, Padua 1986; «L'arte della grammatica», hg. v. P. Casciano, Mailand 1990; «Le postille all'‹Istitutio oratoria› di Quintiliano», hg. v. L. C. Martinelli/A. Perosa, Padua 1996; «On the donation of Constantine», lt./engl. hg. v. G. W. Bowersock, Cambridge, Mass. 2007.
Deutsche Übersetzungen: «Über den freien Willen» [LA], lt./dt. hg. v. E. Keßler, München 1987; «Von der Lust oder Vom wahren Guten» [VFB], lt./dt. hg. v. P.-M. Schenkel, eingel. v. E. Keßler, München 2004 (LXXXII – XCII Bibliogr.); Auswahlübersetzung aus «De voluptate …» [VFB III, 95–102; 125–128], lt./dt. v. P.-M. Schenkel, in: S. Ebbersmeyer u. a. (Hg.): «Ethik des Nützlichen …», a. a. O. (oben, Anm. 7), 170–205.
Literatur: Ch. Trinkaus: «The problem of free will in the Renaissance and the Reformation», in: «Journal of the History of Ideas» 10 (1949), 51–62; F. Gaeta: «L. V. Filologia e storia nell' Umanesimo italiano», Neapel 1955; C. Vasoli: «Le ‹Dialecticae Disputationes› del V. e la critica umanistica della logica aristotelica», in: «Rivista critica di storia della filosofia» 12 (1957), 412–34; 13 (1958), 27–46; ders.: «La dialettica e la retorica dell' Umanesimo. ‹Invenzione› e ‹Metodo› nella cultura del XV e XVI secolo», Turin 1968, 28–77; M. Fois: «Il pensiero cristiano di L. V. nel quadro storico-culturale del suo ambiente», Rom 1969 (Bibliogr. 641–667); G. di Napoli: «L. V. Filosofia e religione nell' Umanesimo italiano», Rom 1971; S. Camporeale: «L. V. Umanesimo e teologia», Florenz 1972; H.-B. Gerl: «Rhetorik als Philosophie. L. V.», München 1974; W. Setz: «L. V.s Schrift gegen die Konstantinische Schenkung», Tübingen 1975; R. Waswo: «The ‹ordinary language philosophy› of L. V.», in: «Bibliothèque d'Humanisme et Renaissance» 41 (1977), 255–271; L. Jardine: «L. V. and the intellectual origins of Humanist dialectics», in: «Journal of the History of Philosophy» 15 (1977), 143–164; dies.: «Dialectic or dialectical rhetoric? Agostino Nifo's criticism of L. V.», in: «Rivista critica di storia della filosofia» 36 (1981), 253–270; M. de Panizza Lorch: «A Defense of Life. L. V.'s Theory of Pleasure», München 1985; P. O. Kristeller: «L. V.», in: ders.: «Acht Philosophen der italienischen Renaissance», Weinheim 1986, 17–31 (urspr. «Eight Philosophers of the Italian Renaissance», Stanford 1964); E. Keßler: «Die Transformation des aristotelischen Organon durch L. V.», in: «Aristotelismus und Renaissance. In memoriam Ch. Schmitt», hg. v. E. Keßler/Ch. Lohr/W. Sparn), Wiesbaden 1988, 53–74; C. Ginzburg: «History, rhetoric and proof», Hanover, New Hampshire 1999; M. Laffranchi: «Dialettica e filosofia in L. V.», Mailand 1999; M. Santoro (Hg): «V. a Napoli. Il dibattito filologico in età umanistica», Pisa 2007 (= Atti del convegno internazionale», Ravello 22–23 sett. 2005); E. Keßler: «L. V.: Über die Art und Weise, angemessen von der Moralphilosophie zu handeln», in: S. Ebbersmeyer/E. Keßler (Hg): «Ethik – Wissenschaft oder Lebenskunst? Modelle der Normenbegründung von der Antike bis zur frühen Neuzeit», Münster 2007, 197–218 (= «Pluralisierung und Autorität», Bd. 8).

221 Vgl. «Ad Candidum Decembrium contra Bartoli Libellum cui titulus de insigniis et armis epistola», in: [OP 1, 633–643]; vgl. D. Maffei: «Gli inizi dell' Umanesimo giuridico», Mailand 1956; M. Speroni: «L. V. a Pavia: il Libellus contro Bartolo», in: «Quellen und Forschungen aus italienischen Archiven und Bibliotheken» 59 (1979), 453–467.

222 D. R. Kelley: «Foundations of Modern Historical Scholarship. Language, Law and History in the French Renaissance», New York 1970.

223 Vgl. V.s Verteidigung seiner philologischen Arbeit am Text des Neuen Testaments: [AN 112]: «... proprie sacra scriptura sit ea, quae sancti ipsi vel Hebraice vel Graece scripserunt, nam Latinum nihil tale est.»

224 Vgl. R. Kilgour: «The Gospel in Many Years», London 1925.

225 Vgl. H. G. Gadamer: «Hermeneutik», in: «Historisches Wörterbuch der Philosophie», Bd. III, hg. v. J. Ritter, Darmstadt 1974, 1061–1073.

226 Vgl. [GF 5]: «At non versatur circa universalia (sc. historia)? Immo vero versatur. Nulla enim alia causa huius operis est, quam ut per exempla nos doceat.» Ebd. 6: «Et si vera fateri non piget, ex historia fluxit plurima rerum naturalium cognitio, quam postea alii in precepta redegerunt, plurima morum, plurima omnis scientiae doctrina.» Zu V.s Geschichtsverständnis vgl. E. Keßler: «Die Ausbildung der Theorie der Geschichtsschreibung im Humanismus», in: «Die Antike-Rezeption in den Wissenschaften während der Renaissance», hg. v. A. Buck, Weinheim 1983, 29–49 (= Mitteilung X der Kommission für Humanismusforschung).

227 Vgl. Maffeo Vegio (oben, Anm. 187); M. Speroni: «Il primo vocabolario ...», a. a. O. (oben, Anm. 187); W. K. Percival: «M. V. and the prelude to juridical humanism», in: «The Journal of Legal History» 6 (1985), 179–193; E. Keßler: «De significatione verborum. Spätscholastische Sprachtheorie und humanistische Grammatik», in: «Res Publica Litterarum» 4 (1981), 285–313.

228 Vgl. oben, Anm. 141.

229 Vgl., auch für das Folgende, E. Keßler: «Die Transformation ...», a. a. O. (oben, Anm. 220).

230 Vgl. W. v. Ockham: «Quodlibeta» IV, 25, hg. v. J. C. Wey, St. Bonaventure 1980, 423 f.

231 Vgl. W. v. Ockham: «In librum primum Sententiarum», Prologus I, 1, hg. v. G. Gal/St. Brown, St. Bonaventure 1967, 30 f.; 39 f.

232 Ebd. 29; 32 f.

233 Vgl. W. v. Ockham: «Summa logicae» I, 12, hg. v. Ph. Boehner/G. Gal/St. Brown, St. Buonaventure 1974, 41 f.

234 Vgl. E. Cassirer: «Individuum und Kosmos in der Philosophie der Renaissance», Leipzig/Berlin 1927, 1.

235 Vgl. L. Jardine: «Humanism and the teaching of logic», in: «The Cambridge History of Later Medieval Philosophy», hg. v. N. Kretzmann/A. Kenney/J. Pinborg, Cambridge 1982, 797–807.

236 Vgl. z. B. L. Jardine: ebd.; dagegen Valla (oben, Anm. 226).

237 Vgl. E. Garin: «Storia della filosofia italiana», 3 Bde., Turin 1966, Bde. 1, 312; M. de Panizza Lorch: «A defence of Life ...», a. a. O. (oben, Anm. 220).

238 Vgl. H.-B. Gerl: «Rhetorik als Philosophie ...», a. a. O. (oben, Anm. 220).

239 Vgl. zu FLAVIO BIONDI (1392–1463):
Bio-bibliographie: R. Fubini: «B. F.»; in: «Dizionario biografico degli Italiani», Bd. 10, Rom 1968, 536–559.
Ausgaben: «Historiarum ab inclinatione Romanorum libri XXXI», Basel 1559; «De Roma triumphante libri X», Basel 1559; «Scritti inediti e rari», hg. v. R. Nogara, Rom 1927.

Literatur: M. Miglio: «Storiografia pontificia del Quattrocento», Bologna 1975.
240 Zu Rom vgl. im allgemeinen: J. D'Amico: «Renaissance humanism in papal Rome». Humanists and churchmen on the Eve of the Reformation», Baltimore 1983; P. Brezzi (Hg): «Umanesimo a Roma nel Quattrocento», Rom 1984 (= «Atti del convegno su ‹Umanesimo a Roma nel Quattrocento›»); J. Ijsewijn (Hg): «Roma humanistica. Studia in honorem José Ruysschaert», Leuven 1985; G. Savarese: «La cultura a Roma tra umanesimo e ermetismo, 1480–1540», Anzio (Rom) 1993.
241 Vgl. G. Sforza: «Ricerche su Niccolò V. La patria, la famiglia e la giovinezza di Niccolò V.», Lucca 1884; C. Vasoli: «Profilo di un papa umanista: Tommaso Parentuccelli», in: ders.: «Studi sulla cultura del Rinascimento», Manduria 1969, 69–121.
242 J. Bignami Odier: «La bibliothèque Vaticane de Sixte IV. à Pie XI.», Città del Vaticano 1973; J. Ruysshaert: «La bibliothèque Vaticane témoin de cinq siècles de culture», in: «Acta conventus Neolatini Lovaniensis», hg. v. J. Ijsewijn/ E. Keßler, München 1973, 497–508.
243 Vgl. Geanakoplos: a. a. O. (oben, Anm. 198).
244 Vgl. zu GIULIO POMPONIO LETO (1427–1497):
Ausgaben: «Opera», Straßburg 1515.
Literatur: A. Della Torre: «Paolo Marsi da Pescina. Contributo alla storia dell' accademia pomponiana», Rocca S. Casciano 1903; V. Zabughin: «G. P. L.», 3 Bde., Rom 1909 / Grottaferrata 1910/11; G. Lovito: «L'opera e i tempi di P. L.», Salerno 2002; G. Ferraù: «Antiquaria a Roma intorno a P. L. e Paolo II.», Rom 2003; G. Lovito: «P. L. politico e civile. L'umanesimo italiano tra storia e diritto», Salerno 2005.
245 Vgl G. Radetti: «L'epicureismo …», a. a. O.(oben, Anm. 214), 962 f.
246 Vgl. A. Cinquini: «Aneddoti per la storia politica e letteraria del Quattrocento», in: «Miscellanea Ceriani», Mailand 1910, 457: «… etiam de finibus bonorum et malorum opiniones … a gentilibus illis priscis sumere consuevisse … adversus religionem cornua erigentes, non aliter de ea inter notos loquebantur, quam de re commenticia et fabulosa.» Vgl. E. Garin: «La cultura filosofica del Rinascimento italiano», Florenz 1961, 281.
247 Vgl. oben, Anm. 165.
248 Vgl. auch die «Praefatio» zu seinen Papstviten, in der die Funktion historischer Beispiele im gleichen Sinne begründet wird.
249 Vgl. oben, Anm. 218.
250 Vgl. zu FILIPPO BUONACCORSO, genannt «CALLIMACHUS EXPERIENS» (1437–1496):
Ausgaben: H. R. Zeissberg: «Kleinere Geschichtsquellen Polens im Mittelalter» [Z], in: «Archiv für österreichische Geschichte» 55 (1877), 41–94; «Libellus de daemonibus ad Ficinum» [D], in: «Supplementum Ficinianum», 2 Bde., hg. v. P. O. Kristeller, Florenz 1937, Bd. 2, 225–228; «Quaestio de peccato» [P], in: E. Garin: «La cultura filosofica del Rinascimento italiano», Florenz 1961, 282–286 (Teiledition); «Rhetorica», hg. v. C. F. Kumaniecki, Warschau 1950; «Vita et mores Gregorii Sanocei», hg. v. J. Lichónska, Warschau 1963; «Epistulae selectae», hg. v. Th. Kowalewski u. a., Wratislawa 1967; «Carmina», hg. v. F. Sica, Neapel 1981.
Literatur: B. Kieszkowski: «F. B. detto C. E. e le correnti filosofiche del Rinascimento», in: «Giornale critico della filosofia italiana» 15 (1934), 281–294; G. Radetti: «Demoni e sogni nella critica di C. E. al Ficino», in: «Umanesimo

e Esoterismo», Padua 1960, 111–121 (= «Archivio di Filosofia»); ders..: «Il
problema del peccato in Giovanni Pico della Mirandola e in F. B. detto C. E.»,
in: «L'opera e il pensiero di Giovanni Pico della Mirandola nella storia dell'
Umanesimo», 2 Bde., Florenz 1965, 103–117; ders.: «L' epicureismo di C. E.
nella biografia di Gregorio di Sanok», in: «Ungheria d'oggi» 5 (1965), 46–53;
G. Zathey: «Quelques recherches sur l'humaniste C.», in: «Umanesimo e
Esoterismo», Padua 1960, 123–139 (= «Archivio di Filosofia»); ders.: «Le
milieu de C. E. et de Pico», in: «L'opera e il pensiero di Giovanni Pico della
Mirandola nella storia dell' Umanesimo», 2 Bde., Florenz 1965, Bd. 2, 119–
147; E. Garin: «La ‹Quaestio de peccato› di F. C. E.», in: ders.: «La cultura
filosofica del Rinascimento italiano», Florenz 1961, 280–286; A. Kempfi:
«Une polémique méconnue de C. a propos de Marsilio Ficino», in: «Archives
internationales d'histoire des sciences» 17 (1964), 263–272; G. C. Garfagnini
(Hg): «Callimaco Esperiente, poeta e politico del 400», Florenz 1987 (= Convegno internazionale di studi, San Gimignano 18–20 ott. 1985); C. Vasoli:
«Tra ‹maestri›, umanisti e teologi. Studi quattrocenteschi», Florenz 1991.

251 Vgl. G. Voigt: «Die Wiederbelebung des klassischen Altertums oder das erste
Jahrhundert des Humanismus», 2 Bde., ⁴Berlin 1960, Bd. 2, 238 ff.

252 Vgl. R. Caggese: «Roberto d'Angiò e i suoi tempi», 2 Bde., Florenz 1922/1930;
S. Kelly: «The new Solomon. Robert of Naples (1309–1343) and fourteenth
century kingship», Leiden u. a. 2003.

253 Vgl. oben, Anm. 160.

254 Vgl. oben, Anm. 220.

255 Vgl. oben, Anm. 95.

256 Vgl. oben, Anm. 92.

257 E. Gothein: «Die Renaissance in Süditalien», München/Leipzig 1924, 138–233;
A. Altamura: «L'Umanismo nel mezzogiorno d'Italia», Florenz 1941.

258 Vgl. oben, Anm. 170.

259 Vgl. V. Tanteri: «G. P. e i suoi dialoghi», a. a. O. (oben, Anm. 179), 25–36.

260 Vgl. oben, Anm. 179.

261 Vgl. G. Roellenbleck: Das epische Lehrgedicht Italiens im fünfzehnten und
sechzehnten Jahrhundert, München 1975, 92–113.

262 Vgl. oben, Anm. 102.

263 Vgl. L. Thorndike: «The true place of astrology in the history of science», in:
«Isis» 46 (1955), 273–278; P. Rossi: «Sul declino dell' astrologia agli inizi dell'
età moderna», in: ders.: «Aspetti della rivoluzione scientifica», Neapel 1971,
29–49.

264 Vgl. oben, Anm. 111: G. Ponte: «Etica ed economia nel terzo libro ‹Della famiglia› di L. B. Alberti», in: «Renaissance Studies in Honor of H. Baron», hg. v.
A. Molho/J. A. Tedeschi, Florenz 1971, 283–309.

265 Vgl. Cicero: «De oratore» I, 27; Fr. Klingner: «Humanität und Humanitas», in:
ders.: «Römische Geisteswelt», München 1956, 620–662.

266 Vgl. F. Tateo: «Umanesimo etico di G. P.», a. a. O. (oben, Anm. 179), 61–132.

267 Vgl. zu dieser Stiltheorie Cicero: «Orator», 75–99.

268 Vgl. W. Röd: «Die Philosophie der Neuzeit II», München 1984, 297–309
(= «Geschichte der Philosophie», hg. v. W. Röd, Bd. 8).

III. DER FLORENTINER NEUPLATONISMUS

1 Vgl. II, Anm. 111 (Alberti), II, Anm. 133 (Landino); II, Anm. 161 (Filelfo), II, Anm. 165 (Platina).
2 Vgl. II, Anm. 139 (Poliziano); II, Anm. 250 (Callimachus Experiens).
3 Vgl. R. Klibansky: «The Continuity of the Platonic Tradition during the Middle Ages», London 1950; «Platonis Timaeus interprete Chalcidio cum eius commentario», hg. v. J. Wrobel, Leipzig 1876; «Plato Latinus», hg. v. R. Klibansky u. a., 4 Bde., London 1940–62 (I: «Meno»; II: «Phaedo»; III: «Parmenides»; IV: «Timaeus»).
4 Vgl. O. Bardenhewer: «Die pseudoaristotelische Schrift über das reine Gute, bekannt unter dem Namen ‹Liber de causis›», Frankfurt 1961 (Nachdr. d. Ausg. Freiburg 1882); R. Förster: «De Aristotelis que feruntur secretis secretorum commentatio», Kiel 1888; «Die sogenannte ‹Theologie› des Aristoteles», hg. v. F. Dieterici, Leipzig 1883; vgl. L. Thorndike: «History of Magic and Experimental Science», Bd. II, New York 1923, 246–278; Ch. B. Schmitt/D. Knox (Hg): «Pseudo-Aristoteles Latinus. A guide to Latin works falsely attributed to Aristotle before 1500», London 1985 (= «Warburg Institute Surveys and Texts» Bd. 12).
5 Vgl. A. Birkenmajer: «Der Streit des Alonso de Cartagena mit Leonardo Bruni Aretino» in: ders.: «Vermischte Schriften zur Geschichte der mittelalterlichen Philosophie», Münster 1922, 166: «Cum igitur Aristoteles ipse non rationem ab auctoritate, sed auctoritatem a ratione consecutus est, quicquid rationi consonat, haec Aristoteles dixisse putandus est.»
6 Vgl. Petrarca (II, Anm. 7) [P 756]; P. de Nolhac: «Pétrarque et l'Humanisme», 2 Bde., Paris 1907, Bd. 2, 127–147.
7 Petrarca: ebd., 750.
8 Vgl. Cicero: «Academica posteriora» I, 4, 15 ff.; Ch. B. Schmitt: «Cicero Scepticus. A Study of the Influence of the Academica in the Renaissance», Den Haag 1972.
9 Der Brief ist ediert in Ch. B. Schmitt, «Cicero Scepticus …», a. a. O. (oben, Anm. 8), 172–177. Vgl. zu Francesco Patrizi da Siena: II, Anm. 178.
10 Vgl. E. Garin: «Ricerche sulle traduzioni di Platone nella prima metà del sec. XV», in: «Medioevo e Rinascimento. Studi in onore di Bruno Nardi», 2 Bde., Florenz 1955, Bd. 1, 341–374; ders.: «Platone nel Quattrocento italiano», in: ders.: «L'età nuova», Neapel 1969, 263–285; E. Keßler: «Der Platonismus der Humanisten», in: «Philosophisches Jahrbuch» 95 (1988), 1–17. Zur Platonrezeption in der Renaissance allgemein vgl. J. Hankins: «Plato in the Italian Renaissance», 2 Bde., Leiden etc. 1990 (= Columbia Studies in the Classical Tradition XVII, 1–2).
11 Vgl. Bruni (II., Anm. 81): [EP I, 15 ff.]; [HU 135 f.]; vgl. E. Garin, «Ricerche …», a. a. O. (oben, Anm. 10), 361–367.
12 Vgl. U. Decembrio (II, Anm. 173); E. Garin: «Ricerche …», a. a. O. (oben, Anm. 10), 341–347.
13 Vgl. zur weiteren Wirkung des humanistischen Platonismus: E. N. Tigerstedt: «The Decline and Fall of the Neoplatonic Interpretation of Plato», Helsinki 1974, 31–38 (= «Commentationes Humanarum Litterarum» 52); Ch. B. Schmitt: «The rediscovery of ancient skepticism in modern times», in: Th. Burnyeat (Hg): «The Skeptical Tradition», Berkeley 1983, 225–251.
14 Vgl. R. R. Bolgar: «The Classical Heritage and its Beneficiaries», London 1954, 483.

15 Vgl. Marsilio Ficino: «Opera», 2 Bde., Turin 1962 (Nachdr. d. Ausg. Basel
1576), Bd. 2, 1537: «Der große Cosimo, durch Senatsbeschluß Vater des Vater-
landes, hörte zur Zeit, da in Florenz das Konzil der Griechen und Lateiner unter
Papst Eugen abgehalten wurde, sehr häufig einen griechischen Philosophen mit
Namen Gemisthus, mit Beinamen Plethon, gleichsam als ein zweiter Platon,
über die platonischen Mysterien disputieren. Dessen glühende Sprache hat ihn
so angesprochen und völlig begeistert, daß er daraufhin in seinem hohen Sinn
den Gedanken einer Akademie faßte.»

16 Vgl. B. Tatakis: «La philosophie byzantine», Paris 1949; P. O. Kristeller: «By-
zantinischer und westlicher Platonismus im 15. Jh.», in: ders.: «Humanismus
und Renaissance», Bd. I., München 1974, 161–176.

17 Vgl. zu GEORGIOS GEMISTOS PLETHON (1355–1451):
Bibliographie: Totok a. a. O. (II, Anm. 7), 151–153; A. Diller: «The autographs
of G. G. P.», in: «Scriptorium» 10 (1956) 27–41.
Ausgaben: «De Platonicae et Aristotelicae philosophiae differentia», gr./lt. in:
J.-P. Migne: «Patrologia Graeca», Bd. 160, Paris 1866, 889–93 [D]; hg. v.
B. Legarde, in: «Byzantion» 43 (1973), 312–343; «Traité des lois», gr./frnz.
hg. v. C. Alexandre/A. Pellissier, Paris 1858 [N] ; «Gennadi et Plethonis
scripta quaedam edita et inedita», hg. v. W. Gass, in: ders.: «Gennadius und
P. Aristotelismus und Platonismus in der griechischen Kirche», 2 Bde., Breslau 1944, Bd. 2.
Literatur: F. Schultze: G. G. P. und seine reformatorischen Bestrebungen», Jena
1874; B. Kieszkowski: «Studi sul Platonismo del Rinascimento in Italia», Florenz 1936, 13–36 ; F. Masai: «P. et le platonisme de Mistra», Paris 1956.

18 Eine knappe Zusammenfassung dieser Polemik jetzt bei J. Monfasani: «George
of Trebizond», Leiden 1976, 201–229.

19 Vgl. «Oeuvres complètes de George (Gennadios) Scholarios», hg. v. L. Petit/
X. A. Siderides/M. Jugie, 8 Bde., Paris 1928–36 ; W. Gass: «G. und Plethon ...»,
a. a. O. (oben, Anm. 17); M. Jugie: «La polémique de G. S. contre Pléthon»,
in :»Byzantion», 10 (1933), 517–530; ders.: «G. S., professeur de philosophie»,
in: «Atti del V. Congresso Internazionale di Studi Bizantini», Rom 1939, Bd. 1,
482–494; C. J. Turner: «The career of G. G. S.», in: «Byzantion» 39 (1969),
420–455.

20 Vgl. zu KARDINAL BESSARION (1403–1472):
Bibliographie: Totok, a. a. O. (II, Anm. 7), 153 f.; Schmitt: CHRP, a. a. O. (II,
Anm. 7), 809.
Ausgaben: «Opera omnia», in: J.-P. Migne: «Patrologia Graeca», Bd. 161; «In
calumniatorem Platonis libri 4», gr./lt. hg. v. L. Mohler, in: ders.: «Kardinal
B. als Theologe, Humanist und Staatsmann», Bd. 2, Paderborn 1967 (Nach-
dr. d. Ausg. Paderborn 1927); «Aus B.s Gelehrtenkreis. Abhandlungen, Re-
den, Briefe», hg. v. L. Mohler, ebd., Bd. 3.
Literatur: L. Mohler: «Kardinal B. als Theologe, Humanist und Staatsmann»,
3 Bde., Paderborn 1967 (Nachdr. d. Ausg. Paderborn 1923–1941); E. Mioni:
«Contributo del C. B. all'interpretazione della metafisica Aristotelica», in:
«Aristotelismo padovano e filosofia Aristotelica», Florenz 1960, 173–181
(= Atti del XII. Congresso Internazionale di Filosofia, Venezia 1958); «Centenario del C. B.», in: «Miscellanea francescana» 73, 1973, 249–386; «Miscellanea marciana di studi bessarionei», Padua 1976; K. A. Neuhausen/E. Trapp:
«Lateinische Humanistenbriefe zu B.s Schrift ‹In calumniatorem Platonis›»,
in: «Jahrbuch der österreichischen Byzantinistik» 28 (1979), 141–165; La-
bowsky: «B.'s Library and the Biblioteca Marciana», Rom 1979; C. Bianca:

«La formazione della biblioteca latina del B.», in: «Scrittura, biblioteche e stampa a Roma nel Quattrocento», Vatikanstadt 1980, 103–165; E. J. Stormon: «B. before the Council of Florence: a survey of his early writings (1423–1437)», in: «Byzantina Australiensia» 1 (1980), 128–56; J. Monfasani: «B. Latinus», in: «Rinascimento» ser. II, 21 (1981), 165–209; ders.: «Still more on ‹B. Latinus›», in: «Rinascimento» ser. II, 23 (1983), 217–235; C. Bianca: «Da Bisanzio a Roma. Studi sul Cardinale Bessarione», Rom 1999.

21 Vgl. zu GEORGIUS TRAPEZUNTIUS (1395–1484):
Ausgaben: «De dialectica ex Aristotele compendium», Venedig ca. 1470; «Comparationes Phylosophorum Aristotelis et Platonis», Venedig 1523, Repr. Frankfurt 1965; «Rhetoricorum libri V», Venedig 1523; «De re dialectica libellus», Köln 1539, Repr. Frankfurt 1966; «Collectanea Trapezuntiana. Texts, Documents, and Bibliographies of George of Trebizond», hg. v. J. Monfasani, Binghampton, N. Y. 1984 [C]. G. T. zugeschrieben (vgl. C. Vasoli: «Su una ‹Dialettica› attribuita all'Argiropulo», in: «Rinascimento» 10 (1959), 157–164): «Joannis Argyropuli Dialectica ad Petrum de Medicis», hg. v. D. M. Inguanez/D. G. Muller, Montecassino 1943.
Literatur: C. Vasoli: «La ‹Dialectica› di G. T.», in: ders.: «La dialettica …», a. a. O. (II, Anm. 220), 81–115. J. Monfasani: «G. of Trebisond: A Biography and a Study of His Rhetoric and Logic», Leiden 1976.

22 Vgl. A. Patterson: «Hermogenes and the Renaissance», Princeton 1970.

23 Vgl. das Widmungsschreiben in [C 198–203].

24 Vgl. «Comparationes …» a. a. O. (oben, Anm. 21), III, 16: «Quod non Aristoteli, sed epicuro et machumeto convenit Plato […] Quas ob res ingenua iam fronte dicere me ausim, ab adolescentia Platonem semper odisse, quem nemo bonus non odit, nisi qui minus intellexit.»

25 Vgl. E. Garin: «Il platonismo come ideologia della sovversione europea. La polemica antiplatonica di G. T.», in: «Studia humanitatis. Ernesto Grassi zum 70. Geburtstag», hg. v. E. Hora/E. Keßler, München 1973, 113–120; ders.: «La distruzione di Platone del Trapezunzio», in: ders.: «L'età nuova», Neapel 1969, 287–292. Für die Diskussion um die «pax fidei» vgl. C. Vasoli: «Il ‹De pace fidei› di Niccolò Cusano», in: ders.: «Studi sulla cultura del Rinascimento», Manduria 1968, 122–179.

26 Die Texte bei Mohler: «Kardinal Bessarion …», a. a. O. (oben, Anm. 20), Bd. 3, für Panormita und Filelfo vgl. II, Anm. 160 und 161; für Niccolò Perotti (1429–1480): G. Mercati: «Per la cronologia della vita e degli scritti di N. P., Arcivescovo di Siponte», Rom 1925; S. Prete: «Osservazioni e note sull'umanista N. P., cittadino veneziano», Venedig 1981; «Res publica litterarum» 4 (1981) (= «Atti del Congresso di Studi Umanistici per il quinto Centenario della morte di N. P.» Sassoferrato, sett. 1980).

27 Vgl. unten III, 5: Prisca theologia und Philosophia perennis.

28 Vgl. oben, Anm. 15.

29 Vgl. E. Garin: «La rinascita di Plotino», in: ders.: «Rinascite e rivoluzioni. Movimenti culturali del XIV al XVII secolo», Bari 1975, 89–129. Für Landino und Argyropulos vgl. II, Anm. 133 und 140.

30 Vgl. zu MARSILIO FICINO (1433–1499):
Bibliographie: Totok, a. a. O. (II, Anm. 7), 154–158.; Schmitt: CHRP, a. a. O. (II, Anm. 7), 817; G. C. Garfagnini (Hg): «Marsilio Ficino e il ritorno di Platone», 2 Bde., Florenz 1986.
Ausgaben: «Opera omnia» [OP], 2 Bde., Basel 1576 (Repr. Turin 1959/60);

«Supplementum Ficinianum» [SUP], hg. v. P. O. Kristeller, 2 Bde., Florenz
1937 (Repr. Florenz 1957); «De raptu Pauli / De sole», lt./it. hg. v. E. Garin,
in: ders.: «Prosatori latini del Quattrocento», Mailand/Neapel 1952, 927–
1009. «Commentaire sur le Banquet de Platon», lt./frnz. hg. v. R.
Marcel, Paris 1956; «Sopra lo amore o ver'Convito di Platone», hg. v. G.
Ottaviano, Mailand 1973; «Théologie Platonicienne de l'immortalité des âmes», lt./
frnz. Hg. v. R. Marcel, 3 Bde., Paris 1964–70; «Platonic Theology» [T. P.],
lt./engl. hg. v. M. J. B. Allen/J. Hankins, 6 Bde., Cambridge, Mass. 2001–
2006 ; «The Philebus Commentary», lt./engl. hg. v. M. J. B. Allen, Berkeley
1975; «M. F. and the Phaedran Charioteer», lt./engl. hg. v. M. J. B. Allen, Berkeley 1981 (= Phaidros-Kommentar); «Lessico greco-latino», hg. v. R. Pintan-
di, Rom 1977; «De triplici vita libri tres» [TRV], lt./engl. hg. v. C. V. Kaske/
J. R. Clark, Binghampton, N.Y. 1989; dass., lat./it. hg. v. A. Biondi/G. Pisani,
Pordonone 1991; Dante: «De monarchia», lt. Übers. v. M. F., hg. v. P. Shaw,
in: «Studi Danteschi» 51 (1978), 289–408; «Lettere», Bd. 1, hg. v. S. Gentile,
Florenz 1990; «The Letters of Marsilio Ficino», engl. Übers, von «Members
of the Language Department of the School of Economic Science, London»,
London 1975 ff.; Kleinere unedierte Jugendschriften (u. a. «Summa philo-
sophiae»; «Tractatus physicus»; «Tractatus de Deo, natura et arte»; «Trac-
tatus de anima»; Tractatus physicus»; «Questiones de luce»; «De Sono»;
«Divisio philosophiae»), hg. v. P. O. Kristeller, in: ders.: «Studies in Renais-
sance Thought and Letters», Rom 1956, 55–97; 146–150.
Deutsche Übersetzungen: «Über die Liebe oder Platons Gastmahl» [G], lt./dt.
hg. v. K. P. Hassel/P. R. Blum, Hamburg 1984 ; Briefe des Mediceerkreises aus
M. F.s Epistolarium (übers. v. Karl Markgraf von Montoriola = K. P. Hasse),
Berlin 1926 (Buch 1 der Briefe); «Traktate zur Platonischen Philosophie»
(«Einführung in die Platonische Theologie»; «Kompendium der Platonischen
Theologie»; «Fünf Fragen über den Geist»; «Über die Glückseligkeit»), lt./dt.
hg. v. E. Blum/P. R. Blum/Th. Leinkauf, Berlin 1993.
Literatur: W. Dress: «Die Mystik des M. F.», Berlin/Leipzig 1929; J. Festugière:
«La philosophie de l'amour de M. F. et son influence sur la littérature fran-
çaise au 16ème siècle», Paris 1941; P. O. Kristeller: «The Philosophy of M. F.»,
New York 1943 (ital. Florenz 1953; dt. Frankfurt 1972); ders.: «Studies in
Renaissance Thought and Letters», Rom 1956, 35–260; ders.: «A thomist
critique of M. F.'s theory of will and intellect», in: «H. A. Wolfson jubilee
volume», engl. section, Bd. 2, Jerusalem 1965, 463–94; ders.: «M. F. as a
beginning student of Plato», in: «Scriptorium» 20 (1966), 41–54; ders.: «Le
thomisme et la pensée italienne de la Renaissance», Montreal 1967; ders.:
«M. F. as a man of letters», in: «Renaissance Quarterly» 36 (1983), 1–47;
ders.: «M. F.», in: ders.: «Acht Philosophen der italienischen Renaissance»,
Weinheim 1986, 33–46 (ursprüngl. Stanford 1964); ders.: «M. F. and his
work after five hundred years», Florenz 1987; E. Cassirer: «F.'s place in intellectual history», in: «Journal of the History of Ideas» 6 (1945), 483–501;
A. Chastel: «M. F. et l'art», Paris 1954, ³Genf 1996; G. Saitta: «M. F. e la
filosofia dell'umanesimo», Bologna 1954; R. Marcel: «M. F. (1433–1499)»,
Paris 1958; D. P. Walker: «Spiritual and Demonic Magic from F. to Campanella», London 1958; ders.: «The Ancient Theology. Studies in Christian Platonism from the 15th to the 18th Century», London 1972; F. A. Yates:
«Giordano Bruno and the Hermetic Tradition», London/Chicago 1964;
R. Klein: «La forme et l'intelligible», Paris 1970; A. B. Collins: «Love and
natural desire in F.'s ‹Platonic theology›», in: «Journal of the History of Phi-

losophy» 9 (1971), 435–449; dies.: «The Secular is Sacred. Platonism and Thomism in M. F.'s Platonic Theology», Den Haag 1974; P. Zambelli: «Platone, F. et la magia», in: «Studia Humanitatis. Ernesto Grassi zum 70. Geburtstag», München 1973, 121–142; G. Zanier: «La medicina astrologica e la sua teoria: M. F. e i suoi critici contemporanei», Rom 1977; A. Tarabochia Canavero: «Il ‹De triplici vita› di M. F.: una strana vicenda ermeneutica», in: «Rivista di filosofia neoscolastica» 69 (1977), 697–717; dies.: «S. Agostino nella Teologia platonica di M. F.», in: ebd. 70 (1978) 626–646. W. Beierwaltes: «M. F.s Theorie des Schönen im Kontext des Platonismus», Heidelberg 1980 (= SB Heidelberger Adad. d. Wiss., Phil.-hist. Klasse 1980, 11); I. P. Culianu: «Magia spirituale e magia demoniaca nel Rinascimento», in: «Rivista di storia e letteratura religiosa» 17 (1981), 360–408; E. P. Mahoney: «Metaphysical foundations of the hierarchy of being according to some late Medieval and Renaissance philosophers», in: «Philosophies of Existence, Ancient and Medieval», hg. v. P. Morewidge, New York 1982, 165–257; M. J. B. Allen: «F.'s theory of the five substances and the neoplatonist's ‹Parmenides›», in: «Journal of Medieval and Renaissance History» 12 (1982), 19–44; ders.: «The Platonism of M. F. A Study of the Phaedrus Commentary», Berkeley 1984; ders.: «Ikastes: M. F.'s interpretation of Plato's Sophist. Five studies and a critical edition with translation», Berkeley 1989; ders.: «Plato's third eye. Studies in M. F.'s Metaphysics and its sources», Aldershot 1995; ders.: «Synoptic art. M. F. on the history of Platonic interpretation», Florenz 1998; ders.: «M. F. His theology, his philosophy, his legacy», Leiden 2002; S. Gentile: «In margine all'Epistola ‹de divino furore› di M. F.», in: «Rinascimento» ser. II, 23 (1983), 33–77; J. Klein: «Denkstrukturen der Renaissance. F.-Bruno-Machiavelli und die Selbstbehauptung der Vernunft», Essen 1984; K. Eisenbichler: «F. and Renaissance Neoplatonism», Ottawa 1986; C. Vasoli: «Filosofia e religione nella cultura del Rinascimento», Neapel 1988; ders.: «Quasi sit deus. Studi su M. F.», Lecce 1999; U. Oehlig: «Die philosophische Begründung der Kunst bei F.», Stuttgart 1992; M. Muccillo: «Platonsmo, ermetismo e ‹prisca teologia›. Ricerche di storiografia rinascimentale», Florenz 1996; T. Albertini: «M. F., das Problem der Vermittlung von Denken und Welt in einer Metaphysik der Einfachheit», München 1997; W. A. Euler: «‹Pia philosophia› et ‹docta religio›. Theologie und Religion bei M. F. und Giovanni Pico della Mirandola», München 1998 (= Humanistische Bibliothek I, 48); J. Lauster: «Die Erlösungslehre M. F.s. Theologiegeschichtliche Aspekte des Renaissanceplatonismus», Berlin 1998; S. Gentile/C. Gilly (Hg): «M. F. e il ritorno di Ermete Trismegisto», Florenz 1999 (= Mostra presso la Biblioteca Medicea Laurenziana di Firenze, ott. 1999–gen. 2000); L. Nebes: «Der ‹furor poeticus› im italienischen Renaissanceplatonismus. Studien zu Kommentar- und Literaturtheorie bei F., Landino und Patrizi», Marburg 2001; A. De Pace: «La scepsi, il sapere e l'anima. Dissonanza nella cerchia laurenziana», Mailand 2002; M. Bloch: «Potentiale des menschlichen Geistes: Freiheit und Kreativität. Praktische Aspekte der Philosophie M. F.s», Stuttgart 2003; S. Gentile (Hg): «M. F.,fonti, testi, fortuna», Rom 2006 (= Atti del convegno internazionale di Firenze, 1.–3. Ott. 1999).

31 Vgl. P. O. Kristeller: «Studies in Renaissance Thought and Letters …», a. a. O. (oben, Anm. 30), 35–98.

32 A. Della Torre: «Storia dell'Accademia Platonica di Firenze», Turin 1960 (Nachdr. d. Ausg. Florenz 1902); P. O. Kristeller: «Die platonische Akademie von Florenz», in: ders.: «Humanismus und Renaissance», Bd. 2, München 1976, 101–

114; A. Field: «The Origins of the Platonic Academy in Florence», Princeton 1988.

33 Zur Entstehungs- und Druckgeschichte der Werke Ficinos mit Einschluß seiner Übersetzungen vgl. [SUP] Bd. I, LVII-CLXXXI.

34 Vgl. zu HERMES TRISMEGISTOS: *Ausgaben*: «Corpus Hermeticum» [CH], gr./frnz. hg. v. A. D. Nock/A. J. Festugière, 4 Bde., Paris 1945–54; «H. Latinus», hg. v. P. Lucentini u. a., 4 Bde., Turnholti 1994–2006; «Die XVII Bücher des H. T.: H. T.s Einleitung ins höchste Wissen von Erkenntnis der Natur und des darin sich offenbarenden großen Gottes», Sauerlach (München) 1997; «Das ‹Corpus Hermeticum› Deutsch», übers. v. C. Colpe/ J. Holzhausen, 2 Bde., Stuttgart – Bad Cannstatt 1997; «Das ‹Corpus Hermeticum› einschließlich der Fragmente des Stobaeus» dt. v. K.-G. Eckart, eingel. v. F. Siegert, Münster 1999. *Literatur*: R. Reitzenstein: «Poimandres», Leipzig 1905; J. Kroll: «Die Lehren des H. T.», Münster 1914; C. H. Dodd: «The Bible and the Greeks», London 1935; A .J. Festugiére: «La révelation d' H. T.», 4 Bde., Paris 1950–54; I. Meckel: «Hermeticism and the Renaissance. Intellectual history and the occult in early modern Europe», Washington 1988; S. Gentile/C. Gilly: «Marsilio Ficino e il ritorno di H. T.», Florenz 1999 (= Mostra presso la Biblioteca Medicea Laurenziana di Firenze, ott. 1999–gen. 2000); P. Zambelli: «Magia bianca, magia nera nel Rinascimento», Ravenna 2004; F. Ebeling: «Das Geheimnis des H. T. Geschichte des Hermetismus von der Antike bis zur Neuzeit», München 2005.

35 Vgl. Laktanz: «De divina institutione» I, 6, und Augustinus: «De civitate Dei», XVIII, 29.

36 Vgl. Augustinus: ebd., VIII, 23–26.

37 F. A. Yates: «Giordano Bruno …», a. a. O. (oben, Anm. 30), 1–19.

38 Vgl. auch [OP 871 ff.]; dazu: P. O. Kristeller: «Die Philosophie des M. F.», a. a. O. (oben, Anm. 30), 16 f.

39 Vgl. P. O. Kristeller: «Studies in Renaissance Thought and Letters», a. a. O. (oben, Anm. 30), 221–260.

40 Vgl. E. Garin: «Nota sull'ermetismo», in: ders.: «La cultura filosofica del Rinascimento italiano», Florenz 1961, 143–154; F. A. Yates: «Giordano Bruno …», a. a. O. (oben, Anm. 30), 398–431; M. Mulsow: «Das Ende des Hermetismus. Historische Kritik und neue Naturphilosophie in der Spätrenaissance», Tübingen 2002 (= Religion und Aufklärung 9).

41 Vgl. «Hermetis Trismegisti Erkaenthnüß der Natur und Des darin sich offenbahrenden Großen Gottes … übersetzet … von Alethophilo», Hamburg 1706. Cf. auch F. A. Yates: Aufklärung im Zeichen des Rosenkreuzes, Stuttgart 1975.

42 Aristoteles: «De interpretatione» 1; 16 a 3 ff.

43 Vgl. P. O. Kristeller: «Die Philosophie des M. F.», a. a. O. (oben, Anm. 30), 55 ff.

44 Vgl. E. Garin: «Il problema dell'anima e dell'immortalità nella cultura del Quattrocento in Toscana», in: ders.: «La cultura filosofica del Rinascimento italiano», Florenz 1961, 93–125; G. di Napoli: «L'immortalità dell'anima nel Rinascimento», Turin 1963; E. Keßler: «The intellective soul», in: Schmitt: [CHRP], a. a. O. (II, Anm. 7), 485–534.

45 Vgl. P. O. Kristeller: «A thomist critique …», a. a. O. (oben, Anm. 30); ders.: «Le thomisme …», a. a. O. (oben, Anm. 30).

46 R. Burton: «Anatomy of Melancholy», hg. v. H. Jackson, 3 Bde., London/New York 1932; vgl. R. Klibansky/E. Panofsky/F. Saxl: «Saturn und Melancholy. Studien zur Geschichte der Naturphilosophie und Medizin, der Religion und

der Kunst», Frankfurt/M. 1990; W. Lepenies: «Melancholie und Gesellschaft», Frankfurt/M. 1972.
47 Vgl. E. Garin: «La rinascita di Plotino», in: ders.: «Rinascite e rivoluzioni», Bari 1975, 91–112, bes. 103.
48 Vgl. D. P. Walker: «Spiritual and Demonic Magic», a. a. O. (oben, Anm. 30).
49 Vgl. neben D. P. Walker: «Spiritual and Demonic Magic …» und F. A. Yates: «Giordano Bruno and the Hermetic Tradition …» (beide oben, Anm. 30) C. Vasoli: «Magia e scienza nella civiltà umanistica», Bologna 1976 (mit ausführlicher Bibliographie). Kritisch: R. S. Westman / J. E. McGuire: «Hermeticism and the Scientific Revolution», Los Angeles 1977.
50 Vgl. zu Giovanni Pico della Mirandola (1463–1494):
Bibliographie: Totok, a. a. O. (II, Anm. 7), 159–165.; Schmitt: CHRP, a. a. O. (II, Anm. 7), 832; «Conclusiones», hg. v. B. Kieszkowski, Genf 1973, 109–120.
Ausgaben: «Opera omnia» [OPO], hg. v. E. Garin, 2 Bde., Turin 1971 (Bd. 1: Nachdr. d. Ausg. Basel 1572; Bd. 2: Gedichte, Briefe, Fragmente); «Opere» [OP], lt./it. hg. v. E. Garin, 3 Bde., Florenz 1942–1952 (Bd. 1: «De hominis dignitate»/«Heptaplus»/«De ente et uno», «Scritti vari»; Bd. 2 und 3: «Disputationes in astrologiam divinatricem»); «Conclusiones» [C], hg. v. B. Kieszkowski, Genf 1973.; (lt./it. hg. v. A. Biondi, Florenz 1995); «Epistole» [G], lt./it. hg. v. E. Garin, in: ders.: «Prosatori latini del Quattrocento», Mailand/ Neapel 1952, 793–833; «De hominis dignitate», lt./it. hg. v. G. Semprini, Rom 1986, «Commento sopra una canzone d'amore» [COM], hg. v. Paolo De Angelis, Palermo 1994; «De hominis dignitate» (lt./it.)/ Gianfrancesco Pico: «Vita di G.P.» (it), hg. v. C. Carena, Mailand 1995; «A Platonich Discourse upon Love», engl. Übers. v. Th. Stanley, 1651, hg. v. E. G. Gardner, Boston 1914.; «On the Dignity of Man»/«On Being and the One»/ «Heptaplus», engl. Übers. v. Ch. G. Wallis/P. J. W. Miller/D. Carmichael, Indianapolis/New York 1965.
Deutsche Übersetzungen: «Ausgewählte Schriften», übers. v. A. Liebert, Jena 1905; «De dignitate hominis» [OR], lt./dt. hg. v. H. Reich, Bad Homburg u. a. 1968; «Über die Würde des Menschen», lt./dt. hg. v. N. Baumgarten, Hamburg 1990 (= Phil. Bibl. 427); lt./dt. hg. v. G. Gönna, Stuttgart 1997 (= Reclam 9658); «Kommentar zu einem Lied über die Liebe», lt./dt. hg. v. Th. Bürklin, Hamburg 2001 (= Phil. Bibl. 533); «Über das Seiende und das Eine», lt./dt. hg. v. P. R. Blum, Hamburg 2006 (= Phil. Bibl. 573).
Literatur: E. Cassirer: «Individuum und Kosmos in der Philosophie der Renaissance», Berlin/Leipzig 1927; ders.: «G. P. d. M.», in: «Journal of the History of Ideas» 3 (1942), 123–144; 319–346; P. Kibre: «The Library of P. d. M.», New York 1936; E. Garin: «G. P. d. M.», Florenz 1937; ders.: «Ricerche su G. P. d. M.», in: ders.: «La cultura filosofica del Rinascimento italiano», Florenz 1961, 231–292; A. Dulles: «Princeps Concordiae. P. d. M. and the Scholastic Tradition», Cambridge, Mass. 1941; B. Nardi: «La mistica averroistica e P. d. M.», in: «Archivio di Filosofia» (Umanesimo e Machiavellismo), Padua 1949, 55–74.; Qu. Breen: «G. P. d. M. on the conflict of philosophy and rhetoric», in: «Journal of the History of Ideas» 13 (1952), 384–426; G. di Napoli: «L'essere e l'uno in P. d. M.», in: «Rivista di filosofia neoscolastica» 46 (1954), 356–389; ders.: G. P. d. M. e la problematica doctrinale del suo tempo», Rom 1965; P. M. Cordier: «Jean Pic de la Mirandole», Paris 1957; F. Secret: «P. d. M e gli inizi della cabala cristiana», in: «Convivium» 25 (1957), 31–45; E. Wind: «Pagan Mysteries in the Renaissance», New Haven 1958;

D. P. Walker: «Spiritual and Demonic Magic from Ficino to Campanella», London 1958, 54–60; F. Yates: «Giordano Bruno and the Hermetic Tradition», London 1964, 84–116; «L'Opera e il pensiero di G. P. d. M. nella storia dell'Umanesimo», 2 Bde., Florenz 1965 (= «Atti del Convegno internazionale, Mirandola 1963»); «Studi pichiani», Modena 1965 (= «Atti e memorie del convegno ... Mirandola 1963»); R. W. Meyer: «P. d. M. und der Orient», in: «Asiatische Studien» 18/19 (1965), 308–336; G. Zanier: «Il problema astrologico nelle prime opere di G. P. d. M.», in: «Cultura» 8 (1970), 524–551; ders.: «Struttura e significato delle ‹Disputationes› pichiane», in: «Giornale critico della filosofia italiana», serie V, Bd. 1 (1981), 54–86; H. de Lubac: «P. d. M., études et discussions», Paris 1974 ; W. C. Craven: «G. P. d. M.: Symbol of His Age. Modern Interpretations of a Renaissance Philosopher», Genf 1981; P. O. Kristeller: «P», in: ders.: «Acht Philosophen der italienischen Renaissance», Weinheim 1986, 47–62; Ch. Wirszubski: «P. d. M.'s Encounter with Jewish Misticism», Cambridge, Mass. 1989; P. Zambelli: «L'apprendista stregone. Astrologia, cabala e arte lulliana in P. d. M. e seguaci», Venedig 1995; F. Bausi: «Nec rhetor neque philosophus. Fonti, lingua e stile nelle prime opere latine di G. P. d. M. (1484–87)», Florenz 1996; St. A. Farmer: «Syncretism in the West. P.'s 900 theses (1486); the evolution of traditional, religious, and philosophical systems», Tempe, Arizona 1998; A. De Pace: «La scepsi, il sapere e l'anima. Dissonanze nella cerchia laurenziana», Mailand 2002; M. Dougherty: «P. d. M., new essays», Cambridge 2008.

51 Vgl. zu Vernia unten IV, Anm. 52; zu Nifo unten, IV, Anm. 75.

52 Vgl. zu Elia del Medigo (1458–1493): E. d. M. «Quaedam quaestiones» («De primo motore»/«De efficientia mundi»/«De esse et essentia et uno»/«In dictis Averrois super libros physicorum clarissimae adnotationes», in: Johannes von Jandun: «Quaestiones super octo libros physicorum Aristotelis», Frankfurt 1969 (Nachdr. der Ausg. Venedig 1551); P. Ragnisco: «Documenti inediti e rari intorno alla vita ed agli scritti di Nicoletto Vernia e di E. d. M.», in: «Atti e memorie della Reale Accademia di Scienze, Lettere ed Arti in Padova» 7 (1980/81), 275–302; D. Geffen: «Insights into the Life and Thought of E. M. Based on His Published and Unpublished Works», in: «Proceedings of the American Academy for Jewish Research» 41 (1973–74), 69–86; J. P. Montada: «E. d. M. and his Physical Quaestiones», in: J. A. Aertsen/A. Speer (Hg): «Was ist Philosophie im Mittelalter?», Berlin 1998, 929–936 (= Miscellanea Mediaevalia 26). Zum Verhältnis P.s zu E. d. M. vgl.: G. dell'Acqua/L. Münster: «I rapporti di G. P. d. M. con alcuni filosofi ebrei», in: «L'Opera e il pensiero di G. P. d. M....», a. a. O. (oben, Anm. 50), Bd. 2, 149–168. Zur Bedeutung der Juden in der Renaissance allgemein: U. Cassuto: «Gli Ebrei a Firenze nell'età del Rinascimento», Florenz 1918; A. Lewkowitz: «Das Judentum und die geistigen Strömungen der Neuzeit», Bd. 1: «Die Renaissance», Breslau 1929; C. Roth: «The Jews in the Renaissance», Philadelphia 1959.

53 Vgl. U. Cassuto: «Wer war der Orientalist Mithridates?», in: «Zeitschrift für Geschichte der Juden in Deutschland» 5 (1934), 230–236; F. Secret: «Qui était l'orientaliste Mithridate?», in: «Revue des Études Juives» 116 (n.s. 16) (1957), 96–102 ; vgl. auch Flavius Mithridates: «Sermo de Passione Domini», hg. v. Ch. Wirszubski, Jerusalem 1963.

54 Vgl. G. dell'Acqua/L. Münster: «I rapporti ...» a. a. O. (oben, Anm. 52); U. Cassuto: «Gli Ebrei ...», a. a. O. (oben, Anm. 52), 301–316; B. D. Cooperman (Hg): «Jewish Thought in the Sixteenth Century», Cambridge, Mass. 1983.

55 D. Weinstein: «Savonarola and Florence: Prophesy and Patriotism in the Renaissance», Princeton 1970; D. P. Walker: «Savonarola and the Ancient Theology», in: ders.: «The Ancient Theology», London 1972, 42–62. Bibliographie zu Savonarola: Totok, a. a. O. (II, Anm. 7), 182–186.

56 Vgl. G. Schulten/E. Keßler: «G. P.s Brief über das humanistische Lebensideal und seine europäische Rezeption», in: «Kontinuität und Umbruch», hg. v. J. Nolte/H. Tompert/Ch. Windhorst, Stuttgart 1978, 7–58.

57 Vgl. E. Garin: G. P. d. M., a. a. O. (oben, Anm. 50), 48.

58 Vgl. Descartes: «Discours de la méthode», Leyden 1637, 8 f.

59 Vgl. A. Corsano: «G. P. e il nominalismo occamistico», in: «L'Opera e il pensiero …», a. a. O. (oben, Anm. 50), Bd. 2, 35–42.

60 Vgl. Ficino, «Opera omnia», a. a. O. (oben, Anm. 30), 51 ff.; 1537.

61 Vgl. B. Nardi: «La mistica averroistica …», a. a. O. (oben, Anm. 50).

62 Vgl. G. Vajda: «Recherches sur la philosophie de la Kabbale dans la pensée juive du Moyen Age», Paris 1962; G. Scholem: «Ursprung und Anfänge der Kabbala», Berlin 1962; ders.: «Zur Kabbala und ihrer Symbolik», Frankfurt 1973; R. Musaph-Andriesse: «Von der Thora bis zur Kabbala. Eine kurze Einführung in die religiösen Schriften des Judentums», Göttingen 1986; Mosheh Idel: «Kabbalah. New perspectives», New Haven 1988; ders.: «La cabbalà in Italia. 1280–1510», hg. v. F. Lelli, Florenz 2007; D. Matt (Hg): «Das Herz der Kabbala. Jüdische Mystik aus zwei Jahrtausenden», Bern/München 1996.

63 Vgl. F. Yates: «Giordano Bruno …», a. a. O. (oben, Anm. 30), 91 ff.

64 Vgl. W. G. Craven: «G. P. d. M.: Symbol …», a. a. O. (oben, Anm. 50), 21 ff.

65 Vgl. F. Yates: «Giordano Bruno …», a. a. O. (oben, Anm. 30), 102 f.

66 Vgl. E. Garin: «Le interpretazioni del pensiero di G. P.», in: «L'Opera e il pensiero …», a. a. O. (oben, Anm. 50), Bd. 1, 25–27.

67 Vgl. P. O. Kristeller: «G. P. d. M. and his sources», in: «L'Opera e il pensiero …», a. a. O. (oben, Anm. 50), Bd. 1, 73 f.

68 Vgl. J. L. Blau: «The Christian Interpretation of the Cabala in the Renaissance», New York 1944; G. Scholem: «Zur Geschichte der Anfänge der christlichen Kabbala», in: «Essays presented to Leo Baeck», London 1954, 158–193; F. Secret: «P. d. M. e gli inizi della Cabala cristiana», in: «Convivium» n.s. 25 (1957), 31–47; ders.: «Les Kabbalistes Chrétiens de la Renaissance», Paris 1964; E. Benz: «Die christliche Kabbala. Ein Stiefkind der Theologie», Zürich 1958.

69 Vgl. E. Garin: «Le interpretazioni del pensiero di G. P.», in: «L'Opera e il pensiero …», a. a. O. (oben, Anm. 50), 28.

70 W. G. Craven: «G. P. d. M. Symbol …», a. a. O. (oben, Anm. 50), 137–139; 153.

71 Vgl.. Aristoteles: «Analytica posteriora» I, 13; 78 b 11 ff.; dazu Paolo Veneto: «Expositio in libros posteriorum Aristotelis», Hildesheim/New York 1976 (Nachdr. d. Ausgabe Venedig 1477) p. i 5ʳ ff.

72 Vgl. Johannes Kepler: «Harmonia mundi», hg. v. M. Caspar, München 1940, 266 (= Gesammelte Schriften Bd. VI).

73 Vgl. Ch. B. Schmitt: «L'introduction de la philosophie platonicienne dans l'enseignement des Universités à la Renaissance», in: «Platon e Aristote à la Renaissance» (= De Pétrarque à Descartes 32), Paris 1976, 93–104.

74 Vgl. M. Maylender: «Storia delle Accademie d'Italia», 5 Bde., Bologna 1926–30; F. A. Yates: «The French Academies of the 16th Century», London 1947; E. Cochrane: «Le accademie», in: «Firenze e la Toscana dei Medici nell'Europa del'500», Florenz 1983, Bd. I, 3–17; L. Boehm/E. Raimondi (Hg): «Università accademie e società scientifiche in Italia e in Germania dal cinquecento al Sette-

cento», Bologna 1981 (= Atti della settimana di studio, 15–20 sett. 1980);
M. Plaisance: «L'Accademia e il suo principe». Cultura e politica a Firenze al
tempo di Cosimo I e di Francesco de' Medici», Rom 2004.

75 Vgl. zu FRANCESCO CATTANI DA DIACCETO (1466–1522):
    Bibliographie: Ch. H. Lohr: «Latin Aristotle Commentaries, Bd. II: Renaissance
    Authors», Florenz 1988, 86.
    Ausgaben: «Opera omnia», Basel 1563 [OP] (darin: «Paraphrasis in IV libros
    De caelo et mundo»; «Paraphrasis in Meteorologica»; «Praefatio in libros De
    moribus»); «I tre libri d'amore con un panegirico all'amore, e con la vita del
    detto autore», hg. v. M. Benedetto Varchi, Venedig 1561; «De pulchro libri
    III, accedunt opuscula inedita et dispersa necnon testimonia quaedam ad eum-
    dem pertinentia» [PU], hg. v. S. Matton, Pisa 1986; «Lobrede auf die Liebe»
    (»Panegirico all'amore»), dt. hg. v. C. L. Frommel, in: ders.: «Michelangelo
    und Tommaso di Cavalieri», Amsterdam 1979.
    Literatur: P. O. Kristeller: «Francesco da Diacceto and Florentine Platonism in
    the 16th Century», in: ders.: Studies in Renaissance Thought and Letters,
    Rom 1969, 287–336; S. Ebbersmeyer: «Sinnlichkeit und Vernunft. Studien
    zur Rezeption und Transformation der Liebestheorie Platons in der Renais-
    sance, München 2002, 136–146 (= Humanistische Bibliothek I, 51).

76 Vgl. P. O. Kristeller: a. a. O (oben, Anm. 75), 299–303.

77 Vgl. Aristoteles: «Metaphysik» I, 1; 980 a 1 f.

78 Vgl. 1. Kor. 8, 1; Augustinus: «De doctrina christiana» II, 51, 62.

79 Vgl. Eckhard Keßler: «Il vero, il buono e il bello. L'ascesa del bello nella filoso-
    fia del Rinascimento», in: «Studi in memoria di Ernesto Grassi», hg. v. E. Hidal-
    go-Serna/M. Marassi, 2 Bde., Neapel 1996, Bd. I, 325–346.

80 Vgl. zu LEONE EBREO (JEHUDA ABRABANEL) (ca. 1460–vor 1535):
    Bibliographie: Totok, a. a. O. (II, Anm. 7), 566; Schmitt: CHRP, a. a. O. (II,
    Anm. 7), 824.
    Ausgaben: «Dialoghi d'amore»/»Hebräische Gedichte», mit einer Darstellung
    des Lebens und des Werkes, hg. v. C. Gebhardt, Heidelberg 1929 (Nachdr. d.
    Ausg. Rom 1535); «Dialoghi d'amore», hg. v. S. Caramella, Bari 1929 [D];
    «Dialogues d'Amour», frnz. hg. v. Pontus de Tyard, Lyon 1551 (Repr., hg.
    v. T. A. Perry, Chapel Hill 1974); «Des Leone Hebreo (Jehuda Abrabanel)
    Dialoge über die Liebe», dt. v. J. Schwerin, Berlin 1888 (Teilübersetzung);
    «The Philosophy of Love», engl. v. F. Friedberg-Seeley/J. H. Barnes, London
    1937.
    Literatur: G. Saitta: «La filosofia di L. E.», in: «Giornale critico della filosofia
    italiana» 5 (1924), 12–19; 6 (1925), 140–153; 241–256; H. Pflaum: «Die
    Idee der Liebe: L. E.», Tübingen 1926; ders.: «L. E. und Pico della Mirando-
    la», in: «Monatsschrift für Geschichte und Wissenschaft des Judentums» 72
    (1928), 344–350; G. Fontanesi: «Il problema filosofico dell'amore nell'opera
    di L. E.», Venedig 1934; I. Sonne: «Intorno alla vita di L. E.», in: «Civiltà
    moderna» 6 (1934), 163–193; C. Dionisotti: «Appunti su L. E.», in: «Italia
    medioevale e umanistica» 2 (1959), 409–428; S. Damiens: «Amour et Intel-
    lect chez L. l'Hébreu», Toulouse 1971; T. A. Perry: «Dialogue and doctrine in
    L. E.'s ‹Dialoghi d'amore›», in: «Publications of the Modern Languages As-
    sociation of America» 88 (1973), 1173–1179; ders.: «Erotic spirituality. The
    integrative tradition from L. E. to John Donne», University of Alaska 1980;
    C. Gallicet Calvetti: «Benedetto Spinoza di fronte a L. E. (Jehuda Abarbanel).
    Problemi etico-religiosi e ‹amor Dei intellectualis›», Mailand 1982; M. Aria-
    ni: «Imago fabulosa. Mito e allegoria nei ‹Dialoghi d'amore› di L. E.», Rom

1984; J.J. Vila-Chã: «Amor intellectualis?» L.E. (Judah Abravanel) and the intelligibility of love», Braga 2006.

81 Vgl. C. Gebhardt, im Anhang zu seiner Ausgabe, a.a.O. (oben, Anm. 80), Regesten 16.

82 Vgl. C. Gebhardt, in der Einführung zu seiner Ausgabe, a.a.O. (Anm. 80), 111–119; ders.: «Spinoza und der Platonismus», in: «Chronicon Spinozianum» I (1921), 178–234.

83 Ausgaben: Pietro Bembo: «Gli Asolani e le rime», hg. v. C. Dionisotti, ²Turin 1978; «Asolaner Gespräche. Dialog über die Liebe», dt. hg. v. M. Rumpf, Heidelberg 1992. Agostino Nifo: «De pulchro et amore», Lyon 1549; «Sobre la belleza y el amor», span. Übers. v. Francisco Socas, Sevilla 1990; «De pulchro liber», lt./franz. hg. v. Laurence Boulègue, Paris 2003. Giordano Bruno: «De gli eroici furori», in: «Dialoghi italiani», hg. v. G. Gentile/G. Aquilecchia, Florenz 1958, Bd. 2 (Dialoghi morali), 925–1178; «Von den heroischen Leidenschaften», dt. hg. v. Chr. Bacmeister, Hamburg 1989 (= Phil. Bibl. 398). Sammelbände: «Trattati d'amore del Cinquecento», hg. v. G. Zonta, Bari 1912; «Trattati del Cinquecento sulla donna», hg. v. G. Zonta, Bari 1913. Literatur: P. Lorenzetti: «La bellezza e l'amore nei trattati del Cinquecento», Pisa 1920; L. Tonelli: «L'amore nella poesia e nel pensiero del Rinascimento», Florenz 1933; W. Mönch: «Die italienische Platonrenaissance und ihre Bedeutung für Frankreichs Literatur- und Geistesgeschichte (1450–1550)», Berlin 1936; J.Ch. Nelson: «Renaissance Theory of Love. The Context of Giordano Bruno's ‹Eroici furori›», New York 1958 (Bibliographie 271–274); S. Ebbersmeyer: «Sinnlichkeit und Vernunft. Studien zur Rezeption und Transformation der Liebestheorie Platons in der Renaissance», München 2002 (Bibliographie 257–271) (= Humanistische Bibliothek I, 51); E. Keßler: «Die Proportionen der Schönheit», in: C. Gutwald/R. Zons (Hg): «Die Macht der Schönheit», München 2007, 133–160.

84 Vgl. Ch. B. Schmitt: «Aristotle and the Renaissance», Cambridge, Mass. 1983, 89–109.

85 Vgl. Ch. B. Schmitt: «L'introduction de la philosophie platonicienne ...» a.a.O. (oben, Anm. 73).

86 Vgl. Ch. B. Schmitt: «Prisca Theologia e Philosophia Perennis: due temi del Rinascimento italiano e la loro fortuna», in: «Atti del V. Convegno internazionale del Centro di Studi Umanistici: ‹Il pensiero italiano del Rinascimento e il tempo nostro›», Florenz 1970, 211–236 (Bibliogr. 220, Anm. 23); ders.: «Andreas Camutius on the concord of Plato and Aristotle with Scripture», in: D. J. O'Meara Hg): «Neoplatonism and Christian Thought, Albany, N.Y. 1982, 178–184; 282–286; L. Malusa: «Il ‹Concordismo› Rinascimentale», in: G. Santinello (Hg): «Storia delle storie generali della filosofia», Bd. 1, Brescia 1981, 25–37 (engl.: «Models of the History of Philosophy», Bd. 1, Amsterdam 1993, 26–38).

87 Vgl. zu Francesco de' Vieri dem Jüngeren (1524–1591):
Bibliographie: Lohr: «Latin Aristotle Commentaries», a.a.O. (oben, Anm. 75), 477.
Ausgaben: «Compendio della dottrina di Platone, in quello, che ella e conforme con la fede nostra», Florenz 1577; «Vere conclusioni di Platone, conformi alla Dottrina Christiana, et a quella d'Aristotile», Florenz 1590; «Lezzioni d'amore», hg. v. J. Colaneri, München 1973 (9–13 Bibliographie).
Literatur: Ch. B. Schmitt: «The Faculty of Arts at Pisa at the Time of Galileo», in: Physis 14 (1972), 243–272.

88 Vgl. Lohr: «Latin Aristotle Commentaries», a. a. O. (oben, Anm. 75), 476 f.

89 Vgl. zu JACOPO MAZZONI (1548–1598):
Ausgaben: «De triplice hominum vita, activa nempe et contemplativa et religiosa, methodi tres, quaestionibus quinque millibus centum et nonaginta septem distinctae, in quibus omnes Platonis et Aristotelis, multae verum aliorum Graecorum, Arabum et Latinorum in universo scientiarum orbe discordiae componnuntur, quae omnia publice disputanda Bononiae proposuit anno salutis 1577», Bologna 1577; «In universam Platonis et Aristotelis Philosophiam praeludia, sive de comparatione Platonis et Aristotelis», Venedig 1597.
Literatur: G. Rossi: «J. M. e l'ecletticismo filosofico nel Rinascimento», in: «Rendiconti della R. Acc. dei Lincei. Scienze morali», serie V, 2 (1893); A. Favaro: «G. Galilei e lo studio di Padova», Florenz 1883; F. Purnell: «J. M. and His Comparison of Plato and Aristotle», New York 1971 (Ph. Diss. Columbia University).

90 Vgl. zu FRANCESCO GIORGI VENETO (1455–1540):
Bibliographie: Schmitt: CHRP, a. a. O. (II, Anm. 7), 821.
Ausgaben: «De Harmonia totius mundi cantica tria» [H.M.], Venedig 1525; «In Scripturam Sacram Problemata» [P], Venedig 1536; «Testi scelti», hg. v. C. Vasoli, in: «Testi Umanistici sull'Ermetismo», Rom 1955, 79–104 (= Archivio di Filosofia).
Literatur: U. Vicentini: «F. Zorzi O. F. M. Teologo cabalista», in: «Le Venezie Francescane» 21 (1954), 121–159; 174–214; 24 (1957), 25–56; J.-F. Maillard: «Le ‹Harmonia mundi› de George de Venise», in: «Revue de l'histoire des religions» 179 (1971), 181–203; F. Secret: «Les Kabbalistes chrètiens de la Renaissance», Paris 1964, 126–140; C. Vasoli: «Intorno a F. G. Veneto e all'armonia del mondo», in: ders.: «Profezia e ragione», Neapel 1974, 129–404; V. Perrone Compagni: «Una fonte di Cornelio Agrippa: il ‹De harmonia mundi› di F. Zorzi», in: «Annali dell'Istituto di Filosofia», Università di Firenze 4 (1982), 45–74.

91 Vgl. zu AGOSTINO STEUCO EUGUBINO (1497/98–1548):
Bibliographie: Schmitt: CHRP, a. a. O. (II, Anm. 7), 836 f.
Ausgaben: «Opera omnia» [OP], 3 Bde., Venedig 1591; «De perenni philosophia» [PHP], New York 1972 (Repr. d. Ausgabe Lyon 1540).
Literatur: H. Ebert: «A. St. und seine ‹Philosophia perennis›», in: «Philosophisches Jahrbuch» 42 (1929), 342–356; 510–526; Th. Freudenberger: «A. St. aus Gubbio, Augustinerchorherr und päpstlicher Bibliothekar (1497–1548) und sein literarisches Lebenswerk», Münster 1935; Ch. B. Schmitt: «Perennial Philosophy: from A. St. to Leibniz», in: «Journal of the History of Ideas» 27 (1966), 505–532; «Filosofia e Cultura in Umbria tra Medioevo e Rinascimento», Perugia 1957 (= «Atti del IV. Convegno di Studi Umbri, Gubbio, 22–26, Maggio 1966») (mit Beiträgen von G. di Napoli, F. Wiedmann, A. Schurr, H. Kuhn, S. Caramella u. a.).

92 Vgl. A. Poppi: «Lo scotista patavino Antonio Trombetta (1436–1517)», in: «Il Santo» 2 (1962), 349–367.

93 Vgl. Giovanni Pico della Mirandola: «Conclusiones», a. a. O. (oben, Anm. 50), 48 f.; 74.

94 Vgl. Luca Pacioli: «De divina proportione» (1509), lt./dt. hg. v. C. Wintenberg, Wien 1889; E. Mitti: «Elementi di filosofia platonica in Luca Pacioli», in: «Filosofia e Cultura in Umbria», a. a. O. (oben, Anm. 91), 377–389.

95 Vgl. C. Vasoli: «Intorno a F. G....», a. a. O. (oben, Anm. 90), 223 ff.

96 Vgl. Marin Mersenne: «Observationes et emendationes ad Francisci Georgii Veneti problemata», Paris 1623; vgl. R. Lenoble: «M. et la naissance du mécanisme», Paris 1943; W. Röd: «Die Philosophie der Neuzeit Bd. 1: Von Francis Bacon bis Spinoza», München 1978 (= «Geschichte der Philosophie», hg. v. W. Röd, Bd. 7), 80–82.

97 Vgl. A. St.: «Pro religione adversus Lutheranos», in: «Opera omnia», a. a. O. (oben, Anm. 91), Bd. III, 2, 1–24; dazu Th. Freudenberger: «A. St. aus Gubbio…», a. a. O. (oben, Anm. 91), 265–300.

98 Guillaume Postel: «De rationibus Spiritus Sancti», Paris 1543; vgl. W. J. Bouwsma: «Concordia mundi: The Career and Thought of Guillaume Postel», Cambridge, Mass. 1957.

99 Vgl. Ch. B. Schmitt: «Perennial Philosophy…», a. a. O. (oben, Anm. 91), 530 f.; H. Kuhn: «Philosophia perennis e la méthode philosophique», in: «Filosofia e Cultura in Umbria», a. a. O. (oben, Anm. 91), 657–663; W. Röd: «Die Philosophie der Neuzeit Bd. 2: Von Newton bis Rousseau», München 1984 (= «Geschichte der Philosophie», hg. v. W. Röd, Bd. 8) 74.

100 Vgl. zu GIANFRANCESCO PICO DELLA MIRANDOLA (1469–1553):
Bibliographie: Schmitt: CHRP, a. a. O. (II, Anm. 7), 861; Lohr: «Latin Aristotle Commentaries», a. a. O. (oben, Anm. 75), 343; Ch. B. Schmitt: «G. F. P. della M. (1469–1533) and His Critique of Aristotle», Den Haag 1967 (183–229: Bibliographie).

Ausgaben: «Opera omnia», 2 Bde., Turin 1972 (Repr. d. Ausg. Basel 1573) [OP]; «Vita R. P. fratris Hieronymi Savonarolae», Paris 1674; «De imaginatione», lt./engl. hg. v. H. Caplan, New Haven 1930; «Traité de l'imagination», hg. v. J. P. I. Amunategui/R. J. Seckel, in: «Poésie» 20 (1982), 100–127; «Über die Vorstellung / De imaginatione» [IM], lt./dt. hg. v. E. Keßler, ³München 1997 (= Humanistische Bibliothek II, 13); «Le epistole ‹de imitatione› di G. F. P. della M. e di Pietro Bembo» [EPIM], hg. v. G. Santangelo, Florenz 1954; Walter Cavini (Hg): «Un inedito di G. F. P. della M.: La ‹Quaestio de falsitate astrologiae›», in: «Rinascimento», serie 2, 13 (1973), 133–177; «Dell'oro», it. Übers. hg. v. A. Camponuovo, Lugano 1978; «Libro della strega, delle illusioni, del demonio nel volgarizzamento di Leandro Alberti», hg. v. A. Biondi, Venedig 1989.

Literatur: E. Cassirer: «Das Erkenntnisproblem in der Philosophie und Wissenschaft der neueren Zeit», Bd. 1, Leipzig 1922, 144–149; A. Corsano: «Il pensiero religioso italiano dall'umanesimo al giurisdizionalismo», Bari 1937; G. Santangelo: «La polemica fra Pietro Bembo e G. F. P. intorno al principio d'imitazione», in: «Rinascimento» 1 (1950), 323–339; ders.: «Il Bembo critico e il principio d'imitazione», Florenz 1950; Ch. B. Schmitt: «Henry Ghent, Duns Scotus and G. F. P. on illumination», in: «Mediaeval Studies» 25 (1963), 231–258; ders.: «Who read G. F. P. della M.?», in: «Studies in the Renaissance» 11 (1964), 105–132; ders.: «G. F. P.'s attitude towards his uncle», in: «L'Opera e il pensiero di Giovanni Pico della Mirandola», a. a. O. (oben, Anm. 50) Bd. 2, 305–314; ders.: «G. F. P. della M. and the fifth Lateran Council», in: «Archiv für Reformationsgeschichte» 61 (1970), 161–178; D. Weinstein: «Savonarola and Florence: Prophecy and Patriotism in the Renaissance», Princeton 1970; Peter Burke: «Witchcraft and Magic in Renaissance Italy: G. F. P. and His Strix», in: «The Damned Art: Essays on the Literature of Witchcraft», hg. v. S. Anglo, London 1977, 245–253; R. H. Popkin: «The History of Scepticism from Erasmus to Spinoza», Berkeley 1979; G. Costa: «Love and Witchcraft in G. F. P. della Mirandola: ‹La strega› between the

Sublime and the Grotesque», in: «Italica» 67 (1990), 427–439; G. M. Cao: «L'eredità pichiana. G. F. P. tra Sesto Empirico e Savonarola», in: «Pico, Poliziano e l'Umanesimo di fine Quattrocento», hg. v. P. Viti, Florenz 1994, 231–245; ders.: «Scepticism and orthodoxy. G. F. P. as a reader of Sextus Empiricus, with a facing text of Pico's quotations from Sextus», in: «Bruniana & Campanelliana» 13, (2007), 263–366; A. Traldi: «G. F. P. della M., il litteratissimo», Nonantola 1994; P. Castelli: «Giovanni e G. F. P. L'opera e la fortuna di due studenti ferraresi», Florenz 1998.

101 Vgl. II, Anm. 141.
102 Vgl. Giovanni Pico: «Epistole» [G], a. a. O. (oben, Anm. 50), sowie Schulten/Keßler, a. a. O. (oben, Anm. 56).
103 Vgl. D. P. Walker: «Savonarola and the Ancient Theology», a. a. O. (oben, Anm. 55).
104 Vgl Ch. B. Schmitt: «G. F. P. della M. and His Critique of Aristotle», a. a. O. (oben, Anm. 100), 15 f.
105 Sextus Empiricus: «Grundriß der pyrrhonischen Skepsis», dt., hg. v. M. Hossenfelder, Frankfurt 1968.
106 Vgl. D. P. Walker: «Savonarola and the Ancient Theology», a. a. O. (oben, Anm. 55), 59–62.
107 Ch. B. Schmitt: «The recovery and assimilation of ancient scepticism in the Renaissance», in: «Rivista critica di storia della filosofia», 4 (1972). 363–384.
108 Vgl. E. P. Mahoney: «Neoplatonism, the Greek Commentators, and Renaissance Aristotelianism», in: «Neoplatonism and Christian Thought», hg. v. D. J. O'Meara, Albany 1982, 169–177; 264–282.
109 Vgl. H. A. Wolfson: «Cresca's Critique of Aristotle», Cambridge, Mass. 1929.
110 Sextus Empiricus: «Pyrrhoniarum hypotyposeon libri III», lt. übers. v. Henricus Stephanus, Paris 1562; ders.: «Adversus Mathematicos», lt. übers. v. Gentianus Hervetus Aurelius, Paris 1569. Vgl. R. H. Popkin: «The History of Scepticism ...», a. a. O. (oben, Anm. 100).
111 Vgl. Ch. B. Schmitt: «G. F. P. della M. and His Critique of Aristotle ...», a. a. O. (oben, Anm. 100), 160–181.

IV. DER PADUANER ARISTOTELISMUS DES 15. JAHRHUNDERTS

1 Vgl. z. B. die Thematisierung dieser Tatsache bei Agostino Nifo: «Expositio subtilissima necnon et Collectanea Commentariaque in tres libros Aristotelis De anima», Venedig 1559 (Erstdruck 1503), Praefatio.
2 Vgl. E. Garin: «Le origini Rinascimentali del concetto di filosofia scolastica», in: ders.: «La cultura filosofica del Rinascimento», Florenz 1961, 466–479.
3 Vgl. E. Keßler: «The transformation of Aristotelianism during the Renaissance», in: J. Henry/S. Hutton (Hg): «New Perspectives on Renaissance Thought. Essays in the history of science, education and philosophy in memory of Ch. B. Schmitt», London 1990, 137–147.
4 Vgl. Ch. H. Lohr: «Latin Aristotle Commentaries», a. a. O. (III, Anm. 75), XIII.
5 Meilensteine auf dem Weg der Wiederentdeckung des Renaissance-Aristotelismus sind E. Cassirer: «Das Erkenntnisproblem in der Philosophie und Wissenschaft der neueren Zeit», Bd. I, ³1922, Repr. Darmstadt 1974, 73–200; J. H. Randall: «The development of scientific method in the School of Padua», in: «Journal of the History of Ideas» 1 (1940), 177–206 (jetzt in: ders.: «The School of

Padua and the Emergence of Modern Science», Padua 1961, 13–68); B. Nardi: «Sigieri di Brabante nel pensiero del Rinascimento italiano», Rom 1945; ders.: «Saggi sull'Aristotelismo padovano dal secolo XIV al XVI», Florenz 1958; «Aristotelismo padovano e filosofia aristotelica», Florenz 1960 (= Atti del XIII. Convegno Internazionale di Filosofia. Venezia, 12.–18. sett. 1958, Bd. 9); Ch. B. Schmitt: «A Critical Survey and Bibliography of Studies on Renaissance Aristotelianism 1958–1969», Padua 1971; ders.: «Aristotle and the Renaissance», Cambridge, Mass. 1983 (it.: «Problemi dell'aristotelismo rinascimentale», Neapel 1985, mit erweiterter Bibliographie); Ch. H. Lohr: «Medieval Latin Aristotle Commentaries», in: «Traditio» 23 (1967) – 30 (1974); ders.: «Latin Aristotle Commentaries II: Renaissance Authors», Florenz 1988; F. E. Cranz/ Ch. B. Schmitt: «A Bibliography of Aristotle Editions 1501–1600», ²Baden-Baden 1984.

6 Vgl. F. Petrarca: «De sui ipsius et multorum ignorantia» [UN], a. a. O. (II, Anm. 7), 113.

7 Ebd., 105 f.

8 F. Petrarca: «Rerum memorandarum …» [EN XIV], a. a. O. (II, Anm. 7), 64.

9 E. Garin: «Le traduzioni umanistiche di Aristotele nel secolo XV», in: «Atti e Memorie dell'Accademia Fiorentina La Colombaria» 16 (n.s.2) 1947–50 (1951), 55 ff.; Ch. B. Schmitt: «Aristotle and the Renaissance», Cambridge, Mass. 1983, 64–88.

10 Ch. B. Schmitt: ebd., 78 f.; A. Stegman: «Les observation sur Aristote du Benedictin J. Perion», in: «Platon et Aristote à la Renaissance», Paris 1976, 377–389.

11 A. Birkenmayer: «Der Streit des Alonso von Cartagena mit Leonardo Bruni Aretino», in: ders.: «Vermischte Untersuchungen zur Geschichte der mittelalterlichen Philosophie», Münster 1922, 129–244; Hanna-Barbara Gerl: «Philosophie und Philologie. Leonardo Brunis Übertragung der Nikomachischen Ethik in ihren philosophischen Prämissen», München 1981 (= Humanistische Bibliothek I, 42).

12 E. Garin: «La fortuna dell'etica aristotelica nel Quattrocento», in: ders.: «La cultura filosofica del Rinascimento italiano», Florenz 1961, 60–71; Ch. B. Schmitt: «Aristotle's Ethics in the Sixteenth Century: Some Preliminary Considerations», in: W. Rüegg/D. Wuttke (Hg): «Ethik im Humanismus», Boppard 1979, 87–112 (= Beiträge zur Humanismusforschung V); J. Soudek: «Leonardo Bruni and his public: A statistical and interpretative study of his annotated Latin version of the Pseudo-Aristotelean Economics», in: «Studies in Medieval and Renaissance History» 5 (1968), 51–136; R. A. Gauthier: «L'exégèse de l'Éthique a Nicomaque. Essai d'histoire littéraire», in: Aristote: «L'Éthique a Nicomaque. Introduction, traduction, commentaire» par R. A. Gauthier et J. Y. Jolif, Bd. I, Paris 1970, 91–240; M. Riedel: «Metaphysik und Metapolitik. Studien zu Aristoteles und zur politischen Sprache der neuzeitlichen Philosophie», Frankfurt 1975, 109–129; Jill Kraye: «Moral philosophy», in: Ch. B. Schmitt: CHRP, a. .a .O. (II, Anm. 7), 303–386; D. A. Lines: «Aristotle's Ethics in the Italian Renaissance (ca. 1300–1650). The Universities & the Problem of Moral Education», Leiden 2002; S. Ebbersmeyer/E. Keßler (Hg): «Ethik – Wissenschaft oder Lebenskunst? Modelle der Normenbegründung von der Antike bis zur Frühen Neuzeit», Berlin 2007 (P. & A. 8).

13 M. Schramm: «The Mechanical Problems of the ‹Corpus Aristotelicum›, the ‹Elementa Iordani super demonstrationem ponderum›, and the Mechanics of

the Sixteenth Century», in: «Atti del Primo Convegno Internazionale di Ricognizione delle Fonti per la Storia della Scienza Italiana: I. Secoli XIV-XVI», hg. v. C. Maccagni, Florenz 1967, 151–163; St. Drake/I. E. Drabkin: «Mechanics in Sixteenth-Century Italy», Madison, Wisc. 1969; P. L. Rose/St. Drake: «The Pseudo-Aristotelean ‹Questions of Mechanics› in Renaissance culture», in: «Studies in the Renaissance» 18 (1971), 65–104; ders.: «The Scope of Renaissance Mechanics», in: «Osiris», 2nd series 2 (1986), 43–68.

14 B. Weinberg: «A History of Literary Criticism in the Italian Renaissance», 2 Bde., Chicago 1961; P. O. Kristeller: «Das moderne System der Künste», in: ders.: «Humanismus und Renaissance II: Philosophie, Bildung und Kunst», München 1976, 164–206 (= Humanistische Bibliothek I, 22); E. N. Tigerstedt: «Observations on the reception of the Aristotelean ‹Poetics› in the West», in: «Studies in the Renaissance» 15 (1968), 7–24.

15 Jacopo Zabarella: «De natura logicae» II, 13, in: ders.: «Opera logica», Hildesheim 1966 (Repr. der Ausgabe Köln 1597), Sp. 78; G. Tonelli: «Zabarella inspirateur de Baumgarten», in: «Revue d'esthétique» 9 (1956), 182–192; W. F. Edwards: «A Renaissance Aristotelean's view of Rhetoric and Poetry and their relation to philosophy», in: «Arts liberaux et philosophie au moyen âge», Montreal/Paris 1969, 843–854 (= «Actes du IV° Congrès Internationale de Philosophie Médiévale»).

16 «Commentaria in Aristotelem Graeca», Berlin 1882–1909.

17 Vgl. «Corpus Latinum Commentariorum in Aristotelem Graecorum», Louvain/Paris 1957 sqq.

18 Themistius: «Paraphrasis in Aristotelis libros De anima», lat. Übers. v. Ermolao Barbaro, Treviso 1481 (Repr. Frankfurt 1978); Alexander von Aphrodisias: «Enarratio De anima ex Aristotelis institutione», lat. Übers. v. Girolamo Donato, Brescia 1495 (Reprint mit einer Einleitung «Alexander von Aphrodisias: Exeget der aristotelischen Psychologie bis zum Ende des 16. Jahrhunderts», hg. v. E. Keßler, Stuttgart-Bad Cannstatt 2008 (= CAGL 13). Vgl. generell: «Commentaria in Aristotelem Graeca: Versiones latinae» [CAGL], hg. v. Charles H. Lohr, Stuttgart-Bad Canstatt 1978 ff.

19 F. E. Cranz: «The publishing history of the Aristotle commentaries of Thomas Aquinas», in: «Traditio» 34 (1978), 157–192.

20 «L'Averroismo in Italia» (= «Atti dei Convegni Licei» 40), 1979; F. E. Cranz: «Editions of the Latin Aristotle accompanied by the commentaries of Averroes», in: E. P. Mahoney (Hg): «Philosophy and Humanism. Essays in Honor of P. O. Kristeller», Leiden 1976, 116–128.

21 Vgl. z. B. B. Nardi: «Il commento di Simplicio al ‹De anima› nelle controversie della fine del secolo XV e del secolo XVI», in: ders.: «Saggi sull'Aristotelismo padovano», Florenz 1958, 365–442; E. P. Mahoney: «Neoplatonism, the Greek Commentators and Renaissance Aristotelianism», in: D. J. O'Meara (Hg): «Neoplatonism and Christian Thought», Norfolk, Va., 1982, 169–177; 264–283.

22 Vgl. Ermolao Barbaro: «Epistulae, Orationes et Carmina» [EP], a. a. O. (II, Anm. 201), Bd. 2, 107 ff.

23 So z. B. Ch. H. Lohr in seiner Unterscheidung zwischen lateinischen Aristoteles-Kommentaren des Mittelalters und solchen der Renaissance, vgl. oben, Anm. 5.

24 «Scienza e filosofia all'Università di Padova nel Quattrocento», hg. v. A. Poppi, Triest 1983; «Aristotelismo veneto e scienza moderna», hg. v. L. Olivieri, 2 Bde., Padua 1983.

25 G. Di Napoli: «L'immortalità dell'anima nel Rinascimento», Turin 1963;
K. Park/E. Keßler: «Psychology», in: Schmitt: CHRP, a.a.O. (II, Anm. 7),
455–534; E. Keßler: «Alexander von Aphrodisias. Exeget der aristotelischen
Psychologie bis zum Ende des 16. Jahrhunderts», Einleitung zu: Alexander von
Aphrodisias: «Enarratio De anima ex Aristotelis institutione», lat. Übers. v.
G. Donato, Brescia 1495, Repr. Stuttgart-Bad Cannstatt 2008, IX-C.

26 Vgl. zu BIAGIO PELACANI DA PARMA (1347–1416):
Bibliographie: L. Thorndike: «A History of Magic and Experimental Science»,
New York 1934, Bd. IV, 65–79; 652–662; Ch. H. Lohr: «Medieval Latin Aristotle Commentaries», in: «Traditio» 23 (1967), 381–383; Schmitt: CHRP,
a.a.O. (II, Anm. 7), 809.
Ausgaben: «Quaestio de tactu corporum duorum», Venedig 1505; «Quaestiones de latitudinibus formarum», hg. v. F. Amadeo, Neapel 1909 [LF]; «Le
questioni di perspectiva», hg. v. G. Federici Vescovini, in: «Rinascimento» 1
(ser. 2) (1961), 163–243; «Questioni inedite di ottica», hg. v. F. Alessio, in:
«Rivista critica di storia della filosofia» 16 (1961), 79–110; 188–221; «Quaestiones de anima», hg. v. G. Federici Vescovini, Florenz 1974 [AN]; «Quaestio de intensione et remissione formarum», hg. v. G. Federici Vescovini, in:
«Physis» 31 (1994); «Questiones super tractatus logice magistri Petri Hispa-
ni», hg. v. J. Biard, Paris 2001; «Questiones circa tractatum proportionum
magistri Thome Braduardini», hg. v. J. Biard, Paris 2005.
Literatur: A. Maier: «Der Widerruf des Blasius von Parma», in: dies.: «Die Vorläufer Galileis im 14. Jh.», Rom 1966, 279–299; J. E. Murdoch: «Music and
natural philosophy: [...] unnoticed ‹Questiones› by B. of Parma», in: «Manu-
scripta» 20 (1976), 119–136; G. Federici Vescovini: «Le questioni dialectiche
di B. P. da Parma sopra i trattati di logica di Pietro Ispano», in: «Medioevo»
2 (1976), 253–288; dies.: «Astrologia e scienza: La crisi dell'aristotelismo sul
cadere del Trecento e B. P. da Parma», Florenz 1979; dies.: «Arti e filosofia
nel secolo XIV», Florenz 1983; dies. (Hg.): «Filosofia, scienza e astrologia
nel Trecento europeo. Biagio Pelacani Parmese», Padova 1992; dies. (Hg.):
«Corpo e anima, sensi interni e intelletto dai secoli XIII-XIV ai post-cartesia-
ni e spinoziani», Turnhout 2005; A. Harrison: «B. of Parma's critique of
Bradwardine's ‹Tractatus de proportionibus›», in: «Scienza e filosofia all'Università di Padova nel Quattrocento», hg. v. A. Poppi, Triest 1983, 19–70.

27 Vgl. [LF] und A. Maier: «Die Mathematik der Formlatituden», in: dies.: «An
der Grenze von Scholastik und Naturwissenschaft», Rom 1952, 257–384; bes.
263 u. 375 ff.; M. Clagett: «Giovanni Marliani and Late Medieval Physics»,
New York 1967, 120 f.

28 Ioannes Pecham: «Perspectivae communis libri tres», Köln 1592; G. Federici
Vescovini: «Studi sulla prospettiva medievale», Turin 1965; dies.: «La prospettiva del Brunelleschi, Alhazen e B. P. a Firenze», in: dies.: «Arti e filosofia ...»,
a.a.O. (oben, Anm. 26), 141–168.

29 Petrus Hispanus: «Tractatus called afterwards ‹Summule›», hg. v. L. M. de Rijk,
Assen 1972; G. Federici Vescovini: «Le questioni dialectiche di B. P. ...», a.a.O.
(oben, Anm. 26), 253–288.

30 Vgl. A. Maier: «Das Prinzip der doppelten Wahrheit», in: dies.: «Metaphysische
Hintergründe der spätscholastischen Naturphilosophie», Rom 1955, 1–46.

31 Vgl. Aristoteles: «De anima» I,1; 403 a 3 ff.

32 Vgl. G. Federici Vescovini: «Arti e filosofia ...», a.a.O. (oben, Anm. 26), 201.

33 T. Gregory: «La nouvelle idée de nature et de savoir scientifique au XIIᵉ siècle»,
in: J. E. Murdoch (Hg.): «The Cultural Context of Medieval Learning», Dor-

drecht 1975, 193–218; G. Federici Vescovini: «Il sacro e l'Astrologia», in: «Prospettive sul sacro», Rom 1975, 174–175.

34 Vgl. zu PAOLO VENETO (1369–1429):
Bibliographie: Ch. H. Lohr: «Medieval Latin Aristotle Commentaries», in: «Traditio» 28 (1972), 314–320; Alan R. Perreiah: «Paul of Venice. A bibliographical guide», Bowling Green, Ohio 1986; Schmitt: CHRP, a. a. O. (II, Anm. 7), 830.

Ausgaben: «Scriptum super librum de anima» [SAN], Venedig 1481; «Quadratura», Pavia 1483; «Sophismata aurea», Pavia 1483; «Universalia, praedicamenta sexque principia» [U], Venedig 1494; «De compositione mundi / Expositio super libros de generatione et corruptione», Venedig 1498; «Expositio super octo libros Physicorum Aristotelis nec non super commentum Averrois cum dubiis eiusdem», Venedig 1499; «Logica magna», Venedig 1499; «Logica parva» [LP], Venedig 1472 (Repr. Hildesheim 1970); «Summa philosophiae naturalis» [S], Venedig 1503 (Repr. Hildesheim 1974); «Expositio in libros Posteriorum» [EP], Venedig 1477 (Repr. Hildesheim 1976), «Super primum sententiarum Johannis de Ripa Lecturae Abbreviatio», hg. v. F. Rucelo, Florenz 1980; «Logica magna: Tractatus de suppositionibus», lt./engl. hg. v. A. R. Perreiah, St. Bonaventure, N. Y. 1971; «Logica magna», lt./engl. hg. v. N. Kretzmann u. a., Oxford 1978 ff.; «Logica parva», engl. hg. v. A. R. Perreiah, München/Wien 1984.

Literatur: F. Momigliano: «P. V. e le correnti del pensiero religioso e filosofico del suo tempo», Turin 1907; A. R. Perreiah: «A biographical introduction to P. of V.», in: «Augustiniana» 17 (1967), 450–61; F. Bottin: «Proposizioni condizionali, ‹consequentiae›, e paradossi dell'implicazione in P. V.», in: «Medioevo» 2 (1976), 289–330; ders.: «P. V. interprete della logica e della fisica nominalista», in: «Un secolo di filosofia friulana e giuliana 1870–1970», Udine 1980, 173–182; ders.: «Alcuni correzioni ed aggiunte al censimento dei codici di P. V.», in: «Quaderni per la storia dell'Università di Padova» 14 (1981), 57–60; ders.: «Logica e filosofia naturale nelle opere di P. V.» in: «Scienza e filosofia all'Università di Padova nel Quattrocento», a. a. O. (oben, Anm. 24), 85–124; ders.: «P. V. e il problema degli universali», in: «Aristotelismo veneto e scienza moderna», a. a. O. (oben, Anm. 24), Bd. 1, 459–468; Z. Kuksewicz: «P. de V. et sa théorie de l'âme», ebd., Bd. 1, 297–324; M. Cristiani: «Il misticismo della conoscenza del ‹Prologo› di Giovanni di Ripa al commentario delle ‹Sentenze› e l'Abbreviatio di P. V.», ebd., Bd. 2, 591–606; G. dell'Anna: «P. V.: appunti sull'infinito fisico e sull'infinito matematico», ebd., Bd. 2, 623–636; E. F. Ashworth: «A note on P. of V. and the Oxford Logica of 1483», in: «Medioevo» 4 (1978), 93–99; A. D. Conti: «Esistenza e verità. Forme e strutture del reale in P. V. e nel pensiero filosofico del tardo medioevo», Rom 1996.

35 Vgl. [U 2^{ra-b}], F. Bottin: «La scienza degli occamisti», Rimini 1982, 277–313.

36 Vgl. Wilhelm von Ockham: «Prolog zum Physikkommentar § 30», in: ders.: «Texte zur Theorie der Erkenntnis und der Wissenschaft», lt./dt. hg. v. R. Imbach, Stuttgart 1984, 206/207: «Und deshalb handelt, im eigentlichen Sinne, die Naturwissenschaft weder von vergänglichen und werdenden Dingen noch von natürlichen Substanzen, noch von beweglichen Dingen, denn solche Dinge sind in keinem durch die Naturwissenschaft gewußten Schlußsatz Subjekt oder Prädikat. Vielmehr handelt die Naturwissenschaft im eigentlichen Sinne von den solchen Dingen gemeinsamen Intentionen in der Seele, die in vielen Aussagen genau für diese Dinge supponieren.»

37 Vgl. [S 93ᵛ–94ʳ (1408); U 6ʳ–10ʳ (1428)]; sowie eine noch unveröffentlichte «Quaestio de universalibus» von 1409; vgl. F. Bottin: «Alcuni correzioni e aggiunte […]», a. a. O. (oben, Anm. 34), 57–60.

38 Vgl. Wilhelm von Ockham: «Summa logicae» I, 12, in: ders.: «Texte zur Theorie der Erkenntnis und der Wissenschaft», a. a. O. (oben, Anm. 36), 58/59: «Im Augenblick genügt es zu wissen, daß die Intention etwas in der Seele ist, das ein Zeichen ist, welches von Natur aus etwas, wofür es supponieren kann, bedeuten kann, oder daß es Teil eines mentalen Satzes sein kann.»

39 Zur *anima cogitativa* vgl. Averroes: «Commentarium Magnum in libros De anima», III, 33, hg. v. F. St. Crawford, Cambridge, Mass. 1953, 476 f.

40 Vgl. Averroes: ebd., III, 5; 387–413.

41 [S 89ʳᵃ]: «Der Kommentator würde sagen, daß in zwei Menschen nur ein Erkennen des Universalen sein kann, mag es auch viele Einzeldinge geben aufgrund der Vielzahl der Vorstellungen. Und so wird es zugestanden. Ich aber setze in den einen Intellekt mehrere universale Erkenntnisse und mehrere erkennbare Universalien wegen ihrer Abhängigkeit von mehreren Vorstellungen, von denen sie abgeleitet werden durch das Vermögen des tätigen Intellektes. Und ich sage folglich, daß zwei sich nur numerisch unterscheidende Abstracta in ein und demselben Subjekt sind wegen der Verschiedenheit der Vorstellungen. Und so wird zugestanden, daß deine Grammatik die gleiche ist wie meine Grammatik. Aber sie ist je eine andere, so wie im Intellekt jeweils eine andere Species ist. Aber das würde der Kommentator nicht zugestehen.»

42 Vgl. Aristoteles: «Analytica posteriora», I,13; 78 a 22 ff.

43 Vgl. J. H. Randall: «The School of Padua […]», a. a. O. (oben, Anm. 5), 40–41; G. Papuli: «La teoria del ‹regressus› come metodo scientifico negli autori della Scuola di Padova», in: «Aristotelismo Veneto e Scienza moderna», a. a. O. (oben, Anm. 24), 221–278, bes. 229–230.

44 Vgl. zu GAETANO DA THIENE (1367–1465):
Bibliographie: Ch. H. Lohr: «Medieval Latin Aristotle Commentaries», in: «Traditio» 23 (1967), 390–392; Schmitt: CHRP, a. a. O. (II, Anm. 7), 818 f.
Ausgaben: «De coelo et mundo», Padua 1474; «Recollecte super Sophismatibus Hentisberi», Pavia 1483; «Expositio in libros de coelo et mundo», Venedig 1484; «Expositio super libros De anima», Vicenza 1486; «De intensione et remissione formarum», Venedig 1491; «In IV Aristotelis Meteororum libros Expositio», Venedig 1491; darin: «Tractatus de reactione» [R]; «Super libros De anima» [SDA], Venedig 1493; «Declaratio super tractatum Hentisberi Regularum», Venedig 1494; «Recollectae super octo libros Physicorum Aristotelis», Venedig 1496; «Quaestio de sensu agente», Venedig 1514; «Quaestio de sensibilibus communibus», Venedig 1514; «Quaestio de perpetuitate intellectus», Venedig 1514.
Literatur: A. D. Sartori: «G. da Th., filosofo averroista nello studio di Padova (1387–1465)», in: «Atti della Società italiana per il progresso delle scienze» 3 (1938), 340–370; S. da Valsanzibio: «Vita e dottrina di G. di Th., filosofo dello studio di Padova», Padua 1949; F. Bottin: «G. da Th. e i ‹Calculatores›», in: «Scienza e filosofia […]», a. a. O. (oben, Anm. 24), 125–134.

45 Vgl. zu diesen N. Kretzmann u. a. (Hg.): «The Cambridge History of Later Medieval Philosophy», Cambridge 1982, 787; 879; 891.

46 Vgl. z. B. Heytesburys Thesen über gleichförmige und ungleichförmige Bewegung in: M. Clagett: «The Science of Mechanics in the Middle Ages», Madison, Wisc. 1959, 235 ff., Gaetanos Kommentar dazu in: W. A. Wallace: «Mechanics

from Bradwardine to Galileo», in: «Journal of the History of Ideas» 32 (1971), 23, und die Interpretation dazu in: W. A. Wallace: «Causality and Scientific Explanatio I: Medieval and Early Classical Science», Ann Arbor 1972, 127–130. Zur Tradition der sog. Kalkulatoren in der Renaissance vgl. zusammenfassend jetzt: Lewis: «The Merton Tradition and Kinematics in Late Sixteenth and Early Seventeenth Century Italy», Padova 1980; außerdem A. Maier: «Das Problem der intensiven Größe (De intensione et remissione formarum)», in: «Zwei Grundprobleme der scholastischen Naturphilosophie», Rom 1951, 3–88; dies.: «Die Mathematik der Formlatituden», a.a.O. (oben, Anm. 27); M. Clagett: «Giovanni Marliani [...]», a.a.O. (oben, Anm. 27).

47 [R 81vb]: «dimittere sensum propter rationem arguit imbecillitatem intellectus, secundum Aristotelem nostrum». Vgl. F. Bottin, a.a.O. (oben, Anm. 44), 131.

48 Zur Unterscheidung der Suppositionsweisen vgl. Wilhelm von Ockham: «Summa Logicae» I, 64, in: ders.: «Texte zur Theorie der Erkenntnis [...]», a.a.O. (oben, Anm. 36), 90–95.

49 Bessarion: «In calumniatorem Platonis libri IV», a.a.O. (III, Anm. 20), 375: «Daher muß eines von diesen beiden notwendig zutreffen, denn entweder haben alle ein und denselben Intellekt oder die Seele geht zusammen mit dem Körper zugrunde. Daher kommt es, daß niemand nach der Lehre des Aristoteles sagen kann, daß die Seele eine der Besonderheit des Körpers entsprechende Besonderheit besitzt und als die gleiche nach der Zerstörung des Körpers bestehen bleibt.»

50 P. O. Kristeller: «Paduanischer Averroismus und Alexandrismus im Lichte neuerer Studien», in: ders.: «Humanismus und Renaissance», Bd. II, München 1976, 124–131.

51 [SDA 58^{ra-b}]: «Es gibt noch eine dritte Position, sicherer als die anderen und glaubwürdiger, nicht nur, weil der Glaube der katholischen Christen sie vertritt, sondern auch aus sich selbst. Denn sie setzt, daß die menschliche Seele nicht erzeugt wird von einem partikularen Erzeuger, der sie aus der Möglichkeit der Materie entwickelt, sondern von einem übernatürlichen Tätigen, d. h. daß sie von Gott selbst aus dem Nichts geschaffen wird und der Materie, die von einem partikularen Erzeuger vorbereitet worden ist, eingegossen wird und mit dem menschlichen Körper im Sein vereinigt werde. Und es heißt darüber hinaus, daß sie unteilbar ist und vervielfältigt werden kann entsprechend der Vervielfältigung der Körper, mit denen sie vereinigt wird, und daß sie unsterblich ist. Und daß aus ihrer Substanz mehrere Vermögen fließen, nämlich der tätige Intellekt, mit dessen Hilfe sie aktiv teilhat an den intelligiblen Species und den Erkenntnisakten, und der mögliche Intellekt, mit dessen Hilfe sie am vorher Genannten passiv teilhat, und der Wille, mit dessen Hilfe sie frei wollen und nicht wollen kann.»

52 Vgl. zu Nicoletto Vernia (1420–1499):
Bibliographie: Ch. H. Lohr: «Medieval Latin Aristotle Commentaries», in: «Traditio» 28 (1972), 308 f.; Schmitt: CHRP, a.a.O. (II, Anm. 7), 839.
Ausgaben: «De gravibus et levibus», in: Gaetano da Thiene: «De coelo et mundo», hg. v. N. Vernia, Padua 1474; «Quaestio an ens mobile sit totius naturalis philosophiae subiectum», in: Aegidius Romanus / Marsilius ab Inghen: «De generatione et corruptione», hg. v. N. Vernia, Padua 1480; «Quaestio an coelum sit ex materia et forma constitutum vel non», in: «Aristotelis opera cum commentis Averrois», hg. v. N. Vernia, Venedig 1483, Bd. 2; «De divisione philosophiae / Quaestio an medicina nobilior atque praestantior sit iure civili», in: Walter Burleigh: «Super octo libros Physicorum», hg. v. N. Vernia,

Venedig 1482; «An dentur universalia realia» [UR], in: «Urbanus Averroista philosophus [...] Commentorum omnium Averrois super librum Aristotelis de physico auditu expositor Clarissimus», hg. v. N. Vernia, Venedig 1492; «Contra perversam Averrois opinionem de unitate intellectus, et de animae felicitate» [CA], in: Albert v. Sachsen: «Quaestiones super libros de Physica auscultatione», Venedig 1504; «Quaestio an coelum sit animatum», in: P. Ragnisco: «Documenti inediti e rari intorno alla vita ed agli scritti di N. V. e di Elia del Medigo», in: «Atti e Memorie della R. Accademia di Scienze, Lettere ed Arti in Padova», n. s. 7 (1891), 275–302; «Quaestio an medicina nobilior atque praestantior sit iure civili» [M], in: «La disputa delle arti nell Quattrocento», hg. v. E. Garin, Florenz 1947, 109–123; «Quaestio de inchoatione formarum», hg. v. E. P. Mahoney, in: «Franciscan Studies» 38 (1978), 303–309; «Quaestio de unitate intellectus» [UI], hg. v. E. P. Mahoney, Padua (angekündigt).
Literatur: P. Ragnisco: «N. V., studi storici sulla filosofia padovana nella secondo metà del secolo decimoquinto», in: «Atti del R. Istituto Veneto di Scienze, Lettere ed Arti», ser. 7, 2 (1890/91), 241–246; 617–664; P. Sambin: «Intorno a Nicoletto Vernia», in: «Rinascimento» 3 (1952), 261–268; B. Nardi: «La miscredenza e il carattere morale di N. V.», in: ders.: «Saggi sull'Aristotelismo padovano dal secolo XIV al XVI», Florenz 1958, 95–126; E. Garin: «Aneddoti aristotelici», in: ders.: «La cultura filosofica del Rinascimento italiano», Florenz 1961, 293–299; G. F. Pagallo: «Sull'autore (N. V.?) di un'anonima e inedita ‹quaestio› sull'anima del secolo XV», in: «La filosofia della natura nel medioevo», Mailand 1966, 670–82; ders.: «Di un'inedita ‹expositio› di N. V. ‹In posteriorum librum priorem›», in: «Aristotelismo Veneto e scienza moderna», a. a. O. (oben, Anm. 24) Bd. 2, 813–842; C. Vasoli: «La scienza della natura in N. V.», in: ders.: «Studi sulla cultura del Rinascimento», Manduria 1968, 241–257; E. P. Mahoney: «N. V. on the Soul and Immortality», in: ders. (Hg.): «Philosophy and Humanism. Renaissance Essays in Honor of P. O. Kristeller», Leiden 1976, 144–163; ders.: «Philosophy and Science in N. V. and Agostino Nifo», in: «Scienza e filosofia all'università di Padova nel Quattrocento», a. a. O. (oben, Anm. 24) 135–202; ders.: «Two Aristotelians of the Italian Renaissance: N. V. and Agostino Nifo», Aldershot 2000; N. Schneider: «Der Gegenstand der Naturphilosophie N. V.'s und seine Auseinandersetzung mit den Auffassungen des Mittelalters», in: «Miscellanea Mediaevalia» 21, Bd. 1 (1991), 406–427. E. Keßler: «N. V. oder Die Rettung eines Averroisten», in: «Averroismus im Mittelalter und in der Renaissance», hg. v. Fr. Niewöhner/L. Sturlese, Zürich 1994, 269–290; E. De Bellis: «N. V. e Agostino Nifo. Aspetti storiografici e metodologici», Galatina 2003.

53 B. Nardi: «La scuola di Rialto e l'umanesimo veneziano», in: V. Branca (Hg.): «Umanesimo europeo e umanesimo veneziano», Florenz 1963, 93–139; F. Lepori: «La scuola di Rialto dalla fondazione alla metà del Cinquecento», in: G. Arnaldi/M. Pastore Stocchi (Hg.): «Storia della cultura veneta 3/2: Dal primo Quattrocento al Concilio di Trento», Vicenza 1980, 539–605; G. Santinello: «Politica e filosofia alla scuola di Rialto: Agostino Valier (1531–1606)», in: ders.: «Tradizione e Dissenso nella Filosofia Veneta», Padova 1991, 116–139.

54 Vgl. zu PAOLO DELLA PERGOLA (1380–1455):
Bibliographie: Ch. H. Lohr: «Medieval Latin Aristotle Commentaries», in: «Traditio» 28 (1972), 320; Schmitt: CHRP, a. a. O. (II, Anm. 7), 830.
Ausgaben: «‹Logica› and ‹Tractatus de sensu composito et diviso›», hg. v. M. A. Brown, St. Bonaventure, N. Y./Louvain/Paderborn 1961.

Literatur: A. Segarizzi: «Cenni sulle scuole pubbliche a Venezia nel secolo XV e sul primo maestro di esse», in: «Atti del R. Istituto Veneto» 75 (1915–16), 637–667; I. Bok: «P. of P. on Supposition and Consequences», in: «Franciscan Studies» 25 (1965), 30–89.

55 C. Dionisotti: «Ermolao Barbaro e la fortuna di Suiseth», in: «Medioevo e Rinascimento. Studi in onore di B. Nardi», Florenz 1955, 219–253.

56 Vgl. Nardi: «La miscredenza [...]», a. a. O. (oben, Anm. 52), 111.

57 Vgl. Coluccio Salutati (II, Anm. 37) und Poggio Bracciolini (II, Anm. 82).

58 E. P. Mahoney: «Saint Thomas and the School of Padua at the End of the 15th Century», in: «Proceedings of the American Catholic Philosophical Association» 48 (1974), 277–285; ders.: «Duns Scotus and the School of Padua around 1500», in: C. Bérubé (Hg.): «La tradizione Scotista Veneto-Padovana», Padua 1979, 215–238.

59 E. P. Mahoney: «Albert the Great and the Studio Patavino in the late 15th and early 16th Centuries», in: J. A. Weisheipl (Hg.): «Albertus Magnus and the Sciences», Toronto 1980, 537–563.

60 Vgl. Ermolao Barbaro: «Epistolae, Orationes, Carmina», a. a. O. (II, Anm. 201), Bd. 1, 45 f.

61 Vgl. zu Antonio Trombetta (1436–1517):
Bibliographie: Ch. H. Lohr: «Medieval Latin Aristotle Commentaries», in: «Traditio» 23 (1967), 366–367.
Ausgaben: «Quaestiones quodlibetales metaphysicae», Ferrara 1492; «Opus in Metaphysicam Aristotelis», Venedig 1502; «Quaestio de animarum humanarum pluralitate catholice contra Averroym et sequaces in studio patavino determinata», Venedig 1498.
Literatur: Antonino Poppi: «Lo scotista patavino A. T. (1436–1517)», in: ders.: «La filosofia nello studio Francescano del Santo a Padova», Padua 1989, 63–86; E. P. Mahoney: «A. T. and Agostino Nifo on Averroes and intelligible species: a philosophical dispute at the university of Padua», in.: A. Poppi (Hg.): «Storia e cultura al Santo», Vicenza 1976, 289–301.

62 Der Text des Dekrets bei P. Ragnisco: «Documenti inediti [...]», a. a. O. (oben, Anm. 52), 278 f.; vgl. A. Poppi: «L'antiaverroismo della Scolastica padovana alla fine del secolo XV», in: ders.: «La filosofia nello studio [...]», a. a. O. (oben, Anm. 61), 87–114.

63 [CA 83vb], vgl. Horaz, Ep. I, 20.

64 Vgl. P. Ragnisco: «Documenti inediti ...», a. a. O. (oben, Anm. 52), 280 f.

65 Vernia könnte darin Ficino folgen, der eine ähnliche Lösung für Platon vorgeschlagen hatte, vgl. oben, Ficino: «Theologia Platonica», Bd. 5, a. a. O. (III, Anm. 30), 224–225. Die *Theologia Platonica*, zwischen 1469 und 1473/74 verfaßt und 1482 erstmals gedruckt, erfuhr eine zweite Auflage zusammen mit der zweiten Auflage von Ficinos Platon-Übersetzung in Venedig, 1491. Diese könnte Vernia inspiriert haben. Vgl. ebd., Bd. I, xi.

66 Vgl. seine Praefatio zur Übersetzung des Alexander von Aphrodisias, a. a. O. (oben, Anm. 18), a iii^{r-v} (bzw. 3 f.).

67 Vgl. Zu Giovanni Argyropulos (1415–1487) III, Anm. 195.

68 Vgl. M. Ficino: «Expositio in interpretationem Prisciani Lydi super Theophrastum. Praefatio», in: «Opera omnia», a. a. O. (III, Anm. 30), 1801; Giovanni Pico della Mirandola: «Conclusiones», a. a. O. (III, Anm. 50).

69 Vgl. [CA 88vb]: «Es spricht der Doktor nach den Regeln des schlechthinnigen Beweises aus der Ursache und a priori, nicht aber nach den Regeln des Beweises aus dem «Daß» und a posteriori und aus dem Wahrscheinlichen.»

70 Vgl. Aristoteles: Topik 100 a 29 ff.: «Der dialektische Syllogismus ist jener, der aus Wahrscheinlichem … schließt … wahrscheinlich aber ist, was allen so zu sein scheint oder den meisten oder den Weisen, und entweder diesen allen oder den meisten von ihnen oder den bekanntesten und berühmtesten von ihnen.»

71 E. P. Mahoney: «N. V. and Agostino Nifo on Alexander of Aphrodisias: an unnoticed dispute», in: «Rivista critica di storia della filosofia» 23 (1968), 268–296.

72 Vgl. zu Entwicklung und Bedeutung der Aristotelischen Psychologie vom 15. bis zum beginnenden 17. Jahrhundert E. Keßler: «The intellective soul», in: Schmitt: CHRP, a. a. O. (II, Anm. 7), 485–534; M. Boenke: «Körper, Spiritus, Geist. Psychologie vor Descartes», München 2005 (= Humanistische Bibliothek I, 57).

73 Vgl. Ch. H. Lohr: «Latin Aristotle Commentaries II […]», a. a. O. (III, Anm. 75), XIII: «It is an astonishing fact that the number of Latin Commentaries on Aristotle within this brief period (1500–1650) exceeds that of the entire millennium from Boethius to Pomponazzi.»

74 Vgl. Ch. B. Schmitt: «Aristotle and the Renaissance», Cambridge, Mass. 1983, 10–33.

75 Vgl. zu AGOSTINO NIFO (1473–1538):
    Bibliographie: P. Tuozzi: «Agostino Nifo e le sue opere», in: «Atti e memorie dell'Accademia di scienze, lettere ed arti di Padova, n. s. 20 (1903/04), 63–86; Thorndike: «A History of Magic […], a. a. O. (oben, Anm. 26), Bd. V, 69–98, 162 ff., 182–188; «Dictionary of Scientific Biography», New York 1970–80, Bd. 10, 122–124; Totok, a. a. O. (II, Anm. 7), 174 f.; Lohr: «Latin Aristotle Commentaries», a. a. O. (III, Anm. 75), 282–287; Schmitt: CHRP, a. a. O. (II, Anm. 7), 828; E. De Bellis: «Bibliografia di A. N.», Florenz 2005.
    Ausgaben: «De sensu agente» [SA], (1495; Venedig 1497) Lyon 1529; «De intellectu» [INT] (1492)/«De daemonibus» [DAEM], Venedig 1503; «De primi motoris infinitate», s.l. 1504; «De nostrarum calamitatum causis», Venedig 1505; «De immortalitate animae libellum adversus Petrum Pomponatium Mantuanum» [IA], Venedig 1518; «Dialectica ludicra» [DL], Venedig 1521; «Epitomata rhetorica ludicra», Venedig 1521; «Libellus de his quae ab optimis principibus agenda sunt», Florenz 1521; «De regnandi peritia ad Carolum V.» [RP], Neapel 1523 (Repr. mit frnz. Übers. hg. v. S. Pernet-Beau, Nanterre 1987); «Libellus de rege et tyranno», Neapel 1526; «De armorum literarumque comparatione»/«De inimicitiarum lucro»/«Apologia Socratis et Aristotelis», Neapel 1526; «De pulchro liber», Rom 1531 (lt./frnz. hg. v. L. Boulègue, Paris 2003 [P]); «De amore liber», Rom 1531 (spanisch: «Sobre la bellezza y el amor», übers.v. Francisco Socas, Sevilla 1990); «Opuscula», Venedig 1535; «Opuscula moralia et politica», 2 Bde., hg. v. G. Naudé, Paris 1645.
    «Aristotelis Perhermenias hoc est De interpretatione liber […]», A. N. interprete et expositore, Venedig 1507; «Prioristica commentaria» (= In Priora analytica commentaria), Neapel 1526; «In libris Posteriorum commentaria», Neapel 1523; «Topica inventio […]», a magno A. N. Medico interpretata atque exposita, Venedig 1535; «Expositiones […] in libros De sophisticis elenchis Aristotelis», Venedig 1534; «In duodecim *metà tà phýsika* seu Metaphysices Aristotelis et Averrois volumen […] commentarii», Venedig 1505; «Metaphysicarum disputationum dilucidarium» (1511), Venedig 1559 (Repr. Frankfurt 1967); «Expositiones in Aristotelis libros Metaphysices» (1547), Venedig 1559 (Repr. Frankfurt 1957); «Aristotelis Physicarum acroasum hoc est naturalium auscultationum liber», interprete atque expositore Eutyco A.

N. philotheo suessano [PH] (1508), Venedig 1569; «In IV libros De caelo et mundo et Aristotelis et Averrois expositio», Neapel 1517; «Aristotelis De generatione et corruptione liber», A. N [...] interprete et expositore, Venedig 1506; «In libris Aristotelis Meteorologicis commentaria»/«In libro de mistis qui a veteribus quartus Meteororum liber inscribitur», Venedig 1531; «Super III libros De anima» [AN] (1498), Venedig 1503; «Expositio subtilissima necnon et collectanea commentariaque in III libros Aristotelis De anima» [EXAN], Venedig 1559; «Parva naturalia», Venedig 1523; «Expositiones in omnes Aristotelis libros: De historia animalium lib. IX»/«De partibus animalium et earum causis lib. IV» [PA]/«ac De generatione animalium lib. V», Venezia 1546; «Expositio atque interpretatio lucida in libros artis rhetoricae Aristotelis», Venedig 1537.

«Averrois de mixtione defensio», Venedig 1505; «In Averrois De animae beatitudine» (1492), Venedig 1508; «In librum Destructio destructionum Averrois commentaria» [DESTR] (1497), Venedig 1529; «Commentationes in librum De substantia orbis», Venedig 1508.

«Ad Apotelesmata Ptolemaei eruditiones», Neapel 1513; «De falsa diluvii prognosticatione», Bologna 1519; «De figuris stellarum helionoricis libri II» (1510–11), Neapel 1526; «De auguris libri II», Bologna 1531.

«De diebus criticis», Venedig 1504; «De arte medendi» (1528), Neapel 1551.

Literatur: B. Nardi: «Sigieri di Brabante nel pensiero del Rinascimento italiano», Rom 1945; ders.: «Saggi sull'aristotelismo padovano dal secolo XIV al XVI», Florenz 1958; J. H. Randall: «The School of Padua and the Emergence of Modern Science», Padua 1961; G. Di Napoli: «L'immortalità dell'anima nel Rinascimento», Turin 1963, 203–41; A. Crescini: «Le Origini del metodo analitico. Il Cinquecento», Udine 1965, 140 ff.; W. Risse: «Die Logik der Neuzeit», 2 Bde., Stuttgart 1964–71, Bd.I, 218–229; A. Poppi: «Causalità e infinità nella Scuola padovana dal 1480 al 1513», Padua 1966, 222–236; W. A. Wallace: «Causality and Scientific Explanation», Ann Arbor 1972, 139–153; E. P. Mahoney: «St. Thomas and the School of Padua [...]», a. a. O. (oben, Anm. 58), 277–285; ders.: «Albert the Great and the Studio Patavino [...]», a. a. O. (oben, Anm. 59), 537–563; ders.: «Nicoletto Vernia and A. N. on Alexander of Aphrodisias», a. a. O. (oben, Anm. 71), 268–96; ders.: «A. N.'s early views on immortality», in: «Journal of the History of Philosophy» 7 (1969), 451–460; ders. : «Pier Nicola Castellani and A. N. on Averroes' doctrine of the agent intellect», in: «Rivista critica di storia della filosofia» 25 (1970), 387–409; ders.: «A. N.'s ‹De sensu agente›», in: «Archiv für Geschichte der Philosophie» 53 (1971), 119–42; ders.: «A note on A. N.», in: «Philological Quaterly» 1 (1971), 125–132; ders.: «A. N. and St. Thomas Aquinas», in: «Memorie Domenicane», n.s. 7 (1976), 195–226; E. Keßler: «The intellective soul», a. a. O. (oben, Anm. 72), 496–500; E. De Bellis: «Nicoletto Vernia e A. N.», a. a. O. (oben, Anm. 52).

G. Valletta: «Il principe di Machiavelli e il De regnandi peritia di A. N.», in: «Annali della facoltà di lettere e filosofia dell'Università di Napoli 1 (1951), 137–56; P. Zambelli: «I problemi metodologici del necromante A. N.», in: «Medioevo» 1 (1975), 129–71; E. J. Ashworth: «A. N.'s reinterpretation of medieval logic», in: «Rivista critica di storia del filosofia» 31 (1976), 355–74; L. Jardine: «Dialectic or dialectical rhetoric? A. N.'s criticism of Lorenzo Valla», in: «Rivista critica di storia della filosofia» 36 (1981), 253–70; E. De Bellis: «Il pensiero logico di A. N.», Galatina 1997.

76 Vgl. B. Nardi: «Il commento di Simplicio a ‹De anima› nelle controversie della fine del secolo XV e del secolo XVI», in: B. N.: «Saggi sull'Aristotelismo […]», a. a. O. (oben, Anm. 75), 383; E. Garin: «Storia …», a. a. O. (III, Anm. 138), II, 535.

77 Vgl. [SA 295]: «Die Philosophen sollten sich gut ansehen, was Aristoteles und Averroes sagen und ihre Grundlagen, das eine mit dem anderen, vergleichen und bei sich bedenken. [DESTR 138]: «Und weil die Grundlagen des Averroes mit den Prinzipien des Aristoteles zusammenpassen, sage ich meinen Studenten immer, daß Averroes der transponierte Aristoteles sei. Wenn der Mensch nämlich die Grundlagen des Averroes betrachtet und sie genau mit den Worten des Aristoteles vergleicht, wird er außer eingebildeten keine Unterschiede feststellen.»

78 «Aristotelis Opera … cum Averrois commentariis», Venedig 1495/96.

79 Vgl. z. B. H. C. Kuhn: «Die Verwandlung der Zerstörung der Zerstörung. Bemerkungen zu A. N.'s Kommentar zur ‹Destructio destructionum› des Averroes», in: «Averroismus im Mittelalter und in der Renaissance, hg. v. Fr. Niewöhner/L. Sturlese, Zürich 1994, 291–308.

80 Vgl. «Super III libros De anima» (1498), Venedig 1503; E. P. Mahoney: «A. N.'s early views […]», a. a. O. (oben, Anm. 75), 451–60.

81 Antonio Trombetta: «Quaestio de animarum humanarum […]», a. a. O. (oben, Anm. 61), und die dort verzeichnete Literatur.

82 Vgl. Nifos Bemerkung in der zweiten, 1520 in Pisa veröffentlichten Version seines Kommentars zu «De anima» f. 91ᵛ2, zit. nach E. P. Mahoney: «A. N.'s early views […]», a. a. O. (oben, Anm. 75), 458, Anm. 53: «Dies ist es, was ich über das dritte Buch von ‹De anima› denke und du hast hier auch, was ich mir in meiner Jugend zusammengereimt habe und das ohne mein Wissen und gegen meinen Willen veröffentlicht wurde, wie ich auch schon im Prooemium gesagt habe.»

83 Vgl. z. B. Girolamo Donatos Praefatio in: «Alexander von Aphrodisias: Enarratio […]», a. a. O. (oben, Anm. 18), und dazu: F. E. Cranz: «The prefaces to the Greek editions and Latin translations of Alexander of Aphrodisias», in: «Proceedings of the American Philosophical Society» 102 (1958), 510–546, oder wie Johannes Faseolus in seiner Praefatio zu: Simplicius: «Commentarii in libros De anima Aristotelis», interprete Ioannis Faseoli, Venedig 1543, schreibt, zitiert nach B. Nardi: «Saggi sull'Aristotelismo […]», a. a. O. (oben, Anm. 75), 397: «Das Verhältnis der beiden (d. h. Simplicius und Averroes) ist so, daß alles Gute, das jener Araber … gesagt hat, dem Simplicius entnommen ist. Wenn er aber etwas Ausgefallenes und Neues sagt, das nicht wert ist, daß man sich mit ihm beschäftige oder es verteidige, dann stammt es von ihm selbst … Auf ihn (d. h. Simplicius), ihr besten und mir so teuren Jünglinge, auf ihn schaut daher, auf ihn richtet euren Geist und die Schärfe eures Verstandes, alle anderen aber laßt unbeachtet. Entschließt euch, allein Simplicius Tag und Nacht zu lesen.»

84 Vgl. Ch. H. Lohr: «Renaissance Latin Aristotle Commentaries», in: «Renaissance Quaterly» 32 (1979), 535–539.

85 Vgl. [INT 36ʳᵇ].

86 Vgl. E. P. Mahoney: «A. N. and St. Thomas […]» und «Albert the Great […]», beide oben, Anm. 75.

87 Vgl. E. Garin: «Storia della Filosofia italiana», Bd. II, Turin 1966, 535.

88 Vgl. dazu das folgende Kapitel.

89 Vgl. dazu G. Valletta: «Il principe di Machiavelli […]», a. a. O. (oben, Anm. 75).

90 Vgl. [P 51, 28–31]: «So wie die Liebe im eigentlichen Sinne in der Affizierung des sinnlichen Begehrens besteht, des geistigen Begehrens aber nur im übertragenen Sinne, so ist das Schöne das, was sich den Sinnen darbietet, was aber nicht sinnlich ist, ist nur metaphorisch schön.»

91 Vgl. «The Cambridge History of Later Medieval Philosophy», hg. v. N. Kretzmann/A. Kenney/J. Pinborg, Cambridge 1982, 99–382.

92 Vgl. J. E. Ashworth: «Traditional Logic», in: Schmitt: CHRP, a. a. O. (II, Anm. 7), 143–172. Zur traditionellen Logik in der Renaissance vgl. generell: J. E. Ashworth: «Language and Logic in the Post-Medieval Period», Dordrecht-Boston 1974; dies.: «The Tradition of Medieval Logic and Speculative Grammar from Anselm to the End of the Seventeenth Century», Toronto 1978; W. Risse: «Die Logik der Neuzeit», Bd. I: 1500–1640, Stuttgart 1964; ders.: «Bibliographia logica», Bd. I: 1472–1800, Hildesheim 1965; H. Schüling: «Bibliographie der im 17. Jahrhundert in Deutschland erschienenen logischen Schriften», Gießen 1963; A. Maierù: «Terminologia logica della tarda scolastica», Rom 1972. Zur «Logica parva» des Paolo Veneto vgl. oben, Anm. 34.

93 L. Jardine: «Humanistic Logic», in: Schmitt: CHRP, a. a. O. (II, Anm. 7), 173–98. Zur humanistischen Logik vgl. generell C. Vasoli: «La dialettica e la retorica dell'umanesimo. ‹Invenzione› e ‹Metodo› nella cultura del XV e XVI secolo», Mailand 1968.

94 L. Jardine: «Humanistic Logic», a. a. O. (oben, Anm. 93), 195–98.

95 Vgl. generell zur DL: E. J. Ashworth: «A. N.'s reinterpretation [...]» und L. Jardine: «Dialectic or dialectical rhetoric? [...]», beide oben, Anm. 75.

96 [DL 15$^{v a-b}$]: «Wenn man unter Kenntnis einer Sache eine ‹objektive› Erkenntnis versteht, wie z. B. einen Menschen, der als Objekt erfaßt wird, dann gebe ich gerne zu, daß aus derartigen objektiven Erkenntnissen mentale Aussagen entstehen, in denen das eine vom anderen ausgesagt oder negiert wird. Dennoch aber werden die Termini, aus denen diese mentalen Aussagen gebildet werden, Sachen sein, die als Objekt aufgenommen sind, und eher Termini, die durch gesprochene oder geschriebene Termini bezeichnet werden [...] Daraus wird geschlossen, was der mentale Terminus nach den Peripatetikern ist: Er ist nämlich eine ‹objektive› und keine ‹formale› Erkenntnis. Der gesprochene oder geschriebene Terminus ist es, der diese ‹objektive› Erkenntnis bezeichnet bzw. der dafür eingesetzt ist, diese ‹objektive› Erkenntnis zu bezeichnen. Zweitens folgt, daß diese ‹objektive› Erkenntnis nicht irgendetwas bezeichnet, sondern vom gesprochenen oder geschriebenen Terminus bezeichnet wird, und so ist er eher ein bezeichneter Terminus als ein bezeichnender Terminus. Drittens folgt, daß es keinen Terminus gibt, der natürlich bezeichnet». Vgl. E. J. Ashworth: «A. N.'s reinterpretation [...]», a. a. O. (oben, Anm. 75), 363 ff.

97 Vgl. [DL 94^{vb}f.]; vgl. E. J. Ashworth, ebd., 368 ff.

98 Vgl. E. J. Ashworth, ebd., 364.

99 Vgl. [DL 15vb].

100 Vgl. zur Psychologie der Renaissance generell: K. Park/E. Keßler: «Psychology», in: Schmitt: CHRP, a. a. O. (II, Anm. 7), 453–533 (darin «Nifo», 496–500); G. Di Napoli: «L'immortalità dell'anima nel Rinascimento», Turin 1963; H. Schüling: «Bibliographie der psychologischen Literatur des 16. Jahrhunderts», Hildesheim 1967; B. Jansen: «Die scholastische Psychologie vom 16. bis 18. Jahrhundert», in: «Scholastik» 26 (1951), 342–363.

101 [INT 7va]: «Aus alldem bleibt uns die Einsicht, wie groß der Nutzen der Philosophie ist, da man aus ihr die Unsterblichkeit der rationalen Seele nicht nur

nach den Worten des Aristoteles wissen kann, sondern auch nach denen anderer Alter und mit offenbaren Beweisen.»

102 [EXAN 720]: «Der Intellekt ist die Form der cogitativen Seele, aus ihm und der cogitativen Seele wird die rationale Seele an sich und ihrem Wesen nach konstituiert. Diese rationale Seele hat zwei Teile, einen, durch den sie aus der Möglichkeit der Materie hervorgebracht ist, nämlich die cogitative Seele, die der höchste Grad der sinnlichen Seelenteile ist, und den anderen, durch den sie vollendet wird und in ihrer vollkommenen Gestalt zur Ruhe kommt, und das ist der potentielle Intellekt. Aus diesen entsteht die ganze rationale Seele, die die substantielle From des Menschen insofern er Mensch ist, besteht.» Vgl. dazu B. Nardi: «Sigieri di Brabante nel pensiero del Rinascimento italiano», Rom 1945, 14–20. Ein anderer Vertreter der gleichen Position ist der Bologneser Alessandro Achillini (1463–1512). Vgl. zu ihm E. Keßler: «The intellective soul», in: Schmitt: CHRP, a. a. O. (II, Anm. 7), 495 f.; und generell zu Achillini, der auch als «Nominalist» gilt: Totok, a. a. O. (II, Anm. 7), 174; Lohr: «Latin Aristotle Commentaries», a. a. O. (III, Anm. 75), 5 f.; Schmitt: CHRP, a. a. O. (II, Anm. 7), 806; H. S. Matsen: «Alessandro Achillini (1463– 1512) and His Doctrine of ‹Universals› and ‹Transcendentals›», Lewisburg 1974.

103 [INT 27^{va-b}].

104 [INT 41rb]: «Ein anderer ist nur Instrument. Und dieser tätige Intellekt ist die erste Erkenntnis, die Intellekt ist, insofern es sich ergibt, daß sich in ihm etwas Erkanntes findet, das das Licht erkennt und die Schlußsätze aus der Möglichkeit in die Wirklichkeit zieht.»

105 [EXAN 804]: «Der tätige Intellekt ist dreifach: einer, den Platon der Sonne vergleicht, und dieser ist Gott, der der universale tätige Intellekt aller Intellekte ist [...] Ein anderer ist der, den Aristoteles dem Licht vergleicht, der ein Teil der rationalen Seele ist [...] Der dritte ist der tätige Intellekt als unmittelbares Instrument aller spekulativen Intellekte: und dies sind die ersten Prinzipien, die uns von Natur aus eingeboren sind.»
[INT 41rb]: «Nach Averroes gibt es also einen Intellekt, der nur erleuchtet, wie Gott, nach dem es einen Intellekt gibt, der weder erleuchtet noch erleuchtet wird, sondern der das Licht ist, durch welches die Erleuchtung durch den ersten der Intellekte geschieht. Der dritte ist der Intellekt, der vom ersten durch dieses Licht, das erleuchtet, erleuchtet wird. Und diesen nennt Themistius erleuchtend und erleuchtet. Und dieser ist vervielfältigt nach der Zahl der Himmel, wie Themistius sagt. Andere aber sind nur der Zahl nach einer. Es ist daher nicht schlechthin schlecht, wenn man sagt, Gott sei tätiger Intellekt. Aber schlecht sprechen sie, wenn sie meinen, daß er der einzige sei und es keinen anderen gebe, der ein Teil der rationalen Seele ist – wie ich seit langem glaube. Diesen aber setzt Simplicius eindeutig im dritten Text von ‹De anima›.» Vgl. auch [EXAN 710].

106 Vgl. M. Ficino: Platonic Theology VI, 1, 7», a. a. O. (III, Anm. 30), Bd. II, 126.

107 Vgl. generell D. P. Walker: «Spiritual and Demonic Magic from Ficino to Campanella», London 1958; I. P. Culianu: «Magia spirituale e magia demoniaca nel Rinascimento», in: «Rivista di storia e letteratura religiosa» 17 (1981), 360– 408; B. P. Copenhaver: «Astrology and Magic», in: Schmitt: CHRP, a. a. O. (II, Anm. 7), 264–300. Für Nifo: P. Zambelli: «I problemi metodologici ...», a. a. O. (oben, Anm. 75); vgl. auch dies.: «Aut diabolus aut Achillinus: Fisionomia, astrologia e demonologia nel metodo di un aristotelico», in: «Rinascimento» ser. 2, 18 (1978), 59–86.

108 Zu Nifos Kommentar zur «Destructio Destructionum» vgl. H. C. Kuhn: «Die Verwandlung der Zerstörung der Zerstörung [...]», a. a. O. (oben, Anm. 79).

109 [DAEM 79ra]: «Diese Argumente der Platoniker sichern nicht, daß es Dämonen gibt – weder dialektisch noch beweisend. Und deshalb ist es nötig, für ihren Nachweis und die Widerlegung der Peripatetiker einen anderen Weg einzuschlagen»; ebd., 80vb: «Aus naturphilosophischen Gründen scheint mir daher erstens festgestellt zu sein, daß es sie gibt und daß sie so geartet sind, wie wir in diesen drei Bereichen gesagt haben, und zwar sowohl was sie sind als auch weshalb sie sind.»

110 [DAEM 79va]: «Welches also die Methode ist, die Dämonen aufzuspüren, ist offenbar. Außerdem ist einsichtig, inwiefern dieser Beweis kein schlechthinniger, sondern ein hypothetischer Beweis ist, und absolut sicher und gewiß dem Magier selbst, für den diese Erscheinungen sinnlich wahrnehmbar sind, uns aber wird er auf Annahmen beruhen, wie z. B. wenn diese Phänomene existieren und nicht aus einer anderen Ursache hervorgegangen noch von einem andern Urheber bewirkt sein können. Und so ist ein und derselbe Beweis für den einen sicher und absolut, für den anderen aber hypothetisch.» Vgl. auch ebd., 77rb.

111 Vgl. Pierre Duhem: «To Save the Phenomena», Chicago 1969; für Nifo vgl. 48 ff.

112 Die Ursache dafür, daß Nifo diesen Aspekt zunächst nicht berücksichtigt, könnte seine Bekanntschaft mit dem ersten Buch der nicht zum aristotelischen Kanon gehörenden und daher weniger gelesenen Bücher über die Teile der Tiere – «De partibus animalium» – gewesen sein, wo Aristoteles die Astronomie als Vorbild der Naturforschung zu empfehlen scheint und auch der Begriff der «hypothetischen Notwendigkeit», den Nifo für seine Methode reklamiert – vgl. [DAEM 77rb]: «unsere Methode aber wird hypothetisch notwendig sein» –, diskutiert wird. Die intensive Wirkung dieser Schrift des Aristoteles auf die Methodendiskussion im 16. Jahrhundert bedarf noch der Erforschung; vgl. dazu E. Keßler: «Method in the Aristotelian Tradition. Taking a Second Look», in: D. A. Di Liscia/E. Keßler/Ch. Methuen (Hg.): «Method and Order in Renaissance Philosophy of Nature. The Aristotle Commentary Tradition», Aldershot 1997, 113–142.

113 Vgl. Aristoteles: «Lehre vom Beweis» («Analytica posteriora») I,2; 71b9 ff.; vgl. Andreas Graeser: «Die Philosophie der Antike 2: Sophistik und Sokratik, Plato und Aristoteles», München ²1993, 266 ff. (= «Geschichte der Philosophie», hg. v. W. Röd, Bd. II).

114 Vgl. z. B. Aristoteles: ebd. I,2; 71b32–72a5; «Physik» I,1; 184a16–26.

115 Vgl. Aristoteles: «Analytica posteriora» I,13; 78a22–78b13.

116 Vgl. Averroes: «Commentaria magna in Posteriorum Resolutionum libros duos» c. 95, in: «Aristotelis Opera cum Averrois commentariis», Venedig 1562–74 (Repr. Frankfurt 1962), Bd. I, Teil 2a, 208 C ff.

117 Vgl. Averroes: «Prooemium in Libros Physicorum», in: «Aristotelis Opera cum Averrois commentariis», Venedig 1562–74 (Repr. Frankfurt 1962), Bd. IV, 4 E f. Das auf Aristoteles («Lehre vom Beweis» I, 13; 78a22–78b4) zurückgehende Standardbeispiel ist der Schluß von der Beobachtung, daß die Planeten – im Unterschied zu den Fixsternen – nicht flimmern, und der auf Erfahrung beruhenden Einsicht, daß «was nicht flimmert, nahe ist», auf die Tatsache, daß die Planeten nahe sind. Das «Nicht-Flimmern» der Planeten ist «für uns» bekannter, und kann daher als «Grund» für unsere Erkenntnis, daß die Planeten nahe sind, gelten – es ist aber nicht die Ursache für die Nähe der Planeten. Wenn ich aber nun, nachdem ich so die Nähe der Planeten erschlossen habe, den «Rück-

schluß» mache und von der Nähe der Planeten auf deren «Nicht-Flimmern»
schließe, dann habe ich dieses «Nicht-Flimmern» aus der Ursache erschlossen,
und ich weiß nun nicht nur, «daß» die Planeten nicht flimmern (was ich schon
vorher aufgrund meiner Beobachtung wußte), sondern auch «warum» sie nicht
flimmern und daß dieses «Nicht-Flimmern» für die Planeten «notwendig» ist.

118 Zum ersten Mal auf die Regreß-Diskussion und damit auf den Beitrag des
Renaissance-Aristotelismus zur Entstehung der neuzeitlichen Wissenschaft
hat E. Cassirer («Das Erkenntnisproblem in der Philosophie und Wissenschaft
der neueren Zeit», Bd. I, 1906, ³1922, Repr. Darmstadt 1974, 136–144) auf-
merksam gemacht; sie wird aber erst durch J. H. Randall Jr.: «The development of scientific method in the School of Padua», in: «Journal of the History
of Ideas» 1 (1940), 177–206 (jetzt in: ders.: «The School of Padua [...]»,
a. a. O. (oben, Anm. 75), ins Zentrum der Aristotelismus-Forschung gerückt.
Zur kritischen Diskussion von Randalls These vgl. Ch. B. Schmitt: «A Critical
Survey and Bibliography of Studies on Renaissance Aristotelianism 1958–
1969», Padua 1971, 38–46. Eine zusammenfassende historische Studie gibt
G. Papuli: «La teoria del ‹regressus› come metodo scientifico negli autori della
Scuola di Padova», in: L. Olivieri (Hg): «Aristotelismo Veneto e Scienza Mo-
derna», 2 Bde., Padua 1983, Bd. I, 221–278. Eine Wiederaufnahme der
Randall'schen These bei W. A. Wallace: «Randall *Redivivus*: Galileo and the
Paduan Aristotelians», in: «Journal of the History of Ideas» 48 (1988), 133–
149; ders.: «Galileo's Logic of Discovery and Proof. The Background, Content,
and Use of His Appropriated Treatises on Aristotle's ‹Posterior Analytics›»,
Dordrecht 1992.

119 Vgl. Pietro Pomponazzi: «Quaestio utrum detur regressus», in: ders.: «Corsi
inediti dell'insegnamento padovano» Bd. II, hg. v. A. Poppi, Padua 1970, 154;
vgl. auch Antonio Trombetta: «Questiones metaphysicales edite, lecte et dispu-
tate ad concurrentiam magistri Francisci Neritonensis ordinis predicatorum»,
Venedig 1502, 18ᵛᵇ–19ʳᵃ.

120 Vgl. dazu E. Keßler: «Physik oder Metaphysik. Beobachtungen zum Begriff
der Naturwissenschaft in der Methodendiskussion des 16. Jahrhunderts», in:
«Aristotelica et Lulliana magistro doctissimo Charles Lohr septuagesimum
annum feliciter agenti dedicata», hg. v. F. Domínguez/R. Imbach/Th. Pindl/P. Walter (= Instrumenta Patristica XXVI), Turnhout 1995, 223–244.

121 [PH 14ᵃ]: «Der zweite Syllogismus, in dem geschlossen wird dank der Auffin-
dung der Ursache aufgrund deren die Wirkung besteht, ist der Beweis «aus den
Ursachen»: nicht weil er schlechthinniges Wissen hervorbringt, sondern beding-
tes Wissen: vorausgesetzt, daß jene Ursache existiert oder vorausgesetzt, daß
die Sätze wahr sind, die die Ursache repräsentieren, und es keine andere Ursache geben kann [...] Aber du wendest ein, daß dann die Wissenschaft der Natur
keine Wissenschaft wäre. Dazu ist zu sagen, daß die Wissenschaft von der Natur nicht schlechthinnige Wissenschaft ist, wie es die Mathematik ist, daß sie
aber dennoch Wissenschaft ‹aus der Ursache› ist, da der Begriff der Ursache,
der durch den hypothetischen Syllogismus gewonnen wird, die Ursache der
Wirkung ist.» In der Entwicklung dieser Position beruft sich Nifo auf die *libri
de Animalibus* als exemplarische Quelle ([PH 13ᵇ]: «Als Beispiel könnte alles
angeführt werden, was in den Büchern über die Lebewesen gelehrt wird»), d. h.
auf die zoologischen Schriften des Aristoteles, unter denen das 1. Buch von *De
partibus animalium* methodologische Überlegungen zur Biologie bzw. der Naturforschung überhaupt anstellt und der Natur eine lediglich hypothetische
Notwendigkeit zugesteht. Es ist daher nicht auszuschließen, daß die intensivere

Beschäftigung mit dieser Schrift, die Nifo offenbar schon zur Zeit von *De Dae-monibus* bekannt war, zu Beginn des 16. Jahrhunderts zur Sinnesänderung des Nifo beigetragen hat. Vgl. dazu auch seinen Kommentar zu diesem Buch, in dem er den Begriff der hypothetischen Notwendigkeit in natürlichen Prozessen weiter präzisiert [PA 5ᵇ]. Vgl. zur Rezeption der «Zoologie» des Aristoteles im 16. Jh.: St. Perfetti: «Aristotle's Zoology and its Renaissance Commentators (1521–1601)», Leuven 2000.

122 Vgl. zu PIETRO POMPONAZZI (1462–1525):
Bibliographie: «Dictionary of Scientific Biography», New York 1970–80, Bd. 11, 71–74; Totok, a. a. O. (II, Anm. 7), 169–73.; Lohr: «Latin Aristotle Commentaries», a. a. O. (III, Anm. 75), 347–362; Schmitt: CHRP, a. a. O. (II, Anm. 7), 833 f.; P. P.: «Tractatus de immortalitate animae», hg. v. G. Morra, Bologna 1954, 17–31.

Ausgaben: «Tractatus acutissimi, utillimi et mere peripatetici» [TR] («De inten-sione et remissione formarum ac parvitate et magnitudine»; «De reactione»; «Quaestio De actione reali» (= De modo agendi primarum qualitatum); «De immortalitate animae»; «Apologiae libri III»; «Contradictoris tractatus doc-tissimus»; «Defensorium auctoris»; «Approbationes rationum Defensorii per fr. Chrysostomum»; «De nutritione et augmentatione»), Venedig 1525; «Du-bitationes in Quartum Meteorologicorum librum» [DM], Venedig 1563; «De naturalium effectuum causis sive De incantationibus», Basel 1567 (Repr. Hildesheim 1970) [INC]; «De fato, de libero arbitrio et de praedestinatione» [FA], hg. v. R. Lemay, Lugano 1957; «Fragmenta super III libros De anima (1514–1515)», hg. v. L. Ferri (»La Psicologia di P. P. secondo un manoscritto della Biblioteca Angelica di Roma») [Ferri], Rom 1877; «Two Unpublished Questions on the Soul of P. P.», hg. v. P. O. Kristeller, in: «Medievalia et Hu-manistica» 9 (1955), 76–101; «Corsi inediti dell'insegnamento padovano I: Super libello de substantia orbis expositio et quaestiones quattuor (1507)», hg. v. A. Poppi [POP I], Padua 1966; «Corsi inediti dell'insegnamento pa-dovano II: Quaestiones physicae et animasticae decem (1499–1504)», hg. v. A. Poppi [POP II], Padua 1970; «Abhandlung über die Unsterblichkeit der Seele» [IA], lat./dt. hg. v. B. Mojsisch (= Philosophische Bibliothek 434), Ham-burg 1990; «Expositio super primo et secundo ‹De partibus animalium›», hg. v. St. Perfetti, Florenz 2004.

Literatur: F. Fiorentino: «P. P. Studi storici sulla scuola bolognese e padovana con molti documenti inediti», Florenz 1868; A. H. Douglas: «The Philosophy and Psychology of P. P.», Cambridge 1910 (Repr. Hildesheim 1962); C. Oli-va: «Note sull'insegnamento di P. P.», in: «Giornale critico della filosofia ita-liana» 7 (1926), 83–103; 179–90; 254–75; E. Cassirer: «Das Erkenntnispro-blem [...]», a. a. O. (oben, Anm. 100), 105–117; E. Weil: «Die Philosophie des P. P.», in: «Archiv für Geschichte der Philosophie», 41 (1932), 127–176; E. Gilson: «Autour de P., Problématique de l'immortalité de l'âme en Italie au début du XVᵉ siècle», in: «Archives d'Histoire Doctrinale et Litteraire du Moyen Âge» 36 (1961), 163–279; ders: «L'affaire de l'immortalité de l'âme à Venise au début du XVIᵉ siècle», in: «Umanesimo Europeo e Umanesimo Veneziano», hg. v. V. Branca, Florenz 1963, 31–51; G. Di Napoli: «L'immor-talità dell'anima nel Rinascimento», Turin 1963, 227–338; B. Nardi: «Studi su P. P.», Florenz 1965; E. Garin: «Storia della Filosofia [...]», a. a. O. (oben, Anm. 87), 509–35; A Poppi: «Saggi sul pensiero inedito di P. P.», Padua 1970; Ch. H. Lohr: «P. und die Institutionen seiner Zeit. Methodisches zur geistes-geschichtlichen Forschung», in: «Theologie und Philosophie» 49 (1974), 535–

541; F. Graiff: «I prodigi e l'astrologia nei commenti di P. P. al *De caelo*, alla *Meteora*, e al *De generatione*», in: «Medioevo» 2 (1976), 331–361; ders.: «Aspetti del pensiero di P. P. nelle opere e nei corsi del periodo bolognese», in: «Annali dell'Istituto di filosofia, Università di Firenze» 1 (1979), 69–130; G. Zanier: «Ricerche sulla diffusione e fortuna del ‹De incantationibus› di P.», Florenz 1975; J. Céard: «Matérialisme et théorie de l'âme dans la pensée padouane: le ‹Traité de l'immortalité de l'âme› de P.» in: «Revue philosophique de la France» (1981), 25–48; P. O. Kristeller: «Aristotelismo e sincretismo nel pensiero di P. P.», in: «Aristotelismo veneto e scienza moderna», 2 Bde., hg. v. L. Olivieri, Padua 1983, Bd. II, 1077–1100; ders.: «P. P.», in: ders.: «Acht Philosophen der italienischen Renaissance», Weinheim 1986, 63–78; L. Olivieri: «Certezza e gerarchia del sapere. Crisi dell'idea di scientificità nell'Aristotelismo del secolo XVI. Con un appendice di testi inediti di P., Pendasio, Cremonini», Padua 1983; H. Dethier: «P. P., De vrije geest van dubbele waarheid», Brüssel 1984; M. L. Pine: «P. P.: Radical Philosopher of the Renaissance», Padova 1986; O. Pluta: «Kritiker der Unsterblichkeitsdoktrin in Mittelalter und Renaissance», Amsterdam 1986; G. Santinello: «P. P.», in: ders.: «Tradizione e Dissenso nella Filosofia Veneta», Padua 1991, 46–63; E. Keßler: «Pietro Pomponazzi: Zur Einheit seines philosophischen Lebenswerkes», in: «Verum et Factum. Beiträge zur Geistesgeschichte und Philosophie der Renaissance zum 60. Geburtstag von St. Otto», hg. v. Tamara Albertini, Frankfurt a. M. […] 1993, 397–420; ders: «Physik oder Metaphysik. Beobachtungen zum Begriff der Naturwissenschaft in der Methodendiskussion des 16. Jahrhunderts», in: «Aristotelica et Lulliana […]», a. a. O. (oben, Anm. 120), 223–244; ders.: «Metaphysics or Empirical Science? The two Faces of Aristotelian Natural Philosophy in the Sixteenth Century», in: M. Pade (Hg.): «Renaissance Readings of the Corpus Aristotelicum», Kopenhagen 2001, 79–102; J. Wonde: «Subjekt und Unsterblichkeit bei P. P.», Stuttgart 1994; St. Perfetti: «Aristotle's Zoology […]» a. a. O. (oben, Anm. 121), 33–63; J. Kraye: «Pietro Pomponazzi (1462–1525)», in: P. R. Blum (Hg.): «Philosophen der Renaissance. Eine Einführung», Darmstadt 1999, 87–103; R. Ramberti: «Il problema del libero arbitrio nel pensiero di P. P.», Florenz 2007.

123 Vgl. C. Wilson: «P.'s Criticism of Calculator», in: «Isis» 44 (1953), 355–362.

124 Vgl. B. Nardi: «Studi su P. P.», a. a. O. (oben, Anm. 122), 3–121; A. Poppi: «Saggi sul pensiero inedito […]», a. a. O. (oben, Anm. 122).

125 E. Garin: «Storia della Filosofia […]», a. a. O. (oben, Anm. 87), 511 f. zitiert den zeitgenössischen Novellisten Bandello (II, 38): «Peretto war ein sehr kleines Männlein mit einem Gesicht, das in Wahrheit mehr von einem Juden als von einem Christen hatte und er kleidete sich auch in einer Manier, die mehr von einem Rabbi als von einem Philosophen hatte und er ging immer rasiert und kahl geschoren und sprach in einer Weise, die an einen deutschen Juden erinnerte, der sich bemüht, Italienisch zu lernen.»

126 Vgl. ders., ebd., 509.

127 Vgl. Sperone Speroni: «Dialogo delle lingue», it./dt. hg. v. H. Harth, München 1975, 127 f.: «Viele glauben, um Philosoph zu werden, brauche man nichts weiter als Griechisch schreiben und lesen zu können, als wäre der Geist des Aristoteles wie ein Flaschenteufelchen in das griechische Alphabet eingeschlossen und gezwungen, mit diesem zugleich in den Verstand der Menschen einzudringen und sie zu Propheten zu machen.»

128 E. Gilson: «Autour de P. […]», a. a. O. (oben, Anm. 122); ders.: «L'affaire de

l'immortalité ...», a. a. O. (oben, Anm. 122); E. Keßler: «The Pomponazzi Affair», in: Schmitt: CHRP, a. a. O. (II, Anm. 7), 504–507.

129 Vgl. «Bulla Apostolici regiminis», in: «Sacrorum conciliorum nova et amplissima collectio (1759–1962)», 55 Bde., hg. v. G. Mansi u. a., Florenz/ Venedig/Paris/Arnheim/Leipzig 1759–1962, Bd. 32, 842; S. Offelli: «Il pensiero del Concilio Lateranense V sulla dimostrabilità razionale dell'immortalità dell'anima umana», in: «Studia Patavina» 1 (1954), 7–40; 2 (1955), 3–17.

130 Vgl. zu THOMAS DE VIO, KARDINAL CAJETAN (1468–1534):
Bibliographie: C. Giacon: «La seconda scolastica», 3 Bde., Mailand 1944–50, Bd. .I, 37–162; Totok, a. a. O. (II, Anm. 7), 186–195; Lohr: «Latin Aristotle Commentaries», a. a. O. (III, Anm. 75), 71–73; Schmitt: CHRP, a. a. O. (II, Anm. 7), 812; M.-J. Congar: «Bio-Bibliographie de Cajétan», in: «Revue Thomiste» 39 (1934–35),3–49.
Ausgaben: «In Porphyrii Praedicabilia et Aristotelis Praedicamenta ac Posteriorum analyticorum libros», Venedig 1506; «Commentaria in libros Aristotelis De anima», Venedig 1514; «Opuscula omnia», Lyon 1587 (Repr. Hildesheim 1995); «Scripta Philosophica», 6 Bde., Rom 1934–39: «Commentaria in De anima Aristotelis», hg. v. H. M. Laurent, Genf 1938.
Literatur: V. Branca (Hg): «Umanesimo europeo e umanesimo veneziano», Florenz 1964, 31–63; C. Arnold: «Die römische Zensur der Werke Cajetans und Contarinis. Grenzen der theologischen Konfessionalisierung», Paderborn 2008.

131 Vgl. zu GASPARO CONTARINI (1483–1542):
Bibliographie: Totok, a. a. O. (II, Anm. 7), 196 f.: Vgl. Lohr: «Latin Aristotle Commentaries», a. a. O. (III, Anm. 75), 101 f.; Schmitt: CHRP, a. a. O. (II, Anm. 7), 814.
Ausgaben: «Opera», Paris 1571 (Repr. London 1968); «De immortalitate animae adversus P. P.», in: P. P.: [TR, 76ra-80vb]; «The office of a bishop», engl. hg. v. J. P. Donnelly, Milwaukee, Wisc. 2002.
Literatur: V. Branca (Hg): «Umanesimo europeo e umanesimo veneziano», Florenz 1964, 31–63; F. Cavazzana Romanelli (Hg): «G. C. e il suo tempo. Atti del convegno, Venedig, 1–3. 3. 1985», Venedig 1988; G. Fragnito: «G. C., un magistro veneziano al servizio della cristianità», Florenz 1988; E. G. Gleason: «G. C., Venice, Rome and reform», Berkeley 1993; C. Arnold: «Die römische Zensur (...)», a. a. O. (oben, Anm. 130).

132 Vgl. Bartholomaeus Spina: «Propugnaculum Aristotelis de immortalitate animae contra Thomam Caietanum»/«Tutela veritatis de immortalitate animae contra Petrum Pomponatium»/«Flagellum in III libros Apologiae eiusdem de eadem materia», Venedig 1519; vgl. Lohr: «Latin Aristotle Commentaries», a. a. O. (III, Anm. 75), 432 f.

133 Chrysostomus Javelli: «Solutiones Rationum animi mortalitatem probantium que in defensorio contra Niphum excellentissimi domini P. P. formantur», in: P. P.: [Tr 108^v–112vb]; vgl. Lohr: «Latin Aristotle Commentaries», a. a. O. (III, Anm. 75), 202–204; Schmitt: CHRP, a. a. O. (II, Anm. 7), 822; M. Tavuzzi: «Ch. J., O. P. (ca. 1470–1538), a biobibliographical essay», in: «Angelicum» 67 (1990) 457–482; 68 (1991) 109–121.

134 Vgl. P. P. [IA 228–239; Ferri 497; POP II, 10]. Dieses Urteil schon J. Brucker: «Historia critica Philosophiae a mundi incunabulis ad nostram aetatem deducta», 6 Bde., Leipzig 1742 ff., Bd. IV, 171; 182 und noch B. Mojsisch in: P. P. [IA IX-XIII].

135 Vgl. Pomponazzi: «Defensorium», in: [TR 104ra]: «Was in Frage steht, ist, was

Aristoteles gemeint hat bzw. was nach den Prinzipien der Naturphilosophie von dieser Sache gehalten werden kann [...] Denn nach dem Auftrag Leos X. und des Senats von Bologna bin ich gehalten, zu lehren, zu interpretieren und nach meinem Urteil darzutun, was man nach Meinung des Aristoteles mit Hilfe der natürlichen Prinzipien (*per principia naturalia*) vertreten kann [...] Ich folge dem Auftrag und halte meinen Eid. Denn es liegt nicht in unserer Willkür, zu sagen, Aristoteles hat dieses oder jenes vertreten, sondern das Urteil wird aus seinen Argumenten und seinen Worten gewonnen [...] Denn wenn die Prämissen gegeben sind und die Schlüssigkeit zugestanden wird, liegt es nicht in unserer Macht, dem Schluß zu widersprechen. Es liegt wohl in unserer Macht, etwas überhaupt nicht zu untersuchen, aber nicht, wenn wir die Voraussetzung akzeptieren, den Schluß daraus zu negieren.» Vgl. dazu B. Mojsisch in: P. P. [IA XV].

136 Vgl. Javelli in: Pomponazzi: [TR 108ᵛ (Epist. dedic.)]: «Platon steigt von dem Höheren hinab zum Sinn, wobei er Aussagen über das göttliche Seiende mehr akzeptiert, als seien sie von Oben herabgeschickt worden, als daß er sie bewiese. Diese Weise nämlich kommt im eigentlichen Sinne allein dem Theologen zu, der sich auf die göttliche Offenbarung stützt, dem Philosophen aber, der sich um das Menschliche kümmert, ist sie beinahe fremd. Aristoteles aber erhebt sich, als der scharfsinnigste Erforscher der Natur, vom sinnlich Wahrgenommenen und Bekannteren allmählich zum Immateriellen [...] Insoweit er sich auf den Sinn stützte, konnte er mit Bestimmtheit und Konsistenz philosophieren. Aber im Augenblick, in dem ihn die Handleitung des Sinnes verließ, verdunkelte sich sein Intellekt [...] Denn die Philosophie und die Philosophie des Aristoteles sind nicht miteinander konvertibel, insofern nämlich die Philosophie an sich die Wissenschaft der reinen Wahrheit ist, welche ein göttlicher Besitz ist, der uns vom Vater des Lichtes herabgesandt ist.» Vgl. dazu Ch. H. Lohr: «The Sixteenth-Century Transformation of the Aristotelian Natural Philosophy», in: «Aristotelismus und Renaissance. In memoriam Ch. B. Schmitt», hg. v. E. Keßler/Ch. H. Lohr/W. Sparn, Wiesbaden 1988, 89–99.

137 Vgl. für das Faktum einer Vielzahl von Aristotelismen in der Renaissance: Ch. B. Schmitt: «Aristotle and the Renaissance», Cambridge, Mass. 1983.

138 Vgl. oben, Anm. 51.

139 Vgl. Gaetano da Thiene: [R], a. a. O. (oben, Anm. 44). Zur Problemstellung vgl. Pomponazzi: «De reactione» in: [TR 21ʳᵃ], wo er das Problem so formuliert: «Aristoteles sagt im 3. Buch der Physik (201 a 23): Alles ist zugleich aktiv und passiv. Also ist auch jedes Bewegende von Natur aus beweglich, denn es wird, wenn es bewegt, auch selbst bewegt. Aus diesen Worten wird gemeinhin entnommen, daß jedes Agens, das in der Materie mit einem Leidenden kommuniziert, im Augenblick des Handelns zurückleidet.» Dagegen spricht jedoch der Grundsatz (ebd.): «Eine Aktion findet nicht statt, es sei denn durch den Sieg des Bewegenden über das Bewegte. Dies setzt Aristoteles ausdrücklich im Buch über die Bewegung der Tiere (699a31). Wenn sie aber ungleich sind, wird das Stärkere auf das Schwächere einwirken und nicht umgekehrt. Also wird es kein Zurückleiden geben.» Vgl. zum Problem der *reactio* A. Maier: «Die Calculationes des 14. Jahrhunderts und die Wissenschaft von den Formlatituden», in: «An der Grenze von Scholastik und Naturwissenschaft», Rom 1952, 257–288.

140 Vgl. M. Clagett: «Giovanni Marliani and Late Medieval Physics», New York 1967, 34–58.

141 Gaetano da Thiene: [R 5ᵃ], a. a. O. (oben, Anm. 44).

142 Vgl. Gaetano da Thiene: [R 5ᵃ f.], a. a. O. (oben, Anm. 44): «Zweitens ist vor-

auszuschicken, daß die ersten Qualitäten die Produzenten ihrer Abbilder sind, mit denen sie nicht nur spirituell im Medium oder im Organ des Tastsinnes tätig sind, sondern auch real, insofern sie ihre Gegensätze zerstören und etwas sich Ähnliches erzeugen [...]. Drittens ist vorauszuschicken, daß jede erste Qualität von Natur aus die Abbilder, die von ihrem Gegensatz auf sie hin vervielfältigt werden, abstößt und auf die Gegenseite reflektiert [...]. Viertens ist vorauszuschicken, daß, wo ein größerer Gegensatz der ersten Qualitäten besteht, auch eine größere Reflexion ihrer Abbilder stattfindet [...]. Fünftens ist vorauszuschicken, daß auf die größere Reflexion der Abbilder eine größere Aktion folgt. Dies ist offenbar dadurch, daß die Reflexion des Sonnenlichtes durch einen konkaven Spiegel Feuer erzeugt, und nicht die Reflexion durch einen ebenen Spiegel, und dies aus keinem anderen Grunde als weil jene Reflexion größer ist.»

143 Die Frage lautet wörtlich [TR 38ra]: «ob eine intentionale Species unmittelbar ein reales Seiendes hervorbringen kann».

144 [TR 38rb]: «wie der göttliche Dionysius gesagt hat, Gott selbst und seine Species ist nicht reales Seiendes, noch intentionales Seiendes noch überhaupt Seiendes, sondern etwas über dem Seienden, unnennbar, unbegreiflich, heilig-erschrecklich, nur sich selbst begreiflich.»

145 [TR 38rb]: «Aristoteles aber [...] glaubt, daß die Zahl der Intelligenzen der Zahl der himmlischen Körper gleich ist und daß von der Intelligenz selbst nichts unmittelbar hervorgehen kann außer der örtlichen Bewegung der himmlischen Körper, durch welche alles Niedere hier zum Entstehen und zum Vergehen gebracht wird – wie hinreichend aus dem 8. Buch der *Physik* und dem 2. Buch von *De generatione* erhellt [...] So können also nach Aristoteles die Intelligenzen, obwohl ihnen die hervorbringenden Species der Dinge innewohnen, durch diese Species nicht unmittelbar hervorbringen, es sei denn durch die Bewegung, durch deren Vermittlung das Werden und Vergehen entsteht und schließlich alles Niedere hier.»

146 [TR 38va]: «Deshalb haben die Peripatetiker einmütig gesetzt, daß der praktische Intellekt das Strebevermögen bewegt, der seinerseits die Spiritus bewegt und die übrigen Organe, die für die Bewegung erforderlich sind und daß aus dem praktischen Intellekt an sich nichts hervorgehen kann außer auf diese Weise. [...] Und wie über den praktischen Intellekt gesprochen wurde, so wird auch über das Vorstellungsvermögen in Hinblick auf die tierische Seele gesprochen.»

147 Vgl. z. B.: «Tractatus de reactione», in: [TR 22^{va-b}; 30vb; 31ra; DM 4ra]; vgl. auch das Zeugnis in B. Nardi: «Studi su P. P. [...], a. a. O. (oben, Anm. 122), 377 f.

148 Vgl. «Tractatus de reactione», in: [TR 30vb-31ra]: «Denn da alle natürliche Kenntnis entweder durch den Sinn oder durch Argumente, die mit dem Sinn konform sind, besessen wird, wie Aristoteles im 8. Buch der ‹Physik› (253a33) und im 9. Kapitel des 3. Buches ‹Über die Entstehung der Lebewesen› (760b31) sagt, deshalb muß, was dem Sinn offenbar ist, vom Naturforscher ohne jede Begründung angenommen werden, denn wenn es einige Argumente gibt, die dem Sinn widersprechen, so ist, und mögen sie noch so stark sein, dem Sinn und nicht der Ratio zu glauben [...] Deshalb müssen wir die Reaktion als dem Sinn offenbar voraussetzen. [...] Unsere ganze Absicht wird sich daher darauf richten, die vier angeführten Schwierigkeiten zu lösen. Und es ist nicht dasselbe, die Schwierigkeiten zu lösen und die Sache selbst zu beweisen, wie auch die, die nur wenig in der Logik des Aristoteles geschult sind, schon wissen, und es ist nicht das Gleiche zu beweisen, weshalb die Bewegung ist, wenn Bewegung ist, und daß die Bewegung ist.»

149 Vgl. Javelli, oben, Anm. 136.
150 Vgl. «Quaestio de universalibus», in: [POP II, 126, Anm. 1]: «Wir müssen nun
eine andere Meinung betrachten, von der ich meine, daß sie zweifellos und un-
leugbar die des Kommentators ist und zweifellos die des Hl. Thomas und aller
Nominalisten: mögen sie auch ein wenig differieren, so stimmen sie doch in
ihren Grundlagen überein [...] diese Meinung behauptet, daß, wenn man jede
Tätigkeit des Intellektes ausschließt, alles, was in der Welt ist, ein Einzelding ist
und daß es kein irgendwie geartetes reales gemeinsames Sein gibt. Und er fügt
hinzu, daß wenn es irgendetwas anderes außer dem Einzelnen gibt, dann ist dies
prinzipiell nur in intellektueller Hinsicht.» Vgl. L. Spruit: «Species Intelligibilis:
From Perception to Knowledge», 2 Bde., Leiden u. a. 1994/95, Bd. II, 94–103.
151 Vgl. «Quaestio an detur regressus», in: [POP II, 153–178]; E. Keßler: «Physik
oder Metaphysik [...]», a. a. O. (oben, Anm. 122).
152 Vgl. «Tractatus de reactione», in: [TR 31rb]; «Wenn daher das aktuell Warme
aus dem Kalten etwas Warmes macht, so darf man nicht meinen, wie Demokrit,
daß vom warmen Körper atomhafte Körper ausgehen und in das Kalte atomhafte warme Körper eingehen [...]. Noch weniger darf man aber glauben, die
Wärme gehe aus dem warmen Subjekt und trete in den kalten Körper ein, und
durch dieses Eintreten werde die Kälte vertrieben [...] Daraus schließen wir, daß
Aktion und Reaktion nichts anderes sind, als daß zwei oder mehr Agentien einander angenähert sind und sich wechselseitig assimilieren, sei es schlechthin
oder relativ, so daß eines das andere aktuell zu dem macht, was es selbst ist und
umgekehrt, auf die beschriebene Weise, so daß man, wenn das Warme und das
Kalte wechselseitig einander angenähert werden und das Warme das Kalte
warm macht und umgekehrt – sei es ganz oder teilweise – dies oder Ähnliches
‹gegenseitig agieren und reagieren› nennt, und das Warme macht das Kalte
warm nicht, weil aus dem Warmen in das Kalte irgendetwas hinüberginge, sondern weil das Kalte selbst potentiell warm war, deshalb wird durch das Vermögen des Warmen das Warme aus der Potentialität in die Aktualität herausge-
führt. Und in gleicher Weise hätte man vom Kalten in Hinblick auf das Warme
zu reden und generell von jedem anderen.»
153 Vgl. G. Zanier: «Ricerche sulla diffusione [...]», a. a. O. (oben, Anm. 122);
M. L. Pine: «P. P. [...]», a. a. O. (oben, Anm. 122), 239 ff.; hier auch weitere
Literatur.
154 Vgl. E. Cassirer: «Individuum und Kosmos in der Philosophie der Renaissance»,
Leipzig 1927 (Repr. Darmstadt 1969) 108–115; A. Poppi: «Fate, fortune, pro-
vidence and human freedom», in: Schmitt: CHRP, a. a. O. (II, Anm. 7),
653–660.
155 Vgl. z. B. R. Lenoble: «Mersenne ou la Naissance du Méchanisme», Paris 1943.
156 M. L. Pine: «P. P [...]», a. a. O. (oben, Anm. 122), 247, notiert zwei Fälle, an
denen P. die Existenz von Dämonen zuzugestehen scheint.
157 [INC X, 134]: «Daß aber Gott auf dieses Niedere hier nicht unmittelbar ein-
wirkt, ist offenbar nach dem 8. Buch der ‹Physik› (258 b 10 ff.), dem 2. Buch
‹Über den Himmel› (283 b 26 ff.) und dem 2. Buch der ‹Metaphysik› (994 a
1 ff.), denn Aristoteles meinte, daß er sich verändere, wenn er unmittelbar ein-
wirkte, und Gott dann nicht Gott sei.» Vgl. auch «Apologia» II, in: [TR 71vb]:
«Jede Wirkung, die man in dieser niederen Welt findet, welcher Art sie auch sei,
hat eine natürliche Ursache und entsteht durch Gott und die Intelligenzen, nicht
aber unmittelbar, sondern vermittelt durch die Himmelskörper. Daher handelt
es sich offensichtlich auch um ein Geschenk Gottes und der Intelligenzen, wenn
auch nicht in der Weise, wie von unserer Religion zugestanden.»

158 [INC XIII, 306 ff.]; vgl. auch «Expositio super libros De generatione et corruptione», zit. nach Graiff: «I prodigi [...]», a. a. O. (oben, Anm.

122), 337: «Dazu aber, daß gesagt wurde, daß es so viele Dämonen gebe, sage ich, daß Aristoteles die Dämonen leugnete, stattdessen, wie Albertus (Magnus) sagte, alles mittels der Himmelskörper gerettet wird.» Die hier angesprochene «Rettung der Phänomene» kann sowohl die Erhaltung als auch die Erklärung der Phänomene bedeuten. Vgl. P. Duhem: «To Save the Phenomena», a. a. O. (oben, Anm. 111).

159 Vgl. «Expositio super libros De generatione et corruptione», zit. nach Graiff: «I prodigi [...]», a. a. O. (oben, Anm. 122), 347: «Ich sage, daß alles, was unter dem Himmel entsteht, unter einem ‹Zeichen› sowie under der Sonne und anderen Planeten entsteht [...]. Man hat also auf das Zeichen der Geburt, d. h. das Horoskop, sowie auf die anderen Sterne zu achten; und darin sind sich unsere lateinischen (Philosophen) – wohl in Abhängigkeit von den Astrologen – einig, und der Hl. Thomas gibt zu, daß wenn jemand die Zahl und die Verschiedenheiten aller Sterne und jene Geburtszeichen vollkommen wüßte, er ganz bestimmt über das Leben und den Tod aller sprechen könnte.» Zur Bedeutung dieses «Astrologismus» für Pomponazzis Stellung in seiner Zeit vgl. E. Garin: «Lo zodiaco della vita. La polemica sull'astrologia dal Trecento al Cinquecento», Bari 1982, 106–118.

160 Vgl. *Expositio super libros Metheororum*, zit. nach Graiff: «I prodigi [...]», a. a. O. (oben, Anm. 122), 333: «Deshalb ist das Universum, wie Platon im *Timaios* sagt, so vollkommen, wie es sein konnte, so daß ihm nichts fehlt und nichts überflüssig ist. Weshalb auch alles, was in der Welt ist, vollkommen ist und notwendig und daher muß man, wenn Unwetter, Erdbeben, Ungeheuer (*monstra*) und anderes in der Welt sind, glauben, daß sie um der Vollkommenheit des Universums willen sind und daß sie ihren Zweck *(finis)* haben ... Wenn wir daher die Ursache dafür, daß Derartiges geschaffen ist, nicht kennen – wem dürfen wir dann die Schuld daran geben, daß Derartiges ein Übel ist? Vielmehr müssen wir unserer Schwäche die Schuld zuschreiben, weil wir das alles nicht wissen.»

161 Vgl. [INC XII, 294]: «Dies alles sind aber keine Wunder, weil sie dann völlig gegen die Natur und gegen die Ordnung der himmlischen Körper wären. Aber aus dem Grund werden sie Wunder genannt, weil sie ungewöhnlich sind und sehr selten entstehen und nicht nach dem gewöhnlichen Gang der Natur, sondern in außerordentlich großen Abständen. So also, meine ich, müsse man als Philosoph über diese Materie sprechen.» Damit nimmt P. eine Haltung zum Problem der «Wunder» ein, die offenbar unter dem «Christianisierungsdruck» der Reformationszeit verloren geht und erst bei Newton wieder erreicht wird. Vgl. P. Harrison: «Newtonian Science, Miracles, and the Laws of Nature», in: «Journal of the History of Ideas» 56 (1995), 531–553.

162 Vgl. [INC XII, 224]: «Wenn aber gesagt wurde, daß der Intellekt und der Wille den himmlischen Körpern nicht unterworfen sind, so wird dazu gesagt, daß, obwohl primär und an sich der Intellekt und der Wille nicht unterworfen sind, sie doch, insofern sie menschlicher Intellekt und menschlicher Wille sind, unterworfen sind, weil sie nämlich ohne Körper nicht tätig sein können, zumindest, soweit sie (mit ihm) verbunden sind. Denn über die Unsterblichkeit der Seele spreche ich hier nicht.»

163 Vgl. A. Poppi: «Fate [...]», a. a. O. (oben, Anm. 154).

164 Vgl. Alexander von Aphrodisias: «Liber unicus de fato et libero arbitrio ad Caesares Severum et Antonium», Hieronymo Bagolino interprete, Venedig 1516.

165 Zu Alexander von Aphrodisias vgl. F. E. Cranz: «Alexander Aphrodisiensis»,

in: P. O. Kristeller/F. E. Cranz (Hg.): «Catalogus Translationum et Commentariorum, Medieval and Renaissance Latin Translations and Commentaries», Bd. 1, Washington 1960, 77–135; Bd. 2, Washington 1971, 411–22; ders.: «The prefaces to the Greek editions and Latin translations of Alexander of Aphrodisias, 1450–1575», in: «Proceedings of the American Philosophical Society» 102 (1958), 510–46, sowie die Bibliographie in: R. Sorabji (Hg.): «Aristotle Transformed. The Ancient Commentators and their Influence», London 1990, 487–489 und E. Keßler: «Alexander […], a. a. O. (oben, Anm. 18).

166 Vgl. Aristoteles: «Physik» II,5; 196b12 ff.; II,7; 198b4 ff.; «Metaphysik» V,30; 1025a12 ff.; VI,2; 1026b26 ff.; XI,8; 1064b31 ff.; «Topik» II,6; 112b1 ff.

167 Vgl. [F 202, 11 ff.]: «Vernünftiger als die Meinung der Christen scheint mir die Meinung der Stoiker zu sein, insofern sich Gott nach den Stoikern wie jemand verhält, der von Natur aus lahm ist oder hinkt, nach den Christen aber wie jemand, der willentlich hinkt. Denn nach den Stoikern kann Gott nichts anders machen als er es macht. Wenn es daher Übel in der Welt gibt, dann verlangt das die Natur der Welt. Nach den Christen aber könnte Gott, aber er will nicht, was eine sehr viel größere Boshaftigkeit unterstellt.»

168 Vgl. *Expositio super libros Metheororum*, zit. nach Graiff: «I prodigi…», a. a. O. (oben, Anm. 122), 339: «Die dritte Meinung ist die der Stoiker, die die Ansicht, Gott werde durch Bitten beeinflußt, verlachen und lehren, daß alles von Gott vorhergesehen ist. Und darin kommt diese Meinung mit dem Gesetz des Christentums überein. Sie stimmt aber mit ihm nicht überein, insofern sie ein unbeugsames Schicksal vertritt und daß alle diese Naturereignisse unvermeidbar sind, und darin, daß sie sagen, sie alle gehörten zur Vollkommenheit. Denn wenn es diese Sintfluten nicht gäbe, würde die Welt nicht gerettet und könnte sie nicht vollkommen sein. Daher ist es das Ziel dieser Übel, das Universum zu retten und zu vervollkommnen, und das Erbarmen Gottes gilt dem Ganzen, nicht einem Teil.
Die Meinung des Gesetzes billige ich, weil ich ein Christ bin, aber in Hinblick auf die Natur und in rein naturphilosophischem Kontext leuchtet mir die Meinung der Stoiker sehr ein und vertrete ich sie.»

169 Vgl. Lohr: «Latin Aristotle Commentaries», a. a. O. (III, Anm. 75), 357–360, wo – Nr. 32–39 – Vorlesungsmitschriften für die Jahre 1494; 1499–1500; 1503–04; 1504; 1504–09; 1514–15; 1517–18; 1519–20 nachgewiesen werden. Vgl. auch B. Nardi: «Studi su P. P.», a. a. O. (oben, Anm. 122), 143–203; 231–276; 320–370; E. Keßler: «The intellective soul», a. a. O. (oben, Anm. 72).

170 Vgl. z. B. [POP II, 9]: «Meine Herren, in dieser Frage möchte ich lieber Schüler als Lehrer sein.»

171 Vgl. dazu die näheren Angaben bei Lohr, oben, Anm. 169.

172 Vgl. B. Nardi: «Il problema dell'immortalità dell'anima negli scritti anteriori al ‹De immortalitate animae›», in: ders.: «Studi su P. P.», a. a. O. (oben, Anm. 122), 149–203.

173 Vgl. [POP II, 8]: «Es scheint nämlich, daß diese Meinung pervers und viehisch ist», vgl. auch ebd., 42; [IM Kap. IV, 15–41].

174 Vgl. [IM 15]; Thomas von Aquin: «Tractatus de unitate intellectus contra Averroistas», hg. v. L. W. Keeler, Rom ²1957.

175 Vgl. [POP II, 34–41; IM 47; 73–77].

176 Vgl. [POP II, 68–71; 81–85; IM 73–77]; vgl. auch die von B. Nardi: «Studi su P. P.», a. a. O. (oben, Anm. 122), 231–246, veröffentlichten Texte.

177 Vgl. [POP II, 49; IM 7–9]; vgl. dazu P. O. Kristeller: «Die Stellung des Menschen im Universum bei Ficino und P.», in: ders.: «Humanismus und Renais-

sance II, München 1976, 115–123; ders.: «Aristotelismo e sincretismo …»,
a. a. O. (oben Anm. 122).
178 Vgl. E. P. Mahoney: «Agostino Nifo (ca. 1470–1538) on the *Scientia de Anima*
as a ‹Mathematical› or ‹Middle› Science», in: «Knowledge and the Sciences in
Medieval Philosophy», Helsinki 1990, Bd. 3, 629–36.
179 Vgl. [IM 8]: «Angesichts der vielfältigen und janusköpfigen Natur des Menschen – nicht der aus der Zusammensetzung von Materie und Form, sondern
der auf der Seite der Form bzw. der Seele bestehenden – bleibt uns zubetrachten,
daß, da das Unsterbliche und das Sterbliche Gegensätze sind, die nicht von
demselben ausgesagt werden können, zu Recht jemand zweifeln könnte, wie es
geschehen kann, daß sie beide zugleich von der menschlichen Seele ausgesagt
werden.»
180 Vgl. Aristoteles: «De anima» I,1; 403 a 8.
181 Vgl. [POP II, 18]: «Zur Lösung sage ich, daß, wenn die intellektuelle Seele ir-
gendeine Tätigkeit hätte, die ihr eigentümlich ist und zu der sie den Körper
weder als Subjekt noch als Objekt brauchte, es geschehen könnte, daß sie abgetrennt würde. Ich sage jedoch, daß die Seele, auch wenn sie den Körper nicht als
Subjekt braucht, den Körper doch als Objekt braucht, weil sie Vorstellungsbilder braucht, und daher kann es nicht geschehen, daß sie (vom Körper) abgetrennt wird.» Vgl. auch [IM 57; 79–117].
182 Vgl. [POP II, 60]: «Deshalb antworte ich anders: daß, da die intellektuelle Seele eine abstrakte Tätigkeit besitzt, insofern sie sich über die Materie erhebt, in
gewisser Hinsicht aus sich etwas hat, das immateriell und unsterblich ist.» Vgl.
auch [POP II, 14–17; 50].
183 In den Zeugnissen vor dem Traktat von 1516 identifiziert P. zwar diese Lösung
als die Position des Alexander, fügt aber stets hinzu, daß sie nur naturphilosophisch wahr, in höherem Sinne dagegen falsch sei, vgl. [POP II 60]: «Vom
Standpunkt des rein Natürlichen aus scheint die Meinung Alexanders nicht un-
gereimt zu sein […]. Ich sage aber, daß diese Meinung des Alexander in höchstem Maße falsch ist»; [POP II 50; 93]; in [IA] dagegen, wo er diese Position
affirmativ vertritt, erwähnt er ihre Übereinstimmung mit Alexander nicht.
184 Vgl. P. O. Kristeller: «Paduaner Averroismus und Alexandrismus im Lichte
neuerer Studien», in: ders.: «Humanismus und Renaissance II», München
1976, 116–124.

V. ABSCHLUSS UND AUSBLICK

1 Vgl. H. Mikkeli: «An Aristotelian Response to Renaissance Humanism. Jacopo
Zabarella on the Nature of Arts and Sciences», Helsinki 1992.
2 Zur Entwicklung von Philosophie und Wissenschaft im 16. und 17. Jahrhundert allgemein vgl. E. W. Strong: «Procedures and Metaphysics. A Study in the
Philosophy of Mathematical-Physical Science in the 16th and 17th Centuries»,
Berkeley 1936, Repr. Hildesheim 1966; A. Koyré: «Von der geschlossenen Welt
zum unendlichen Universum», Frankfurt 1969; E. Zilsel: «Die sozialen Ursprünge der neuzeitlichen Wissenschaft», hg. v. W. Krohn, Frankfurt/M. 1976;
A. C. Crombie: «Von Augustinus bis Galilei. Die Emanzipation der Naturwissenschaft», München 1977; G. Böhme/W. van den Daele/W. Krohn: «Experimentelle Philosophie. Ursprünge autonomer Wissenchaftsentwicklung», Frank-
furt/M. 1977; E. Keßler: «Naturverständnisse im 15. und 16. Jahrhundert», in:
«Naturauffassungen in Philosophie, Wissenschaft, Technik. Bd. II: Renaissance
und frühe Neuzeit», hg. v. L. Schäfer/E. Ströker, Freiburg 1994, 13–57; D. Des

Chene: «Physiologia. Natural Philosophy in Late Aristotelian and Cartesian Thought», Ithaca/London 1996; C. Leijenhorst: «Hobbes and the Aristotelians. The Aristotelian Setting of Thomas Hobbes's Natural Philosophy», Utrecht 1998; M. Boenke: «Körper, Spiritus, Geist. Psychologie vor Descartes», München 2005 (= Humanistische Bibliothek I, 57).

PERSONENREGISTER

Kursive Seitenzahlen verweisen auf ausführliche Bibliographien
in den Anmerkungen.

Geschichte der Philosophie bei C. H. Beck
In 14 Bänden: Herausgegeben von Wolfgang Röd